한국의 선거 VIII
제19대 대통령선거와 제7회 동시지방선거

【한국선거학회 학술총서 ⑨】

한국의 선거 VIII
제19대 대통령선거와 제7회 동시지방선거

인　쇄 ｜ 2020년 10월 26일
발　행 ｜ 2020년 10월 30일

엮은이 ｜ 한국선거학회
발행인 ｜ 부성옥
발행처 ｜ 도서출판 오름
등록번호 ｜ 제2-1548호 (1993. 5. 11)

주　소 ｜ 서울특별시 중구 퇴계로 180-8 서일빌딩 4층
전　화 ｜ (02) 585-9122, 9123 / 팩　스 ｜ (02) 584-7952
E-mail ｜ oruem9123@naver.com
ISBN　 978-89-7778-516-8　 93340

이 도서의 국립중앙도서관 출판예정도서목록(CIP)은 서지정보유통지원시스템 홈페이지 (http://seoji.nl.go.kr)와 국가자료종합목록 구축시스템(http://kolis-net.nl.go.kr)에서 이용하실 수 있습니다. (CIP제어번호: CIP2020044926)

【한국선거학회 학술총서 ❾】

한국의 선거 VIII
제19대 대통령선거와 제7회 동시지방선거

한국선거학회 편

Elections in Korea VIII

The 19th Presidential Election and
the 7th Regional Election

Edited by
The Korean Association of Election Studies
(KAES)

ORUEM Publishing House
Seoul, Korea
2020

발간사

　이 책은 지난 2017년 제19대 대통령선거와 2018년 제7회 동시지방선거를 다룬 것이다. 박근혜 전 대통령의 탄핵 이후 잇달아 실시된 이 선거들을 계기로 민주화 이후 지속되어온 한국의 정당정치가 새로운 국면에 접어들었다고 평가받고 있다. 이 선거들을 통해 더불어민주당은 중앙정부만이 아니라 지방정부 및 지방의회의 주도권을 차지하게 되었다. 그리고 이는 1990년 민주자유당 창당을 계기로 재생산되어온 양당 중심의 정당체제가 더불어민주당 우위의 정당체제로 전환하게 되었다는 주장까지 제기할 수 있는 변화라고 할 수 있다. 이 책의 목적은 바로 이 두 선거에서 나타난 유권자 및 정당들의 선거행태에 대한 체계적인 분석을 통해 이러한 변화가 발생하게 된 원인을 규명하고 그 의미를 파악하기 위한 것이다.

　한국선거학회 회원들의 옥고를 모은 이 책은 여덟 번째 〈한국의 선거〉 시리즈에 해당한다. 비록 한국 유권자 및 정당들의 선거행태에 관한 다양한 연구들이 양산되고 있지만 매 선거마다 체계적으로 여론조사를 실시하고 그 결과를 종합적으로 분석하여 구성한 연구성과물은 한국의 선거 시리즈가 유일하다고 할 수 있다. 〈한국의 선거 I〉이 다루었던 제14대 국회의원선거와 대통령선거 이후 대통령선거만 다섯 번, 국회의원선거와 전국동시지방선거도 일곱 번이나 실시되었으며, 〈한국의 선거〉 시리즈는 거의 40여 년에 가까운 이 기간에 전국적으로 실시된 거의 모든 선거에 대한 분석을 지속적으로 담아온 연구서로서 한국의 선거연구를 대표해왔다고 할 수 있으며, 이 책 또한 그 일부이다.

〈한국의 선거 VIII〉은 제1부와 제2부로 구성되어 있으며, 각각 제19대 대통령선거에 관한 글 4편과 제7회 전국동시지방선거에 관한 글 6편이 포함되어 있다. 제I부에서 다루고 있는 제19대 대통령선거는 박근혜 대통령이 2017년 3월 헌법재판소에 의해 탄핵된 직후 실시된 조기 선거였다. 대통령이 궐위된 매우 이례적인 상태에서 불과 2개월 만인 5월 10일 실시된 당시의 대선에서는 대통령 탄핵을 이끌었던 더불어민주당의 문재인 후보가 자유한국당의 홍준표, 국민의당의 안철수, 바른정당의 유승민, 정의당의 심상정을 여유있게 누르고 승리하였다.

박영득은 보궐선거였던 당시의 대선에서 나타난 정당들 간의 **이슈경쟁**을 중심으로 분석하였으며 각 정당들이 강조했던 이슈들이 유권자들의 정당 지지에 어떠한 영향을 주었는가를 밝히고자 하였다. 그는 각 정당들이 중앙선거관리위원회에 제출했던 10대 공약과 정책자료집을 이용하여 더불어민주당은 정치개혁, 자유한국당은 국가안보와 기업자유 확대, 바른정당은 적극적인 사회정책과 복지체계 확충, 안철수는 교육, 과학, 창업 등의 분야에서 이슈경쟁을 시도하였다는 점을 보여주었다. 그는 정치/재벌 개혁, 사회정책, 국가안보 등 이슈들에 대한 태도(중요도)보다 박근혜 정부의 국정운영평가가 유권자들이 투표할 후보를 결정하는 데 결정적인 영향을 미쳤다는 점을 보여주었다.

윤광일은 사회적 균열이론에 기초하여 한국정치의 지배적 균열이자 정치과정 연구에 핵심적인 주제라고 할 수 있는 **지역균열**의 "현실태와 진화"를 설명하고자 하였다. 그는 유권자들의 출신지를 고려한 이념적 성향과 정당호오도 등을 분석한 결과를 토대로 영호남 지역균열이 바르톨리니와 마이어가 명명한 "완전한 균열(perfect cleavage)"의 세 가지 요건, 즉 "사회구조(출신지역)-규범(정체성, 정치이념 및 정책선호)-조직(지역 정당) 등을 갖춘 유일한 예라는 점을 강조하고, 비록 한국에서 세대, 이념, 계급/계층 등 새로운 사회적 균열에 대한 관심이 높아지고 있지만 아직 다른 대안적 균열로 대체"되지 않고 있으며, 다만 부산·울산·경남과 대구·경북 출신 간 정치행태의 분화가 나타나고 있다고 주장하였다.

강경태는 짧은 선거기간으로 인해 중요성이 커졌던 후보자들 간의 TV 토론이 제19대 대통령선거 결과에 미친 영향을 분석하였다. 그는 여섯 차례에 걸쳐 시행된 TV토론이 진행되는 과정에서 나타난 지지율 추이와 함께 각 후보들의 토론에서 나타난 특징과 그 영향을 분석하였다. 그는 문재인 후보는 공격보다는 방어전략을 통해 좋은 사람 이미지를 부각시키며 지지율을 유지할 수 있었던 반면, 안철수 후보는 어눌한 말투와 어색한 표정, 3차 토론회에서 MB아바타 발언으로 지지율이 급락하였고, 홍준표는 공격능력이 있지만 부정적인 발언 태도와 말투 등이 지지율 확장에 장애가 되었으며, 유승민 후보와 심상정 후보는 "유권자들의 뇌리에 강하게 남을 수 있는 정책을 포장하는 능력"이 부족하여 뛰어난 토론 능력이 지지율로 이어지지 못하였다고 주장하였다.

김형철·홍경선은 현행 공직선거법이 선거의 "자유"와 "공정성"을 실현하는 데 적절한 것인지를 평가하고 시민단체의 정치적 표현의 자유를 확대할 수 있는 방안을 제안하였다. 이들은 2000년 이후 2018년 대선 시기까지 발생한 선거법 위반 사례 가운데 선거운동방법과 관련한 사례가 가장 많았으며, 그 다음으로 허위사실 공표나 비방·흑색선전 등이었다는 점, 그리고 이 시기 유권자들의 정치적 표현의 자유를 침해한 사례는 65건에 달하며 이들 가운데 총 21건이 시민단체의 선거참여활동에 관한 것이라는 점을 밝혔다. 더 나아가 이들은 "시민의 자율성과 정치적 판단능력이 결여되어 있을 때" 선거의 공정성이 훼손되며, 정확한 정보를 제공하기 위한 시민단체의 정치적 자유를 제한하는 것은 부당하기 때문에 '규제 중심의' 현행 공직선거법을 '자유를 보장하는' 공직선거법으로 개정해야 한다고 주장하였다.

제2부에는 2018년 실시된 제7회 전국동시지방선거를 다룬 연구들이 포함되어 있다. 당시의 지방선거는 문재인 대통령이 당선된 지 1년 만에 실시된 선거였지만 박근혜 대통령의 탄핵 여파가 채 가시지 않았을 뿐만 아니라 남북한 관계가 급속히 호전되는 등 집권여당인 더불어민주당에게 매우 유리한 상황에서 개최되었다. 지방선거를 앞두고 남북정상회담이 두 차례나 성사되었을 뿐만 아니라 선거 다음 날에는 역사상 최초의 북미정상회담(2018.6.12)이 싱가포르에서 개최될 예정이었다. 이와 달리 새누리당의 후계정당인 자유한국당은 대통령 탄핵의 근거였던 국정농단사태에 대한 책임의 굴레를 벗어날만한 행보를 걷지 못하였으며, 지방선거를 코앞에 두고 바른정당과 국민의당이 통합하여 창당한 바른미래당 역시 창당 과정에서 발생한 갈등으로 지방선거에 제대로 대응할만한 여유가 없었다.

서복경은 당시 지방선거에 참여한 원내정당은 물론 원외정당들의 **선거캠페인**을 분석하여 그 특징과 효과를 설명하였다. 그녀의 분석에 따르면 더불어민주당은 '나라다운 나라 든든한 지방정부'를 슬로건으로 제19대 대선과의 연속성을 추구하였으며 '평화'와 '원팀' 캠페인을 중심으로 무리 없이 진행한 반면 자유한국당과 바른미래당은 각각 '나라를 통째로 넘기시겠습니까?'와 '망가진 경제, 먼저 살리겠습니다'를 슬로건으로 선거캠페인을 진행하였지만 당내 갈등으로 별다른 성과를 내기 어려웠으며, 정의당은 '제1야당 교체' 등을 슬로건으로 정하고 지방의회 선거에 초점을 맞추어 선거캠페인을 벌였다고 보았다. 그런데 그녀가 가장 주목한 것은 당시의 지방선거에서 녹색당의 신지예가 '페미니즘'을 전면에 내세워 선거운동을 진행하고, 과거와 달리 '청년유니온' 등의 청년단체들이 "청년정책을 매개로 집단적 선거참여운동"을 전개하였다는 점이었다.

조성대는 당시 지방선거에서 나타난 **스윙 투표자**의 특징과 투표 행태를 분석하였다. 그는 스윙 투표자를 유동 투표자와 합리적 투표자로 구분하고 이들이 정보의 취합수준이 낮고 정당이나 이념 및 정책에 대한 양가적 태도를 지니고 있다는 점에서 이해하기 어려운 이념이나 정책보다 단기적이고 쉬운 선거쟁점에 따라 투표선택이 결정된다는 가설을 세워 검증을 시도하였다. 그의 분석에 따르면 흥미롭게도 2018년 지방선거 시기 스윙 투표자들은 일관 투표자와 별다른 차이가 없는 정보 수준을 유지하고 있었을 뿐만 아니라 대통령 국정운영이나 전직 대통령의 구속 등 단기적 선거쟁점에 의존해 투표하는 경향이 있었던 것으로 나타났다.

강우진·배진석은 교육감선거에서 나타난 유권자들의 투표행태를 기권, 분할투표, 후보선택 등 세 가지 차원에서 분석하였다. 이들은 외고·자사고 폐지나 교육감 직선제와 같은 교육쟁점에 대한 태도가 투표참여에 영향을 미쳤다는 점과 함께 교육감 정당공천을 찬성하는 유권자들이 진보일관투표를 할 가능성이 높다는 점, 그리고 정당동원(정당과의 접촉 여부)이 투표 참여, 진보일관투표, 진보적 교육감 후보 선택에 긍정적인 영향을 미쳤다는 점을 밝혔다. 아울러 이들은 단체장선거에서 유권자들의 선택이 정당공천이 허용되지 않는 교육감선거에서의 선택과 연동되어 있다는 점을 밝히고, 이를 일종의 '파급효과(spill over effect)'라고 주장하였다. 이러한 분석결과는 교육정책이나 교육감 선거제도 등 쟁점에 대한 태도가 유권자들의 투표행태에 영향을 미쳤다는 사실을 보여주었다는 점에서 흥미로운 것이라고 할 수 있다.

김연숙은 2018년 광역단체장 선거를 중심으로 더불어민주당과 자유한국당의 후보공천제도 및 공천과정을 분석하고 2006년 지방선거를 계기로 도입된 매니페스토운동과 각 정당의 경선과정에 대한 유권자들의 이해수준, 그리고 이들이 지지후보결정에 미친 영향을 분석하였다. 그녀는 한국의 유권자들은 매니페스토 운동과 당내 경선과정에 대한 인지도가 높을수록 투표에 적극적으로 참여하는 경향이 있을 뿐만 아니라 당파성이 있는 유권자들이 후보경선과정을 잘 이해하고, 더불어민주당과 자유한국당의 당내 경선에 대한 만족도가 높을수록 각 정당의 광역단체장 후보에 대한 투표가능성이 증가한다는 점을 밝히고, 더 나아가 정당들이 후보자 공천과정을 공개하도록 '공시제'를 도입할 것과 정당법 개정을 통해 국민개방형 경선제를 의무화하는 방안을 제안하였다.

이 책에는 한국에서 지역주의적 투표행태가 가장 강하게 나타난다고 알려진 영남과 호남에서 실시된 지방선거에 대한 분석이 포함되어 있다. **박영환**은 영남지역의 지방선거결과를 분석하였으며 이를 토대로 **정당체계의 변화가능성**을 전망하고 향후 지역의 대표성을 강화할 수 있는 방안을 제시하였다. 그는 비례대표선거에서 각 정당들이 얻은 득표율 분석을 토대로 보수의 아성으로 알려진 영남지역 특히 부산과 경남에서 지난 2016년 제20대 총선 시기부터 변화의 조짐이 나타났으며, 2018년 지방선거에서 정당재편성의 경향이 뚜렷하게 나타났다고 주장하였다. 그는 보수적 성향의 유권자들의 "보수정당 배반"이 현격히 늘어났다는 점을 밝히고 이를 근거로 자유한국당이 사실상 'TK당'으로 전락하였으며, 여론조사에서 후보 선택 시 후보자의 출신지역을 고려하였다고 응답한 영남의 유권자들이 거의 없었으며 선거공약에 대한 인지도가 비교적 높았음에도 불구하고 후보 선택 시 정책공약을 고려했다는 응답자 비율이 다른 지역에 비해서 낮았다는 점을 지적하고 자유한국당이 참패한 이번 지방선거를 계기로 "지방정치의 본질에 맞는 일상적 생활정치의 구현"을 통해 "대의제 민주주의를 완성할 수 있는 좋은 기회"가 도래하였다고 보고 "정책경쟁이 중심이 되는 선거"가 필요하다고 주장하였다.

마지막으로 **지병근**은 **호남지역**에서 이루어진 정당 간 선거경쟁과 유권자들의 투표결정을 분석하였다. 그는 2016년 총선 시기 호남에서 국민의당에게 완패했던 더불어민주당에 대한 선호도가 이번 지방선거를 앞두고 절대적으로 높았던 반면 국민의당의 후계정당이라고 할 수 있는 바른미래당은 물론 민주평화당에 대한 선호도는 비교할 수 없을 정도로 현저히 낮았으며, 호남에서 지역정체성이 아니라 문재인 정부의 국정운영에 대한 긍정적 평가나 더불어민주당이 지역을 대표하는 정당이라는 인식이 유권자들의 투표결정에 통계적으로 유의미한 영향을 미쳤다는 분석결과를 토대로 호남에서 나타난 더불어민주당에 대한 유권자들의 전폭적인 지지는 지역감정이나 지역이기주의 혹은 '호남홀대론'과 같은 정치적 선동이 아니라 현 정부와 집권정당의 업적에 대한 평가와 함께 더불어민주당이 지역을 대표하는 정당으로 인정받을 수 있었기 때문이라고 주장하였다.

　이 책이 발간되기까지는 많은 분들의 도움이 있었다. 특히 이 책의 기획과정부터 주도적인 역할을 해주신 서강대 이현우 교수님과 대구가톨릭대 안용흔 교수님 등 두 분의 한국선거학회 전임 회장님들의 헌신이 없었다면 아마 이 책이 세상의 빛을 보기는 힘들었을 것이다. 아울러, 코로나의 위협 속에서도 원고의 수집부터 출판사와의 협의 등 전반적인 출간 과정에 대한 책임을 흔쾌히 맡아주신 성공회대 김형철 교수님께도 깊은 감사의 인사를 전한다.

　발간사를 쓰면서 들었던 생각은 〈한국의 선거〉가 여덟 차례 나오기까지 한국의 선거정치도 많이 변화했지만 연구자들의 구성도 많이 바뀌어 세대교체가 이미 이루어졌다는 것이었다. 〈한국의 선거 I〉의 발행 주체였던 한국선거연구회는 사단법인 한국선거학회가 되었고, 당시 필진 가운데 상당수는 현직에서 은퇴하였고, 이제는 한국의 선거 시리즈를 읽고 배운 후학들이 어느새 성장하여 이 시리즈의 필진으로 참여하게 되었다. 앞으로도 이 시리즈가 한국의 선거정치에 대한 이해의 지평을 넓히고 미래의 선거연구에 토대가 되는 기본도서로서 계속 이어질 수 있기를 기대한다. 전임 회장이셨던 안용흔 교수님께서 연구년을 떠나며 필자에게 당부하셨던 이 책의 발간이 마무리될 수 있어서 더할 나위 없이 기쁘다.

2020년 10월
한국선거학회 회장 지병근

차 례

• 발간사 | 지병근 _5

제1부 2016년 제19대 대통령선거와 특성

제1장 제19대 대통령선거에서의 정당경쟁   박영득

    Ⅰ. 서론 21
    Ⅱ. 정당경쟁에 관한 이론적 논의 23
    Ⅲ. 분석: 19대 대통령선거에서의 정당경쟁 29
    Ⅳ. 결론 47

제2장 지역균열의 유지와 변화: 제19대 대선의 경험적 분석
                                                                                                                      윤광일

    Ⅰ. 서론 53
    Ⅱ. 완전한 균열로서 지역균열 56
    Ⅲ. 경험적 분석 65
    Ⅳ. 결어 81

제3장 제19대 대통령선거와 TV토론 효과   강경태

   Ⅰ. 들어가면서 89
   Ⅱ. 대통령/대선후보 지지율 및 후보 간 토론 관련 기존 연구 95
   Ⅲ. 연구방법 및 데이터 102
   Ⅳ. 제19대 대통령선거 TV토론 분석 103
   Ⅴ. TV토론의 후보지지율 및 선거결과에 미친 효과 114
   Ⅵ. 나가면서 121

제4장 선거운동의 자유와 공직선거법 개정 방안:
시민단체의 선거법 위반 사례를 중심으로   김형철·홍경선

   Ⅰ. 서론 129
   Ⅱ. 선거운동의 자유와 공정성 간의 관계 131
   Ⅲ. 시민단체의 선거참여활동과 위반사례 139
   Ⅳ. 시민단체의 선거운동 자유와 공직선거법 조항의 개정 148
   Ⅴ. 결론 157

제2부 2018년 제7회 동시지방선거와 특성

제5장 2018년 지방선거, 정당과 후보자의 선거운동   서복경
Ⅰ. 들어가며 165
Ⅱ. 지방선거 캠페인 일정과 정치이슈 변화 167
Ⅲ. 2018년 지방선거 선거캠페인의 특징과 변화: 원내정당 170
Ⅳ. 2018년 지방선거 선거캠페인의 특징과 변화: 원외정당 182
Ⅴ. 2018년 지방선거 캠페인의 특징과 변화 190

제6장 스윙 투표자의 특징과 투표 행태에 관한 연구:
2018년 6·13 지방선거 사례   조성대
Ⅰ. 머리말 193
Ⅱ. 스윙 투표자 개념에 대한 검토 196
Ⅲ. 스윙 투표자의 특징과 투표 행태에 관한 분석 틀 200
Ⅳ. 기초 통계 분석의 결과 206
Ⅴ. 스윙 투표자의 특징과 투표 선택에 대한 회귀분석 결과 215
Ⅵ. 맺음말 222

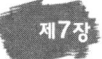
제7장 2018년 교육감선거의 투표행태 결정요인에 대한 분석
강우진·배진석

- I. 들어가며 231
- II. 교육감선거의 배경 234
- III. 2018년 교육감선거 결과 243
- IV. 가설 설정 247
- V. 경험분석 249
- VI. 분석 결과 253
- VII. 결론과 함의 258

제8장 2018년 광역단체장 후보 경선과 매니페스토 투표효과
김연숙

- I. 들어가며 263
- II. 2018년 지방선거 후보자 선정 원칙과 실제 267
- III. 2018년 유권자 의식조사 분석: 결과와 함의 280
- IV. 논의와 제언: 정당 중심의 매니페스토 강화와 당내 경선과정의 민주화 291
- V. 나가며 294

제9장 영남지역의 선거결과와 지역정치 변화: 정당, 정책, 대표성 박영환

    Ⅰ. 서론 297
    Ⅱ. 영남의 정치적 상황 299
    Ⅲ. 6·13 지방선거 결과 302
    Ⅳ. 영남지역의 선거결과와 지역정치의 변화 307
    Ⅴ. 결론 322

제10장 호남지역 선거결과의 원인과 함의 지병근

    Ⅰ. 서론 327
    Ⅱ. 지방선거의 배경 329
    Ⅲ. 후보공천과 선거경쟁 332
    Ⅳ. 호남 유권자들의 정당선호와 투표결정 342
    Ⅴ. 투표결정 요인 346
    Ⅵ. 결론 355

- 찾아보기 _364
- 필자 소개(원고 게재순) _367

제1부

2016년 제19대 대통령선거와 특성

제1장 제19대 대통령선거에서의 정당경쟁 ······ 박영득

제2장 지역균열의 유지와 변화 ······ 윤광일

제3장 제19대 대통령선거와 TV토론 효과 ······ 강경태

제4장 선거운동의 자유와 공직선거법 개정 방안 ······ 김형철·홍경선

제19대 대통령선거에서의 정당경쟁

박영득 | 충남대학교

I. 서론

　　제19대 대통령선거는 한국의 시민들에게 이례적인 선거로 기억될 것이다. 우선 이 선거는 당시 현직 대통령의 탄핵으로 인한 궐위상태가 야기한 선거라는 점에서 특별하게 기억될만한 선거였다. 19대 대선이 민주화 이후 어떤 대선보다도 특징적이었던 이유는 그뿐이 아니다. 19대 대선은 무려 다섯 명의 후보가 주요 후보로 간주되어 경쟁을 벌였다는 점에서도 이례적이었다. 중앙선거관리위원회가 일정한 기준에 의해 토론 참여자를 초청하여 주관하는 주요 대통령 후보 토론회에 무려 다섯 명의 후보가 초청되어 5인 간의 토론을 진행한 것은 한국 대선에서 전례를 찾아보기 어려운 것이었다. 또한 19대 대선은 보수정권이 붕괴하면서 보수정당이 분열된 상태에서 치러진 선거로서, 보수정당들의 분화를 관찰할 수 있는 선거였다.

물론 조기 대선을 야기한 탄핵 등 정치적 상황 속에서 문재인 후보가 초기부터 압도적 우위를 점한 상태였고 홍준표 후보, 안철수 후보 등 주요 경쟁자들이 선거운동 기간 동안 큰 변화를 만들지 못했기 때문에 선거 결과를 예상하는 것은 그리 어려운 일이 아니었을 것이다. 그럼에도 불구하고 19대 대통령선거에서 후보 간의 경쟁은 치열했다. 당선이 유력했던 문재인 후보와 여타 후보들 사이의 경쟁도 이루어졌지만, 문재인 후보를 제외하면 현실적으로 당선이 어려운 상황에서 2위를 차지하기 위한 경쟁도 치열하게 벌어졌다. 탄핵의 여파로 보수정당은 헌정사에서 보수계 정당이 겪었던 가장 어려운 선거를 치렀고, 새누리당에서 탄핵을 찬성하는 인사들이 탈당하여 창당한 바른정당은 보수의 주도권을 빼앗기 위해 자유한국당과도 경쟁했다. 소위 '극중주의'를 추구하던 국민의당과 안철수 후보는 더불어민주당과 자유한국당이 격돌하는 틈바구니 속에서 자신의 공간을 창출하기 위해 골몰했다. 양당의 경쟁이 치열해질 때마다 보수정당의 집권 가능성을 낮추기 위해서, 또는 개혁성향의 정당의 집권을 돕기 위해 전략적으로 선거경쟁을 포기해야 하는 상황에 자주 노출되었던 정의당은 선거를 완주할 수 있는 상황에서 자신의 존재감을 드러냈다.

이 글은 제19대 대통령선거에서 나타난 정당경쟁을 분석하는 것을 목적으로 한다. 정당은 선거에서 경쟁하고 승리하여 좁게는 집권, 넓게는 당의 정치적 영향력을 확대하고자 분투하는 조직이다. 이러한 정당들의 경쟁은 다양한 양상으로 이루어진다. 정당은 많은 유권자들이 선호하는 정치적 입장을 표명함으로써 유권자의 마음을 얻는다. 정당의 경쟁을 설명하는 이론적인 입장은 상향식 접근(bottom-up approach)과 하향식 접근(top-down approach)으로 구분된다. 상향식 접근은 다운즈식의 정당경쟁 모델에 근거하여 이미 외생적으로 형성되어 있는 유권자들의 선호구조 속에서 득표를 극대화할 수 있는 정책 입장을 향해 움직이면서 경쟁한다고 본다. 반면 하향식 접근은 유권자의 선호구조가 외생적이라고 가정하지 않으며, 정당이 유권자의 선호를 형성하고, 정치적 갈등을 적극적으로 구조화한다고 본다.

주지하다시피 19대 대통령선거는 박근혜 전 대통령의 국정농단 사태와 헌정 사상 최초의 탄핵을 계기로 조기 대선으로 치러진 선거다. 자연스레 선거의 최대 쟁점은 정치개혁이 되었고, 여권 보수정당은 이전에 경험해본 적 없는 불리한 정치적 상황에서 선거를 치르게 되었다. 이러한 상황에서 각 정당이 어떠한 방식으로 경쟁하는지 분석하는 것은 의미가 있다. 19대 대통령선거는 정당경쟁에 대해 중요한 질문을 던지기 때문이다. 정당들이 외생적으로 주어진 유권자의 선호에 반응하면서 경쟁했는가? 아니면 선거의 환경, 즉 당시의 쟁점과 유권자의 선호의 변화를 추구했는가? 이러한 질문에 답하는 작업은 정당경쟁 이론에 중요한 경험적 함의를 가질 수 있다. 이 글은 두 가지에 초점을 맞추어 정당경쟁을 분석한다. 첫째로, 각 정당이 어떤 이슈를 강조하면서 선거경쟁을 벌였는지 분석할 것이다. 첫 번째 분석은 각 정당이 중앙선거관리위원회에 제출한 주요 10대 공약과 공식 정책자료집을 통해 분석할 것이다. 둘째로는 유권자 설문조사 자료를 활용하여 각 정당의 지지자들은 지지 정당이 강조한 이슈에 반응했는지, 그리고 유권자들이 인식하는 이슈의 우선성이 해당 이슈를 강조한 정당의 지지에 영향을 미치는지를 분석할 것이다.

II. 정당경쟁에 관한 이론적 논의

1. 정당의 이슈경쟁

정당은 선거에서의 승리를 통해 공직을 획득하거나 더 나아가 집권하는 것을 목적으로 하는 조직이며, 민주정에서 복수의 정당이 존재하기 때문에 공직과 집권을 위한 경쟁이 발생하는 것은 자연스러운 일이다. 그러므로 현대 민주주의의 핵심적인 작동 양상은 샤츠슈나이더가 말하듯 정당 간에서 나타나는 경쟁을 살펴봄으로써 이해할 수 있을 것이다(Scattschneider 1942, 60). 그렇다면 정당 간 경쟁은 어떠한 방식으로 이루어지는가? 정당 간의 경쟁을 이해하는데는 크게 두 가지 접근이 존재한다(de Vries and Marks 2012, 187-188). 첫째는 정당은 사회적 균열구조를 반영하여, 사회가 형성한 갈등 축 위에서 경쟁한다는 상향식 접근이고 둘째는 정당이 적극적으로 이슈를 창출하여 정치적 갈등구조를 변경시키는 방식으로 경쟁한다는 하향식 접근이다.

상향식 접근은 정당이 계급, 종교 등 사회의 균열구조가 정당 간 경쟁의 근간이 된다고 보는 정치사회학적 시각(Lipset and Rokkan 1967; Mair 2006)에 기초하고 있다. 이 관점에 따르면 정당은 특정한 사회의 현실 속에서 형성된 사회적 균열을 갈등축으로 한다. 정치사회학적 관점에서 산업사회에서 형성된 노동과 자본의 균열구조가 서유럽의 정당정치를 지배했던 것을 이해할 수 있다. 그리고 사회변화는 사회적 균열구조를 변경시키고 이는 정당정치의 변화를 가져온다. 가치관, 다양성, 환경 등 다양한 균열구조가 발생하면서 진보와 보수의 갈등구조가 발달했고 이는 사회민주당과 같은 전통적인 정당이 대응해야 할 새로운 문제였고 녹색당, 급진적 우파정당과 같은 새로운 정당의 출현을 자극하기도 했다(Kitschelt 1994; Kitschelt and Hellmans 1990; Kitschelt 1995). 불평등의 심화에 따라(Tavits and Potter 2015), 세계화의 진전에 따라(Ward et al. 2015) 발생하는 문제들이 정당경쟁의 내용이 되고 있으며 특히 서유럽에서는 유럽통합과 이민에 관련된 갈등이 정당경쟁의 중요한 축으로 등장하고 있다(Hooghe and Marks 2018).

상향식 접근은 유권자의 정치적 선호구조가 정당경쟁에 외생적이라고 간주한다. 정당이 호소해야 할 유권자들은 정당 간 경쟁의 외부에서 특정한 정치적 선호를 가지게 되며 정당은 외생적 선호를 가진 유권자들로부터 득표를 극대화할 수 있도록 유권자에게 호소한다. 다시 말해, 정당은 이미 주어진 유권자의 선호구조를 파악하고 유권자 집단의 선호구조 속에서 득표를 극대화하기 위해 정책적 입장을 조정하는 방식으로 경쟁한다는 것이다. 이는 다운즈식의 정당경쟁 모델로, 이러한 모델에서 정당은 득표극대화를 목표로 자신의 정책프로그램을 변경하는 존재로 이해될 수 있다. 그렇게 본다면, 상향식 접근의 입장에서 정당의 경쟁은 주어진 갈등구조에서 득표를 극대화할 수 있도록, 자신의 정책입장을 더 많은 유권자들을 유인할 수 있는 정책위치로 변경하는 위치경쟁(position competition)을 벌일 것이라는 예측을 할 수 있다. 예컨대 상향식 접근의 관점에서 보면, 한국 19대 대선의 경우 박근혜 대통령의 국정농단과 탄핵이슈가 지배적이었으므로 정당은 이 이슈에서 가장 많은 유권자들이 선호하는 정치개혁에 대한 정책입장을 선택할 것이라고 예측할 수 있을 것이다.

그러나 정당이 주어진 정치적, 사회적 갈등구조에 수동적으로 대응하기만 하는 것은 아니다. 또한 정당은 고유한 정치적 이념과 선호를 가지는 조직이기 때문에, 다수의 유권자들이 선호하는 입장을 선택하는 것이 그리 쉬운 일은 아니다. 또한 정당이 표방하는 이념, 지향성, 그리고 그러한 이념과 지향성을 공유하는 핵심 지지층은 정당의 정책변경에 제약조건으로 작용하기도 한다. 다수 유권자가 감세정책과 복지프로그램의 감축을 선호한다고 하더라도 좌파정당이 그러한 정책프로그램을 선택하는 것은 우파정당이 그렇게 선택하는 것보다 훨씬 어려운 선택일 수밖에 없다. 또한 하향식 접근은 정당은 정치적 균열구조를 적극적으로 창출해내는 주체이며, 그럼으로써 자신에게 유리한 경쟁의 구조를 형성하기 위한 시도를 하는 조직이라는 점(Iversen 1994)을 강조한다.

하향식 접근의 정치적 갈등구조에 대한 관점은 상향적 접근과는 달리 유권자의 정치적 선호와 정치적 갈등구조를 외생적인 것으로 간주하지 않는다. 정당은 사회에 명시적으로든 잠재적으로든 존재하는 수많은 갈등적 사안 중 특정한 이슈를 선별하고 그 이슈를 강조하고 그 이슈를 정치화함으로써 정치적 갈등구조를 동원해낸다(Schattschneider 1960). 즉 유권자의 선호와 정치적 갈등구조는 외생적이라기보다는 정당의 이슈선별과 갈등의 정치화 전략에 의해 동원된 것이다. 이슈소유권(issue ownership)에 관한 문헌들에 따르면, 각 정당은 특정한 정책적 이슈에 대한 선호와 입장을 가지고 있으며, 특정 이슈에 대해서는 높은 경쟁력을 가지고 있다. 게다가 어떤 정당이 어떤 정책이슈에 강점이 있는지를 유권자들도 인식하고 있기 때문에(Seeberg 2017), 정당경쟁은 각 정당이 선호하거나 강점을 가진 정책이슈와 정책적 입장을 유권자에게 가장 중요한 정책이슈로 여겨지도록 만듦으로써 자신이 유리한 경쟁구도가 형성될 수 있도록 이슈 자체에 대한 경쟁을 벌인다(Budge 2015; Petrocik 1996). 예컨대 산업정책에 강점이 있는 정당이라면 유권자들이 산업정책을 가장 중요한 선거쟁점으로 인식하고 있다면 선거에서의 정책경쟁에서 유리할 수 있을 것이다.

데 브라이스와 호볼트는 정당의 이슈경쟁 행태는 정치적 상황에 따라 달라진다고 주장하면서 '이슈기업가(issue entreprenurs)' 개념을 제안했다. 이들은 정당이 적극적으로 정치적 갈등구조를 조형하려는 시도는 특히 현재의 정치적 상황에서 승리할 가능성이 낮은 상황에서 더 빈번하게 이루어진다고 주장한다(de Vries and Hobolt 2012; Hobolt and de Vries 2015). 즉 현재의 정치지형에서 승리할 가능성이 매우 낮은 정당은 현재 선거쟁점이 되는 의제 자체를 뒤흔들어야 할 필요성이 있기 때문에 새로운 이슈를 개척하고 더 나아가 현재의 이슈를 완전히 대체하는 것을 도모한다.

정당경쟁의 하향식 관점은 한국의 19대 대선 사례를 분석하는 데 유용한 이론적 틀을 제공한다. 제19대 대선은 민주화 이후 여타 대선에 비교했을 때 매우 특징적인 선거였다. 박근혜 정부의 국정농단은 시민들이 강력한 정치개혁을 요구하도록 만들었고 탄핵으로 인해 치러지는 조기대선에서는 자연스레 정치개혁이 주요 쟁점이 될 수밖에 없었다. 그러나 보수정당은 집권세력으로서 정치적 책임을 지게 되는 상황이었기 때문에 정치개혁 쟁점에서 위치경쟁을 하는 것은 불가능에 가까웠다. 즉 19대 대선은 보수정당에게 극단적으로 불리한 이슈지형에서 치러진 선거였다. 보수정당에서 배출한 대통령은 국정농단 사태로 인해 수많은 시민들에게 신임을 잃었을 뿐만 아니라 헌법재판소의 판결을 통해 법적으로도 대통령의 자리에서 내려올 수밖에 없는 상황에서 치러진 선거였기 때문이다.

이러한 상황에서 보수정당은 정치개혁 이슈를 회피하거나, 더 나아가 유권자들이 탄핵이 불러온 정치개혁 이슈보다 다른 이슈를 더 중요한 것으로 여기게끔 만들어야 할 필요가 있을 것이다.

2. 한국의 정당경쟁과 19대 대통령선거

해방 이후 분단이 불러온 냉전·반공체제는 한국의 정치적 경쟁의 스펙트럼을 극단적으로 제약하는 조건이었다. 또한 오랜 권위주의 통치에 의해 시민적 자유가 억압받으면서 한국의 정당경쟁은 매우 협애한 성격을 띠게 되었다(박찬표 2008). 민주화 이후에도 한국의 선거경쟁은 이념이나 정책과 같은 요소보다 영·호남의 지역주의와 영·호남 지역에서 카리스마적 인물들이 지배했다(이남영 1999; 정진민 1993). 지역주의에 압도된 한국정치에서 유권자들은 정책을 중심으로 한 선거경쟁을 경험하기 어려웠다. 그러나 16대 대선과 17대 총선부터 변화가 감지되기 시작했다. 2002년 제16대 대통령선거에서 세대와 이념이 새로운 갈등축으로 등장했다. 16대 대선에서도 지역주의 투표가 이루어지기는 했지만 세대와 이념도 유권자들의 투표선택에 유의미한 영향을 미치기 시작하면서 한국의 선거경쟁에서 변화가 감지되는 듯했다(강원택 2003). 17대 총선에서 지역균열의 영향력은 현저히 감소하는 모습을 보였다. 보수양당 체계가 지속되어 오던 가운데 17대 총선에서 좌파정당인 민주노동당이 원내에 진입하면서 반공헤게모니와 보수적 자유주의에 대한 도전이 시작되었다(박찬표 2008).

이념과 세대가 유권자의 투표선택을 설명하는 중요한 변수로 작용했으며, 지역주의 투표행태가 가장 뚜렷한 영남과 호남에서도 이념과 세대가 선거에서 지지 정당에 영향을 미치는 요소로 나타나는 등 변화가 관측되었다(조진만&최준영 2005). 1997년의 외환위기와 2008년 서브프라임 모기지 사태로 촉발된 국제금융위기는 한국의 정당경쟁에 새로운 갈등을 불러왔다. 두 차례의 경제위기를 겪으면서 한국사회의 사회경제적 불안정성이 커지고 불평등이 심화하기 시작했다. 이러한 환경의 변화 속에서 신자유주의와 복지국가론의 갈등이 대두되었으며 2012년 제18대 대선의 주요 쟁점으로 경제민주화가 부상하게 되었다(장승진 2013).

분단체제 하에서 이념적 스펙트럼이 대단히 협소하게 규정되었던 한국의 정당경쟁은 민주화 이후에도 카리스마적 정치지도자를 중심으로 한 지역주의에 지배되었으나 점차 다양한 정치적 쟁점들이 주요한 갈등축으로 발달해오고 있다. 그러나 제19대 대통령선거는 선거를 둘러싼 정치적 환경의 측면에서 매우 특수한 선거였다. 제19대 대통령선거는 국정농단과 그로 인한 대통령 탄핵이라는 상황이 만들어낸 단기적 쟁점, 즉 국정농단으로 드러난 정치권력의 오남용 문제를 극복하고 정치개혁을 이끌어나갈 것이냐가 지배적인 쟁점이었던 선거였다. 한국사회에 존재하는 수많은 갈등이 존재하고 있지만, 19대 대통령선거에서 가장 지배적인 쟁점은 국정농단 사태를 지나오면서 제기된 정치개혁의 문제였다. 이러한 상황적 조건은 더불어민주당과 정의당 등 야권의 진보정당에게는 공세적 입장을 취할 수 있는 기회를 제공했지만 자유한국당과 바른정당 등 여권의 보수정당은 극도로 수세적인 입장에 몰릴 수밖에 없는 위협으로 작용했다.

이러한 상황에서 정당 간 경쟁은 선거에서 가장 지배적인 쟁점에서 유권자 다수가 위치하고 있는 정책입장을 공략하는 위치경쟁을 통해 유권자에 호소하기보다는, 다른 이슈를 강조하여 현재 상황보다는 최소한 덜 불리한 정치적 환경을 조성하는 방식으로 이루어질 가능성이 높다(de Vries and Hobolt 2012; Hobolt and de Vries 2015). 국정농단 사태와 탄핵국면을 거치면서 박근혜 전 대통령에 대한 지지율은 물론이고 집권여당인 새누리당에 대한 지지율이 대폭 하락했으며, 탄핵에 찬성하는 유권자가 80%에 이를 정도로 국정농단이나 탄핵에 관련된 정치적 쟁점에서 보수정당이 경쟁하기는 매우 어려운 상황이었다. 반대로 야권의 더불어민주당은 국정농단 사태가 야기한 정치적 상황이 자신에게 유리한 환경을 제공했기 때문에 당시에 활성화되어 있던 정치개혁과 같은 의제를 적극적으로 공략할 수 있었다. 즉 보수정당의 입장에서는 정치개혁 이슈에서 직접적으로 대결할 수 없는 상황이었기 때문에 정치개혁이 아닌 다른 이슈의 중요성을 강조하여 선거지형을 변경시키려는 시도를 해야만 했지만, 민주당은 정치개혁 이슈에서의 위치경쟁을 선호할 것이다.

그렇다면 상당히 이례적인 제19대 대통령선거의 정치적 상황 속에서 각 정당들은 실제로 어떻게 경쟁했을까? 이 연구는 이러한 이슈를 중심으로 살펴보고자 한다. 첫째로는 하향식 접근의 입장에서 각 정당들이 어떠한 이슈를 강조함으로써 선거경쟁을 이끌어가고자 했는지 살펴볼 것이다. 둘째로, 각 정당이 강조한 쟁점들은 각 정당에 대한 유권자들의 투표선택에 어떠한 영향을 미쳤는지를 살펴볼 것이다.

III. 분석: 19대 대통령선거에서의 정당경쟁

1. 분석의 개요

19대 대통령선거에서의 정당경쟁을 분석하는 데 본 연구는 두 가지 전략을 취한다. 첫째는 각 정당이 제시한 주요 공약들을 통해 각 정당이 어떠한 이슈에 대한 쟁점화를 시도했는지 살펴볼 것이다. 제19대 대통령선거에 참여한 정당들의 선거공약은 각 정당이 발행하는 공식 선거공약집에 수록되어 있다. 선거공약집을 통해 각 정당이 제시한 모든 공약 세부적인 사항까지 파악할 수 있지만, 여기서는 각 정당이 중앙선거관리위원회에 제출한 10대 공약을 먼저 살펴본다. 10대 공약은 각 정당이 제시한 전체 공약의 일부분이지만 각 정당이 선정한 핵심적 정책의제들을 담고 있으며, 정당이 공약의 순위를 정하여 제시하고 있기 때문에 각 정당이 어떠한 정책의제에 더 큰 중요성을 부여하고 있는지 알 수 있다는 점에서 유용하다. 따라서 이 글에서는 정당별 10대 공약의 주요 의제를 개

괄한 뒤, 10대 공약의 세부적 내용을 분석함으로써 19대 대통령선거에서 나타난 정당 간 정책경쟁을 살펴본다. 또한 각 정당이 발행한 공식 정책 공약집도 분석대상이다.

선거공약 분석에 이어서 각 정당이 강조한 정책이슈들을 유권자가 얼마나 중요하게 인식하는지와 이슈의 우선성 인식이 투표선택에 어떠한 영향을 미쳤는지를 살펴보기 위해 설문조사 자료를 분석한다. 분석에 활용된 자료는 대통령선거 이후 한국사회과학데이터센터가 중앙선거관리위원회와 한국정치학회의 의뢰를 받아 유권자를 대상으로 수행한 설문조사 자료다.

통계분석은 두 가지 부분으로 나뉜다. 첫째는 유권자가 경제, 정치/재벌개혁, 사회 문제, 국가안보 중 어떤 이슈를 중요하게 여기는지에 영향을 미치는 요인을 찾는 분석이다. 이 글이 활용한 설문조사는 응답자에게 "현재 우리사회에서 가장 시급하게 해결되어야 할 과제는 무엇이라고 생각하십니까? 한 가지만 선택해 주십시오"라고 묻고 열 가지의 선택지를 부여했다. 열 가지의 이슈를 경제(실업 문제/주거 문제/물가 문제), 정치/재벌 개혁(정치개혁, 재벌개혁), 사회 문제(교육 문제/복지 문제/환경 문제/저출산 고령화 문제), 국가안보(안보 문제)로 구분하여 네 가지의 범주를 갖는 변수를 생성한 뒤 다항 로지스틱 회귀분석을 통해 분석한다. 즉 경제 문제에 대비하여 다른 이슈가 가장 시급하고 중요한 이슈라고 응답할 확률의 증감에 영향을 미치는 요인을 탐색한다. 두 번째 통계분석은 유권자들의 이슈우선성 인식이 투표 선택에 어떠한 영향을 미치는지 밝히는 것을 목적으로 한다. 이 분석의 종속변수는 투표선택이며, 이번 대선에서 주요 후보로서 경쟁한 문재인, 홍준표, 안철수, 유승민, 심상정을 범주로 하는 범주형 변수로 정의되었다. 이 분석 역시 다항 로지스틱 회귀분석을 활용해 수행될 것이다. 기준 범주는 19대 대선에서 여타 다른 후보들이 주요한 경쟁상대로 상정한 문재인 후보와 홍준표 후보를 각각 기준으로 하여 총 2회의 다항 로지스틱 회귀분석을 시행한다.

2. 정당별 주요 공약에서 나타난 정당경쟁

19대 대통령선거에 참여한 주요 5개 정당이 선정한 10대 공약의 의제와 그 순위는 〈표 1〉과 같다.

10대 공약을 살펴보면 더불어민주당이 선거 당시의 환경에서 최대의 쟁점이었던 정치개혁 문제는 가장 강력히 강조하고 있다는 것을 확인할 수 있다. 더불어민주당은 2순위 공약에 정치권력과 권력기관 개혁을 내세우며, '이명박·박근혜 정권 9년의 적폐를 청산'하겠다고 강조점을 두었다. 구체적인 내용으로는 대통령의 24시간 공개, 대통령 인사시스템 투명화, 대통령 집무실 광화문 정부청사 이전 등 폐쇄적인 청와대와 대통령직을 보다 개방적으로 변화시키겠다는 공약을 내세웠다. 더불어민주당의 공식 정책공약집 〈나라를 나라답게〉에서도 '촛불혁명의 완성으로 국민이 주인인 대한민국'을 1번 공약으로 내세우고 있으며 박근혜 정부의 국정농단을 수차례 직접적으로 언급하고, 이명박, 박근혜 정부의 집권기간을 '적폐'로 규정하는 등 국정농단과 탄핵이 형성한 정치지형을 적극적으로 활용하고 자신의 정치적 입장을 유권자들에게 명백하게 인지시키기 위한 포지셔닝을 하고 있다. 민주당은 당시의 선거쟁점을 적극적으로 공략하는 전략을 취했는데, 이는 선거 당시의 쟁점과 여론 모두 더불어민주당에 매우 유리한 상황이었기 때문에 이러한 상황을 최대한 유리하게 활용하는 전략을 선택했다고 볼 수 있다. 더불어민주당의 경쟁 전략은 19대 대선 당시에 형성된 여론지형에 적극적으로 반응하는 상향식 접근으로 이해할 수 있는 경쟁전략이라고 할 수 있을 것이다.

진보정당인 정의당도 제1순위 공약으로 '촛불혁명 완수하는 국민주권형 정치개혁'을 내세웠다. 19대 대통령선거의 정치적 상황에서 정치개혁 의제가 진보정당, 또는 당시 야권에 유리한 이슈이기 때문일 것이다. 그러나 세부적인 내용을 살펴보면 민주당이 제시하는 공약과는 성격이 다르다. 정의당은 정치개혁 공약으로 국민소환제 등 직접민주주의 확대, 연동형 비례대표제 확대 및 대통령/지자체장선거 결선투표제 도입, 선거권

〈표 1〉 19대 대통령선거 정당별 10대 공약 주요 의제

순위	더불어민주당 문재인	자유한국당 홍준표	국민의당 안철수	바른정당 유승민	정의당 심상정
1	일자리 확대	강한 국가안보	국가안보 및 한반도 평화체제 구축	아이 키우고 싶은 나라	국민주권형 정치개혁
2	정치 및 권력기관 개혁	기업자유/서민기회 보장을 통한 일자리 확대	교육/과학기술/창업 혁명	노동권 확대 및 노동개혁	튼튼한 안보와 적극적 평화외교
3	반부패 및 재벌 개혁	복지사각지대 해소	정경유착/불공정거래 근절 및 소상공인 보호	더불어 사는 공동체 복지 실현	조세 및 재벌개혁으로 정의로운 경제
4	민주주의와 평화를 선도하는 강국 건설	계층 간 이동성 확대	임금격차와 고용불안 해서	공정한 시장경제 및 창업 활성화	고용안정 및 불평등 해소
5	청년 고용 및 청년복지	서민복지 확대	기득권 타파와 협치·통합의 정치	중소기업과 자영업을 위한 공정한 시장경제	성평등 사회 실현
6	여성에 대한 성차별 해결	소상공인 보호 및 지역경제 활성화	격차해소와 사회안전망 완비	미세먼지 해결, 생활화학제품/원전의 안전성	농어민/중소상공인 보호 및 서민주거 안정
7	노인일자리 확대 및 노년건강	부패척결 및 공공부문 개혁	재난 제로(zero) 사회 구현	강한 군대 육성	보육/의료/노후 안심 복지 실현
8	육아/교육 국가책임제	깨끗한 식수/공기	성평등	교육개혁 및 미래교육 구현	사람중심의 교육혁명과 과학기술
9	골목상권/농어민/소상공인 지원	4차 산업혁명 선도/작고 효율적인 정부	환경/에너지 및 문화 공공성 및 민주성 회복	저소득층 주거복지 강화	탈핵 실현 및 공정언론 및 문화예술지원
10	재난 관리 및 친환경	저출산 대책 및 청년	스마트 농어촌	부정부패 청산 및 정치개혁	아동, 청년, 장애인, 소수자 공약

출처: 중앙선거관리위원회 홈페이지(https://www.nec.go.kr)를 참조하여 저자가 정리

연령 하향조정 등 정치제도 개혁에 초점을 맞추고 있다. 두 번째로는 자치분권 및 행정개혁을 내세우고 있으며 세월호 진상규명 등 안전사회로의 전환, 검찰개혁과 사법정의 실현을 뒤이어 제시하고 있다. 정의당은 정치개혁 이슈를 전면에 내세우고는 있지만 직접적으로 국정농단 및 탄핵이슈를 동원하지 않고 정치제도 개혁에 초점을 맞추고 있다는 점이 민주당과의 뚜렷한 차이다.

반면 정치개혁 이슈에서는 수세적일 수밖에 없는 자유한국당은 정치개혁 관련 의제를 적극적으로 내세우지 않았다. 자유한국당은 강한 안보를 제1공약으로, 기업 자유 및 서민기회 확대를 제2공약으로 내세우고 있다. 자유한국당이 전면에 내세운 공약은 민주화 이후 한국정치에서 주로 정책적 쟁점이 되어왔던 주제들이며, 전통적으로 한국 보수정당이 제시해왔던 주요 정책프로그램의 방향성과 큰 차이가 없다. 10대 공약에서 일곱 번째 공약으로 "부패척결과 공공부문 개혁으로 사회부조리 차단"을 내세우기는 하였으나 세부적인 내용을 보면 검경수사권 조정, 공기업 인사투명화 및 구조조정, 경찰개혁, 사형집행 및 흉악범죄로부터 국민보호와 같은 내용이 주를 이루고 있고 국정농단과 정치개혁 관련해서는 특별감찰관 권한강화를 통한 대통령 주변 비리 정도만을 내세우고 있을 뿐이다. 자유한국당은 공식공약집 〈대한민국을 다시 일으키는 힘〉에서도 정치개혁을 가장 후순위 공약으로 배치하면서 정치개혁 이슈로부터 회피하려는 전략을 취했다. 구체적인 내용을 살펴보더라도, 분권형 대통령제 개헌, 지방분권, 국회의원 특권폐지 및 국민소환제 도입을 공약하면서 조기 대선을 야기한 대통령의 권한남용 등 불법적인 통치행위를 방지할 수 있는 방안에 대한 언급은 회피하고 있다.

자유한국당은 자신이 유리하게 활용하기 어려운 정치개혁 이슈를 스스로 부각시킴으로써 불리한 쟁점이 한층 더 현저성(saliency)을 띠는 것을 방지하고자 하였지만, 그렇다고 해서 새로운 쟁점을 개척하려는 시도가 있었던 것으로는 보이지 않는다. 자유한국당이 강조한 정책이슈는 국가안보와 경제적 자유라는 보수정당의 전통적 의제였다. 자유한국당은 선거캠페인에서 '홍준표를 찍어야 자유대한민국을 지킨다'는 구호를 강조하였으며 민주당 집권시 안보와 시장경제가 위태로워질 것이라 주장하면서 안보와 시장경제 이슈를 한층 더 부각시키는 선거전략을 취했다.

정치개혁 이슈를 회피하는 전략은 바른정당에서도 나타난다. 바른정당은 새누리당에서 박근혜 전 대통령 탄핵에 찬성하며 탈당한 정치인들이 창당한 정당임에도 불구하고 그에 관련한 정치개혁은 상대적으로 덜 강조하고 있다. 바른정당의 10대 공약에서 정치개혁은 10순위에 위치하고 있으며, 내용적 측면에서는 대통령 4년 중임제 및 지방분권형 개헌, 인사탕평 내각 구성, 대통령-부처장관 협치중심 국정운영, 청와대 비서실 축소, 공직자비리수사처 설치 등을 다루고 있다. 반면, 바른정당은 저출산 대책, 노동개혁, 공정한 시장경제, 복지를 전면에 내세우고 있다.

세부적인 내용으로는 육아휴직 3년 보장, 비정규직 사용총량제, 학력차별금지, 대기업 일감몰아주기 근절, 중부담 중복지 등을 공약으로 내걸면서 기존의 보수정당에 비교했을 때 상당히 전향적인 경제·사회정책을 부각시키고 있다. 바른정당의 이슈경쟁 전략은 박근혜 정부 시기 집권세력에 속해 있었던 정당으로서 불리할 수밖에 없는 정치개혁 의제를 상대적으로 축소하는 반면 자유한국당과는 복지 친화적인 경제·사회정책을 통해 차별화를 시도하는 것으로 보인다. 바른정당의 선거경쟁 전략은 한편으로는 자유한국당과 유사하지만, 다른 한편으로는 뚜렷한 차이를 볼 수 있다. 공통점으로는 불리한 쟁점인 정치개혁 쟁점을 부각시키지 않음으로써 불리한 이슈에서의 위치경쟁의 회피를 시도했다는 것이다. 그러나 바른정당은 보수정당으로서 저출산, 복지, 공정경제 등의 쟁점을 취하면서 정책경쟁의 지형 자체에 영향을 미치고자 하는 시도가 있었다는 점에서는 차이점이 있다. 이는 호볼트와 데 브라이스가 말한 것처럼, 현 상황에서 극도로 불리한 상황에 처한 정당으로서 현재의 이슈지형 자체를 변경하고자 하는 이슈사업가적 동기가 작용했다고 볼 수 있을 것이다.

안철수 후보는 제1순위 공약으로 자강안보와 평화체제 구축을, 2순위 공약으로는 교육/과학기술/창업혁명을 강조했다 자강안보와 평화체제 구축은 주로 보수정당에서 채택하던 한미동맹 강화와 민주당 계열 정당에서 채택하던 4자회담과 6자회담과 같은 다자주의적 해법을 혼합한 형태로 정치적 중도를 겨냥한 공약이다. 2순위로 강조한 교육/과학기술/창업 관련 이슈는 안철수 후보의 개인적 이력(교수/사업가)에서 도출된 공약으로, 이른바 이슈소유권을 가지고 있다고도 볼 수 있는 공약이다. 이 공약에서는 교육부를 폐지하고 국가교육위원회를 설치하고, 학제를 개편하며 수능을 자격고사로 전환하는 등의 내용을 담고 있다. 또한 정부주도를 탈피하고 민간주도형의 과학기술혁명, 창업혁명을 위한 생태계를 구축하겠다고 공약했다. 국민의당도 민주당이나 정의당과 마찬가지로 당시 야권이었으나 박근혜 정부 국정농단 사태가 야기한 정치적 상황을 적극적으로 활용하지는 않았다. 정치개혁 관련 공약을 제5순위에 제시하기는 했으나, 고위공직자 부패척결, 검찰 및 사법개혁 등의 공약은 다른 후보들과 비교했을 때 차별성이 강한 공약이라고는 볼 수 없고 제왕적 대통령의 권한축소와 중앙과 지방의 분권강화 공약도 마찬가지다. 이러한 공약들을 봤을 때, 국민의당은 중도적 공약을 내세우고, 전 정부에 대한 직접적 비판을 피하면서 진보와 보수 유권자에 모두 호소하려는 전략을 추진했다고 볼 수 있다. 한편으로는 당의 대선 후보인 안철수 후보의 개인 이력을 앞세워 4차 산업혁명이라는 화두를 적극적으로 활용하여 이슈 선점을 시도하기도 했다.

각 정당이 제시한 10대 공약을 통해 본 정당의 이슈경쟁에 나타난 전략은 각 정당이 놓인 정치적 상황에 따라 다르게 추진되었다. 우선 더불어민주당은 야권의 대표주자로서 박근혜 정부의 실정을 강도 높게 비판하고 강력한 정치개혁안을 전면에 내세우면서 당시의 정치지형을 적극적으로 활용하려는 전략을 취했다. 민주당의 이러한 전략은 정당경쟁에 관한 이론적 시각 중 상향식 접근으로 이해될 수 있을 것이다. 국정농단 사태로 인해 급기야 현직 대통령이 파면되면서 시작된 선거이므로 당시의 최대 쟁점은 정치개혁이었고, 상당수의 국민이 정치개혁에 대한 문제의식을 가졌기 때문에 더불어민주당은 여론이 응집된 지점을 집중적으로 공략한 것이다. 반면 여권 보수정당인 자유한국당과 바른정당은 정치개혁 이슈를 상대적으로 후순위에 위치시키고 다른 쟁점(국가안보, 저출산 문제 등)을 전면에 내세우면서 다른 이슈를 부각시키려 했다. 즉 보수정당은 하향식 접근의 관점에서 합의이슈 경쟁을 시도한 것으로 이해할 수 있다. 특히 바른정당은 보수정당으로서는 상당히 파격적인 사회정책을 제시하면서 이슈를 개발하려 했다는 점에서 이슈기업가적 전략을 시도했다고 볼 수 있을 것이다. 한편 국민의당은 중도적 입장에서 이슈경쟁을 벌였고 위치경쟁과 합의이슈경쟁을 모두 시도했다. 국민의당의 안보 및 외교공약은 진보와 보수 모두에 호소하려는 시도로서 관련된 쟁점에서 위치경쟁을 시도했다고 볼 수 있을 것이다. 그리고 교육, 과학기술, 창업 등 4차 산업혁명 대응에 관한 공약을 통해 당의 후보자가 가장 강점을 가질 수 있는 이슈를 동원하여 선거구도를 유리하게 변화시키려는 시도를 하였다.

3. 설문조사자료 분석

'정책이 실종된 선거'는 한국의 선거에 대한 비판 중 가장 흔한 것이었다. 그러나 한국의 정당경쟁이 단순한 인물경쟁이나 지역구도에만 머물러 있는 것은 아니었다. 2000년대 초반부터 정책 쟁점이 선거에서 갖는 중요성은 점차 커지고 있다(강원택 2003). 2000년대 이후에 진보정당이 보수적 양당체계를 뚫고 의회에 진출하면서 새로운 균열이 정치적 대표체계에 투입하는 등 한국의 정당이 점차 정책적 차별성을 나타내고 있다(박찬표 2008). 제16대 대통령선거에서 행정수도 이전과 같은 정책 쟁점이 유권자들의 투표선택에 유의미한 영향을 미치는 것으로 나타났으며(이현우 2006), 제17대 대통령선거에서는 경제에 관련된 정책적 이슈들이 유권자들의 투표결정 요인으로 부상했다(강원택 2008; 권혁용 2008). 제18대 대통령선거에서도 경제민주화 공약이 투표선택에 강력한 영향력을 미치는 것으로 나타난 바 있다(장승진 2013). 물론 여전히 선거운동 기간 중 상대 후보에 대한 비방 등 네거티브 전략이 시도되는 측면이 존재하는 것은 사실이지만, 그럼에도 불구하고 분명한 것은 선거에 나선 정당들은 자신을 다른 정당과 구분지을 수 있는 정책적 지향을 적극적으로 표명하고 있으며 이러한 정책경쟁 노력이 유권자의 투표선택에도 유의미하게 영향을 미치고 있다는 사실이다.

정당들이 정책적 차별성을 드러내면서 경쟁하는 양상은 제19대 대통령선거에서도 지속되었다. 제19대 대통령선거에서 정당의 공약을 분석한 연구(정회옥 2018)에 따르면, 제19대 대통령선거에서 분석대상 공약 중 약 33%가 다른 정당과 뚜렷한 차별성을 보였고, 근소한 차이를 보인 공약은 59%로 약 90%에 달하는 공약이 다른 경쟁 정당과는 구분되는 것으로 나타났다. 대통령 탄핵이라는 매우 지배적인 이슈가 지배하여 자칫 정책적 경쟁이 축소될 수 있었던 상황이었음에도 불구하고 정당들은 스스로를 정책을 통해 차별화하는 것을 시도했다는 것이다. 그렇다면 유권자의 정책이슈에 대한 선호는 투표선택에 어떠한 영향을 미쳤는가? 즉 19대 대통령선거에서 각 정당의 정책경쟁이 유권자의 선택을 이끌어내는 데 얼마나 유의미한 요소였는가? 이 질문에 답하기 위해 본 연구는 유권자의 투표선택의 관계를 설문조사 자료를 분석함으로써 살펴본다. 분석에 활용된 자료는 대통령선거 이후 한국사회과학데이터센터가 중앙선거관리위원회와 한국정치학회의 의뢰를 받아 유권자를 대상으로 수행한 설문조사 자료다.

〈표 2〉는 유권자의 우선시하는 정책이슈가 투표선택에 어떠한 영향을 미쳤는지를 살펴본 분석의 결과를 제시하고 있다. 투표선택에 영향을 미칠 수 있는 사회경제적 요인과 거주지역, 정당일체감, 정치이념을 통제하였고 이전 정부에 대한 평가가 투표선택에 영향을 미친다는 회고적 투표(retrospective voting)의 논리에 따라, 그리고 19대 대통령선거의 특수한 정치적 상황을 고려하여 박근혜 정부에 대한 평가를 통제했다. 다섯 명의 후보가 경쟁한 제19대 대통령선거를 분석하기 위한 방법으로는 다항 로지스틱 회귀분석(multinominal logistic regression)을 활용해 분석했다. 다항 로지스틱 회귀분석은 19대 대통령선거에서 1위와 2위를 차지한 문재

〈표 2〉 이슈 우선성 결정요인(한계효과)

		기준범주: 경제 문제		
		정치/재벌개혁	사회 문제	국가안보
연령		0.000 (0.001)	0.000 (0.001)	0.003*** (0.001)
여성		-0.031 (0.019)	0.000 (0.024)	-0.045* (0.018)
소득수준		0.012 (0.006)	-0.003 (0.008)	0.007 (0.010)
교육수준		0.008 (0.011)	-0.012 (0.014)	-0.016 (0.029)
지역 (base= 기타)	호남	0.000 (0.004)	-0.055 (0.038)	-0.016 (0.040)
	대구/경북	-0.003 (0.032)	0.061 (0.046)	0.115** (0.041)
	부산/경남	-0.041+ (0.024)	-0.065* (0.046)	-0.084*** (0.016)
정당 일체감 (base= 무당파)	더불어민주당	0.051* (0.025)	0.022 (0.030)	0.018 (0.024)
	자유한국당	0.013 (0.029)	-0.071+ (0.039)	-0.006 (0.024)
	국민의당	0.028 (0.036)	0.101 (0.202)	0.083* (0.040)
	바른정당	-0.063* (0.031)	0.101 (0.079)	-0.075** (0.028)
	정의당	0.161+ (0.162)	-0.018 (0.083)	-0.101*** (0.014)
정치 이념(보수)		0.009+ (0.005)	-0.010 (0.007)	0.011* (0.005)
관측수		1,166		
로그우도		-1238.695		
Pseudo R2		0.058		

표 안의 숫자는 한계효과(marginal effect)이며 괄호 안은 표준오차(standard errors)임
* p<0.05, ** p<0.01, *** p<0.001

인, 홍준표 후보를 기준범주로 하여 총 2회 시행했다. 따라서 분석결과는 문재인 후보 또는 홍준표 후보 대비 다른 후보를 선택하는 데 있어 어떤 요인이 영향을 미쳤는지를 의미하게 될 것이다. 다항 로지스틱 회귀분석을 통해 산출되는 계수의 의미를 직관적으로 이해하기는 다소 어렵기 때문에 각 변인의 효과를 직관적으로 이해하기 쉽도록 설명변인의 변화에 따른 특정 후보자를 선택할 확률의 변화를 나타내는 한계효과(marginal effects)를 중심으로 살펴보았다.

19대 대통령선거에서 정당들은 서로 다른 이슈를 강조하면서 경쟁했다. 각 정당의 이러한 노력은 유권자에게 얼마나 영향을 미쳤는가? 각 정당이 강조하고자 한 이슈의 우선성에 유권자는 어떻게 반응했는가? 〈표 2〉는 유권자들이 어떤 이슈를 가장 중요하게 생각하는지에 영향을 미치는 요인을 분석한 결과를 제시하고 있다. 기준범주는 일반적으로 가장 중요하게 여겨지는 이슈인 경제이슈로 설정했다.

정치/재벌개혁이 가장 중요하다고 보는 입장에 영향을 미친 요인은 더불어민주당 정당일체감과 바른정당 정당일체감이다. 더불어민주당에 정당일체감을 갖는 유권자는 무당파 유권자에 비해서 경제에 비해 정치/재벌개혁이 가장 중요하다고 응답할 확률이 5.1% 증가하며, 이와 반대로 바른정당 정당일체감은 6.3% 감소효과를 보여준다. 정의당 정당일체감도 90% 신뢰구간에서 +16.1%의 유의미한 영향력을 보이는 것으로 나타난다. 경제정책에 비해 사회정책이 더 중요하다고 응답할 확률 증감에 영향을 미치는 요인은 부산/울산/경남 거주다. 부산/울산/경남 거주자는 기타 지역 거주자들에 비해 경제 문제 대비 사회 문제가 가장 중요하다고 응답할 확률이 6.5% 낮은 것으로 나타난다. 이외에 자유한국당 정당일체감도 90% 신뢰구간에서 7.1%의 유의미한 감소효과를 보여주고 있다.

경제정책에 비해 국가안보 이슈가 가장 중요한 이슈라고 응답할 확률에 영향을 미치는 요인은 연령, 성별, 대구/경북, 부산/울산/경남 거주, 자유한국당, 국민의당 바른정당, 정의당 정당일체감, 정치이념으로 나타났다. 연령이 높아질수록 경제 문제에 비해 국가안보가 중요한 이슈라고 답변할 확률은 0.3% 유의미하게 증가하며, 남성에 비해 여성은 국가안보가 가장 중요한 이슈라고 답변할 확률이 4.5% 유의미하게 낮게 나타난다. 대구/경북 유권자들은 기타 지역 유권자들에 비해 경제 문제 대비 안보 문제가 가장 주요하다고 응답할 확률이 11.5% 높지만, 부산/경남지역 유권자의 경우 대구/경북과는 반대로 안보 문제가 중요하다고 응답할 확률이 8.4% 낮은 것으로 나타났다. 영남지역에서 경제 문제 대비 안보 문제의 우선성에 대해 다른 성향을 나타내고 있다는 사실은 영남의 정치구도를 이해하는 데 중요한 함의를 가질 것이다.

일반적으로 보수정당은 국가안보를 강조해왔기 때문에 보수정당에 정당일체감을 갖는 유권자들도 안보 문제를 다른 이슈보다 더 중요하게 여길 것이라고 생각할 수 있지만, 이 분석에서 자유한국당 정당일체감은 국가안보를 경제 문제 대비 가장 중요하다고 보는 데 유의미한 영향을 보이고 있지는 않다. 바른정당 정당일체감의 경우 오히려 경제 문제 대비 안보이슈가 중요하다고 응답할 확률이 7.5% 유의미하게 감소시키는 효과를 보이고 있다. 정의당 정당일체감도 마찬가지로 경제 문제 대비 안보이슈가 중요하다고 응답할 확률을 10.1% 낮추며, 국민의당 정당일체감은 안보이슈가 가장 중요한 이슈라고 응답할 확률을 8.3% 만큼 상승시키는 것으로 나타났다. 한편 정치이념이 보수적일수록 평균적으로 1.1% 만큼 안보 문제가 가장 중요한 이슈라고 응답할 확률을 상승시킨다.

〈표 3〉은 문재인 후보 대비 다른 후보를 지지할 확률에 영향을 미치는 요인을 분석한 것이다. 분석결과, 문재인 후보 대비 홍준표 후보를 지지할 확률에 영향을 미치는 요인은 정당일체감과 정치이념, 박근혜 정부에 대한 평가인 것으로 나타났다. 호남지역 거주민은 기타 지역(수도권, 충청, 강원 등) 거주민에 비해 문재인 후보 대비 홍준표 후보에게 투표할 확률이 약 21% 낮고, 정치이념의 보수성이 한 단위 증가할 때마다 문재인 후보 대비 홍준표 후보에 투표할 확률은 1.9% 상승한다. 그리고 박근혜 정부의 국정운영에 대한 평가가 한 단위 증가할 때마다 홍준표 후보에 투표할 확률은 3.3% 증가하는 것으로 나타난다. 정당일체감의 영향력을 정

<표 3> 문재인 후보 대비 투표선택(한계효과)

		기준범주: 문재인 선택			
		투표선택: 홍준표	투표선택: 안철수	투표선택: 유승민	투표선택: 심상정
이슈 우선성 (base= 경제)	정치/재벌 개혁	0.029 (0.267)	-0.027 (0.028)	-0.004 (0.020)	-0.026 (0.017)
	사회 문제	0.009 (0.018)	0.006 (0.023)	-0.006 (0.014)	-0.020 (0.015)
	국가안보	-0.016 (0.022)	-0.012 (0.030)	0.026 (0.024)	0.026 (0.029)
연령		0.014+ (0.001)	-0.001 (0.001)	-0.002** (0.001)	0.000 (0.001)
여성		-0.007 (0.016)	-0.009 (0.018)	-0.020 (0.012)	0.019 (0.013)
소득수준		0.001 (0.005)	-0.001 (0.006)	-0.002 (0.004)	-0.002 (0.004)
교육수준		-0.015+ (0.009)	-0.007 (0.011)	-0.014+ (0.007)	0.019* (0.008)
지역 (base= 기타)	호남	-0.210*** (0.024)	0.124* (0.053)	-0.073*** (0.008)	0.003 (0.032)
	대구/경북	0.497 (0.028)	-0.021 (0.031)	-0.027 (0.017)	-0.068*** (0.008)
	부산/경남	0.038 (0.026)	0.011 (0.030)	-0.020 (0.018)	-0.023 (0.019)
정당 일체감 (base= 무당파)	더불어민주당	-0.146*** (0.026)	-0.199*** (0.024)	-0.089*** (0.016)	-0.103*** (0.018)
	자유한국당	0.409*** (0.061)	-0.104* (0.051)	-0.063** (0.023)	-0.077* (0.034)
	국민의당	-0.181*** (0.021)	0.682*** (0.042)	-0.056* (0.027)	-0.088*** (0.022)
	바른정당	-0.143*** (0.039)	-0.003 (0.057)	0.672*** (0.062)	-0.107*** (0.017)
	정의당	-0.181*** (0.021)	-0.127 (2.348)	-0.089*** (0.016)	0.616*** (14.532)
정치 이념(보수)		0.019*** (0.005)	-0.004 (0.005)	0.012** (0.004)	0.000 (0.004)
박근혜 정부 국정평가		0.033** (0.012)	0.027+ (0.016)	-0.013 (0.011)	0.001 (0.012)
관측수		932			
로그우도		-514.850			
Pseudo R2		0.581			

표 안의 숫자는 한계효과(marginal effect)이며 괄호 안은 표준오차(standard errors)임
* p<0.05, ** p<0.01, *** p<0.001

당별로 살펴보면, 자유한국당에 대해 정당일체감을 느끼는 유권자일 경우 문재인 후보 대비 홍준표 후보에 투표할 확률이 40.9% 높은 것으로 나타나지만, 더불어민주당에 대한 정당일체감은 홍준표 후보에 투표할 확률을 14.6% 감소시키고, 국민의당은 18.1%, 바른정당은 14.3%, 정의당 정당일체감은 18.1% 만큼 홍준표 후보 선택에 부정적인 영향력을 미친다. 반면 중요하게 생각하는 이슈가 무엇인지는 홍준표 후보 투표선택에 영향을 미치지 않는다.

다음으로 안철수 후보 선택에 영향을 미치는 요인을 보면 홍준표 후보와 마찬가지로 호남 거주와 정당일체감이 유의미한 영향력을 갖고 있지만, 그 외에 유의미한 요인은 발견되지 않는다. 분석에 따르면 호남 거주민은 TK, PK지역 외의 여타지역 거주민에 비해 문재인 후보 대비 안철수 후보를 선택할 확률이 12.4% 높다. 안철수 후보의 소속정당인 국민의당에 정당일체감을 느끼는 유권자의 경우, 무당파 유권자들에 비해 문재인 후보 대비 안철수 후보를 선택할 확률이 68.2% 높아지는 것으로 나타난다. 반면 더불어민주당 정당일체감은 문재인 후보 대비 안철수 후보에 투표할 확률을 19.9% 낮추고 자유한국당 정당일체감은 10.4% 감소시킨다. 앞서 말했듯, 이념은 문재인 후보 대비 안철수 후보 선택에는 유의미한 영향력이 없었으며 박근혜 정부의 국정운영에 대한 평가 또한 마찬가지였다. 가장 시급하다고 생각하는 이슈도 유의미한 영향력은 보이지 않았다.

유승민 후보의 경우에도 호남과 정당일체감, 이념이 주요한 유의미한 요인으로 꼽히고 있다. 호남 유권자의 경우 비영남 유권자들에 비해 문재인 후보 대비 유승민 후보를 지지할 확률이 약 7.3% 낮고, 더불어민주당을 가장 가깝게 느끼는 유권자가 문재인 후보 대비 유승민 후보를 지지할 확률은 무당파 유권자에 비해 8.9% 낮고, 자유한국당 정당일체감은 6.3%, 국민의당 정당일체감은 5.6%만큼의 유승민 후보 선택확률을 감소시키는 효과를 보여주고 있다. 반면 바른정당을 가깝게 느끼는 유권자가 문재인 후보 대비 유승민 후보를 지지할 확률은 무당파 유권자들에 비해 67.2% 높아지는 것으로 나타난다. 이념이 보수적으로 한 단위 강화될 때마다 유승민 후보에 투표할 확률은 약 1.2%가 증가하는 것으로 나타나는데, 이는 다른 보수정당 후보인 홍준표 후보 선택에 대하여 나타났던 보수이념의 효과보다는 약간 낮은 수준이다. 홍준표 후보와 비교해서 다른 점은 문재인 후보 대비 유승민 후보 선택 확률 증감이 박근혜 전 대통령 직무평가에 영향을 받지 않는다는 점이다. 그리고 연령이 낮아질수록 문재인 후보 대비 유승민 후보에 투표할 확률이 0.2%씩 유의미하게 증가하는데, 대개 보수정당 후보의 경우 고령층일수록 높은 지지를 얻었던 것을 고려해보면 이는 주목할만한 현상이다.

　심상정 후보 선택에 영향을 미치는 요인은 대구/경북지역 거주, 정당일체감, 교육수준이다. 대구/경북지역에 거주하는 유권자는 기타 지역 유권자들에 비해 문재인 후보 대비 심상정 후보를 지지할 확률이 -6.8% 낮다. 심상정 후보는 무당파 유권자에 비해서 정의당에 정당일체감을 갖는 유권자들에게 문재인 후보 대비 지지를 받을 확률이 61.6% 높지만, 더불어민주당에 정당일체감은 10.3%, 자유한국당(7.7%), 국민의당(8.8%), 바른정당(10.7%)에 정당일체감을 느끼는 유권자들의 경우 문재인 후보에 비하여 심상정 후보를 지지할 확률은 낮아지는 것으로 나타났다. 한편 교육수준이 높아질수록 심상정 후보에 투표할 확률은 1.9% 만큼 높아진다. 보수정당의 경우와는 달리 이념이나 박근혜 정부에 대한 평가는 문재인 후보 대비 심상정 후보 지지확률에 영향을 미치지 않는 것으로 나타났다.

　〈표 4〉는 홍준표 후보를 기준범주(reference category)로 설정한 분석 결과를 제시하고 있다.

　홍준표 후보 대비 문재인 후보 선택 확률 증감에 영향을 미치는 요인은 호남 및 대구/경북 거주, 정당일체감, 이념, 박근혜 정부 국정운영 평가다. 호남 유권자는 기타 지역 유권자에 비해 홍준표 후보에 비해 문재인 후보를 선택할 확률이 15.8% 높고 대구/경북에 거주하는 유권자는 7.3% 높다. 보수정당 후보인 홍준표 후보에 비해서도 대구/경북 유권자들도 문재인 후보를 선택했다는 결과는 매우 이례적인 것이라 할 수 있을 것이다. 더불어민주당을 가장 가깝게 느끼는 유권자가 무당파 유권자들에 비

〈표 4〉 홍준표 후보 대비 투표선택(한계효과)

		기준범주: 홍준표 선택			
		투표선택: 문재인	투표선택: 안철수	투표선택: 유승민	투표선택: 심상정
이슈 우선성 (base= 경제)	정치/재벌 개혁	0.028 (0.031)	-0.027 (0.028)	-0.004 (0.020)	-0.026 (0.017)
	사회정책	0.012 (0.025)	0.005 (0.023)	-0.006 (0.014)	-0.020 (0.015)
	국가안보	-0.024 (0.033)	-0.012 (0.026)	0.026 (0.024)	-0.026 (0.029)
연령		0.002 (0.001)	-0.001 (0.001)	-0.002** (0.001)	0.000 (0.001)
여성		0.016 (0.020)	0.009 (0.018)	-0.020 (0.012)	-0.019 (0.013)
소득수준		0.004 (0.006)	-0.001 (0.006)	-0.002 (0.004)	-0.002 (0.004)
교육수준		0.016 (0.012)	-0.007 (0.011)	-0.014* (0.007)	0.019* (0.008)
지역 (base= 기타)	호남	0.158** (0.055)	0.124** (0.053)	-0.073*** (0.008)	0.004 (0.032)
	대구/경북	0.073* (0.036)	-0.021 (0.031)	-0.027 (0.017)	-0.068*** (0.008)
	부산/경남	-0.007 (0.031)	0.011 (0.030)	-0.020 (0.018)	-0.023 (0.019)
정당 일체감 (base= 무당파)	더불어민주당	0.538*** (0.032)	-0.200*** (0.024)	-0.089*** (0.016)	-0.103*** (0.018)
	자유한국당	-0.164* (0.068)	-0.104* (0.051)	-0.063** (0.023)	-0.077* (0.034)
	국민의당	-0.367*** (0.036)	0.681*** (0.042)	-0.056* (0.027)	-0.088*** (0.022)
	바른정당	-0.420 (4.582)	-0.003 (0.057)	0.672*** (0.062)	-0.107*** (0.017)
	정의당	-0.220* (0.087)	-0.127+ (0.072)	-0.089*** (0.016)	0.616*** (0.081)
정치 이념(보수)		-0.027*** (0.006)	-0.004 (0.005)	0.012** (0.004)	-0.000 (0.004)
박근혜 정부 국정평가		-0.048** (0.018)	0.027* (0.016)	-0.126 (0.011)	0.001 (0.002)
관측수		932			
로그우도		-514.848			
Pseudo R2		0.581			

표 안의 숫자는 한계효과(marginal effect)이며 괄호 안은 표준오차(standard errors)임
* p<0.05, ** p<0.01, *** p<0.001

해 홍준표 후보 대비 문재인 후보를 선택할 확률은 53.8% 높다. 반면 자유한국당에 정당일체감을 갖는 유권자가 문재인 후보에 투표할 확률은 16.4% 낮고, 국민의당은 36.7%, 정의당은 22.2% 낮은 것으로 분석됐다. 이념적으로 보수적일수록 문재인 후보를 선택할 확률은 2.7% 감소하고, 박근혜 전 대통령의 국정지지에 부정적일수록 4.8% 만큼 문재인 후보를 홍준표 후보 대비 선택할 가능성이 낮아진다.

안철수 후보의 경우, 호남 유권자에게 홍준표 후보에 비해 지지받을 확률은 12.4% 높다. 국민의당 정당일체감을 가진 유권자가 홍준표 후보 대비 안철수 후보에 투표할 확률은 68.1% 높지만, 민주당(20%), 자유한국당(10.4%) 유권자의 경우 안철수 후보를 홍준표 후보에 비해 지지할 확률은 낮다. 한 가지 흥미로운 점은 박근혜 전 대통령의 국정수행에 대한 평가가 긍정적일수록 안철수 후보를 홍준표 후보에 비해 지지할 확률이 2.7% 유의미하게 상승하는 것으로 나타났다. 안철수 후보는 기본적으로 야권후보로 분류되기 때문에 이 결과는 추가적 설명을 필요로 할 것이다. 이러한 결과가 나온 이유는 문재인 후보가 선거운동기간 초기부터 지지율 선두를 달리는 중에, 안철수 후보가 문재인 후보의 당선을 저지할 수 있는 후보로 여겨졌기 때문에 박근혜 전 대통령의 국정운영을 덜 부정적으로 평가한 유권자들이 안철수 후보를 전략적으로 선택했기 때문일 수 있다. 안철수 후보는 과거 민주당 계열 정당의 대선후보 경선에 후보자로 출마하였음에도 불구하고 이념이 홍준표 후보 대비 안철수 후보 선택 확률에 유의미한 영향력을 보이지는 않는 것으로 나타났는데, 이 또한 박근혜 전 대통령의 국정운영 평가의 영향력에 대한 해석과 유사하게 볼 수 있을 것이다.

홍준표 후보 대비 유승민 후보를 선택할 확률에 영향을 주는 것은 연령, 교육수준, 호남, 정당일체감, 이념이다. 연령이 증가할수록 홍준표 후보에 비해 유승민 후보를 지지할 확률이 0.2% 감소하며 호남 유권자들이 기타 지역 유권자에 비해서 홍준표 후보 대비 유승민 후보를 지지할 확률이 7.3% 감소하는 것으로 나타난다. 정당일체감의 효과를 정당별로 살펴보면, 더불어민주당 정당일체감은 8.9%, 자유한국당 정당일체감은 6.3%,

국민의당은 5.6% 만큼 유의미하게 감소효과를 보이고 있는 반면, 바른정당에 대한 정당일체감은 유승민 후보에 투표할 확률을 67.2% 높인다. 이념도 유승민 후보 선택에 영향을 미치는데, 이념이 보수적으로 변화할수록 홍준표 후보 대비 유승민 후보 선택 확률이 1.2% 증가한다. 두 보수정당의 후보 결정에서도 이념이 영향을 미치고 있다는 점은 흥미롭다.

홍준표 후보 대비 심상정 후보 선택에는 교육수준, 대구/경북 거주, 정당일체감이 영향을 미쳤다. 교육수준이 한 단위 높아질수록 홍준표 후보 대비 심상정 후보를 선택할 확률은 1.9% 증가하지만, 대구/경북 유권자가 기타 지역 유권자에 비해 홍준표 후보 대비 심상정 후보를 지지할 확률은 6.8% 낮아진다. 정당일체감의 효과를 보면, 더불어민주당 정당일체감은 -10.3%, 자유한국당 정당일체감은 -7.7%, 국민의당은 8.8%, 바른정당은 -10.7%의 효과를 보이고 있으며 정의당 정당일체감을 가진 유권자는 홍준표 후보 대비 심상정 후보를 지지할 확률이 무당파 유권자에 비해 61.6% 높다.

문재인 후보 대비 및 홍준표 후보 대비 투표선택에 영향을 미친 요인을 살펴본 결과, 유권자가 어떤 이슈를 가장 중요하다고 평가하는지는 영향을 미치지 못했다. 선거공약집을 살펴봤을 때, 더불어민주당은 정치개혁(적폐청산), 자유한국당은 국가안보와 기업의 자유 증진, 국민의당은 자강안보, 교육/산업혁신, 바른정당은 보육/노동 등 사회정책, 정의당은 정치제도 및 재벌 개혁에서 차별화하는 전략을 펼쳤지만, 수요측면에서 정당들의 이러한 노력은 유권자들의 선택을 이끌어내지는 못한 것으로 보인다. 이 결과를 단순히 19대 대통령선거는 정책선거가 아니었다고 해석할 수는 없다. 선거 당시 최대 쟁점인 정치개혁 의제를 적극적으로 활용할 수 있었고 선거경쟁에서 선두를 달렸던 문재인 후보를 제외한 다른 대부분의 정당들은 국가안보, 교육/과학기술 혁명, 저출산 문제, 노동시장 개혁 등 다양한 정책의제를 내세우면서 이슈경쟁을 시도했다. 실제로 유권자들도 각 정당이 제시한 정책의제의 중요성을 차별적으로 인지하기도 했다. 그럼에도 불구하고 각 정책이슈의 우선성이 실제 투표선택에는 영향을 주지 못한 것은 여러 정당들, 특히 국정농단 이슈에서 불리할 수밖에 없었던 보수정당들이 이슈의 전환을 시도했지만 이러한 시도가 실효를 거두기에는 국정농단과 탄핵이 불러온 정치개혁 쟁점이 상당히 강했기 때문이라고 보는 것이 타당할 것이다.

IV. 결론

이 글은 제19대 대통령선거에서의 정당경쟁이 어떻게 이루어졌는지 살펴보고자 했다. 과거 한국선거에서 정당경쟁은 지역주의에 기대어 정책경쟁이 존재하지 않는다는 비판을 받기도 했지만 2000년대에 들어서 이념이나 세대가 경쟁의 축으로 떠오르면서 다양한 이해관계와 가치관이 경쟁하는 구도로 변화해오고 있다. 그러나 제19대 대통령선거는 다른 선거들과는 구분되는 매우 독특한 정치적 환경에서 치러진 선거였다. 국정농단 사태는 시민들로 하여금 정치를 근본적으로 개혁해야 할 필요성을 느끼게 하였고, 이러한 환경은 각 정당에게 서로 다른 경쟁의 전략을 필요로 하게 만들었다.

이 글은 주요 선거공약 분석과 설문조사에 대한 통계분석을 통해 제19대 대선에서의 정당경쟁을 살펴보았다. 분석결과, 더불어민주당은 대통령선거 당시의 최대 쟁점이 될 수밖에 없었던 정치개혁 이슈를 적극적으로 공략하는 전략을 활용했다. 더불어민주당은 다수의 시민들이 강력히 요구하는 정치개혁 의제를 전면에 내세웠으며 그 강도도 높았다. 이러한 전략이 활용가능했던 이유는 더불어민주당이 야권을 대표하는 정당으로서 취할 수 있는 이점이 있었기 때문이다. 반면 여권 보수정당은 정치개혁 의제를 가능한 회피하고 다른 쟁점을 부각시키는 전략을 채택했다. 대통령선거 당시의 쟁점과 그에 대해 형성되어있는 여론지형 위에서 위치경쟁을 하는 것은 여권 보수정당들의 입장에서는 선택가능하지 않았다. 이에 보수정당은 전통적인 보수적 쟁점인 국가안보와 기업자유 확대를 전면으로 내세우고 민주당이 집권할 경우 한국의 안보와 경제가 위기에 빠질 것이라고 주장하거나(자유한국당), 기존의 보수정당과는 달리 적극적인 사회정책과 복지체계 확충과 중부담 조세를 내세우면서 새로운 이슈를 형성하려는 시도(바른정당)를 하기도 했다. 한편 국민의당은 중도적 공약을 내세우면서 진보와 보수 모두에게 호소하려 했으며, 특히 혼란에 빠져 있던 보수유권자를 유인하려 했다. 또한 안철수 후보가 가지고 있는 개인적 이력으로부터 이슈소유권을 가지고 있다고 간주할 수 있는 4차 산업혁명에 관련한 교육, 과학, 창업 공약을 내세우면서 이슈를 개발하려고 시도했다.

각 정당의 이러한 이슈경쟁은 유권자들에게 어떤 영향을 미쳤는지 알아보기 위해 설문조사 자료를 활용하여 통계분석을 시행했다. 우선 유권자들이 어떤 경제, 정치/재벌개혁, 사회 문제, 국가안보 이슈 중 어떤 이슈를 가장 시급한 이슈로 인식하는지에 영향을 미치는 요소를 정당일체감의 영향력을 중심으로 살펴보았다. 분석결과 더불어민주당 정당일체감이 정치/재벌개혁의 우선성을 높게 평가하게 만드는 데 유의미한 영향을 미치고 있었다.

둘째로 사회 문제를 경제 문제에 비해 더 시급하고 중요한 이슈로 인식하게 만드는 요인은 부산/울산/경남 거주뿐이었으며 정당일체감은 유의미한 영향력이 없었다. 바른정당의 경우 보수정당으로서는 이례적으로 저출산이나 노동개혁, 복지 등 사회 문제를 적극적으로 강조했음에도 불구하고 바른정당 정당일체감은 사회 문제 이슈에 주목하게 만드는 영향력은 보이지 못했다.

국가안보 이슈의 우선성 인식에는 연령, 성별, 대구/경북 거주, 부산/울산/경남 거주, 국민의당 정당일체감, 바른미래당 정당일체감 정의당 정당일체감이 영향을 미쳤다. 국민의당은 앞서 살펴본 것처럼 안보 공약을 전면에 내세우면서 강조했고 다자대화를 통한 해법을 통해 지역적 기반인 호남을 공략하고, 국방력 강화 및 한미동맹 강화를 통해 보수층을 공략했다. 그 결과 국민의당 지지층에게는 안보이슈가 가장 중요한 이슈로 인식되게 만드는 데 성공했다. 한편 바른정당과 정의당에 정당일체감을 느끼는 유권자는 경제이슈에 비해 국가안보 이슈를 덜 중요하게 인식하는 것으로 나타났다. 종합해보면, 정치/재벌개혁을 강조한 더불어민주당과 국가안보를 강조한 국민의당은 지지층이 당이 강조한 이슈의 우선성을 인식하게 만드는 데 성공했다고 볼 수 있을 것이다.

이슈의 우선성 인식이 투표선택에 미치는 영향을 설문조사 자료를 분석하여 살펴보았으나, 이슈의 우선성보다는 박근혜 정부에 대한 국정평가, 정치이념, 정당일체감, 거주지역, 연령, 교육수준 변수만이 유의미한 영향력을 가지고 있으며, 이슈의 우선성 인식과 투표 선택에는 유의미한 관계가 나타나지 않았다. 즉 이번 19대 대통령선거는 선거가 시행되게 된 계기부터 투표결정 요인까지 박근혜 전 대통령의 파행적 국정운영에 대한 문제의식이 지배한 선거였다고 볼 수 있을 것이다. 물론 이러한 결과를 통해 19대 대선이 정책이 완전히 실종된 선거라고 평가하는 것은 과도한 해석이다. 왜냐하면 각 정당은 각자가 놓인 정치적 상황에서 득표를 극대화하기 위해 다양한 정책적 쟁점들을 동원하려 노력했다는 것 또한 사실이기 때문이다. 다만 정당들의 그러한 시도가 성공을 거두기에는 선거를 지배했던 국정농단 관련 쟁점이 너무 강력했던 것이라고 보아야 할 것이다.

• 참고문헌 •

강원택. 2003. 『한국의 선거정치: 이념, 지역, 세대와 미디어』. 서울: 푸른길.
권혁용. 2008. "2007년 대통령선거에서 나타난 경제투표." 이현우·권혁용 편. 『변화하는 한국 유권자2: 패널조사를 통해 본 2007 대선』. EAI.
박찬표. 2008. "제17대 국회의 정당 경쟁 구도 분석." 『한국정당학회보』 7(2): 5-40.
이남영. 1999. "1998년 지방선거와 지역주의: 제15대 대통령선거와 비교의 관점에서." 조중빈 편. 『한국의 선거 III』. 서울: 푸른길.
장승진. 2013. "경제민주화와 제18대 대선: 쟁점투표(issue voting)와 정치지식(political knowledge)." 『한국정당학회보』 12(1): 87-122.
정진민. 1993. "한국의 세대문제와 선거." 이남영 편. 『한국의 선거 I』. 서울: 나남.
정회옥. 2018. "19대 대선에서의 공약과 유권자 행태." 『21세기정치학회보』 28(1): 45-66.
최준영·조진만. 2005. "지역균열의 변화가능성에 대한 경험적 고찰: 제17대 국회의원선거에서 나타난 이념과 세대 균열의 효과를 중심으로." 『한국정치학회보』 39(3): 375-394.

Budge, Ian. 2015. "Issue Emphases, Saliency Theory and Issue Ownership: A Historical and Conceptual Analysis." *West European Politics* 38(4): 761-777.
de Vries, Catherine, and Gary Marks. 2012. "The Struggle over Dimensionality: A Note on Theory and Empirics." *European Union Politics* 13(2): 185-193.
de Vries, Catherine, and Sara B. Hobolt. 2012. "When Dimensions Collide: The Electoral Success of Issue Entrepreneurs." *European Union Politics* 13(2): 246-268.
Hobolt, Sara B., and Catherine de Vries. 2015. "Issue Entrepreneurship and Multiparty Competition." *Comparative Political Studies* 48(9): 1159-1185.
Hooghe, Liesbet, and Gary Marks. 2018. "Cleavage Theory Meets Europe's Crises: Lipset, Rokkan, and the Transnational Cleavage." *Journal of European Public Policy* 25(1): 109-135.
Iversen, Torben. 1994. "The Logics of Electoral Politics." *Comparative Political Studies* 27(2): 155-189.
Kitschelt, Herbert. 1994. *The Transformation of Social Democracy*. Cambridge: Cambridge University Press.
_____. 1995. *The Radical Right in Western Europe*. Cambridge: Cambridge University Press.

Kitschelt, Herbert, and Staf Hellemans. 1990. "The Left-Right Semantics and the New Politics of Cleavage." *Comparative Political Studies* 23(2): 210-238.

Lipset, Seymour M., and Stein Rokkan, eds. 1967. *Party Systems and Voter Alignments*. New York: Free Press.

Mair, Peter. 2006. "Cleavages." In *Handbook of Party Politics*. Edited by Richard Katz and William Crotty, 371-375. London: Sage Publications.

Petrocik, J. R. 1996. "Issue Ownership in Presidential Elections, with a 1980 Case Study." *American Journal of Political Science* 40(3): 825-850.

Schattschneider, Eric Elmer. 1942. *Party Government*. New York: Rinehart & Company.

_____. 1960. *The Semi-Sovereign People: A Realist's View of Democracy in America*. New York: Holt, Rinehart and Winston.

Seeberg, Henrik Bech. 2017. "How Stable is Political Parties' Issue Ownership? A Cross-Time, Cross-National Analysis." *Political Studies* 65(2): 475-492.

Tavits, Margit, and Joshua D. Potter. 2015. "The Effect of Inequality and Identity on Party Strategies." *American Journal of Political Science* 59(3): 744-758.

Ward, Dalston, Jeong Hyun Kim, Margit Tavits, and Matt Graham. 2015. "How Economic Integration Affects Party Competition." *Comparative Political Studies* 48(10): 1227-1259.

지역균열의 유지와 변화:
제19대 대선의 경험적 분석*

윤광일 | 숙명여자대학교

I. 서론

일반적으로 균열(cleavage)은 사회구조, 정당과 선거로 대표되는 정치제도, 그리고 유권자 행태를 통합적으로 이해하려는 비교정치사회학 접근의 핵심 개념으로서 주요 사회집단의 안정적 구분과 분열을 내포한다(Neto and Cox 1997; Deegan-Krause 2007; Bornschier 2009; Kitschelt 2009). 균열은 그 구분 및 분열의 깊이와 역사 그리고 잠재성(latency)에 있어서 대체로 현저하고 동태적인 대립과 분쟁을 함의하는 갈등과 개념적으로도 구별된다. 이론적으로 잠재적 균열은 선거와 정당을 통해 정치적으로 동원되어 현저한 균열이 되며, 이는 다시 집단 간 또는 집단과 정렬된(aligned) 정당 간 경쟁, 대립, 분쟁 상황을 가리키는 갈등을 초래하며 이를 구조화

---

* 이 글은 『한국과 국제정치』 제35권 제2호에 게재된 원고를 수정하였음.

한다(Dahl 1966; Zuckerman 1975; Lane and Ersson 1999; Bartolini 2011; Negretto 2015). 균열과 균열이 야기하는 갈등은 사회 내 가치의 권위적 배분 과정인 정치적 상호과정에 필연적으로 내재해 있으며(Easton 1965), 정당과 선거에 의해 선택적으로 동원되어 공공의 영역에서 논의되는 사회화 과정을 거친다(Schattscneider 1960). 다시 말해서, 균열은 정치 현상의 사회적 접근뿐만 아니라 정치학 일반의 핵심 개념이다.

균열은 한국정치과정 연구에서도 그 접근방법이 이론적이든 경험적이든 그리고 분석 단위가 개인이든 거시적 수준의 체계이든 핵심 개념으로 상정되어 왔다. 특히, 민주화 이후 한국 유권자의 투표 행태와 정당 선호 그리고 한국 정당체계와 정당지지 기반을 결정해 온 핵심 변인이 호남과 영남 지역 출신을 중심으로 한 지역균열이라는 연구결과에 대해 대체로 합의를 이루고 있는 것으로 보인다.[1] 또한, 지역맹주로 군림해 온 이른바 3김이 퇴장한 이후, 특히 2002년 대선에서 호남의 배타적 지지를 받아 온 정당의 후보로 나온 영남 출신이 당선된 이후, 지역균열이 약화되고 있다는 보고가 나오면서 세대, 계층, 이념 등이 지역균열을 대체하는 잠재적 또는 현실적 균열 변인으로 광범위하게 검토돼왔다.

한국정치의 지배적 균열로서 지역균열을 대체 또는 경쟁하는 대안 균열에 대한 검토 작업은 다시 한번 영남 출신이 호남의 '내집단(in-group)' 정당의 대선 후보로 나와 영남 내에서도 보수적 이념 색채가 더 강한 소위 TK 출신 후보와 맞붙은 2012년 대선에서 '영남 지역주의의 분화'라는 새로운 양상을 맞게 된다. 탄핵으로 인한 조기 대선으로 치러진 2017년 대선에서 직전 선거에서 패배한 문재인 후보는 영남 내집단 정당이 배출한 영남 출신 후보의 영남을 중심으로 한 표 결집에도 불구하고 결국 승리하는데, 이 또한 한국정치 균열지형의 유지와 변화 실태를 추적하는 데에 중요한 역사적 계기가 될 것으로 보인다.

---

[1] 지역균열은 지역감정, 지역갈등, 지역주의 등과 엄밀한 개념적 구분 없이 쓰여 왔다. 지역균열 관련 개념에 대한 구분 시도는 윤광일(2017) 참고.

이 글에서는 사회구조와 정치 그리고 유권자 행태를 통합적으로 이해하려는 균열이론에 기반하여, 한국정치의 지배적 균열로 상정되어 온 지역균열의 현실태와 진화 양상을 2017년 제19대 대선을 기점으로 파악하고자 한다. 구체적으로 이 연구에서는 현재 한국정치 균열지형을 이해하는 데 유용한 개념으로 '완전한 균열(full cleavage)' 개념을 원용하고, 이의 유권자 행태에 대한 함의에 초점을 맞춰 선행 연구의 제도적 또는 거시 수준 연구 편향을 극복하고자 한다.

이 글의 구성은 다음과 같다. 우선 최근 균열이론 논의에서 엄밀하게 재정의한 균열 개념을 소개한 후, 현재 한국정치 맥락에서 왜 지역균열만이 완전한 균열인지 이론적으로 검토하고자 한다. 경험적 분석에서는 이론적 논의에서 도출된 완전한 균열로서 지역균열의 위상과 함의를 영남(대구/경북과 부산/울산/경남)과 호남(광주/전라) 출신 지역민의 정치적 태도와 선택에 초점을 맞추어 파악한다. 이를 위해서 한국사회과학데이터센터(KSDC)가 수집한 「제19대 대통령선거 관련 유권자 의식조사」 자료(이하 '19대 대선 의식조사')[2]를 이용하여 이들 집단의 정치이념, 대표 쟁점, 정당 등에 대한 선호와 서로 다른 사회집단의 구성원으로서 맞닥뜨리고 있는 교차압력의 차이를 통계적으로 검증한 후, 제19대 대선에서 드러난 출신지역의 독립적인 영향을 추정한다. 결어에서는 경험적 분석 결과 요약을 바탕으로 변화의 조짐에도 불구하고 지역균열이 여전히 유일한 완전한 균열로서 유지되고 있음을 밝히고, 향후 균열이론 연구에 대한 시사하는 바를 생각해 본다.

---

[2] 이 설문조사 자료는 2017년 5월 11일부터 24일까지 14일 동안 전국의 만 19세 이상 성인 남녀를 대상으로 구조화된 종이 설문을 이용한 대인 면접조사를 통해 수집되었다. 표본 표집은 광역자치단체별 성, 연령을 고려한 비례할당 표본추출기법을 통해 이루어졌으며 총 응답자 수는 1,200명이었다. 최대허용 표집오차는 95% 신뢰구간에서 ±2.83%p였다.

II. 완전한 균열로서 지역균열

1. 완전한 균열

균열을 사회구조, 정치제도, 유권자 행태를 통합하여 이해하려는 시도는 립셋과 록칸의 저작(Lipset and Rokkan 1967)에서 유래한다. 이들 이전에는 균열은 대체로 갈등이나 분열 또는 이를 초래하는 집단 구분 기준 등을 의미하는 개념으로 느슨하게 쓰여 왔으며, 이를 정당이나 유권자 행태와 관련해서 이해하기보다는 사회통합과 안정적 민주주의 유지에 적합한 특정 형태의 균열을 확인하는 작업이 주를 이뤄왔다(Coser 1957; Lipset 1960). 립셋과 록칸에 의하면, 균열은 역사적으로 '중대한 계기(critical junctures)'를 거쳐 형성된 심층적 사회 대립구조를 가리키는 개념으로 1920년대 서유럽 정당체계 형성과 1960년대 이의 '동결(freezing),' 그리고 특정 정당과 특정 사회집단의 안정적 지지 연계(linkage) 또는 정렬(alignment) 형태를 결정하는 독립 변인이다(Lipset and Rokkan 1967). 이들 또한 균열에 대한 명확한 개념적 정의를 내리지는 않았지만, 역사적으로 형성된 사회균열에 따른 특정 계급 및 계층의 정당과의 연계 그리고 이에 기초한 나라별 정당체계의 다양성이라는 비교정치학의 핵심 연구주제를 정초하는 데 결정적인 이바지를 했다.[3]

이후 균열이론은 출발점인 서구 선진산업민주주의 국가뿐만 아니라 공산주의 붕괴 이후 동유럽, 민주화 이후 라틴 아메리카와 아시아, 정당체계가 상대적으로 미발달된 중동과 아프리카 등 세계 대부분 지역에서의 사회균열과 정당체계 그리고 유권자 집단 배열을 체계적으로 설명하는 분

---

[3] 립셋과 록칸의 균열이론이 상정한 유권자 집단의 사회적 특성에서 기인하는 정치행태와 이를 뒷받침하는 안정적 정당체계가 서구민주주의의 성공을 이해하는 데 결정적인 기여를 했다는 점에서 이들 논의 또한 '민주주의 안정성(democratic stability)' 연구 전통에 있다고 볼 수도 있다(Lipset 2001; Schoultz 2017).

석 틀로서 확산되어 왔다(Whitefield 2002; Deegan-Krause 2007; Bornschier 2009; Casal Bértoa 2014). 또한, 한국의 정당정치와 균열의 형성과정과 특성을 설명하는 데에도 립셋과 록칸의 균열이론은 근본적인 수정 없이 적용되기도 했다. 예컨대, 강원택(2011)은 해방 이후 국민국가 건설과정과 박정희 시기 근대화과정을 서유럽 균열 형성의 역사적 계기인 국민혁명과 산업혁명으로 각각 대입하고 전자에서 민족 대 체제 간 균열이 형성되었고, 후자에서 지역균열과 노동-자본 균열이 형성되었다고 주장했다.

이렇듯 립셋과 록칸의 균열이론은 반세기가 지난 현재에도 그 유용함이 널리 인정되고 있다. 그럼에도 이들의 균열이론은 '사회학적 결정론(sociological determinism)'이라는 평가를 받을 정도로 정치의 역할을 과소평가하고 정태적·거시적 또는 제도적 접근에 치중했다는 비판에는 취약했다(Sartori 1969; Colomer and Puglisi 2005; Negretto 2015; 윤광일 2018a). 비록 립셋과 록칸이 정당이 균열과 무관하게 지지 집단을 창출할 수도 있다는 가능성도 제시했고, 모든 균열이 다 대립 정당으로 '변환(translation)' 되지는 않는다는 사실도 인정했으며, 특정 정당에 안정적 지지를 보내는 유권자 집단의 정체성과 행태 분석의 중요함을 시사하기도 했지만, 이들의 초점은 독립변수로서 사회균열과 이의 수요에 대응해서 형성되는 정당체계 그리고 특정 정당에 대한 집합적 수준의 유권자 대중의 안정적 정렬에 맞추어져 있었던 것도 사실이다.

다시 말해서, 립셋과 록칸의 균열이론은 '적과 동지(friend-foe)'를 구분케 하여 대중을 동원하고 조직화하는, 경우에 따라서는 균열도 창출할 수 있는 정치의 능동적 역할을 담고는 있으나, 이에 대한 논구보다는 역사적으로 형성된 균열이 반영된 안정적 정당체계를 비교정치사회학적 접근을 통해 밝히는 데 주력했다. 또한, 이러한 거시적·제도적 접근에는 유권자 개인 수준에서 균열의 함의를 파악할 수 있는 여지가 거의 없다(Bornschier 2009; Deegan-Krause and Enyedi 2010). 균열이론의 이와 같은 한계는 제창자인 립셋과 록칸에서부터 비롯된 균열에 대한 엄밀하지 못한 개념적 정의에서 기인하는 바가 크다. 최근 문헌에서도 균열이 갈등이나 분파

(division) 등과 혼용해서 쓰거나 편의에 따라 균열 앞에 사회, 정치, 경제, 태도, 문화, 이념, 구조 등의 수식어를 붙여 왔는데 이는 균열이론에 대한 제대로 된 이해와 적용을 어렵게 하고 있다(Tóka 1998; Deegan-Krause 2007; Bornschier 2009; Bartolini 2011; Casal Bértoa 2014; Schoultz 2017).

그렇다면 균열이론에서 제기한 대로 사회구조와 정치체제라는 구조적, 제도적 제약 속에서 정체성을 획득, 유지하고 이에 기반하여 정치적 선호를 드러내는 유권자 행태를 체계적으로 이해하는 데 적절한 균열 개념은 무엇인가? 립셋과 록칸 이후 적지 않은 수의 학자들이 균열의 개념적 정치화 작업에 참여해 왔지만, 균열의 본질적 속성에 대한 내포적 정의를 통해 균열이론의 이상형을 제시한 바르톨리니와 마이어의 논의와 이를 '완전한 균열'로 정식화한 디건-크라우스의 논의가 보다 직접적으로 이 질문에 답하고 있다(Bartolini and Mair 1990; Deegan-Krause 2007: 2013; Bartolini 2011; Gallagher et al. 2011).

바르톨리니와 마이어에 의하면, 균열은 "사회구조적 용어로 정의할 수 있는 경험적 지시체(referent)를 식별하는 '경험적' 요소, 이에 정체감과 역할을 부여하며 관련 사회집단의 자의식을 반영하는 일련의 가치와 신념으로 구성된 '규범적' 요소, 그리고 일련의 개인 간 상호작용, 제도, 그리고 균열의 한 부분으로 발전한 정당과 같은 조직 등으로 구성된 '조직/행태' 요소"라는 세 가지 본질적 요소로 구성된다(Bartolini and Mair 1990, 215). 각각의 개별 요소는 갈등을 초래하는 집단 구분의 기준이 될 수 있지만, 독자적으로는 균열로 볼 수 없으며, 세 요소가 하나도 빠짐없이 함께 개인의 정체성, 정치적 선호 및 행동을 형성, 제약하는 특정한 구분만이 균열인 것이다.[4] 다시 말해서, 모든 사회구조, 규범, 조직 구분이 그 자체로 균열이 되는 것은 아니며, 인구통계학적 구분에 의한 집단과 그 구성원의 강한 정체성, 그리고 이를 동원, 유지, 강화하는 정치가 함께 존

---

4) 래와 태일러(Rae and Taylor 1970)는 균열의 본질적 세 요소를 배타적으로 분류할 수 있는 균열의 세 유형으로 오인하고 있다(Bartolini and Mair 1990, 215).

재할 때 비로소 그 구분은 균열로 볼 수 있게 되는 것이다.

이어 디건-크라우스는 세 요소를 모두 갖춘 균열 곧, 바르톨리니와 마이어의 내포적 정의에 따른 균열을 '완전한 균열'로 지칭하면서 어느 한 두 요소가 없는 형태의 대립 또는 '부분 균열(partial cleavage)'과 구분한다. 이를 통해 서구지역을 넘어 다른 지역 국가의 새로운 형태의 균열 구조와 그 기원 및 진화 그리고 함의를 제대로 이해할 수 있다는 것이다. 구체적으로 디건-크라우스는 부분 균열 중에서 핵심 구성요소가 하나만 존재하는 유형은 '차이(difference)'로 그리고 둘만 존재하는 유형은 '분할(divide)'로 명명하는데, 차이는 다시 귀속적, 인구통계학적, 경험적 구분만이 존재하는 경우에는 '구조 차이'로 규범적 또는 가치 구분만이 존재하는 경우에는 '태도 차이'로, 정치적·조직적·행태적 구분만이 존재하는 경우에는 '제도 차이'로 분할은 다시 정렬된(aligned) 요소에 따라, 구조와 태도가 정렬되었지만 정치화되지 않은 '지위 분할(position divide),' 구조와 제도가 같이 가지만, 태도 차이를 내포하지 않는 '센서스 분할(census divide),' 그리고 지지정당에 따라 태도가 달라지는 경우와 같이 제도와 태도가 나란히 배열되었으나 사회구조에 바탕을 두지 않은 '쟁점 분할(issue divide)'로 구별한다(Deegan-Krause 2007; 2013).

바르톨리니(Bartolini 2011)는 이후 차이를 '단순 분할(simple divide)'로, 분할을 '복합 분할(compound divide)'로 명명하면서 전자가 다른 단순 분할과 결합되지 않는 한, 정치구조의 유지와 진화에 대한 장기적인 기반이 될 수 없다고 주장한다. 최소한 복합 분할 이상인 경우에만 사회 및 정치 운동, 이익집단, 정당 등과 같이 조직적 정치 행위를 창출할 수 있으며, 마이어와 함께 저술한 이전 저작에서처럼, 사회계층구조에 기반한 이익, 규범에 바탕을 둔 이념과 문화, 조직에 기반한 행태 요소가 모두 결합된 경우에만 지속적이고 견고한 분할, 곧 균열이 되는 것이다. 특히 그는 균열의 경우 높은 수준의 조직적 기반(infrastructure)과 제도화로 역사적으로 균열의 기원이 된 사회계층구조와 규범 체계보다 더 질긴 생명력을 보인다고 주장하는데 이는 균열의 유지에 있어서 개인의 행태를 제약하는 정

〈표 1〉 차이, 분할, 균열 구분을 위한 개념 틀

구성요소		차이			분할			균열
경험적	사회계층 구분	+	−	−	+	+	−	+
규범적	정체성/문화/이념 정향	−	+	−	−	+	+	+
행태적	조직적 토대	−	−	+	+	−	+	+
이름		구조	규범	제도	조합	사회	정치	완전한 균열

* Schoultz(2017) 표를 기초로 차이 분류와 균열은 Deegan-Krause(2007), 분할 분류는 Bartolini (2011)를 따라 작성

치의 역할을 강조한 것이다.5)

　쇼울츠(Schoultz 2017)는 이상의 논의를 정리하면서 현실에서 차이(단순 분할)와 분할(복합 분할)을 명확하게 구분하기는 어렵지만, 명료한 개념적 정의에 기반한 '정당체계와 유권자 연계' 연구를 위해서는 완전한 균열(균열)과 분석상 구분해야 한다고 주장한다. 무엇보다 차이와 분열 그리고 균열이 각각 내포하는 사회, 정치적 함의가 매우 다르기 때문이다(〈표 1〉 참고).

　요약하면, 립셋과 록칸 이래로 균열이론이 상정해온 대로 사회구조와 이를 반영하는 정치제도 그리고 이와 같은 거시적 요인의 제약을 받는 유권자 정치행태를 체계적으로 분석하는 데 유용한 개념으로서 균열은 어느 하나도 빠뜨릴 수 없는 경험적/구조적, 규범적/가치적, 조직적/행태적 핵심요소로 구성된다. 이는 완전한 균열로서 핵심요소가 결여된 형태의 대립인 차이 또는 분할과 개념적으로 구분되며, 지속성과 견고함 그리고 회복탄력성(resilience) 등에 있어서 차이나 분할과 비교가 되지 않을 정도로 우위에 있으며, 조직적 동원과 제도화, 곧 정치가 이를 가능하게 한다.

　이와 같은 균열의 개념화는 지역균열을 정점으로 하는 한국의 균열구

---

5) 파월은 정치 균열을 특정 정책 또는 정책 분야에 대한 의견을 반영하며 실현하고자 애쓰는 정치인에 의해 발전, 지속, 조직되는 대립으로 규정한 바 있다(Powell 1982).

조의 현실태를 이해하는 데에 있어서 어떠한 시사점을 던져주고 있는가? 이하에서는 특히 3김 퇴장 이후 대안적 균열로 검토되어 온 세대, 계층, 이념 등과 대조적으로 지역균열만이 현재까지도 완전한 균열 개념에 부합하는 유일한 균열임을 밝히고 이에 대한 경험적 근거를 제시하고자 한다.

2. 완전한 균열로서 지역균열[6]

민주화 이후 한국정치를 규정해 온 영호남 지역균열은 전형적으로 완전한 균열의 형태를 띠어 왔다. 다시 말해서 지역균열은 첫째, 객관적으로 구분할 수 있는 영호남 출신지에 기초한 경험적 사회구조 요소를 지니고 있고, 둘째, 사회정체성 이론이 예언하는 대로 출신지에 대한 '내집단 편애,' 상대지역 특히 정치적 경쟁 지역 출신에 대한 '외집단 폄하'라는 사회심리적 태도 차이뿐만 아니라 출신지에 따라 고정지지 또는 내집단 정당은 물론이고 이념과 정책 선호라는 정치적 태도 차이가 뚜렷하게 드러나는 규범적 요소를 갖고 있으며, 셋째, 이를 정치적으로 동원해 온 영호남의 배타적 지지에 기반한 정당과 정치인이라는 조직 요소를 갖고 있다. 요컨대, 영호남 지역균열은 역사적으로 형성된 사회구조 구분이 각 출신지역인의 정체성과 태도 차이의 기원이 되고, 이를 정치적으로 의미 있는 투표와 정책 선호 행태의 차이로 동원, 재생산, 강화시키는 정당과 정치인이 맞물려 있는, 출신지와 정치적 선호 그리고 지지정당이 정렬된 완전한 균열인 것이다(윤광일 2018a, 253).

지역균열은 '유일한' 완전한 균열로 현재까지도 유지되고 있는 것으로 보인다. 지역균열을 정점으로 하는 한국정치 균열구조를 뒤흔드는 대안적 균열로 검토되어 온 세대, 이념, 계급/계층 어느 하나도 완전한 균열의 본질적 3요소 모두를 다 갖추지는 못했기 때문이다. 예컨대, 세대의 경우

---

[6] 이 절은 윤광일(2018a)의 이론적 논의에 의존했다.

대립 관계에 있는 집단을 객관적으로 획정하기가 어려워 사회구조 요소를 갖고 있지 못하며, 386세대나 전후 세대와 같이 다른 세대와 뚜렷하게 구분되는 정치적 정향을 갖고 있다고 하더라도 자신의 세대에 정체성을 느끼고 있다고 보기 어렵고, 청년과 노년 세대와 같이 잠재적 갈등 집단을 존재한다고 해도 이들을 정치적으로 조직하고 동원하는 의미 있는 정치세력이 존재한다고 보기 어렵다.7) 이념의 경우, 영호남 출신 외에 안정적으로 지속해서 구분할 수 있는 사회구조 기반이나 이를 중심으로 특정 사회계층을 동원해 온 의미 있는 정당이 있다고 보기 어렵다.

또한, 계급 또는 계층은 객관적 소득 또는 자산 기준 또는 설문 응답자의 주관적 기준에 의해 구분은 할 수 있으나 세대와 마찬가지로 자신이 속한 집단에 대한 정체성이나 다른 집단과 뚜렷하게 구분되는 선호가 존재한다고 보기 어렵고, 민주화 이후 그리고 선거제도 개편으로 의회 진출이 확대된 이후에도 여전히 노동과 소외계층은 '과소대표'되어 있을 정도로 조직적 기반도 약한 편이다(최장집 2009; 2010).8) 요컨대, 완전한 균열 접근에 의하면, 현재 한국정치 균열구조에서 지배균열로서 지역균열을 대체하는 균열로 검토되어 온 세대, 이념, 계급/계층 등은 '차이' 또는 '분할'이지 완전한 균열로 볼 수 없다. 이들 모두 행태적 요소 곧, 조직적 기반이 없거나 매우 미약한, '정치'가 없는 대립인 것이다.

그렇다면, 제19대 대선을 기점에서 볼 때 유일한 완전한 균열로서 지역균열은 어떻게 진화하고 있는가? 무엇보다 3김 퇴장 직후 치러진 제16대 대선에서부터 제19대 대선까지 호남 출신에게 배타적 지지를 받아 온 정치세력이 세 차례나 정치적 대립지역인 영남 출신을 후보로 배출했음에도 불구하고, 영호남 출신의 배타적 정당 지지 및 투표 행태에는 근본

---

7) 참고로 유성진 외(2018)는 세대가 제한적인 집단정체성으로만 기능하며, 현재 세대갈등에 대한 우려도 지나치게 과장된 측면이 있음을 경험적으로 밝혔다.
8) 강원택(2013) 등의 연구에서 나타난 하위/중하위 소득계층의 보수적 이념성향과 '계급배반' 투표 경향은 계층 기준 내집단 규범의 부재 혹은 조직적 동원의 부재를 함의하는 것이기에 균열 요소가 충족됐다고 볼 수 없다.

적인 변화가 없는 것으로 보인다(이남영 2006; 윤광일 2017; 2018a; 2018b). 특히 이념과 정책 또는 세대 등에 의해 지역균열의 영향력이 이전보다 약화하였고 앞으로도 지속해서 감소할 것으로 예측한 일련의 연구가 대체로 특정 선거 이후 수집된 설문조사 자료에 기초하고 있는 반면에(강원택 2003; 2010; 최준영·조진만 2005; 임성학 2011), 영호남 지역에 따른 이념과 쟁점 선호 차이를 밝힌 결과는 통합 자료를 이용한 연구에서도 지지되고 있다(이갑윤 2011; 문우진 2017). 따라서 이 연구에서는 우선 영호남 출신지역에 따른 정치적 선호와 행태의 차이가 제19대 대선 직후에도 유지되고 있을 것이라는 가설을 제시한다. 이와 같은 차이는 영호남의 지역적 구분이라는 사회적 구조와 이를 바탕으로 역사적으로 형성된 두 출신지역민 간 사회심리적 대립이, 늦게 잡아도 민주화 이후 30여 년 동안, 비례적이지 못한 선거제도와 각 지역에서 배타적 지지를 받는 정당과 지역 출신 정치인에 의한 조직적 동원으로 전화, 강화, 재생산된 완전한 균열에서 기인하는 것으로 판단된다.

완전한 균열로서 지역균열의 규범적 요소에 해당하는 이념 차이에 대해, 이 연구에서는 이를 정부, 정당, 정치인, 정책 등 정치대상에 대한 논리적으로 일관되고 시간이나 상황에 따라 잘 변하지 않는 장기적인 신념 곧, 인지적 구조의 차이를 나타내는 것이 아니라, 정치세계를 '우리 대 남(us vs. them)'으로 나누는 유권자의 정서적, 상징적 성향을 반영하는 것으로 이해한다(Sears 2001; Kinder and Kam 2009; Caprara et al. 2017). 따라서 영호남 출신의 정당과 이념 선호 차는 모든 정치적 쟁점에 대한 선호 차이로 이어지지는 않을 것이며, 대북 및 통일 정책과 같은 한국정치에서 진보와 보수를 가르는 핵심적, 상징적 쟁점에 한해서 출신지역에 따른 선호 차이를 예측하게 한다. 또한, 지역균열은 경험/구조, 규범/문화, 조직/행태 요소가 중첩, 강화하며 개인의 정치행태를 규정하는 완전한 균열로서, 영호남 출신지역민이 서로 다른 사회집단에 속하는 데서 겪을 수 있는 상충하는 교차압력 수준을 낮출 것으로 보인다. 같은 맥락에서 출신지역은 이번 대선에서도 세대, 이념, 계층 등 다른 대안적 균열 변수를 통제한 후보선택 모델에서 독립적인 효과를 보일 것으로 예측된다.

다만, 완전한 균열로서 지역균열에 변화가 있다면, 세대, 이념, 계층 등과 같은 대안적 균열이 새로운 완전한 균열로서 진화해 지역균열을 약화시키거나 대체하기보다는 호남과 대구/경북 출신 간의 지역균열로 재편되는 형태로 진행될 가능성이 크다. 이는 호남에서 배타적 지지를 받는 정당이 제16대 대선 이후 제17대 대선을 제외하고 제19대 대선까지 세 차례에 걸쳐 부산/경남 출신 대선 후보를 내세워 두 번이나 당선시킨 역사적 사실과 관련이 있다. 세 차례나 반복된 대선 캠페인이라는 대대적이고 집중적인 설득과 동원의 장에서 적어도 이 지역 출신 유권자들의 선호 변화가 축적되었을 가능성이 크기 때문이다. 같은 영남출신이지만 호남편견뿐만 아니라 정치이념과 정치적 행태에 있어서 대구/경북과 부산/울산/경남 출신 간 의미 있는 차이가 나타나고 있다는 일련의 연구결과는 이 같은 추론을 뒷받침 한다(윤광일 2017; 윤지성 2017).

요약하면, 제19대 대선을 기점으로 한 완전한 균열로서 지역균열의 현 실태에 대한 연구가설은 다음과 같다. 첫째, 정서적 성향에 기초, 내집단과 외집단을 구분하는 기준이 되는 정치이념에 대해서 호남출신은 상대적 진보로 영남출신은 상대적 보수로 각각 자기평가를 내릴 것이다. 둘째, 전통적 내집단 지지정당의 상징적 정책인 대북 및 통일 정책에 대해서 호남출신은 상대적으로 진보적 태도를 영남출신은 상대적으로 보수적 태도를 나타낼 것이다. 셋째, 출신지역에 따라 전통적 내집단 지지정당과 대선후보에 대해서는 긍정적 선호와 평가가, 외집단 지지정당과 대선후보에 대해서는 부정적 선호와 평가가 명확하게 구분되어 나타날 것이다. 넷째, 영호남 출신은 비영호남 출신에 비해 상대적으로 낮은 교차압력에 처해 있을 것이다. 다섯째, 제19대 대선에서도 영호남 출신지역은 후보선택에 독립적인 영향을 미쳤을 것이다. 이 같은 연구가설 모두에서 대구/경북 출신은 부산/울산/경남 출신보다 더 명확하게 호남출신과 대조적인 선호와 행태를 보일 것으로 예측된다.

III. 경험적 분석

1. 정치이념과 정책 선호

이 연구의 핵심 독립변수인 출신지역은 '고향'을 묻는 설문으로 조작화했다. 거주지역이나 네트워크 동질도에 따른 사회적 영향을 측정하는 대안이 있긴 하지만, 한국정치 맥락에서는 고향이 사회적 집단 구분과 그 구성원의 정체성을 중시한 균열이론에 근거한 대리변수(proxy)로 더 적합하기 때문이다. 정치이념 자기평가는 0은 '진보,' 10은 '보수'의 11점 척도로 응답자 자신이 어디에 속한다고 생각하는지를 묻는 설문으로 측정했다.

연구가설에서 예측한 대로 호남출신은 영남출신뿐만 아니라 비영호남 출신보다 자신을 진보적으로 생각하고 있는 반면에 영남출신은 호남출신 뿐만 아니라 비영호남 출신보다 자신을 보수적으로 평가하는 것으로 나타났다. 출신지역별 정치이념 자기평가 평균을 담고 있는 〈표 2〉에 의하면, 11점 척도 기준 5점을 중도로 봤을 때, 광주/전라 출신의 정치이념 자기평가(M=3.99)는 비영호남 출신(M=4.76)보다도 매우 더 진보에 가까웠고, 영남출신은 전체적으로 보수에 가까운 자기평가를 내리고 있는 가운데 부산/울산/경남 출신(M=5.16)보다 대구/경북 출신(M=6.24)이 자신을 훨씬 더 보수적으로 생각하고 있었다.

〈표 2〉 출신지역별 정치이념 자기평가

출신지역	평균	표준편차	사례 수
광주/전라	3.99	1.98	204
부산/울산/경남	5.16	2.13	220
대구/경북	6.24	2.18	182
그 외 지역	4.76	1.95	564
전체	4.93	2.13	1,170

〈표 3〉 세대와 주관적 계층별 정치이념 자기평가

집단 구분	평균	표준편차	사례 수
세대			
20대(19세 포함)	3.86	1.57	184
30대	4.38	1.79	217
40대	4.62	1.97	251
50대	5.36	2.26	241
60대 이상	5.99	2.18	277
소득계층*			
하	5.41	2.20	258
중	4.82	2.09	764
상	4.66	2.13	148
전체	4.93	2.13	1,170

* 가구 월 소득 응답 결과를 299만 원 이하, 300만 원부터 599만 원까지, 600만 원 이상으로 재분류했다

 출신지역별 자기평가 평균 차이에 대한 통계적 검정 결과 호남출신은 영남 두 지역출신뿐만 아니라 비영호남 지역 출신 집단과도 통계적으로 의미 있는 수준에서 차이를 나타냈으며, 대구/경북 출신은 부산/울산/경남 출신과도 유의미한 차이를 드러냈다($p<0.05$). 다만, 부산/울산/경남 출신은 상대적으로 진보에 가까운 비영호남 출신과 의미 있는 차이를 나타내지 않았는데 이는 영남의 지역균열 분화를 방증하는 것으로 보인다.[9]
 대안적 균열로 검토되어 온 세대와 주관적 계층별 이념 평균을 살펴보면, 선행연구의 결과대로 젊은 세대일수록 진보적 자기평가 경향이 두드러지고, 가구 월소득 기준 하층인 경우 보수성이 뚜렷했다(노환희·송정민 2013; 강원택 2013).[10] 다만, 이와 같은 결과로 정체성에 바탕을 둔 규범

---

9) 이 연구에서 집단별 평균에 대한 통계적 검정은 일원변량분석(One-way Anova) 후 튜키 짝비교 사후검정(Tukey HSD)을 통해 확인했다.
10) 통계적 검정 결과, 세대의 경우 30대와 40대의 차이만 의미가 없었으며, 소득계층의 경우 상위 두 계층의 차이만 의미가 없었다.

적/문화적 요소가 충족되었다고 볼 수는 없으며 조직적/행태적 요소도 뒷받침되지 않았기에 세대와 계층을 지역과 같이 완전한 균열로 보기 어렵다. 흥미로운 사실은 호남출신의 자기평가 정도가 20대와 비슷한 수준으로 진보적이며, 대구/경북 출신은 60대 이상보다도 더 보수적인 자기평가를 내리고 있다는 점이다. 이 같은 대조적 차이는 규범적/문화적 측면에서도 지역균열이 현저함을 시사하는 것이다.

이 연구에서는 진보-보수의 자기평가가 기본적으로 '우리와 남' 곧, 내집단 정치세력과 외집단 정치세력을 나누는 정서적 기준으로 기능하고 있다고 본다. 특히, 잦은 이합집산과 당명 변경으로 점철된 한국 정당정치 맥락에서, 특정 지역에서 배타적 지지를 받는 정당과 정치인이 통합과 분열의 명분이자 '우리와 남' 구분의 기준으로 진보와 보수를 내세우는 경향은 유권자 수준의 이념적 정렬을 용이하게 할 것이다. 아울러 언론에 의해 확대·재생산되는 진보-보수 호명에 의거한 일상적인 정치세력 구분 담론은 유권자가 복잡한 정치 세계를 나름대로 이해하는 데에 매우 유용한 경험적 도구(heuristic)를 제시하며, 정치사회화 과정에 의해 체득한 자신이 지지하는 정치세력에 대한 정체성을 확인, 강화하는 기회를 제공한다. '상징적 정치이론(symbolic politics)'에 기초한 정치이념에 대한 이와 같은 이해는 일련의 쟁점에 대한 통시적, 논리적 일관성을 전제하는 연구자 중심의 인지적 접근과 달리 진보-보수의 편 가르기에 부합하는 상징적 쟁점에 대한 선호 차이를 예측하게 한다. 구체적으로 영호남 출신에게 배타적인 지지를 받아 온 정치세력이 짧지 않은 기간 동안 진보와 보수로 대조적으로 인식됐고, 이의 계기가 된 상징적 정책이 '햇볕정책'으로 대표되는 대북 및 통일 정책으로 알려져 왔기에, 이에 대해서는 다른 쟁점 정책과는 달리 영호남 출신 간 선호 차이가 뚜렷할 것이라는 추론이다. 이같은 '상징적 쟁점 선호 차이' 가설은 대북 및 통일 정책에 대해서는 적어도 김영삼 정부시기부터 지속해서 영호남 지역별 선호 차이가 존재해 왔다는 선행 연구결과도 뒷받침한다(강원택 2002; 조성대 2008).

'19대 대선 의식조사'는 대북 및 통일(사드, 국가보안법, 개성공단), 경제

(복지, 세금, 최저임금, 대기업), 사회 분야(외고/자립형 사고) 8개 쟁점 정책에 대한 4점 척도 선호 조사 설문을 담고 있다. 분석 결과 상징적 쟁점 선호 차이 가설은 부분적인 지지를 받고 있다. 예상대로 정책 선호의 일관성이 드러나지 않았다. 같은 분야에서조차도 정책 선호 간 상관관계가 대부분 높지 않았으며, 탐색적 요인 분석에서 의미 있는 요인도 추출되지 않았다.11)

개별 정책에 대해서 알아보면, 우선 광주/전라 출신과 부산/울산/경남 출신 간의 선호 차이가 두드러지지 않은 가운데 두 지역의 상대적인 진보적 선호가 나타났으며, 대구/경북 출신의 비교적 일관적인 보수적 선호가 눈에 띄었다(〈표 4〉 참고).12) 통계적 검정 결과, 진보-보수의 상징적 쟁점 정책인 대북 및 통일 정책 분야에 대해서는 광주/전라와 부산/울산/경남 출신 간의 선호에는 의미 있는 차이가 없었으나 두 지역과 대구/경북 출신 간의 선호 차는 의미 있는 수준에서 나타났다($p<0.05$). 경제 분야에서는 전체적으로 증세에는 반대하지만, 복지 확대, 최저임금 상향 조정, 대기업 규제 강화에는 찬성하는 의견이 나타났고, 출신지역별 차이도 크지 않았다. 영호남 출신 중심으로 통계적 분석 결과, 복지 확대에 대해서는 광주/전라와 대구/경북 출신의 찬성이 상대적으로 높은 가운데, 두 출신 간의 선호 차는 의미가 없으며, 광주/전라와 부산/울산/경남 출신 간의 선호 차는 의미가 있었으나 같은 영남 지역 출신 간에는 의미가 없었다. 증세에 대해서는 광주/전라 출신의 반대가 가장 약했고 대구/경북 출신의 반대가 가장 강했으나, 출신지역 간 선호 차이가 크지 않았고, 광주/전라

---

11) 최저임금 인상과 대기업 규제 강화 정책 선호만 상관관계 계수가 0.39로 비교적 높았지만, 같은 분야 정책이든 그렇지 않든 간에 대부분 0.1 정도의 낮은 상관관계를 보였다. 상관관계와 탐색적 요인 분석 결과는 저자로부터 얻을 수 있다.
12) 4점 척도로 측정했기 때문에 2.5점 기준으로 그 이상이거나 이하인 경우, 쟁점 찬반에 따라 상대적인 진보 또는 보수로 구분할 수 있다. 예컨대, 사드배치에 대해 호남(M=2.34)과 부산/울산/경남(M=2.35)은 반대에 더 가까워 진보로 대구/경북(M=2.82)은 찬성에 더 가까워 보수로 각각 구분할 수 있다.

〈표 4〉 쟁점 정책별 출신지역에 따른 선호 평균*

쟁점과 출신지역	평균	표준편차	사례 수
사드배치			
광주/전라	2.34	0.73	205
부산/울산/경남	2.35	0.81	236
대구/경북	2.82	0.86	186
비영호남	2.71	0.78	573
전체	2.59	0.82	1,200
국가보안법 폐지			
광주/전라	2.64	0.82	205
부산/울산/경남	2.64	0.76	236
대구/경북	2.17	0.84	186
비영호남	2.41	0.87	573
전체	2.46	0.85	1,200
개성공단 재개			
광주/전라	2.45	0.92	205
부산/울산/경남	2.53	0.81	236
대구/경북	2.20	0.83	186
비영호남	2.42	0.82	573
전체	2.41	0.84	1,200
복지 확대			
광주/전라	3.09	0.79	205
부산/울산/경남	2.88	0.71	236
대구/경북	3.03	0.70	186
비영호남	2.84	0.74	573
전체	2.92	0.74	1,200
증세			
광주/전라	2.26	0.68	205
부산/울산	2.10	0.61	236
대구/경북	2.02	0.77	186
비영호남	2.08	0.74	573
전체	2.11	0.71	1,200
최저임금 상향 조정			
광주/전라	3.22	0.64	205

부산/울산	3.21	0.61	236
대구/경북	3.03	0.79	186
비영호남	3.12	0.69	573
전체	3.14	0.69	1,200
대기업 규제 강화			
광주/전라	3.09	0.67	205
부산/울산/경남	3.13	0.69	236
대구/경북	2.91	0.83	186
비영호남	2.89	0.75	573
전체	2.97	0.75	1,200
외고/자사고 폐지			
광주/전라	2.80	0.62	205
부산/울산/경남	2.80	0.68	236
대구/경북	2.70	0.80	186
비영호남	2.70	0.75	573
전체	2.74	0.73	1,200

* 각 정책에 대한 선호를 "매우 반대"를 1점, "매우 찬성"을 4점으로 역코딩했다

와 대구/경북 출신의 차이만 유의미한 차이가 나타났다. 최저임금과 대기업 규제에 대해서도 영호남 출신 간 선호 차이가 크지는 않았고, 광주/전라와 대구/경북 출신의 차이만 의미 있는 것으로 드러났다. 마지막으로 외고/자사고 폐지에 대해서는 전체적으로 찬성이 높았으며 출신지역 간 선호 차에 의미 있는 차이가 나타났다.

 요약하면, 영호남 출신 유권자는 지역에 배타적인 지지 기반을 갖고 있는 정치세력의 인식된 이념 정향에 여전히 정렬된 것으로 보인다. 특히, 호남과 대구/경북 출신의 대조적 진보-보수 자기평가가 뚜렷한 가운데, 부산/울산/경남 출신의 보수성은 어느 정도 약화된 것으로 보인다. 한편, 상징적 정책 선호 차이 가설은 부분적으로 지지되었다. 출신지역 내집단 정치세력의 이념적 구분에 강하게 연계된 대북 및 통일 정책에 대해서는 호남과 대구/경북 출신의 선호 차이가 대체로 진보-보수로 갈릴 정도로

분명하게 드러났지만, 부산/울산/경남 출신의 선호는 오히려 호남 출신과 별 차이가 없는 것으로 나타난 것이다. 경제와 사회 분야의 쟁점 정책에 대해서는 대체로 출신지역에 따른 큰 차이 없이 진보적 선호를 나타냈다. 이 같은 결과가 앞으로 영남 출신 내 이념 및 정책 선호 분화의 지속과 호남과 대구/경북 출신 중심으로 지역균열의 재편을 시사하는 것인지 아니면 두 차례 같은 지역 후보의 당선에 의한 부산/울산/경남 출신의 일시적 이탈인지 후속 관찰 및 연구가 필요하다.

2. 정당 및 대선 후보 선호와 평가

지역균열이 유일한 완전한 균열로서 대안적 균열로 검토된 다른 사회적 분할과 결정적 차이를 보이는 것은 조직/행태 요소 곧, 사회구조에 의해 구분된, 공통의 정치적 정향을 지닌 유권자 집단을 조직, 동원하여 이들의 정치행태를 제약하는 정당으로 대표되는 의미 있는 정치세력의 존재 여부이다. 민주화 이후 30년 동안 한국정치에서는 특정 지역출신의 정치인이 대다수인 정당이 같은 지역출신 대선후보를 중심으로 ─ 제16대 여야 후보, 제18대와 제19대 야당 후보를 제외하고 ─ 승자독식의 선거제도의 도움을 받아 같은 지역 출신의 지지를 거의 독점해오다시피 한, 지역정당체제를 유지해 왔다(민주화 이후 총선과 대선에서 영호남 지역 정당에 대한 배타적 투표 경향은 윤광일 2018b 참고). 립셋(Lipset 2001)의 표현을 빌자면, 안정적 정당체계에 기초한 '균열의 제도화'가 완성된 것이다. 따라서 영호남 출신 유권자들은 이념과 정책 선호와는 독립적으로 처음 선거에 참여했을 때부터 "가깝게 느끼는 정당"이 있을 가능성이 크고, 그 정당을 긍정적으로 생각하는 반면에 그 정당과 경쟁하고 대립하는 정당에 대해 부정적으로 생각할 가능성도 크다. 다시 말해서, 영호남 출신에게는 아무리 짧게 잡아도 한 세대 동안, 대체로 정서적 요인에 바탕을 둔 서로 다른 고정지지 정당 곧, 내집단 정당이 존재해온 것이다. 내집단 정당은 앞서 살펴본 정치이념과 함께 조건화에 기초한 정치사회화 과정을 통해 형성되는 정서적 성향인 상징적 정치의 주요 구성요소이기도 하다(Sears 2001). 또한, 정당일체감(party identification)이라는 미국정치 맥락에서 유래한 개념을 원용하여 한국정당정치를 분석하려는 시도도 이의 이념적, 정권 및 정책 평가적 요인보다는 정서적 기반에 주목한 바 있다(장승진 2012; 박원호·신화용 2014).

출신지역에 따른 정당 선호 차이를 분석한 결과, 우선 앞 절의 정치이념과 정책 선호 분석에서와 비슷하게 호남과 대구/경북 출신의 대조적 선호가 뚜렷하게 드러났다. 전통적 내집단 정당에 대한 선호는 비교정치 연구에서 일반적으로 쓰이는 정당일체감 문항을 이용하여, "가깝게 느끼는 특정 정당"이 있는지 묻고 있는 경우 "가장 가깝다고 느끼는 정당"을, 없는 경우 "그렇더라도 다른 정당보다 조금이라도 더 가깝게 느끼는 정당"이 있는지 후속 탐침하여 측정했다. 출신지역별 정당 선호를 나타내는 〈표 5〉에 의하면, 호남 출신은 압도적으로 더불어민주당을 선호(73.48%)하고 있고, 이보다는 약하긴 하지만 대구/경북은 자유한국당에 대한 선호

〈표 5〉 출신지역별 정당 선호

(단위: 명, %)

지지정당	광주/전라	부산/울산/경남	대구/경북	비영호남	전체
더불어민주당	97 73.48	74 51.03	21 17.07	171 54.81	363 50.98
자유한국당	6 4.55	55 37.93	71 57.72	65 20.83	197 27.67
국민의당	27 20.45	7 4.83	12 9.76	48 15.38	94 13.20
바른정당	1 0.76	7 4.83	17 13.82	9 2.88	34 4.78
정의당	1 0.76	2 1.38	2 1.63	19 6.09	24 3.37
전체	132 100.00	145 100.00	123 100.00	312 100.00	712 100.00

피어슨 카이제곱(자유도 12) = 173.60 Pr〈0.01

(57.72%)가 전국 대비 약 2배 그리고 비영호남 대비 약 3배로 높게 나타났다. 또한, 외집단 정당에 대한 선호가 호남출신의 경우 자유한국당 4.55%, 대구/경북 출신의 경우 17.07%로 비영호남 출신과 전국 대비 매우 낮게 나타났다. 부산/울산/경남 출신의 경우, 자유한국당에 대한 선호(37.93%)가 과반수에 달한 더불어민주당 선호(51.03%)보다 약간 낮았지만, 비영호남 출신보다 17.1%p, 전국 대비 10.3%p 정도 높아 여전히 이 지역에서 강세를 나타내고 있었다.

출신지역의 내집단 정당에 대한 긍정적 감정과 외집단 정당에 대한 부정적 감정을 예측하는 가설은 정당일체감과 이론적, 경험적으로 구분되어 정당에 대한 단기적 감정 곧 정당호오도를 측정하는 '감정체온계(feeling thermometer)'의 온도 차에서 어느 정도 지지되고 있다. 〈그림 1〉은 0("아주 싫어하는 경우")에서 10("아주 좋아하는 느낌")까지 응답자가 직접 적는 형식으로 측정한 각 정당에 대한 호오도를 출신지역별로 상자도표로 보여주고 있는데, 우선 가설대로 출신지역에 따라 정당에 대한 온도 차가 드러나는 가운데, 영남출신의 분화도 두드러지고 있다. 예컨대, 호남출신은 더불어민주당(M=6.89)을 매우 좋아하는 반면에 자유한국당(M=1.93)은 매우 싫어하는 편이었고, 대구/경북 출신은 호남뿐만 아니라 다른 지역 출신과 달리 자유한국당(M=5.35)을 좋아하는 반면에 더불어민주당(M=4.40)을 싫어하는 것으로 드러났다. 부산/울산/경남 출신은 더불어민주당(M=6.06)을 전국 평균(M=5.79)에 비해 더 좋아하지만, 자유한국당(M=4.51)도 전국 평균(M=3.72)과 보통 느낌을 5점으로 제시한 것을 고려하면 그리 싫어하지는 않는 것으로 보인다. 정당일체감과 정당호오도와 함께 대선 후보 투표선택에 대한 예측력이 높은 것으로 알려진 후보호오도(박원호 2013)를 같은 감정체온계로 측정한 결과도 정당호오도와 비슷했다(〈그림 2〉 참고).

예컨대, 호남출신은 문재인 후보(M=7.43)를 매우 좋아하는 반면에 홍준표 후보(M=1.81)는 매우 싫어했고, 대구/경북 출신은 호남뿐만 아니라 다른 지역 출신과 달리 홍 후보(M=5.29)를 좋아하는 반면에 문 후보(M=4.84)를 싫어하는 편으로 드러났다. 부산/울산/경남 출신은 문 후보(M=

6.39)를 전국 평균(M=6.25)에 비해 더 좋아하지만, 홍 후보(M=4.42)도 전국 평균(M=3.70)과 비영호남 출신(M=3.55)을 고려하면, 아주 싫어한다고만 보기는 어렵다. 요컨대, 호남과 대구/경북 출신에게서는 내집단 정당과 정당 후보에 대한 편애와 외집단 정당과 정당 후보에 대한 반감이 명

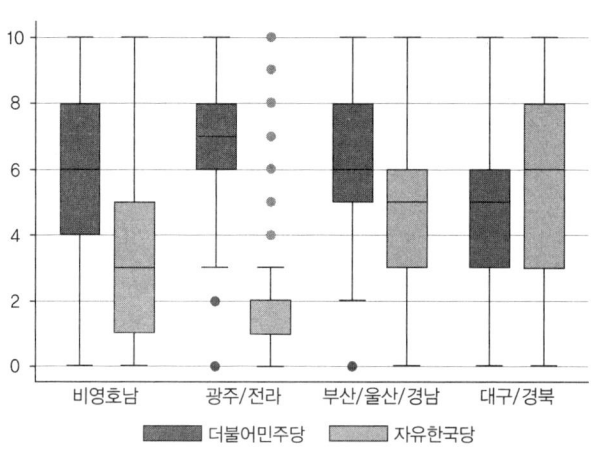

〈그림 1〉 출신지역별 양대 정당호오도

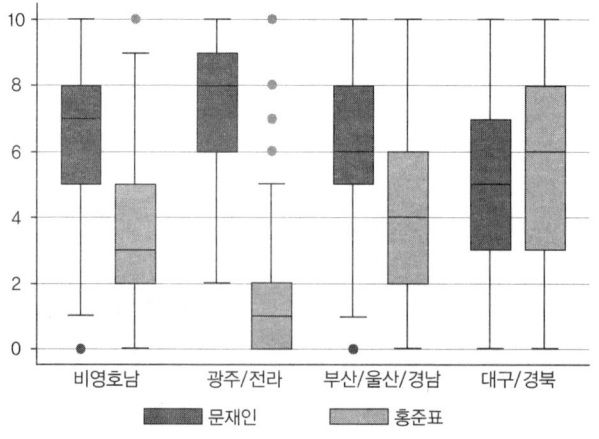

〈그림 2〉 출신지역별 제19대 대선 후보 호오도

확하게 드러났고 부산/울산/경남 출신에게서는 이 지역에서 호남 내집단 정당의 대선 후보를 배출해서인지 단기적 감정 측정에서는 같은 영남출신인 대구/경북에 비해 정당과 후보에 따른 대조적 호오가 분명하게 드러나지 않았다.

한편, 지역출신 유권자 집단을 핵심 자원으로 동원한 정당은 정당 지지자의 정치이념으로 볼 때 균열의 규범적 요소를 기준으로 어느 정도 차별화된 정렬을 유지하고 있는 것으로 보인다. 예컨대, 정당일체감 기준 정치이념 평균을 담고 있는 〈표 6〉에 의하면, 더불어민주당을 가깝게 느끼고 있는 유권자 집단(M=3.67)과 자유한국당을 가깝게 느끼고 있는 유권자 집단(M=7.35)은 정치이념 자기평가에 있어서 뚜렷한 대조를 보인다. 이와 같은 대조는 앞서 살펴본 호남출신(M=3.99)과 대구/경북 출신(M=6.24) 간 차이보다 극명한 것이다(〈표 2〉 참고). 흥미로운 사실은 더불어민주당과 호남지역구의원 대부분이 속한 국민의당 지지 집단 평균 차이는 통계적으로 의미가 없었으나 자유한국당 지지 집단은 다른 모든 정당과 통계적으로 유의미한 평균 차이를 드러냈다(p<0.05).

〈표 6〉 정당일체감별 정치이념

정당	평균	표준편차	사례 수
더불어민주당	3.67	1.85	359
자유한국당	7.35	1.50	195
국민의당	4.47	1.66	94
바른정당	5.74	1.99	34
정의당	4.29	2.49	24
전체	4.91	2.37	706

3. 교차압력 구조

유일한 완전한 균열로서 지역균열은 다른 대안적 균열 또는 분할과 교차할 가능성이 작다. 따라서 영호남 출신은 비영호남 출신에 비해 서로 다른 인구통계학적 조합에 속하는 데서 오는 정치행태에 대한 상충하는 압력이 낮을 가능성이 크다. 이를 교차균열이 가하는 압력을 조작한 '교차압력 점수(cross-pressure score)'로 검증한 결과, 앞서 밝힌 결과보다 더 뚜렷하게 영남출신의 분화가 드러난 데 비해 호남 출신은 여전히 다른 지역 출신보다 지역균열에 강한 제약을 받는 것으로 보인다.[13]

출신지역별 교차압력 점수 분포를 나타내고 있는 〈그림 3〉에 의하면, 호남 출신(M=0.52)은 다른 지역에 비해 가장 낮은 교차압력에 놓여 있고, 분포도 가장 좁지만, 예상과 달리 대구/경북 출신(M=0.64)이 부산/울산/경남 출신(M=0.62)보다 비록 통계적으로 의미는 없지만, 더 높은 교차압

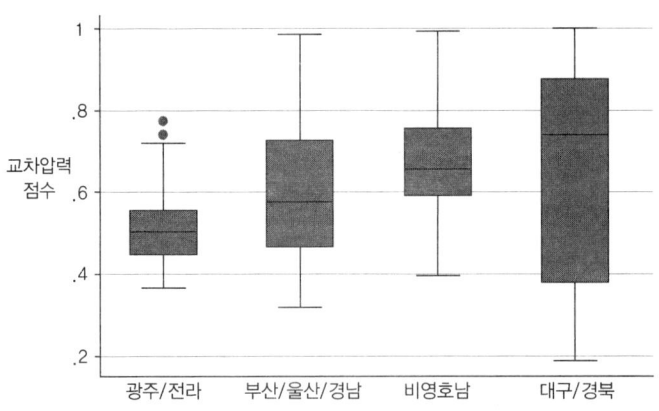

〈그림 3〉 출신지역별 교차압력 점수 분포(중위수 오름차순)

---

13) 교차압력 점수는 브래이더 외(Brader et al. 2014)가 제시한 방법을 원용한 윤지성(2017)과 윤광일(2018a)의 측정방식을 따라 인구통계학적 변수 중에서 출신지, 성별, 연령대, 월 가구소득, 교육수준, 종교만을 이용해서 산정했다.

력에 놓여 있는 것으로 드러났다. 영남 내 두 지역 출신 집단의 평균 모두 통계적으로 의미 있는 수준에서 비영호남 출신(M=0.69)보다도 낮긴 했지만(p⟨0.05), 〈그림 3〉이 보여주는 대로 두 지역 모두 다른 지역보다 분포가 넓게 나타났다. 이 같은 결과는 제19대 대선 직후 파악한 지역균열이 비록 대안적 균열이 이를 대체하는 데까지는 이르지 못했지만, 영남 출신에 대한 사회구조적 제약이 약화하고 있는 반면에 호남 출신에 대한 제약은 여전히 유지되고 있음을 시사하는 것으로 보인다. 제14대부터 제18대 대선까지 5번의 설문조사 자료를 이용해서 교차압력 점수를 구한 윤지성(2017)의 연구에 의하면, 호남 지역민에 대한 교차압력이 부산/울산/경남 지역민과 마찬가지로 가파른 상승 추세에 있긴 하지만 분석 시기 내내 영남보다 낮게 나타났는데, 이 또한 본 연구의 해석을 지지하는 것이다.

한편, 호남 출신의 경우 대부분 연령대에서 다른 지역 출신에 비해 낮은 교착압력에 놓여 있고 젊은 층일수록 그 압력이 더 낮아지는 추세가 나타났지만, 대구/경북 출신의 경우 40대 이하 젊은 층에서, 부산/울산/경남 출신의 경우 50대에서 상대적으로 높은 교차압력 점수가 두드러지

〈그림 4〉 출신지역 연령별 교차압력 점수 평균

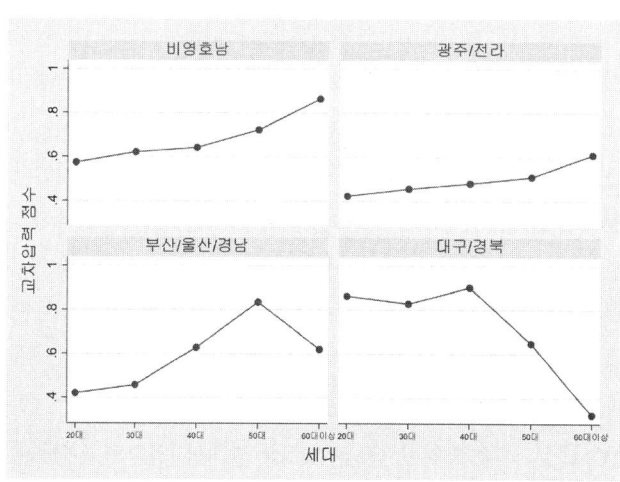

게 나타났다(〈그림 4〉 참고). 이 같은 추세는 호남 출신에 대한 지역균열의 제약이 앞으로도 지속할 가능성이 크지만, 영남 출신의 경우 대구/경북에서도 그 제약이 약해질 가능성이 있음을 시사한다. 부산/울산/경남 출신의 경우 30대 이하에서 호남 출신과 비슷할 정도로 교차압력이 낮은 것으로 드러났는데, 이 지역에서도 연령대가 낮을수록 진보적 자기평가 경향이 강하다는 사실을 고려하면, 이를 '영남-보수'라는 전통적 지역균열의 이념적 정렬에 '재편(realignment)'이 일어나고 있음을 시사하는 것으로 해석할 수 있다.

4. 지역균열과 제19대 대통령선거

마지막으로 완전한 균열로서 지역균열이 유권자 행태를 여전히 제약하고 있다면, 제19대 대선에서도 영호남 출신지역은 유권자의 후보선택에 독립적인 영향을 미쳤을 것이라는 연구가설을 검증해보자.

이는 응답자에 따라 달라지는 출신지역과 사회경제변수, 그리고 종속변수인 후보에 따라 달라지는 정당일체감과 개인과 대선 후보 간(모델 1), 개인과 정당 간(모델 2)과의 이념 거리를 함께 통제할 수 있는 맥파든(McFadden)의 선택 모형 곧, 대안-특정 조건부 로짓(alternative-specific conditional logit) 모형을 이용하여 검증했다. 개인과 후보, 개인과 정당 간의 정치이념 거리는 응답자 자기평가와 같은 11점 척도로 응답자가 생각하는 후보와 정당의 정치이념 위치를 측정한 후 이들과 자기평가 간의 차이의 절댓값으로 계산했다. 앞에서 논의한 대로 이 연구에서는 정당일체감과 정치이념 모두, 정치세계에서 우리와 남을 구분하는 지역균열과 정렬된 정서적, 상징적 정치 성향으로 상정한다. 모형의 기저 대안(base alternative)은 홍준표 후보이며, 통계적 검정에서는 거주지를 기준으로 군집화 로버스트 표준오차(clustered robust standard errors)를 사용했다.

조건부 로짓 모형에 의한 승산비 추정 결과에 의하면, 예상한 대로 상징적 정치 성향과 호남과 대구/경북 출신의 독립적 효과가 통계적으로 유의미하게 드러났으나 부산/울산/경남 출신의 경우 예상한 방향으로 추정되었으나 통계적으로 의미는 없었다(〈표 7〉 참고). 다시 말해서, 다른 조건이 같다면, 두 모델 모두, 지역균열과 정렬된 내집단 정당의 후보를 선택할 가능성이 매우 큰 가운데, 호남 출신은 문재인 후보를 선택할 가능성도 매우 컸지만, 대구/경북 출신은 그를 포함 다른 대선 후보 누구든 선택할 가능성이 매우 작았고, 부산/울산/경남 출신의 경우에는 문재인 후보를 포함하여 어떤 후보든 선택할 가능성이 작긴 했으나 통계적으로 의미는 없었다. 또한, 다른 조건이 같다면, 자신의 정치이념과 가까운 후보를 선택할 가능성이 크고(모델 1), 자신의 정치이념과 가까운 정당의 후보를 선택할 가능성이 큰 것으로 드러났다(모델 2).[14]

선택 모형 분석 결과에 따르면, 호남과 대구/경북 출신 유권자들은 대선 후보를 선택하는 행동 차원에서도 지역균열의 제약 하에 놓여 있는 것으로 보인다. 제19대 대선에서도 여전히 이들 지역 출신은 지역과 강하게 연계된 정당을 지지하고, 그 정당의 후보를 선택할 가능성이 매우 높게 나타났다. 이는 정치이념과 상징적 쟁점 선호 그리고 내집단 정당 지지 등과 같은 태도 차원과 행태를 제약하는 교차압력 분석 결과에 일관된 관찰이다. 유권자 행태 차원에서 보면 완전한 균열로서 지역균열이 다른 대안적 균열로 대체되고 있다고 보기는 어렵지만, 지역균열의 경험적 사회 구분 요소가 호남과 영남에서 호남과 대구/경북으로 재편되고 있는 것으로 보인다.

---

14) 참고로 다른 자료를 이용하여 같은 모델을 추정한 결과에 의하면, 영남 두 지역 출신 모두 통계적으로 유의미한 수준에서 문재인 후보를 선택할 가능성이 작았고, 호남 출신의 경우 그를 선택할 가능성이 매우 컸지만, 통계적으로 의미는 없었다. 또한, 정당 일체감은 매우 유의미했지만, 본 연구와 달리, 후보든 정당이든 이념거리도 예상한 방향이긴 했지만, 통계적으로 의미는 없었다(윤광일 2018a).

〈표 7〉 제19대 대선 투표선택 조건부 로짓 모델(n=634)

모델 1(n=634)	승산비(표준오차)			
후보와 이념 거리	0.73*** (0.05)			
정당일체감	50.30*** (20.14)			
	문재인 대 홍준표	안철수 대 홍준표	유승민 대 홍준표	심상정 대 홍준표
여성	0.99 (0.55)	1.07 (0.67)	0.55 (0.44)	0.52 (0.58)
연령	1.05 (0.03)	1.04 (0.04)	0.97 (0.02)	1.03 (0.04)
소득수준	1.18 (0.17)	1.27 (0.30)	1.01 (0.28)	1.01 (0.41)
교육수준	2.23*** (0.52)	1.24 (0.46)	1.01 (0.41)	5.00*** (1.51)
광주/전라 출신	6.27** (3.69)	5.70* (4.59)	1.34 (1.26)	6.56** (4.41)
부산/울산/경남 출신	0.81 (0.86)	0.97 (0.85)	0.26 (0.43)	0.44 (0.31)
대구/경북 출신	0.11*** (0.04)	0.17* (0.13)	0.17* (0.15)	0.05*** (0.03)
모델 2(n=633)	승산비(표준오차)			
정당과 이념 거리	0.76*** (0.05)			
정당일체감	50.83*** (18.37)			
	문재인 대 홍준표	안철수 대 홍준표	유승민 대 홍준표	심상정 대 홍준표
여성	0.82 (0.46)	0.90 (0.58)	0.50 (0.43)	0.42 (0.44)
연령	1.04 (0.03)	1.03 (0.04)	0.97 (0.02)	1.01 (0.03)
소득수준	1.10 (0.14)	1.20 (0.29)	0.93 (0.27)	0.93 (0.35)
교육수준	2.24*** (0.47)	1.24 (0.48)	1.09 (0.45)	5.41*** (1.72)

광주/전라 출신	7.10*** (3.53)	6.06* (4.56)	1.68 (1.69)	7.03** (5.04)
부산/울산/경남 출신	0.86 (0.90)	1.00 (0.90)	0.29 (0.46)	0.34 (0.25)
대구/경북 출신	0.12*** (0.04)	0.22* (0.14)	0.16* (0.14)	0.06*** (0.03)

주 1: 승산비는 다른 조건이 같다면 1보다 큰 경우에는 비교 대안보다 선택할 가능성이 높다는 것을 1보다 작은 경우에는 선택할 가능성이 낮다는 것을 의미한다
주 2: * p<0.05, ** p<0.01, *** p<0.001

IV. 결어

이 연구는 역사적으로 형성된 사회구조와 이를 반영하는 정치제도, 그리고 이들 거시적 요인의 제약을 받는 유권자 정치행태를 체계적으로 분석하는 균열이론에 의거, 제19대 대선을 기점으로 유권자 행태에 대한 균열의 함의에 초점을 맞추어 한국정치의 지배균열로서 지역균열의 현실태를 파악하고자 했다. 그 결과 영호남 지역균열은 '사회구조(출신지역) — 규범(정체성, 정치이념 및 정책선호) — 조직(지역 정당)'을 필요불가결한 본질적 3요소로 갖춘 완전한 균열의 유일한 예로 아직은 다른 대안적 균열로 대체되지 않았으며 그 구조에 심대한 위협도 존재하지 않는 것으로 보인다. 다만, 영남 출신의 경우 일련의 선행연구에 일관되게 부산/울산/경남과 대구/경북 출신 간 정치행태의 분화가 드러나 영호남 지역균열이 호남과 대구/경북 간 지역균열로 재편되는 양상도 보였다. 이러한 관찰의 경험적 근거는 다음과 같다.

첫째, 호남과 대구/경북 출신 유권자는 지역에 배타적인 지지 기반이 있는 정치세력과 연계된 정치이념에 여전히 정렬되어 대조적 진보-보수 자기평가가 뚜렷했다. 부산/울산/경남 출신의 경우, 대구/경북 출신보다

는 상당히 약하지만 아직은 자신을 보수적으로 평가하고 있었다. 둘째, 배타적 지역 지지 정치세력의 이념적 구분에 강하게 연계된 대북 및 통일 정책(사드배치, 국가보안법 폐지, 개성공단 재개 등)에 대해서는 호남과 대구/경북 출신의 선호 차이가 대체로 진보-보수로 갈릴 정도로 분명하게 드러났지만, 부산/울산/경남 출신의 선호는 오히려 호남 출신과 별 차이가 없는 것으로 나타났다. 셋째, 호남과 대구/경북 출신의 경우 과반수가 서로 다른 정당에 대해 가깝게 느끼고 있었고, 지역 정당과 정당 후보에 대한 편애와 외집단 정당과 정당 후보에 대한 반감도 명확하게 드러냈다. 부산/울산/경남 출신의 경우 이 지역에서 호남 내집단 정당의 대선 후보를 배출해서인지 과반수가 이 정당을 가깝게 느끼고 있었고, 단기적 감정 측정에서도 대구/경북 출신에 비해 정당과 후보에 따른 대조적 호오가 분명하게 드러나지 않았다. 넷째, 호남 출신은 다른 지역에 비해 가장 낮은 교차압력에 놓여 있고 분포도 가장 좁지만, 영남 출신은 더 높은 교차압력에 놓여 있었으며 다른 지역보다 그 분포도 넓게 나타났다. 마지막으로 맥파든 선택 모형 추정한 투표선택 모형 분석에 의하면, 호남과 대구/경북 출신 유권자들은 대선 후보를 선택하는 행동 차원에서도 지역균열의 강한 제약 하에 놓여 있는 것으로 드러났다. 제19대 대선에서도 여전히 두 지역 출신은 지역 정당을 지지하고, 그 정당의 후보를 선택할 가능성이 매우 높게 나타났다. 부산/울산/경남의 경우에도 지역 정당 후보를 선택할 가능성이 나타났으나 통계적으로 의미는 없었다.

　그렇다면, 이와 같은 경험적 분석이 제시하는 한국정치 균열구조에 대한 함의는 무엇인가? 무엇보다 완전한 균열로서 지역균열은 이를 대체 또는 교차할 대안적 균열이 존재하지 않아 앞으로도 상당 기간 유지될 가능성이 크다. 3김이 퇴장하고 노무현 후보가 당선된 제16대 대선 이후 잠재적 균열로 검토되어 온 세대와 계층의 경우 규범적 요소가 결여되어 있고, 이 사회적 구분을 조직하고 동원할 정치가 미약하거나 존재하지 않는다. 이념의 경우는 지역균열의 규범적 요소로는 볼 수 있으나 이 또한 독립적으로 동원하는, 의미 있는 정치세력은 찾아보기 힘들다. 또한, 서구연구에서 밝혀진 바대로 지역에 기초한 완전한 균열은 폐쇄성과 견고함으로 인해 문화나 이데올로기에 의한 균열보다 변화 가능성도 매우 낮다(Bartolini 2011). 다만, 민주화 이후 유일한 완전한 균열로 존재해 온 영호남 중심의 지역균열은 부산/울산/경남이 이탈하여 호남과 대구/경북 중심의 균열로 재편될 가능성이 있다. 호남과 대구/경북 출신의 경우, 내집단 정당에 대한 편애와 외집단 정당에 대한 반감이 뚜렷했으며, 대중 인식 차원에서 내집단 정당에 강하게 연계된 정치이념과 상징적 쟁점 정책에 대한 선호가 비교적 명확했지만, 부산/울산/경남 출신의 경우 그 경향이 약하거나 오히려 호남과 유사한 행태를 보였다.

물론 부산/울산/경남 출신의 이탈이 전통적 외집단 정당의 후보로 이 지역 출신이 출마한 지난 세 차례 대선(제16대, 제18대, 제19대)으로 인한 일시적 현상일 수도 있다. 향후 대선에서 이 지역 출신의 정치인이 전통적 지역 정당을 통해 영남 지역 유권자를 대대적으로 동원하는 경우 다시 영호남 중심의 지역균열이 복원될 수도 있다는 것이다. 최근 영남 출신 정치인을 중심으로 보수의 동원과 통합시도는 영남 지역 유권자와 보수 정당의 재정렬을 추진하는 작업으로 볼 수 있다. 균열이론에서도 균열구조의 지속은 물론이고 새로운 균열 창출에 있어서 정치인과 정당의 능동적인 역할을 강조하고 있기에 이와 같은 시도를 결코 가볍게 볼 수는 없다(Powell 1982; Enyedi 2005; 2008; Deegan-Krause & Enyedi 2010).

완전한 균열로서 지역균열의 유지는 또한, 역사적으로 형성된 사회적 구분 곧, 잠재적 균열에 기초하지 않은 새로운 정치세력이 특정 유권자 집단을 정치적으로 의미 있는 세력으로 조직하고, 새로운 집단 규범(정체성, 문화, 이념 등)을 형성하여 제도권 내에 자리 잡기가 매우 어려울 것이라는 예측을 가능하게 한다. 이는 최근 선거제도 개편 논의에서도 간과하고 있는 점인데, 선거제도에 초점을 맞춰 정당체계 형성을 설명한 듀베르제조차도, 정당체계를 규정하는 결정적인 영향력은 촉매제에 불과한 선거제도가 아니라 이데올로기와 특히, 사회경제구조로부터 온다는 사실을 인정했다는 것을 상기해 볼 만하다(Duverger 1954, 205). 한편, 상대적으로 많은 연구가 이루어진 유권자 수준의 '균열 이탈(dealignment)'뿐만 아니라 균열에 기반하지 않은 정치도 반드시 바람직한 것만도 아니다. 최근 서구 극우나 포퓰리스트, 독단적(maverick) 정치인의 미디어를 활용한 득세와 판 깨기는, 정당에 의한 균열의 제도화가 안정적 민주주의의 요건이라는 립셋의 경구를 새삼 생각하게 한다(Lipset 2001; Enyedi 2008).

참고문헌

강원택. 2002. "유권자의 정치이념과 16대 총선: 지역 균열과 이념 균열의 중첩?" 진영재 편. 『한국의 선거 IV: 16대 총선을 중심으로』. 서울: 한국사회과학데이터센터.
_____. 2003. 『한국의 선거 정치: 이념, 지역, 세대와 미디어』. 서울: 푸른길.
_____. 2010. 『한국 선거정치의 변화와 지속: 이념, 이슈, 캠페인과 투표참여』. 파주: 나남.
_____. 2011. "한국에서 정치 균열 구조의 역사적 기원: 립셋-록칸 모델의 적용." 『한국과 국제정치』 27(3): 99-129.
_____. 2013. "한국 선거에서의 '계급 배반 투표'와 사회 계층." 『한국정당학회보』 12(3): 5-28.
노환희·송정민. 2013. "세대균열에 대한 고찰: 세대효과인가, 연령효과인가." 박찬욱·강원택 편. 『2012년 대통령선거 분석』. 파주: 나남.
문우진. 2017. "지역주의 투표의 특성과 변화: 이론적 쟁점과 경험분석." 『의정연구』 23(1): 82-111.
박원호. 2013. "정당일체감의 재구성." 박찬욱·강원택 편. 『2012년 대통령선거 분석』. 파주: 나남, 51-73.
박원호·신화용. 2014. "정당 선호의 감정적 기반: 세월호 사건과 지방선거를 중심으로." 『한국정치학회보』 48(5): 119-142.
유성진·손병권·정한울·박경미. 2018. "집단정체성으로서의 세대와 그 정치적 효과." 『한국정당학회보』 17(2): 93-119.
윤광일. 2017. "지역주의의 변화: 1988년, 2003년 및 2016년 조사결과 비교." 『의정연구』 23(1): 113-149.
_____. 2018a. "균열구조와 19대 대선." 『한국정치연구』 27(1): 241-280.
_____. 2018b. "선거민주주의의 질: 경쟁과 참여 및 수직적 문책성." 박종민·마인섭 편. 『한국 민주주의의 질: 민주화 이후 30년』. 서울: 박영사.
윤지성. 2017. "교차압력과 지역주의 투표의 변화." 『한국정당학회보』 16(3): 5-45.
이갑윤. 2011. 『한국인의 투표행태』. 서울: 후마니타스.
이남영. 2006. "누가, 왜, 어떻게 노무현 대통령을 당선시켰나?" 어수영 편. 『한국의 선거 V: 제16대 대통령선거와 제17대 국회의원선거』. 서울: 도서출판 오름, 19-37.
임성학. 2011. "지역주의 분열의 완화 가능성은?" 이내영·임성학 편. 『변화하는 한국유권자 4: 패널조사를 통해 본 2010 지방선거』. 서울: 동아시아연구원.
장승진. 2012. "한국 유권자들의 정당에 대한 태도: 정당지지와 정당투표의 이념적, 정서적 기초." 박찬욱·강원택 편. 『2012년 국회의원선거 분석』. 파주: 나남, 175-203.
조성대. 2008. "균열구조와 정당체계." 현대정치연구 1(1): 169-198.

최장집. 2009. 『민중에서 시민으로: 한국 민주주의를 이해하는 하나의 방법』. 파주: 돌베개.
_____. 2010. 『민주화 이후의 민주주의: 한국 민주주의의 보수적 기원과 위기』 개정2판. 서울: 후마니타스.
최준영·조진만. 2005. "지역균열의 변화 가능성에 대한 경험적 고찰." 『한국정치학회보』 39집 3호, 375-394.

Bartolini, Stefano, and Peter Mair. 1990. *Identity, Competition, and Electoral Availability: the Stabilisation of European Electorates 1885-1985*. New York: Cambridge University Press.

Bartolini, Stefano. 2011. "Cleavages, Social and Political." In *International Encyclopedia of Political Science*. Bertrand Badie, ed. Dirk Berg-Schlosser and Leonardo Morlino. Thousand Oaks, California: Sage.

Bértoa, Fernando Casal. 2014. "Party Systems and Cleavage Structures Revisited: A Sociological Explanation of Party System Institutionalization in East Central Europe." *Party Politics* 20(1): 16-36.

Bornschier, Simon. 2009. "Cleavage Politics in Old and New Democracies." *Living Reviews in Democracy* 1: 1-13. http://www.cis.ethz.ch/research/living-reviews-in-democracy.html(검색일: 2018.1.9).

Brader, Ted, Joshua A. Tucker, and Andrew Therriault. 2014. "Cross Pressure Scores: An Individual-Level Measure of Cumulative Partisan Pressures Arising from Social Group Memberships." *Political Behavior* 36(1): 23-51.

Caprara, Gian Vittorio, Michele Vecchione, Shalom H. Schwartz, Harald Schoen, Paul G. Bain, Jo Silvester, Jan Cieciuch, Vassilis Pavlopoulos, Gabriel Bianchi, Hasan Kirmanoglu, Cem Baslevent, Ctlin Mamali, Jorge Manzi, Miyuki Katayama, Tetyana Posnova, Carmen Tabernero, Claudio Torres, Markku Verkasalo, Jan-Erik Lnnqvist, Eva Vondrkov, and Maria Giovanna Caprara. 2017. "Basic Values, Ideological Self-Placement, and Voting: A Cross-Cultural Study." *Cross-Cultural Research* 51(4): 388-411.

Coser, Lewis A. 1957. "Social Conflict and the Theory of Social Change." *The British Journal of Sociology* 8(3): 197-207.

Dahl, Robert A. 1966. *Political Oppositions in Western Democracies*. New Haven: Yale University Press.

Deegan-Krause, Kevin. 2007. "New Dimensions of Political Cleavage." *In The Oxford Handbook of Political Behavior*. Russel J. Dalton and Hans-Dieter Klingemann, eds. New York: Oxford University Press, 538-556.

_____. 2013. "Full and Partial Cleavages." In *The Handbook of Political Change in Eastern Europe*, 3rd ed. Sten Berglund, Joakim Ekman, Kevin Deegan-

Krause and Terje Knutsen, eds. Cheltenham, UK: Edward Elgar.

Deegan-Krause, Kevin, and Zsolt Enyedi. 2010. "Agency and the Structure of Party Competition: Alignment, Stability and the Role of Political Elites." *West European Politics* 33(3): 686-710.

Duverger, Maurice. 1954. *Political Parties, Their Organization and Activity in the Modern State*. London, New York: Methuen; Wiley.

Easton, David. 1965. *A Framework for Political Analysis*. Englewood Cliffs, N.J.: Prentice-Hall.

Enyedi, Zsolt. 2005. "The Role of Agency in Cleavage Formation." *European Journal of Political Research* 44(5): 697-720.

_____. 2008. "The Social and Attitudinal Basis of Political Parties: Cleavage Politics Revisited." *European Review* 16(3): 287-304.

Gallagher, Michael, Michael Laver, and Peter Mair. 2011. *Representative Government in Modern Europe*. 5th ed. Shoppenhangers Road Maidenhead Berkshire: Mcgraw-Hill Higher Education.

Kinder, Donald R., and Cindy D. Kam. 2009. *Us Against Them: Ethnocentric Foundations of American Opinion*. Chicago: University of Chicago Press.

Kitschelt, Herbert. 2009. "Party Systems." In *The Oxford Handbook of Comparative Politics*. Carles Boix and Susan C. Stokes, eds. New York: Oxford University Press, 522-554.

Lane, Jan-Erik, and Svante O. Ersson. 1999. *Politics and Society in Western Europe*. London; Thousand Oaks, Calif.: Sage Publications.

Lipset, Martin S. 1960. *Political Man: the Social Bases of Politics*. Garden City, N.Y.: Doubleday.

_____. 2001. "Cleavages, Parties and Democracy." In *Party Systems and Voter Alignments Revisited*. Lauri Karvonen and Stein Kuhnle, eds. London: Routledge.

Lipset, Martin S., and Stein Rokkan. 1967. "Cleavage Structure, Party Systems, and Voter Alignments: An Introduction." In Lipset, Martin S and Stein Rokkan, eds. *Party Systems and Voter Alignments: Cross-National Perspectives*. New York: Macmillan.

Negretto, Gabriel L. 2015. "From Duverger to Rokkan and Back: Progress and Challenges in the Study of Electoral Systems." In *Routledge Handbook of Comparative Political Institutions*. Jennifer Gandhi and Rubén Ruiz-Rufino, eds. London: Routledge.

Neto, Octavio Amorim, and Gary W. Cox. 1997. "Electoral Institutions, Cleavage Structures, and the Number of Parties." *American Journal of Political*

Science 41(1): 149-174.

Powell, G. Bingham. 1982. *Contemporary Democracies Participation, Stability, and Violence*. Cambridge, MA: Harvard University Press.

Rae, Douglas W., and Michael Taylor. 1970. *The Analysis of Political Cleavages*. New Haven: Yale University Press.

Schattschneider, Elmer Eric. 1960. *The Semisovereign People: a Realist's View of Democracy in America*. New York: Holt, Rinehart and Winston.

Schoultz, Åsa von. 2017. "Party Systems and Voter Alignments." In *The Sage Handbook of Electoral Behaviour*. Kai Arzheimer, Jocelyn Evans and Michael S. Lewis-Beck, eds. London: SAGE Publications Ltd.

Sears, David O. 2001. "The Role of Affect in Symbolic Politics." In *Citizens and Politics: Perspectives from Political Psychology*. James H. Kuklinski, ed. Cambridge: Cambridge University Press.

Taylor, Michael, and Douglas Rae. 1969. "An Analysis of Crosscutting Between Political Cleavages." *Comparative Politics* 1(4): 534-547.

Whitefield, Stephen. 2002. "Political Cleavages and Post-Communist Politics." *Annual Review of Political Science* 5(1): 181-200.

Zuckerman, Alan S. 1975. "Political Cleavage: A Conceptual and Theoretical Analysis." *British Journal of Political Science* 5(2): 231-248.

제19대 대통령선거와 TV토론 효과*

강경태 | 신라대학교

I. 들어가면서

후보 간 TV토론이 1995년 서울시장선거에 최초로 도입된 이후 1997년 대선을 포함하여 대선에만 5회 연속 실시되었으며 그 외 국회의원선거와 기초단체장선거에까지도 확대되었다. 2017년 5월에 실시된 제19대 대통령선거는 원래 2017년 12월로 예정되었지만 박근혜 대통령 탄핵으로 조기에 실시되었다. 이번 대선은 민주화 이후 최초로 대통령 탄핵에 의한 보궐선거이기 때문에 선거일이 불확실하였으며 선거기간이 짧아 TV토론

---

* 본고는 『기획 라운드테이블 '새로운 대한민국' 무엇을 할 것인가?: 제19대 대선평가와 새정부의 과제』 세미나에서 "제19대 대선 결과와 평가"라는 주제로 발표함(21세기정치학회, 2017.5.12). 본고는 또한 『Political Participation and Public Opinion in East Asia』 세미나에서 "What Decided the 2017 Korean Presidential Election?"이라는 주제로 발표함(The 11th Asian Electoral Studies (AES) Annual Conference, 2017.10.28).

의 중요성은 역대 어느 대선보다 막중하였다(장석준 2017). 통상의 대선에 비하여 선거기간이 대폭 줄어들어 선거 결과를 결정짓는 일반적 주요 요인들인 정당, 쟁점, 언론, 선거운동, 네트워크, 선거자금 등 많은 요소들보다는 유권자들이 후보자들의 면면을 짧은 시간에 집중적으로 파악할 수 있는 TV토론의 중요성이 보다 부각되었다. 5명의 후보가 6회에 걸쳐 실시된 TV토론에 참여하면서 보여준 순발력, 정책, 인물됨, 언변, 준비성 등을 많은 유권자들이 지대한 관심을 가지고 시청함으로써 최종 후보 결심에 큰 영향을 주었다.

TV토론은 선거운동원이나 조직이 아니라 후보자가 직접 국민 앞에서 자신의 정견, 비전 등을 제시하고 다른 경쟁자들의 공격에 대해 자신의 우월성을 강조하고 자신의 단점이나 문제점은 적절한 논리로 피해 나가면서 우수한 후보로서의 면모를 과시한다. 또한 상대방에 대해서는 토론과 연관이 없는 듯한 과거의 행적까지도 따지며, 정책의 논리성, 예산, 시급성, 투입대비 산출효과, 불필요한 갈등비용 등을 엄정하게 따져 묻는다. 후보들은 진실도 중요하나, 언론 등에 보도된 소문 등을 근거로 상대방을 곤경에 빠뜨리기도 한다. 따라서 TV토론은 매니페스토 정책이 일상화된 최근 선거에서 무용론이 대두되고 있기도 하지만 오히려 선거가 정책선거로 전환되면서 선거의 필수적인 과정으로 인식되고 있다(권혁남 2011; 김욱 2012; 박희봉·장경석 2010; 우지숙·김한솔·안준규 2017).

잘 알려진 바와 같이 대통령선거에서 TV토론의 시초이면서 그 효과의 백미는 1960년도 미국대선이다. 존 F. 케네디와 리처드 닉슨 간 토론은 흔히 현대 선거전의 방향을 제시한 선봉으로 여겨진다. 미디어가 라디오 시대에서 TV시대로 넘어가면서 단순한 목소리보다는 표정, 분장, 분위기, 전달력과 같은 외형적 요인들이 선거승리의 새로운 무기로 등장하였다. 현대 선거전의 특징상 닉슨이 아무리 달변이라도 외모가 매력적이지 않기 때문에 라디오 토론에는 승리할 수 있으나 젊고 뛰어난 외모의 케네디가 TV토론에서 승리할 수밖에 없다는 것이다.

당시 라디오 토론 직후 여론조사를 실시하였던 알버트 신들린저(Albert

E. Sindlinger) 소유의 시장조사회사 Sindlinger & Company(Greenberg 2010)는 토론 직후 케네디 지지율은 20.3%에 불과하나, 닉슨은 무려 43%를 획득하여 닉슨이 압도적으로 승리하였다고 발표하였다(Druckman 2003). 그럼에도 불구하고 라디오토론에 승리하였기 때문에 닉슨이 대선에서도 승리할 것이라는 가능성은 당시 조사의 샘플 크기가 282명에 불과하여 조사의 대표성과 신뢰성에 의문이 제기되면서 인정하기가 어렵다는 평가도 있었다. 또한 이들의 정치성향이 민주당보다는 공화당 쪽이 더 많았다고 한다(Bruschke and Divine 2017). 당시 TV가 미국 전역에 이미 보편화되었는데, 라디오 청취자들은 주로 시골지역 거주자들로 프로테스탄트들이 많았으며 가톨릭 신자인 케네디를 근본적으로 불신하였다. 그리고 닉슨의 라디오 승리를 주장하는 다른 두 건의 주장도 증거가 확실하지 않은 일회성 발표라는 것이다. 그중 하나는 애틀랜타의 길거리에서 이루어진 한 시민과의 인터뷰(McGill 1960)이며 다른 하나는 남부 주지사모임 참석자들의 반응을 보도한 기사(Mazo 1962)이다. 따라서 Bruschke와 Divine은 케네디가 라디오토론에서 닉슨에 패배하고 TV토론에서 승리함으로써 케네디가 소위 실체보다는 스타일(style over substance)형 정치인이라는 오랜 가설이 잘못되었다고 결론짓는다. 즉 케네디는 라디오토론과 TV토론 모두 사실상 승리하여 실체와 스타일을 두루 갖춘 정치인이라는 점이다.

이 논쟁의 핵심은 TV가 실체보다는 스타일이라는 외양에 치중하는 측면이 있지만 실체가 전혀 없이는 스타일이 아무리 뛰어나더라도 대중에게 어필하지 않는다는 점이다. 아무튼 많은 연구들이 TV의 이미지효과(Druckman 2003; Hillygus and Jackman 2003; Keeter 1987; Schudson 1995)를 인정하고 있으며 특히 Druckman은 케네디-닉슨 간 토론 당시 상황을 잘 모르는 대학생들을 대상으로 실시한 실험연구를 통하여 학생들이 후보를 평가할 때 라디오 청취보다는 TV시청이 진실성과 같은 후보의 개성을 평가하는 데 훨씬 더 강력하였다고 한다. 물론 정치정보 수준이 높은 응답자들은 TV와 라디오를 통한 정보획득의 격차가 그다지 크지 않지만 그 수준이 낮은 일반적인 응답자들은 TV가 보다 많은 효과를 제공한다.

따라서 양적으로 수많은 대중에게 미치는 TV효과는 대단하며 후보 간 TV 토론의 선거결과에 미치는 효과 역시 상당하다.

그럼에도 불구하고 TV토론의 효과가 절대적으로 언제나 강력한 것은 아니다. 왜냐하면 많은 사람들은 선거가 진행되더라도 이미 후보에 대한 판단이 나름대로 세워져 있어 자신이 좋아하는 후보선호에 따라 토론의 수준을 평가하는 경향이 있기 때문인데, 이를 인지조화(cognitive consistency)라고 한다(Schrott and Lanoue 2013). 이런 인지조화는 정당성, 정당 지지율, 현직여부, 현직 대통령의 지지율 등에 의해 생성되기 때문에 많은 유권자들이 자신의 판단에 상당한 논리적 근거가 있다는 신념을 보유한다. 선거과정에서 형성된 이러한 인지조화는 선거 와중에 실시되는 각종 여론조사의 지지율로 나타나는데, 이것이 기저(baseline) 지지율이 되며 대체로 선거가 끝날 때까지 일정하게 유지된다고 한다. 따라서 TV토론이 선거결과에 미치는 영향력은 제한적일 수밖에 없다는 것이다.

예컨대 Schrott와 Lanoue는 1960년 대선부터 2008년 대선까지 26회의 미국대선 후보 간 토론을 분석한 결과, 케네디와 닉슨 간 4차 마지막 토론은 외교정책이 주요 내용이었는데, 토론 직후 여론조사의 격차는 케네디의 1% 승리에 불과하였다. 이는 선거 직전 및 선거과정에서 미국 유권자들이 양 후보에 대해 가지고 있던 엇비슷한 평가와 거의 같다. 또한 1984년 레이건-먼데일 후보 간 2차 토론도 레이건이 3%로 승리하여 토론효과가 미미하였다. 그러므로 TV토론의 효과가 대선결과에 미치는 효과가 제한적이라는 지적도 어느 정도 타당하다고 볼 수 있다.

그러나 저자들은 TV토론이 대선결과에 결정적인 영향을 미치는 경우도 발생하는데, 이는 많은 유권자들이 토론에 매우 감동하거나 매우 실망한 경우라고 한다. 즉 토론 전에 유권자들 사이에 형성된 인지조화에 의한 기저지지율이 그 허용범위를 뛰어넘는 예상외의 토론장면이 유권자들에게 전파되면 가능하다고 한다. 예컨대 케네디와 닉슨의 1차 TV토론에서 닉슨은 수주일 동안 진행된 전국유세를 막 종료하여 심신이 피곤한 상태에서 다리까지 다쳐 스탠딩토론에서 매우 불리하였으며 표정도 수염을 제대로 깎지 않아 시청자들의 눈에는 닉슨이 토론의 준비성, 성실성, 지도자로서의 비전, 강인함 등 모든 면에서 부족한 후보로 비쳤다. 그러나 케네디는 TV시대를 맞이하여 전문코디를 고용하였으며, TV토론 직전에 전국유세투어를 일시 중단하고 호텔에서 며칠간 예행연습을 하는 등 역사적인 1차 토론에 만반의 준비를 갖추어 토론에 임하였다. 결국 토론 직후 지지율에서 케네디가 닉슨에게 23% 승리함으로써 TV토론의 효과가 극대화되었다. 이런 예는 1976년 대선 당시 지미 카터-제럴드 포드 2차 토론에서 카터의 23% 승리, 1988년 대선에서는 조지 부시-마이클 듀카키스 2차 토론에서 부시의 16% 승리, 1992년 대선에서 빌 클린턴-조지 부시 간 2차 토론 뒤 클린턴의 42% 승리 그리고 1996년 빌 클린턴-밥 도올 간 2차 토론에서 클린턴이 30%의 격차로 승리한 데서도 찾을 수 있다.

〈그림 1〉은 한국의 제19대 대선의 결과를 보여주고 있다. 거대 야당인 민주당의 문재인 후보의 당선은 선거 전에도 어느 정도 예상되었는데, 선거결과도 타 후보에 비하여 압도적인 격차로 1위를 차지하였다. 이런 결과는 2016년 하순부터 2017년 대선 때까지 대통령 탄핵과 함께 발생한 한국정치지형의 큰 변화가 바탕이 된다. 12월 집권당이었던 새누리당 의원들 중 대통령 탄핵을 지지하는 사람들은 탈당하여 바른정당을 창당하

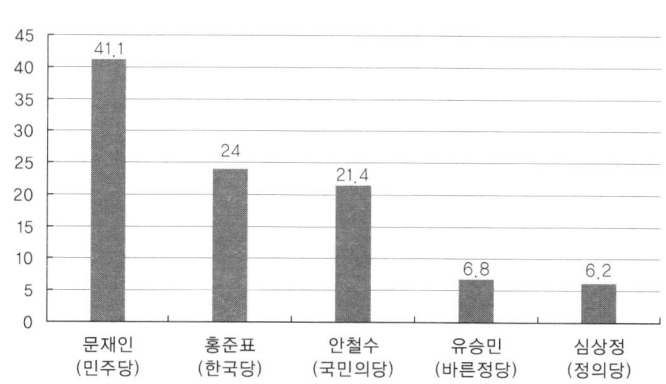

〈그림 1〉 2017년 19대 대선 결과(%)

참고: 각 당의 의원수는 민주당(119), 한국당(93), 국민의당(40), 바른정당(33), 정의당(6)

였으며, 잔류한 의원들은 자유한국당으로 개명하였다. 한국당의 홍준표 후보가 예상 밖으로 선전하여 2위로 마감하였으나 참패하였다. 많은 국민들이 박근혜 대통령 탄핵을 지지하였기 때문에 탄핵을 지지하면서 창당한 바른정당의 유승민 후보의 당선 가능성은 홍 후보보다는 높았을 수도 있지만, 구여권 출신에 신생 중소정당 후보로서의 한계도 상당하여 한자리 수 득표율로 4위로 마감하였다.

이번 대선의 가장 큰 피해자는 안철수 후보이다. 2017년 3월 말과 4월 초에는 대통령 당선이 가능하다는 예상이 제기될 정도로 지지율이 높았던 안철수 후보는 예상과 달리 대패하였다. 또한 6명 의원의 초미니 정당인 정의당의 심상정 후보의 당선 가능성은 매우 미미하였으며 선거일 득표율 또한 그대로 반영되었다.

따라서 제19대 대선은 실제로 민주당의 문재인 후보와 국민의당의 안철수 후보 간 경쟁이었다. 결국 문 후보가 승자가 되었으며, 안 후보는 1위도 아니고 2위도 아닌 1위 득표율의 절반에 불과한 3위로 마감하였다. 여러 가지 이유 중에서도 안 후보가 TV대선 토론에서 매우 부진하였기 때문으로 본다. 홍 후보는 TV토론 이전에는 한자리수 지지율에 불과하였으나, 매우 부정적인 전망과 달리 1위는 아니지만 2위로 선방하였다. 이는 집권당의 현직 대통령이 탄핵을 당한 절체절명의 순간에 TV토론에서 수많은 보수 유권자들에게 보수가 다시 살아날 수 있다는 일말의 희망을 보여 주었기 때문이다. 최대 야당 후보로서 선거 전부터 지지율 1위를 고수하던 문 후보는 다른 후보들과 비교해 크게 잘 하지는 않았지만, 6라운드 토론내내 큰 실수 없이 마무리하여 승자가 될 수 있었다.

아직 우리나라 대선에서 TV토론이 특정 후보에게 획기적으로 영향을 주었다거나 선거결과를 거의 확정적으로 결정한 예가 없었다고 보고되고 있지만, 본고는 그 예를 19대 대선 TV토론에서 발견하고자 한다. 그간 역대 대선에서는 유권자들이 TV토론에 관심은 많았지만, 다소 일상적이고 진부한 내용과 포맷 등으로 유권자들의 표심을 전환할 만큼 결정적이지는 않았다. 그러나 미국의 예에서 보듯 선거과정에서 만들어진 인지조화로 형성된 기저지지율이 유권자들이 생각할 수 없을 정도로 매우 흥미롭거나 대실수가 TV토론에 연속적으로 반복되면 TV토론이 대선결과에 획기적인 영향을 미칠 수 있다고 판단한다. 이를 위해 TV토론의 주요 내용들을 검토하고 언론에 보도된 토론 직전에 형성된 기저지지율과 토론 직후 지지율의 변화과정과 선거일 득표율 간 관계를 분석한다. 이 과정에서 여론조사데이터도 분석에 활용한다.

II. 대통령/대선후보 지지율 및 후보 간 토론 관련 기존 연구

문우진(2012)은 역대 모든 한국 대통령들의 지지도가 임기 중 결국은 하락하였다면서 대통령 지지도에는 일종의 '필연적 하락의 법칙'이 적용된다고 한다. 선거에 참여하는 모든 정당들은 선거승리를 위해 유권자들에게 호소력이 강한 새로운 가치를 만들어낸다. 각 후보 정책팀에서 가공된 새로운 공약과 정책들이 후보 간에 상호 치열하게 경쟁하면서 선거가 진행되기 때문에 국민들의 신정부에 거는 기대수준도 동시에 상승한다. 따라서 선거에 당선된 모든 대통령들의 임기 초반 1~2년 동안에는 지지도가 대체로 상당히 높다. 그러나 임기 중반을 넘어가면서 공약준수로 혜택을 보는 국민들이 그다지 많지 않으며 피해를 보는 국민들도 발생하고 또한 그런 공약을 준수하기도 쉽지 않은 상황들이 연발하면서 초반의 높은 대통령 지지율은 지속적으로 하락하면서 실패한 대통령으로 남게 된다는 것이다.

그러면 우리나라에서 성공한 대통령이 되기 위한 조건은 무엇인가? 성공조건을 알아보기 전에 역대 대통령들의 핵심적 특징들을 먼저 알아보자. 오래전 연구이기는 하지만 김호진(1997)은 이승만 대통령은 민주적이라기보다는 매우 가부장적이며 권위주의의 표본이라고 한다. 그는 권력을 공적도구가 아니라 사적도구로 간주하였다. 이런 경향은 이 대통령이 미국에서 민주주의를 학습하고 체득하였지만, 500년 조선왕조의 구성원으로 왕조정치에 크게 영향을 받았기 때문일 것이다. 박정희 대통령은 군사혁명의 반대급부로 제시한 경제발전을 반드시 성공시켜야 한다는 교도적 기업가형이다. 박 대통령과 비슷한 입장의 전두환 대통령은 경제와 올림픽 개최 등 많은 정책들을 장관들이 주도하도록 독려하면서도 앞만 보고 돌진하는 저돌적 해결사형으로 평가된다. 노태우 대통령은 북방정책 등에서 치밀성과 성과를 보였지만, 노조 문제 등 변화하는 사회현상에 소극적으로 대처하였다. 그리고 김영삼 대통령은 군부내 하나회 척결, 전격적인 금융실명제 실시 등 왕성한 추진력을 보여주었지만 한국과 세계 경제의 흐름에 대한 이해가 부족하였다고 한다. 이들 역대 대통령들은 일반인들에서는 찾기 어려운 놀라운 개성과 업적을 보인 점도 있지만 국민과의 소통이라는 문제는 도외시한 공통점이 있다.

미국에서 성공한 대통령을 대중적 의사소통능력, 조직적 능력, 정치기술, 정책비전, 인지스타일, 정서적 지능이라는 6개의 자질로 평가한 연구(Greenstein 2000)에서 밝혀진 바에 따르면, 미국 대통령들도 대부분 의사소통능력이 부족하였지만 루스벨트, 케네디, 레이건과 클린턴은 매우 뛰어났으며 이것이 성공한 대통령의 필수 요소라고 한다. 케네디가 처음 하원의원이 되었을 때는 의사소통 능력이 뛰어나지 못하였으나, 스피치 작가들의 도움과 각고의 노력으로 훌륭한 소통자가 될 수 있었다. 레이건의 경우는 라디오방송과, 영화출연 등으로 대화하고 소통하는 연습을 반복하여 대중에게 자연스러움과 호소력을 두루 갖춘 정치인으로 평가받고 있다. 따라서 대통령의 힘은 일방적인 하향식 명령과 지시가 아니라 대화와 협상, 설득이 그 원천이다.

여론분석전문가인 정한울(2015)은 한국에서 3김 이전의 대통령에 대한 비판은 주로 지역주의와 부정부패 때문이었으나, 3김 이후에는 소통이 중요한 평가 기준이 되었다고 지적하면서 소통에 실패하면 실패한 대

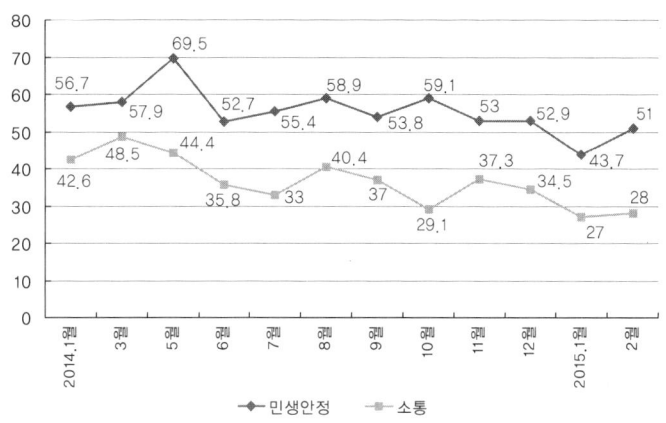

〈그림 2〉 민생소통 및 의사소통 측면에서 박근혜 평가(%)

정한울(2015), p.2 재작성

령이 된다고 한다. 예컨대 노무현 대통령은 컴퓨터 능력이 뛰어나 네티즌들과의 소통은 원활하였지만, 여야정치권과의 소통은 부진하였다.

〈그림 2〉는 박근혜 대통령 임기 중 민생안전과 같은 업적과 소통실적의 일부를 보여주고 있다. 전자는 대체로 양호하지만 후자는 전자보다 20% 정도 부족한 상태에서 지속적으로 하강하였는데 2016년 총선부터는 이런 경향이 더욱더 농후하였다. 결국 탄핵으로 귀결되는 상황으로까지 몰리게 된 것이다. 이명박 대통령도 루스벨트 대통령 방식의 '대국민 라디오연설'을 매월 실시하는 등 소통에 많은 노력을 기울였으나, 대다수 국민의 목소리를 듣고 국정에 반영하는 바텀업식이 아니라 자기 주장만 하달하고 강요하는 톱다운식 불통으로 실패한 정치인으로 남아 있다.

그러면 일반 국민들로서는 대통령의 자질 중 가장 중요하다고 볼 수 있는 의사소통 능력을 어떻게 파악하고 평가할 수 있겠는가? 책이나 그간의 정치역정, 언론 등을 통한 간접적인 방법도 가능하겠지만, 후보 간 TV토론을 통한 직접적인 방법으로 쉽게 확인할 수 있다. 1995년에 처음 도입된 후보 간 TV토론으로 후보자들이 주로 특정 학교 운동장에서 청중 앞으로 나아가 직접 유세하는 대신에 전 국민이 후보자들끼리의 상호토론과 공방을 지켜보면서 그들의 자질과 능력을 동시에 관찰하여 비교 평가하게 되었다. TV토론은 고비용, 저효율 선거문화를 일신하여 저비용, 고효율 선거문화로 한국정치가 선진국형 정치로 도약하는 데 큰 역할을 하고 있다고 보고 있다(김관규·김춘식 2008).

그러나 김연종(2009)은 제18대 국회의원선거 TV 방송토론회 3개를 분석한 결과, 선거방송토론이 도입 취지와 의도와는 달리, 유권자의 선거관심 유도에 실패하였다고 주장한다. 또한 방송토론이 유권자들의 필요정보 제공 및 성공한 정치인 선출에도 기여하지 못한다고 강조한다. 이는 토론이 내용보다 공정성을 지나치게 의식하면서 형식을 우선하기 때문이다.

그럼에도 불구하고 토론과정에서 반영되는 후보의 태도, 주요 이슈, 방어와 공격방식, 토론전략 등을 분석하는 과정에서 토론의 긍정적인 효과를 발견한 연구(구교태·김관규·이준웅 2007; 송종길·박상호 2009)도 많다. 예를 들면 구교태 외는 2006년 대구시장 후보 TV토론을 통해 유권자들이 다양한 선거 정보를 알게 되었으며 후보자들의 공약제안을 긍정적으로 평가하였다고 한다. 특히 이 연구에서 토론전후 미디어학과 대학생들을 통제집단(43명)과 실험집단(81명)으로 구분하여 비교한 결과, TV토론이 학습된 시민을 배양하며 효과적인 정치선택이 가능하도록 한다는 사실도 발견하였다.

TV토론은 기본적으로 3가지 기능을 가지는데(박연진·김관규 2016), 후보가 자신의 주장을 할 수 있고, 상대후보를 공격할 수 있으며, 상대후보가 자신을 공격하는 데 대한 방어도 가능하다. 일례로 2014년 서울시장 토론을 들 수 있는데, 당시 정몽준 후보에 대한 평가가 긍정적으로 나타나는 경우는 첫째, 시청자들이 정 후보의 주장이 효과적이라고 평가할수록, 둘째, 정 후보가 상대의 공격을 효율적으로 방어했다고 평가할수록, 그리고 셋째, 정 후보가 공격도 효과적으로 한다고 평가할 때라고 조사되었다.

토론 중에 구사하는 후보들의 전략은 후보의 지지율 서열과 밀접한 관련이 있다(박연진·김관규 2014). 유력 후보는 비방이나 네거티브식 공격전략보다는 자신의 정책을 차분하게 설명하며 상대의 네거티브식 공격에도 화를 내거나 또 다른 네거티브식이 아니라 논리적으로 설명하려고 노력한다. 그러나 유력 후보 다음 2위나 3위 후보들은 1위 후보에 대해 공격전략을 주로 사용한다. 이때 공격을 효과적으로 펼친 경우는 토론을 잘 했다고 평가받을 수 있으나, 그렇지 못하면 오히려 자신에게 그 피해가 되돌아올 수 있다. TV토론을 잘 활용하면 상대적으로 지지율이 낮아 승리가능성이 낮은 후보가 자신의 가치와 이미지를 시청자들에게 새롭게 부각시켜 토론 이전에 비하여 새로운 정치인으로 탄생할 수 있는 기회가 되기도 한다. 18대 대선에서 이정희 후보가 이 경우에 해당하는데, 19대 대선에서는 심상정 후보가 비슷한 케이스에 해당한다.

TV토론에 대한 학술적인 연구는 주로 설득전략, 충돌전략, 수사적 표현, 상징, 메시지, 공격과 방어방식 등에 집중되어 있다(김연종 2009; 김춘식 외 2004; 김춘석·전영란 2009; 범기수·최용혁 2013; 박연진·김관규 2014). 그 외 연구들은 TV토론이 선거에 미치는 직간접 효과, 예컨대 후보의 인지도, 선호도, 이미지 변화, 지식습득, 정치참여, 선거결과에 미친 효과 등에 초점을 두고 있다(구교태·김관규·이준웅 2007; 김관규 외 2006; 박연진·김관규 2016; 양승찬 1999; 이강형 외 2004; 이준웅 1999). 이들 연구 결과는 대체로 TV토론 시청후 유권자들이 후보자에 대한 호감도나 선호도가 변화가 없거나, 미미하거나, 확인된 경우, 혹은 기존 입장이 강화된 경우 등 다양하여 아직 학자들의 연구 결과가 일치하지 않고 있다. 그러나 TV토론이 지지후보를 바꾸어 선거결과의 변화까지 초래했다는 보고는 아직 거의 없다. 이에 대해서는 여러 가지 요인이 있을 수 있으나 우리나라 TV토론이 질문수와 발언횟수, 시간의 공정성 등에 지나치게 치중하면서 내용보다는 형식에 치우치기 때문이다(박태순 2006; 범기수 2010; 범기수·최용혁 2013). 특히 양자토론보다는 다자토론의 경우, 이런 현상이 더욱 심화되어 토론이 끝나도 후보의 핵심 주장이 유권자들에게 제대로 전달되지 않으며 비슷한 유형의 토론이 방송국을 달리하면서 수차례 반복되면서 유권자들의 흥미가 오히려 감소하기 때문이다.

그러나 미국 연구(Geer 1988)에서는 토론이 선거에 미치는 효과는 매우 긍정적으로 보는 경우가 많은데 가장 잘 알려진 사례가 앞에서 언급한 1960년 미대선에서 케네디와 닉슨 간 TV토론으로, 무려 4,000만 유권자들이 지지후보를 교체하였다고 한다. 특히 후보 간 토론에서 후보의 예외적인 개인적 특성과 기억에 남는 독특한 순간들이 해당 선거의 상징이 되면서 이런 장면들이 선거를 좌우하기도 한다(Schrott & Lanoue 2008, 684).

> 결과적으로 유권자들은 모든 선거를 승자와 패자의 관점에서 기억하는 경향이 있으며 대개 TV토론 직후 실시되는 여론조사에 의해 승리여부가 조사된다. 이때 개인적 속성과 극적인 순간들이 이런 결과에 크게 영향을 준다. 리처드 닉슨은 1960년 선거에서 분장을 잘못하여 [패기 넘치는] 얼굴로 꾸미지 못한 실수를 범하였다. 제럴드 포드는 1976년 선거에서 동유럽에 대한 소련의 점령은 없다는 심각한 외교적 무지가 노출되었다. 로널드 레이건은 1980년 대선에서 지미 카터의 [나이 문제 등] 일상적인 공격들에 대해 할아버지가 아이들을 야단하는 방식으로 '또 그러느냐'는 핀잔이 주효하였다. 마이클 듀카키스는 1988년 선거에서 자기 부인이 강간을 당하여 살인을 당했더라도 사형에 반대할 것인가는 질문에 그래도 사형을 반대한다고 응답하면서 또 그것[강간과 살해]이 그렇게 나쁘지 않다고 시청자들이 이해할 수 없을 정도로 기이하게 응수하였다. 2000년 대선에서 알 고어는 조지 부시 후보가 질문을 할 때마다 [상대방을 경멸하는 듯] 무시무시하게 한숨을 내쉬었다 …

여기에 소개된 내용들은 후보가 토론에서 얼마나 순발력이 뛰어나는가 혹은 얼마나 뻔한 실수를 할 수 있는가라는 사례들을 보여주고 있으며 그리고 그런 점 때문에 토론의 승패가 결정되고 선거결과도 좌우되는 역사적 케이스들을 제시하고 있다. 1960년 대선에서 피곤에 찌든 닉슨이 이를 커버할 수 있는 얼굴분장에 실패하면서 토론의 내용보다는 얼굴 표정에서 이미 토론의 패배자인 것처럼 보이게 한 대실수를 범하였다. 그리고 1970년대 당시 소련이 동유럽을 지배하고 있다는 일반인들의 상식을 포드만 모르고 있다는 대실수가 TV토론에서 발생하였다. 포드는 토론 이후 언론과의 인터뷰에서 자신이 뜻하는 바는 자신이 집권하게 되면 소련의 동유럽 점령을 종식시키겠다는 의미였다고 정정하였지만 이미 많은 국민들은 외교 문제에 관한 포드의 단순 무식함에 절망하였다. 레이건은 카터가 중요한 정책보다는 나이와 같은 일상적인 질문을 지속적으로 했을 때에도 전혀 화내지 않고 오히려 아이들을 달래듯이 '또 그러시네요'라는 상냥한 한 마디로 대응하여 당시 고령인 레이건은 매우 자상하고 임기응변이 뛰어난 후보로 보이게 되었다.

민주당 후보로서 평소 사형제에 강력하게 반대하던 듀카키스가 자기 부인이 강간을 당하고 살해당했을 때에도 사형제를 반대하겠는가라는 가상적인 질문에, 물론 그런 순간에도 사형제를 반대한다는 평소 지론을 자신감 있게 강조하였다. 그러나 시청자들은 듀카키스가 자기 주장이 일관된 정치철학을 지닌 훌륭한 지도자라고 보기보다는 오히려 여성에 대한 배려가 없고, 융통성 없는 정치인이라고 낙인을 찍었다. 또 다른 역사적 실례로는 평소 영어발음이 어눌하며 감자와 같은 단순한 단어의 스펠링도 틀리는 부시와 토론하면서 고어는 부시의 질문들에 그것도 질문이냐는 식으로 짜증스럽게 한숨을 쉬면서 부시 질문에 답을 제대로 하지 않는 모습에 많은 유권자들은 부시에게 오히려 인간미를 느끼게 되었으며 고어는 비인간적이며 일반인과 함께할 수 없는 정치인으로 간주되었다.

따라서 앞에서 살펴본 대통령의 자질과 TV토론 등과 관련된 기존의 많은 연구들은 이번 19대 대통령선거 분석에 좋은 시사점을 준다. 첫째, 문우진 등이 주장한 바와 같이 임기 말 한국 대통령 지지도는 필연적 하락의 법칙에 따른다는 주장처럼, 보수정부 9년 집권의 끝자락에 자당 대통령이 탄핵을 당한 순간에 실시된 대선에서 한국당의 홍준표 후보나 한국당에서 분리된 신생 바른정당의 유승민 후보는 TV토론에서 아무리 뛰어난 실적을 보이더라도 대선 승리는 쉽지 않았을 것이다.

둘째, 민주화 이전의 대통령에 비하여 최근의 대통령은 많은 자질 중에서도 대화, 토론, 소통이 중요한 자질로 부상하였다. TV토론이 국민들에게 이런 자질을 가장 실감나게 보여주는 메커니즘이기 때문에 유권자들은 후보를 최종 선택함에 있어 수차에 걸쳐 실시되는 TV토론에서 방송되는 후보들의 자질을 매우 중시할 것이며 이는 후보결정에도 대폭 반영될 것이다. 지지율 선두를 달리던 유력 후보인 문재인 후보는 토론에서 결정적인 실수만 없으면 지지율과 그의 선거결과 역시 선두를 유지할 수 있었을 것이다. 그러나 소수정당 소속으로 아직 대중성이 부족한 심상정 후보는 상대적으로 크게 주목받는 정치인이 아닌 상태에서 이번 선거에 참여하였지만 뛰어난 화술과 노련함으로 대선에서 승리하기는 어려워도 좋은 이미지 정치인으로 부상하였을 것으로 판단한다.

셋째, 6회에 걸친 TV토론의 모든 장면들이 시종일관 유권자들에게 동일하게 영향을 미치기보다는 보다 극적인 장면이나 시청자들의 뇌리에 뚜렷하게 남는 장면, 표현, 표정 등이 표출된 토론회가 후보자 지지율에 더 많은 영향을 미쳤을 것이다. 후보토론에서 안철수 후보의 'MB아바타' 발언 등으로 안 후보는 토론실력이 초등학생 수준에 불과하다는 역대 대선후보 중 최악의 평가를 받았기 때문에 후보토론의 안 후보 지지율과 선거결과에 미친 효과는 매우 부정적이었을 것으로 판단한다. 이번 19대 대선은 후보 간 TV토론의 선거결과에 미친 적실성이 매우 높았던 선거라고 판단하고 다음과 같이 분석한다.

III. 연구방법 및 데이터

본 연구는 언론에 보도된 TV토론 직전의 후보 간 지지율을 기저지지율로 간주하고, 이를 바탕으로 토론 직후 조사된 언론의 후보 간 여론조사의 지지율을 비교분석한다. 이 연구에 소개되는 언론사들에 여론조사 결과를 제공한 여론조사기관들은 연구자가 아무런 편견 없이 무작위로 선정하였다. 이들 기관들의 여론조사 지지율은 선거 당일 후보자들의 득표율과 비교하여 TV토론이 선거에 미친 효과를 점검한다. 또한 토론의 후보지지 등에 미친 효과를 2017년 5월 선거 직후 한국사회과학데이터센터에서 1,200명의 한국 성인남녀를 대상으로 실시된 전국여론조사 데이터를 활용하여 파악한다. 이 데이터는 카이제곱(X^2)테스트로 분석하였다.

IV. 제19대 대통령선거 TV토론 분석

제19대 대통령선거의 TV토론회는 선거기간 중에 중앙선거관리위원회 주관으로 3회, 방송사 및 정치관련 단체 주관 하에 3회 실시하여 총 6회 실시되었다. 토론 대상자는 더불어민주당 문재인, 자유한국당 홍준표, 국민의당 안철수, 바른정당 유승민, 정의당 심상정 후보 등 총 5명이었다.[1] 1차 토론 직전의 후보 간 기저지지율은 한국갤럽 여론조사에 따르면, 문 후보가 38%, 안철수 35%로 2강을 형성하였으며, 홍 후보 7%, 유 후보 4%, 심 후보 3%로 3약을 형성하였다. 따라서 토론 직전에는 이들 두 그룹 간 현격한 지지율 격차로 다른 4명의 후보보다는 문 후보와 안 후보 중에서 토론에서 성과가 더 높은 후보가 이번 선거에 매우 유리할 것이라는 예측

---

1) 공직선거법 제82조의2(선거방송토론위원회 주관 대담·토론회)에 따라 중앙선거방송토론위원회는 정당한 사유가 없는 한, 다음 각 호에 해당하는 대통령선거 후보자들을 대상으로 대담·토론을 하여야 한다.
   가. 국회에 5인 이상의 소속의원을 가진 정당이 추천한 후보자
   나. 직전 대통령선거, 비례대표국회의원선거, 비례대표시·도의원선거 또는 비례대표자치구·시·군의원선거에서 전국 유효투표총수의 100분의 3 이상을 득표한 정당이 추천한 후보자
   다. 중앙선거관리위원회 규칙이 정하는 바에 따라 언론기관이 선거기간개시일전 30일부터 선거기간 개시일 전일까지의 사이에 실시하여 공표한 여론조사결과를 평균한 지지율이 100분의 5 이상인 후보자

〈표 1〉 제19대 대통령선거 TV토론

회차 및 일자	주최	주내용	주관 방송사	비고
1회(4월 13일)	한국기자협회/SBS	일반	SBS	녹화중계
2회(4월 19일)	KBS	일반	KBS	스탠딩
3회(4월 23일)	중앙선거관리위원회	정치	KBS	스탠딩
4회(4월 25일)	한국정치학회/중앙일보/JTBC	일반	JTBC	원탁
5회(4월 28일)	중앙선거관리위원회	경제	MBC	좌식
6회(5월 2일)	중앙선거관리위원회	사회	MBC	스탠딩

이 많았다.

이번 후보들 간 TV토론회는 한국 TV토론 역사상 최초로 미국식 스탠딩 토론 방식도 도입되었으며, 국민적 관심이 매우 높아 일반 드라마보다 높은 시청률을 기록하였다. 1차 토론의 시청률은 7개 주요 TV채널의 시청률 합계가 30%를 초과할 정도였다(한국일보 2017.5.3). 특히 시청 시간대가 주로 저녁 퇴근시간인 점을 감안하면 이렇게 높은 시청률은 이번 선거와 토론 자체에 대한 국민들의 높은 관심도를 그대로 반영한다고 볼 수 있다.

실제로 〈그림 3〉에 제시된 바와 같이, 선거 직후 실시된 설문조사에서 응답자 중 TV토론 무관심층이 30.34%(토론에 전혀 신경 쓰지 않았다는 응답자가 8.67%, 별로 관심이 없었다는 응답자가 21.67%)로 전체 1/3 정도로 조사되었다. 그러나 TV토론 관심층은 69.67%(조금 관심이 있는 응답자가 50.25%, 매우 관심있는 응답자가 19.42%)로 2/3로 나타나, 현격한 격차로 훨씬 많은 유권자들이 TV토론에 관심을 표하였다.

같은 내용의 TV토론을 지켜보면서도 특정 후보에 대한 평가는 지지와 반대, 우수, 보통, 열등 등 다양한 평가가 가능하다. 아래 내용도 이런 점에 유의하면서 언론에 보도된 내용을 중심으로 각 토론회 별로 주요 내용과 평가를 기술한다.

1. 1차 TV토론(4월 13일)

첫 TV방송은 한국기자협회와 SBS가 주관하였는데, 1부(닐슨코리아 11.6%; TNMS 시청률 9.9%)와 2부(닐슨코리아 10.8%; TNMS 시청률 8.8%)에서 높은 시청률을 기록(미디어스 2018.4.14)하여 약 10개월간 진행된 정치드라마의 마지막 종결편으로 많은 언론과 국민들의 이목이 집중되었다.

당시 선두주자이면서 막상막하의 지지율을 보이던 문 후보와 안 후보에게 질문이 집중되었다. 후보자들은 안보, 일자리, 이념 등 다양한 분야에 대해 난상토론을 하였으나 전반적으로 의미 있고 깊이 있는 정책토론보다는 학제개편과 사드배치(심 후보-안 후보), 강남좌파(홍 후보-유 후보), 적폐논쟁(문 후보-안 후보) 등 단편적인 정책 언급이나 네거티브 공격이 주류를 이루어 심도 있는 토론이 되지는 못하였다.

문 후보는 참여정부에 대한 비판을 적극 방어하였으며 유력 후보로서 '좋은 사람' 이미지를 주로 부각하였다. 문 후보는 이미 선두를 달리고 있는 상황에서 무리하게 상대방을 공격하거나 과격한 용어를 사용하지 않아 토론회 때문에 지지율이 추락하지는 않게 하는 방어전략을 사용하였으며 대체로 성공하였다.

안, 홍, 유 후보는 1위를 목표로 하면서도 2위를 다투는 후보들이기

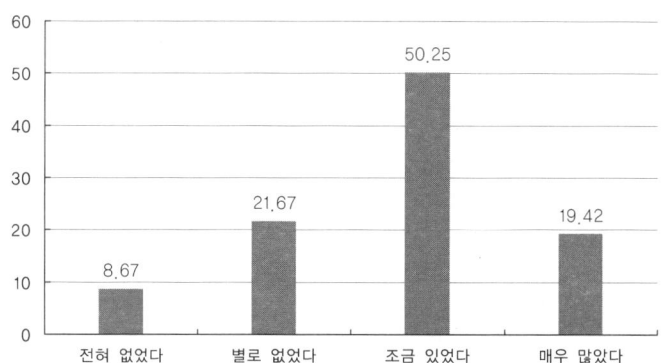

〈그림 3〉 제19대 대통령선거 TV토론 관심도(%)

때문에 문 후보보다는 공격적으로 토론을 전개하였다. 안 후보는 자신의 정책공약으로 4차 산업혁명, 안보, 통합을 키워드로 준비하였으나 토론회에 처음 나온 학생처럼 매우 경직된 표정, 부자연스러운 어투 등으로 호감도에 막대한 피해가 발생하였다(오마이뉴스 2017.4.14). 정치입문 이후 오랜 시간 동안 안 후보가 일반 국민들에게 구축한 IT전문가, 뛰어난 능력, 강인한 지도력, 미래를 리드하는 젊은 지도자라는 긍정적인 이미지가 이번 1차 토론에서 많이 무너져 안 후보로서는 매우 아쉬운 토론회가 되었다.

토론 직후 2일간 실시된 리얼미터 조사에서도 문 후보 44.8%, 안 후보 31.3%, 홍 후보 10.3%, 심 후보 3.5%, 유 후보 3.2%순으로 나타났다(뉴스인사이드 2017.4.18). 선거 직전 기저지지율에 비하여 다른 후보들은 비슷하거나 상승하였으나, 안 후보만 하락하여, 안 후보로서는 그간 경선을 거치면서 다져온 지지율이 1차 토론에서 하강곡선을 그려 대선후보로서 치명적인 한계가 나타나기 시작하였다.

홍 후보는 상대방이 가장 곤란하게 느낄 수 있는 문제를 노련하게 질의하였는데, 문 후보에게는 참여정부 비자금 질문을, 안 후보에게는 국민의당이 호남에서 가지는 한계론을, 유 후보에게는 모호한 정체성에 대해 질의하여 상대 후보들을 곤경에 처하게 하면서 보수의 존재감을 크게 부각시켰다. 특히 홍 후보는 증명되지 않은 설에 불과하나 문 후보가 난처하게 생각할 수 있는 노무현 대통령 재임 중 640만 달러를 끈질기게 질문하였다. 또한 노무현 정부의 국가보안법 폐지 시도 및 2007년 UN총회에서 북한에 대한 인권결의안 기권 등을 지속적으로 지적하였다. 이런 주장에 대한 반론은 많을 수 있지만, 박 대통령 탄핵 이후 사기를 잃고 방황하던 우파 유권자들이 새롭게 결집할 수 있는 모티브로서는 유효하였다.

유 후보는 정치역정상 이명박과 박근혜 정부의 최대 수혜자이면서 동시에 최대 비판자로서 지지율에 일희일비하기보다는 경제전문가로서 현실적인 정책대안을 제시하고자 하였다. 심 후보는 뛰어난 토론실력으로 소통이 우수한 후보 이미지를 창출하였다. 다만 전체 국민보다는 노동자의 후보임이 집중 부각되면서 소수정당 후보로서의 한계가 강조되었다.

2. 2차 TV토론(4월 19일)

　1차 토론회와는 달리 이번 2차 토론회는 생방송으로 진행되었으며 사상 처음으로 사전 원고 없이 서서 토론하는 스탠딩 방식이 도입되었다. 이번 토론회에서는 후보당 질문과 답변시간을 합쳐 9분의 시간이 주어지는 총량제 토론방식이 도입되어 질문을 많이 받으면 다른 후보에게 질문을 못하는 문제가 발생하였다. 이에 따라 질문을 많이 받는 문 후보가 상대적으로 시간관리면에서 피해가 많았다. 생동감은 있었으나, 후보 상호 간 비판이 난무하면서 정책토론은 다소 미진하였다.

　이번 토론도 1차처럼 문 후보가 다른 4명의 후보들로부터 2007년 UN 북한인권결의안, 사드배치 등 모두 18개 질문을 받아 문 후보에 대한 청문회식 공략이 이루어졌다. 문 후보가 토론을 뛰어나게 잘했다기보다는 모든 후보의 질문이 문 후보에게 집중되면서 오히려 선두주자라는 이미지가 굳어지는 효과가 발생하였다. 문 후보는 외교안보 분야 토론에서 주적 개념과 국가보안법 폐지에 대해 명확한 답변을 보류하여(한국경제 2017.4.20) 중도보수의 외연확장에는 다소 장애가 되었다.

　안 후보는 지난 1차 토론회에서 잃어버린 점수를 만회하기 위해 매우 적극적인 자세를 보였는데, 인사말을 하면서도 활짝 웃으면서 두 손으로 승리의 V자 모습을 연출하기도 하였다. 그러나 너무 차분한 모습을 만드는 데 집중하면서, 자신이 트레이드 마크로 내세우는 '교육대통령' 후보로서 구체적인 내용이나 정책을 분명하게 제시하지는 못하였다. 또한 자신의 지지기반인 호남 출신 대통령으로서 상징적 정책인 햇빛정책이나 대북송금에 대해 스스로 찬성하고 있는지 반대하고 있는지 명확한 입장을 밝히는데도 실패하였다. 결국 안 후보의 2차 토론회는 1차 토론회보다는 조금 나았지만, 1차에서 잃어버린 큰 점수를 만회하기에는 역부족이었다.

　홍 후보는 이번에도 지난번처럼 노련하게 상대방을 공략하였다. 그는 한국당은 이제 더 이상 박근혜의 정당이 아니라 홍준표의 정당이라고 하면서 박근혜의 정책실패나 각종 부패와 무관하다는 점을 애써 강조하였다. 이런 주장은 논리적이지도 않고 사실도 아니지만, 보수지지층에게 새 출발이 가능하다는 희망을 줄 수 있는 상황은 연출될 수 있었다.

유 후보는 토론회가 진행되던 당시에 바른정당 내에서 대통령 후보를 사퇴하라는 주장이 제기되어 매우 곤란한 입장에 처하였다. 유 후보가 당내 경선을 거쳐 민주적으로 당 공식 후보가 되었지만, 전국 지지율은 3% 정도에 불과하여 바른정당 내에서 유 후보에 대한 사퇴주장이 끊임없이 거론되었으며 차라리 안철수 후보를 공식적으로 지지하자는 주장까지 나왔다. 문 후보가 이런 점을 유 후보에게 질의하였지만 유 후보가 적절하게 대응하지 못하였다. 이번 선거에서 유 후보는 세 가지 문제를 가지고 있어 토론을 아무리 잘해도 선거에 당선되기가 어려웠다. 첫째, 그는 탄핵당한 대통령의 정치적 부채를 안고 있는 정당의 후보이다. 둘째, 2017년 1월에 30명으로 창당한 신생정당인 바른정당은 유 후보 사퇴논의를 거론하다가 5월 2일에는 10여 명이나 탈당하였다. 이 TV토론회가 진행되는 순간에도 탈당논의가 지속되었다. 셋째, 당내 여러 의원들이 지지율이 저조한 유 후보의 사퇴를 계속 종용하였다. 이런 상황에서 유 후보가 토론을 능수능란하게 진행하더라도 지지율 상승을 기대하기는 사실상 쉽지 않았다.

3. 3차 TV토론(4월 23일)

홍 후보는 간단명료한 표현을 자주 사용하여 시청자들이 쉽게 알아듣게 하고 또 문 후보에게 곤란한 질문을 연속으로 하면서 보수 유권자들에게 희망을 주는 태도를 보여주어 토론의 내용을 떠나 1, 2차 토론회에 이어 형식 면에서 토론 자체는 비교적 잘하였다. 그러나 홍 후보의 '돼지발정제' 건으로 안 후보, 유 후보, 심 후보로부터 토론석상에서 후보를 사퇴하라는 비난까지 받아 홍 후보로서는 매우 난처한 토론회가 되었다(중앙일보 2017.4.26). 이에 따라 홍 후보는 보수층 외 진보, 중도, 무당파, 여성 등으로까지 지지열기를 확산하는 데 어려움이 많았다.

유 후보는 문 후보에게 2007년 11월 UN 인권결의안에 대한 참여정부의 명확한 입장을 따졌으며 사실이 아니면 후보를 사퇴하라고 재촉하였다. 심 후보는 이번 토론회에서는 홍 후보를 제외한 모든 후보에게 골고루 뛰어난 질문을 하여 좋은 토론자라는 평을 받았다. 그러나 자신에 대한 상대방의 질문이 빈약하여 소수 정당 후보로서의 한계가 뚜렷하였다.

이번 토론회에서도 문재인 후보의 지지율이 계속 선두를 유지하고 있는 상황에서 문 후보에게 질문이 집중되었다. 토론회가 진행되던 당시 뚜렷한 보수 후보가 부각되지 않은 상황에서 안 후보가 중도와 보수의 대변인이 될 수 있다는 분위기가 만들어지고 있었으며 이에 따라 이명박 전 대통령도 안 후보를 지지하고 있다는 소문도 있었다(경향신문 2017.4.23). 그러나 안 후보로서는 자신의 중도지지파도 유지해야 하기 때문에 이런 소문을 만들어냈다고 보는 문 후보에게 강력하게 추궁함으로써 문 후보의 네거티브전을 폭로하려고 하였다. 안 후보는 문 후보에게 'MB아바타'라는 용어를 토론석상에서 직접 여러번 인용하면서 자신이 MB아바타가 아니라는 사실을 매우 강하게 부정하였다. 그러나 강한 부정은 오히려 사실처럼 인식될 수도 있는 상황에서 안 후보는 스스로에게 네거티브를 한 셈이 되어 많은 시청자들로부터 매우 의아스러운 정치인, 매우 부정적인 후보로 인식된 셈이었다. 국민의당 선대위 관계자들이 지적한 안 후보 대선 실패 요인에도 포함되는 MB아바타 논란(오마이뉴스 2017.5.10)으로, 안 후보로서는 이번 토론회 중에서 그리고 이번 선거과정에서 최대의 실수로 선거승리에서 결정적으로 멀어지게 되었다.

이런 발언은 미국의 예에서 살펴본 바와 같이, 수염도 깎지 않고 화장도 안 한 부스스한 얼굴로 등장했던 리처드 닉슨의 토론회, 카터의 소소한 공격에 할아버지같이 자상하게 "또 하십니까"라고 재치 있게 응수하였던 도널드 레이건의 토론회, 부시가 발언할 때마다 답답하다는 식으로 한숨을 쉬던 알 고어의 토론회처럼 시청자들의 뇌리에 안 후보는 대통령이 되어서는 안 되는 부정적 이미지가 뚜렷하게 남게 하였다. 19대 대선 직

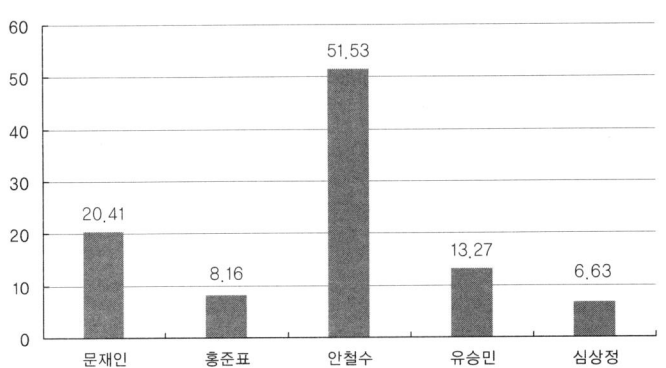

〈그림 4〉 지지후보 교체한 경우, 최초 지지후보(%)

전 지지율은 문 후보와 안 후보가 막상막하였지만, 토론회가 1차, 2차, 3차로 진행되면서 가장 큰 피해를 본 후보는 안 후보였으며 이번 3차 토론회에서 자학적인 MB아바타 발언으로 안 후보의 지지율은 회복불능에 빠지게 되었다.

안 후보에 대한 부정적 평가는 선거 직후 실시된 한국사회과학데이터센터 여론조사(〈그림 4〉)에서도 그대로 반영되었다. 선거과정에서 지지하는 후보를 바꾼 유권자들이 총 응답자 1,200명 중 16.3%인데, 후보 입장에서는 이들의 비율이 낮을수록 지지파들의 충성도가 높다고 볼 수 있다. 심상정(6.63%) 〈 홍준표(8.16%) 〈 유승민(13.27%) 〈 문재인(20.41%) 〈 안철수(51.53%)순으로 조사되어 안 후보 지지파들의 충성도가 가장 낮았으며 이런 배경에는 TV토론에서 보여준 안 후보의 저조한 능력, 태도, 반응, 순발력 등이 크게 작용했을 것이며 MB아바타 발언은 안 후보 대선가도에 치명타가 되었다.

4. 4차 TV토론(4월 25일)

이번 토론회도 문 후보에게 질문이 집중되었는데, 문 후보가 총 23회 질문을, 안 후보가 13회, 유 후보 12회, 홍 후보 8회, 심 후보 7회의 질문을 받았다. 시간적으로도 문 후보는 질의답변 총 55분 중 28분이 사용되어 이번 토론회도 문 후보 위주로 거의 일방적으로 진행되었다.

지난 3회 토론회에 비하여 이번 4차 토론회는 후보 간 토론수준이 우수하여 이번 대선토론회 중 가장 우수한 정책토론회(JTBC 2017.4.27)가 되어 정책공방이 치열하였다. 문 후보와 유 후보 간 논쟁에서 일자리공약 재원 문제로 논쟁하다가 문 후보가 유 후보에게 자신의 정책본부장과 논의하라는 다소 불필요하고도 예의에 어긋난 발언으로 논쟁이 격화되기도 하여 문 후보가 조금 실점하였다. 홍 후보는 문 후보에게 노무현 대통령의 640만 달러 뇌물 문제를 끈질기게 질문하면서 문 후보가 곤경에 처하기도 하였다.

심 후보는 문 후보의 동성애 합법화 반대의견에 대해 그것은 찬성과 반대의 2분법적 문제가 아니라 정체성의 문제라고 지적하여 심 후보는 시사 문제에 대한 다양한 시각과 수준 높은 담론을 피력하여 노동자뿐만 아니라 동성애에도 관대하다는 후보 이미지를 갖게 되었다.

안 후보는 지난 3차 토론회에서 갑철수와 MB아바타 발언 등으로 실점한 점을 의식하여 미래에 관해 이야기하겠다고 선언하면서 상대에 대한 비난보다는 미세먼지 해결방안 등 정책에 치중하였다. 4차 토론회에서는 지난 3회에 걸친 토론회보다는 안 후보가 어느 정도는 평정심을 가지면서 무난하게 토론하였지만, 토론을 잘할 수 있는 정치인, 소통에 뛰어난 정치인으로의 변신에는 여전히 한계가 있었다. 이런 한계는 4차 토론 직후 한국일보와 코리아타임스가 한국리서치에 의뢰해 실시한 여론조사결과, 문 후보 40.4%, 안 후보 26.4%, 홍 후보 10.8%, 심 후보 8.0%, 유 후보 5.1%(글로벌이코노믹 2017.4.26)로 확인되었다. 토론이 진행될수록 안 후보는 승리 가능성에서 점점 더 멀어지게 되었다.

5. 5차 TV토론(4월 28일)

　5차 TV토론이 사실상 마지막 토론회가 되었다. 5월 첫째 주 황금연휴를 맞아 많은 시민들이 해외 등으로 여행을 떠나거나 5월 4~5일 양일간 사전투표를 하기 때문이다. 이번 토론은 경제 문제 위주로 이루어졌으며 네거티브 없는 정책토론으로 원숙한 분위기가 형성되었다. 돈 문제가 주요 이슈로 부각되면서 도널드 트럼프 미국 대통령이 한국에 사드배치 비용 10억 달러를 지불하게 하려는 조치에 대한 공방도 치열하게 다루어졌다.

　문 후보의 세금으로 공무원 일자리를 증가하겠다는 공약에 대한 비판이 많았으며 경제 문제에 대해 상대방에게 제2, 제3의 질문을 할 정도로의 경제식견이 높지는 않았다(헤럴드경제 2017.4.29). 그러나 4차 토론회까지 획득한 점수를 5차에서 잃지 않으려는 방어작전은 주효하였다.

　경제전문가인 유 후보의 강점이 부각되었으며 심 후보는 '정부주도 경제활성화'의 중요성을 역설하였으며 높은 경제지식이 부각되었다. 토론 직후 실시한 전국 여론조사[2])에서도 심 후보(34.8%)가 가장 잘한 것으로 조사되었으며 문 후보(14.4%), 홍 후보(13.3%), 유 후보(12.7%), 안 후보(4.4%) 순으로 토론성적이 보도되었다(전북일보 2017.5.2). 그러나 유, 심 후보가 미시적인 토론에는 능숙하였지만 거시적으로 유권자들의 뇌리에 강하게 남을 수 있도록 정책을 포장하는 능력은 다소 부족하여 이런 높은 점수들이 지지율 상승으로 직결되지는 않았다.

　홍 후보가 토론회에서 '서민을 위한 정책'을 수차례 강조하였는데, 상대후보들이 구체적으로 열거해보라는 요구에 '담뱃값 인하'와 '유류세 인하'를 거론하였다. 그러나 담뱃값 인상은 박 대통령 당시 한국당의 전신인 새누리당에서 주도한 점이 지적되면서 홍 후보의 입장이 오히려 수세에 몰렸다.

---

2) 한국지방신문협회 8곳의 회원사가 한국갤럽에 의뢰해 2017년 4월 30일부터 5월 1일까지 이틀 동안 전국 3,077명을 대상으로 실시함.

안 후보는 경제정책의 주 내용으로 4차 산업혁명을 주장하였으나, 명쾌하거나 쉽게 설명하지 못하였을 뿐만 아니라 그 외 뚜렷한 경제공약도 없어 공약이 질적으로나 양적으로 미진하였다.

6. 6차 TV토론(5월 2일)

사회 문제가 주제인 이번 마지막 토론회에서 후보들은 토론회가 횟수를 거듭할수록 토론실력도 향상되고 사회자의 사회역량도 진일보하면서 토론회다운 면모를 보이게 되었다. 그럼에도 불구하고 이번 TV토론이 복지, 교육, 국민통합이라는 특정 주제임에도 불구하고 주제와 무관하게 토론 도중에 자신이 묻고자 하는 내용만 묻고 상대의 답변에는 무관심한 태도를 보이는 등 토론의 수준이 저조했다는 혹평(매일경제 2017.5.2)도 있다.

문, 안, 심 후보 모두 무난한 토론을 하였다. 그러나 이번 선거에서 토론회가 거듭되면서 굳혀진 안 후보에 대한 부정적인 이미지 자체는 마지막 토론회에서도 호전되지 못하였다. 바른정당 의원들이 탈당하는 데 대해 토론석상에서 심 후보가 유 후보를 위로하기도 하여 이번 대선 후보 간 토론회에서 만들어진 심 후보의 관대한 이미지가 계속 유지되었다. 심 후보는 이번 토론에서도 가장 뛰어난 토론 실력으로 노동자와 동성애를 보호하는 정치인으로 자리매김하였다. 이번 토론에서도 홍 후보의 저돌적인 표정과 발언들이 많이 나왔으나, 유 후보를 한국당에서 탈당한 '배신자'라든지 '덕이 없다'는 등 지나친 공격은 부정적으로 평가되었다.

V. TV토론의 후보지지율 및 선거결과에 미친 효과

　이번 19대 대선 TV토론의 승부는 1~3회 전반부 토론회에서 거의 결정되었으며 4~6회 토론회에서는 전반부 실적이 변화되기보다는 고착화되었다. TV토론회에서 안 후보의 실점이 막심하였는데, 대통령이 될 수도 있는 후보에서 되어서는 안 되는 후보로까지 이미지가 실추되었다. 특히 3차 토론회에서의 MB아바타 발언은 우리나라 TV토론사에 길이 남을 수 있는 매우 자학적인 표현이다. 홍 후보는 박 대통령의 탄핵으로 당이 거의 해체위기에까지 이른 긴박한 순간에 집권여당의 후보로서 자신감 있는 단순명쾌한 논리로 승점이 가장 높았다. 그러나 거친 말투, 비도덕적인 청년시절 등의 한계로 지지율의 전폭적인 확산에는 실패하였다. 심 후보는 처음부터 미미한 지지율이었지만 뛰어난 토론실력과 차분한 대응으로 우수한 토론자, 우수한 소통자라는 긍정적인 평가를 받았지만, 초미니 정당후보의 한계, 노동자와 동성애 등 소수에 대한 호소력은 다른 많은 유권자들에게까지 침투되는 데는 장애가 되었다. 문 후보는 처음부터 유력 선두주자로 무난하게 토론에 임하여 능수능란하게 뛰어난 토론 실력자는 아니지만, 토론에서 큰 실점이 없어 유권자들에게 대통령이 될 수 있다는 확신이 가능하였다. 유 후보는 전반적으로 토론은 잘하였지만, 토론회 중에 불거진 후보사퇴 등으로 토론회에서의 성공에 탄력이 생기지 않았으며 유권자들에게 경제 등 다양한 분야에서 국가를 이끌어갈 자기 아이디어를 포장하여 상품으로 제시하는 능력은 부족하였다. 〈표 2〉와 〈표 3〉은 19대 대선 직후 한국사회과학데이터센터에서 실시한 일반 국민들 대상 여론조사 데이터 중 이번 토론회와 관련된 내용을 분석한 것이다. 〈표 2〉의 TV토론 시청 횟수가 후보지지에 미치는 효과는 유의미하게 조사되었다. 5명의 후보 중 유일하게 심 후보만 토론 횟수가 심 후보 지지에 미친 효과에 일관성이 없어서 어떤 의미를 파악하기가 쉽지 않다. 그만큼 시청자들의 심 후보에 대한 판단은 단순하지 않고 복합적이라는 의미이다. 소수정당 후보는 토론만 잘해서는 지지율 증가에 한계가 있다는 반증이 될 수 있다. 그러나 그 외 다른 4명의 후보들에게서는 유의미한 흐름을 읽을 수 있다.

먼저 문 후보는 전혀 시청하지 않았거나(44.3%), 1~2회 시청한 경우(44.9%)보다 3~4회 시청(50.5%)이나 5~6회 시청(61.8%)한 경우에 지지율이 더 증가하였음을 알 수 있다. 유권자들이 토론을 많이 시청할수록 문

〈표 2〉 TV토론시청 횟수의 후보 지지율에 미친 효과

	시청 안 함	가끔 시청 (1~2회)	많이 시청 (3~4회)	대부분 시청 (5~6회)
문재인	27(44.3%)	151(44.9%)	210(50.5%)	89(61.8%)
홍준표	15(24.6%)	72(21.4%)	93(22.4%)	26(18.1%)
안철수	12(19.7%)	64(19.0%)	62(14.9%)	16(11.1%)
유승민	3(4.9%)	23(6.8%)	33(7.9%)	3(2.1%)
심상정	4(6.6%)	26(7.7%)	18(4.3%)	10(6.9%)
총합	61(100%)	336(100%)	416(100%)	144(100%)

$X^2 = 22.06^{**}$, Cramer's $V = 0.09$

〈표 3〉 후보지지에 미치는 TV토론의 주관적 평가

	전혀 부정적	약간 부정적	그저 그렇다	약간 긍정적	매우 긍정적
문재인	5(45.5%)	44(47.3%)	89(38.5%)	241(54.4%)	71(60.2%)
홍준표	5(45.5%)	21(22.6%)	72(31.2%)	78(17.6%)	15(12.7%)
안철수	0(00.0%)	22(23.7%)	42(18.2%)	63(14.2%)	15(12.7%)
유승민	0(00.0%)	3(3.2%)	18(7.8%)	30(6.8%)	8(6.8%)
심상정	1(9.1%)	3(3.2%)	10(4.3%)	31(7.0%)	9(7.6%)
합계	11(100%)	93(100%)	231(100%)	443(100%)	118(100%)

참고: $X^2 = 45.04^{***}$, Cramer's $V = 0.11$. $^{***}p<.01$

후보의 안정감, 지도력, 발언태도 등에 대한 만족감이 증대되었다고 유추할 수 있다. 따라서 문 후보는 이번 TV토론의 가장 큰 수혜자이다.

유 후보의 경우는 문 후보처럼 시청 횟수가 증가할수록 지지율이 증가하지만, 완만하게 증가한다. 그러나 지지율이 완만하게 증가하지만, 5~6회 대부분의 토론회를 시청한 유권자들 중에서는 지지율이 대폭 감소한다. 이는 매회 개별적인 토론회에는 뛰어나나 개별 정책들을 전체적으로 엮어 하나로 제시할 수 있는 능력의 한계 혹은 중소규모 정당 지지의 한계 혹은 박 대통령 탄핵의 여파 등 다양한 이유 때문으로 추론해 볼 수 있다.

반면에 홍 후보는 전반적으로 시청 횟수가 증가할수록 이와 반대의 패턴을 보여준다. 홍 후보는 약간이지만 토론을 많이 시청한 경우(3~4회 시청한 경우에 22.4%, 5~6회 시청한 경우에 18.1%)에 비하여 전혀 시청하지 않은 경우에 24.6%로 지지율이 가장 높다. 토론회를 몇 번 볼 때까지는 홍 후보에게 다소 호감이 가지만 자꾸 보면 그런 호감이 사라진다는 것이다. 즉 유권자들은 토론을 많이 볼수록 홍준표식 발언태도, 말투, 표정 등을 싫어하게 되었다는 것이다.

이런 경향은 안 후보가 조금 더 심하다. 예를 들면, 안 후보는 토론을 전혀 시청하지 않은 경우에 비하여 모두 시청한 경우에는 지지율이 약 1/2로 감소하였다. 이번 토론회의 시청률이 매우 높았던 점을 감안하면 안 후보에게 이런 점은 치명적이다. 소문으로 들었던 안 후보는 매력 있는 정치인이었지만, 실제로 토론회를 많이 시청한 유권자들은 그의 실체를 모두 알게 되었으며, 그러면서 호감도가 절감되었다. 안 후보가 이번 토론회의 가장 큰 피해자임이 다시 한번 증명되었다. 결국 문 후보는 TV토론을 많이 할수록 지지율이 유리하게 전개되었으나, 홍 후보와 안 후보는 과유불급으로 차라리 TV토론을 하지 않았거나 횟수가 적었다면 유리하였을 정도이다.

〈표 2〉가 토론회 시청 횟수의 양적인 효과라면, 〈표 3〉은 TV토론의 내용만족도라는 질적인 효과의 후보 지지율에 미치는 영향을 주고 있다. 유, 심 후보는 일관된 패턴을 읽을 수 없지만, 나머지 후보들은 전반적으

〈표 4〉 토론회 전 및 각 토론회 직후 실시한 여론조사

토론 회차	토론 일자	여론조사 기관
토론회 전	4월 4~6일	한국갤럽
1차	14~15일	한국사회여론조사연구소
2차	19일	JTBC/한국리서치
3차	23~24일	메트릭스/MBN
4차	25~26일	한국리서치
5차	30~5월 1일	알앤서치
6차	5월 2일	칸타퍼블릭

로는 〈표 3〉의 결과도 〈표 2〉와 유사하다. 토론회의 내용에 만족하는 유권자들일수록, 문 후보 지지율이 더 높게 조사되어 있다. 문 후보에 대한 토론회의 순기능효과를 의미한다. 그러나 홍, 안 후보는 긍정적으로 판단하는 유권자들 중 오히려 지지율이 더 낮게 조사되어 역기능임을 알 수 있다. 이번 토론회가 완벽할 수는 없지만 많은 유권들의 높은 관심도를 고려하면 내용만족도라는 주관적인 판단에서도 문 후보가 가장 큰 수혜자이며 홍, 안 후보는 피해자임을 알 수 있다.

19대 대선의 토론회 직전과 각 토론회 직후 언론 등 다양한 기관에서 여론조사를 실시하여 후보들의 지지율을 조사하였는데, 〈표 4〉는 이번 연구에 활용된 지지율 조사를 수행한 기관들을 제시하고 있다. 가능하면 편파적이지 않고 조사기관이 중복되지 않도록 선정하였다. 이들의 조사결과는 대체로 다른 기관들의 결과와 비교하여 큰 차이가 없으며 이번 19대 대선 평가에 대해 신뢰할 수 있는 결과로 믿어진다.

〈그림 5〉는 이번 대선 후보지지율과 최종 득표율을 크게 3단계로 구분하는데, 먼저 1단계인 토론 전 갤럽의 조사결과인 기저지지율부터 2단계인 6회에 걸친 토론회 직후 다양한 여론조사기관들이 조사한 후보 지지율 및 마지막 3단계인 5월 9일 선거일 후보들의 득표율 변화양상을 총체적으로 보여주고 있다. 문 후보는 전반적으로 1~3단계까지 큰 변화 없이

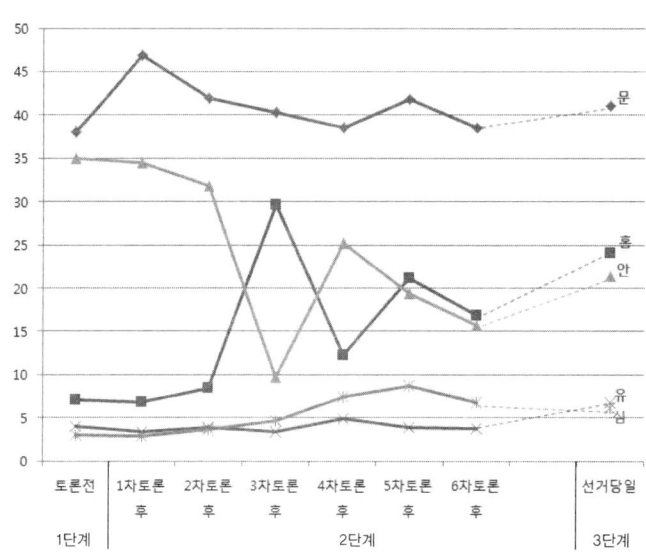

〈그림 5〉 TV토론 직전 및 직후 실시된 여론조사 결과 및
선거 당일 최종 득표율(%)

고공행진을 계속 유지하고 있다. 이런 경향은 투표일까지 지속되면서 이번 선거에 승리하였다. 이런 양상은 기존문헌 조사에 소개된 바와 같이, 승리한 후보들의 일반적인 토론 양상이다. 이는 1위 후보로서 모나지 않고 지나치게 공격적이지 않은 TV토론회에서 보여준 무난한 토론성적에 크게 기인한다고 볼 수 있다.

안 후보는 1단계 기저지지율은 문 후보와 백중지세의 지지율을 보였으나 2단계의 1차 토론을 거치면서 지지율 하락의 모멘텀이 작동되기 시작하는데, 3차 토론회에서는 지지율이 더 이상 회복할 수 없는 수준으로 급전직하였다. 3차 토론회에서 언급된 MB아바타 발언이 치명적인 원인이다.

홍 후보의 지지율이 이번 토론에서 상대적으로 가장 크게 상승하였다. 홍 후보는 계파가 뚜렷하지도 않고 대법원에 소송까지 걸려 있으며 또한 자기 정당 소속 대통령이 탄핵을 받은 매우 어려운 상황에서 이 정도 성과는 매우 인상적이다. 그럼에도 불구하고 지지율 성장의 한계가 나타나게 된 것은 대통령 후보답지 않은 말투와 과거의 거친 언행 때문으로 파악된다. 3차 토론 직후 안 후보에게 실망한 표들이 일단 홍 후보에게 대거 몰표로 몰려갔으나, 4차 토론회를 거치면서 양자 간 조정국면을 거치다가 3단계 선거일에 양자 간 거의 비슷한 지지율로 안착되었다.

이번 토론회에서 유, 심 후보의 토론회 자체 성적은 거의 최상이라고 할 수 있다. 그러나 그런 우호적인 평가가 지지율로 연결되지는 않았다. 1단계 기저지지율부터 3~4% 정도로 지지율이 매우 미미한 수준에서 출발하였으며 토론회가 횟수를 거듭함에도 불구하고 큰 변화 없이 진행되다가 4차 이후 약간의 상승세를 보여주었지만 결국 마지막 3단계 투표일에 그런 상승세가 탄력을 받지 못하고 둔화되는 모습을 보여주고 있다.

〈표 5〉는 〈그림 5〉의 1단계(A) 지지율, 2단계(B) 지지율 및 3단계(C) 득표율의 관계를 보여주고 있다. 몇 가지 뚜렷한 특징이 나타난다. 첫째, B-A구간을 살펴본다. 1단계 기저지지율(A)과 2단계 6차 토론회 직후 지지율(B) 간 관계에서 가장 크게 변화한 후보는 안 후보인데 무려 19.3%나 하락하였다. 홍 후보는 9.8% 증가하여 상당한 성과를 이루었지만, 안 후보

〈표 5〉 후보선택에 미친 TV토론 효과(%)

후보	토론 전 기저지지율(A)	최종6차TV토론 직후 지지율(B)	선거 당일 득표율(C)	B-A	C-B
문재인	38	38.5	41.1	+0.5	+2.6
홍준표	7	16.8	24.0	+9.8	+7.2
안철수	35	15.7	21.4	-19.3	+5.7
유승민	4	3.8	6.8	-0.2	+3.0
심상정	3	6.8	6.2	+3.8	-0.6
부동층 총합	13 100	18.4(가) 100	0.5(나) 100		17.9(다)

* 참고: 이번 대선에는 총 15명의 후보가 출마하였으며 선거 당일 위의 5명 후보들의 득표율 합계는 총 99.5%이며 나머지 10명 후보들의 득표율과 무효표 등이 총 0.5%(나)임
** 참고: 토론 전 기저지지율은 갤럽 조사결과인데, 갤럽은 소수점 이하 반올림하여 발표함

가 유실한 크기를 홍 후보가 모두 획득하지 젆은 홍 후보의 한계이다. 문, 유 후보는 큰 변화가 없으며, 심 후보(+3.8%)가 약간의 혜택을 보았다. 1단계와 2단계의 지지율의 큰 격차가 TV토론회의 활약상이라고 할 수 있다.

둘째, C-B구간을 살펴보는데, 이는 3단계 선거 당일 득표율(C)과 2단계의 6차 토론회 지지율(B)간 관계를 나타낸다. B-A구간의 격차보다는 2단계와 3단계의 격차인 C-B구간 진동폭의 격차가 더 적다. 즉 토론회에서 확인된 후보 간 지지율이 선거 직전 약 1주일간의 시차를 두고도 큰 변화 없이 대동소이하게 유지되었다는 징표가 된다. 이 역시 이번 선거에 미친 토론회의 매우 중요한 의미가 된다.

홍 후보가 2단계에 비하여 가장 큰 지지율의 변화가 나타났는데, 7.2% 상승하였다. TV토론회가 모두 종결되고 1주일 남은 기간 보수층 유권자들이 결집한 결과로 보인다. 이런 현상은 유 후보에게서도 약간이지만 발견되는데 3% 상승하였다. 따라서 이들을 합산하면 토론 직후에 보수층 10.2%가 새롭게 결집하여 두 보수후보에게 투표하였다. 안 후보는 5.7%를 추가 득표하였지만 최종 후보 순위 2위가 아닌 3위가 되어 이번 토론회에서의 매우 부진한 성적을 반영하고 있다.

셋째, 앞의 〈그림 5〉도 같이 참조하면, 2단계와 3단계 각각의 순위가 유, 심 후보의 미세한 역전을 제외하고는 후보 간 순위가 그대로 유지되고 있다. 이 점도 이번 토론회의 선거결과에 미친 영향력을 보여준다고 할 수 있다. 즉 토론회에서의 성적이 거의 그대로 선거일 득표 결과로 확인된 것이다.

넷째, 2단계 각 후보에 대한 모든 지지율을 합산하면 81.6%이므로 나머지 18.4%(가)가 지지후보가 없는 부동층이다. 최종 6차 토론회 직후에 대부분의 유권자들은 표심을 확정하였지만 소수이지만 이들 18.4%의 유권자들은 아직도 표심이 유동적이었다. 그렇다면 이들은 투표일에 최종적으로 누구에게 투표하였는가? 〈표 5〉의 마지막 세로줄(C-B)은 3단계 선거 당일 후보들의 득표율과 2단계 최종 토론회 직후 지지율 간 격차를 보여준다. 이 격차의 합이 (C-B)줄 하단에 제시된 총합인데 17.9%(다)이다. 이 17.9%와 선거 당일에도 표심을 정하지 못하였거나 무효표로 처리된 0.5%(나)를 합하면 18.4%(가)가 된다.

이들은 문 후보(+2.6%)와 유 후보(+3%)를 조금씩 지지하였고, 심 후보(-0.6%)는 매우 조금이지만 지지를 철회하였으며, 나머지는 홍 후보(+7.2%)와 안 후보(+5.7%)를 주로 지지하였다. 다시 말하면, 홍 후보는 보수 부동층의 지지를, 안 후보는 중도 부동층의 지지를 획득한 것이다. 즉 홍 후보와 안 후보를 지지한 부동층들은 크게 보아 2단계 6차 최종 토론회 직후까지도 표심을 정하지 못하고 있던 보수 내지는 중도 유권자들이라고 판단된다. 따라서 이번 선거의 부동층은 대부분 보수층과 일부 중도층에서 주로 발생하였다.

VI. 나가면서

이번 19대 대통령선거는 역대 선거와 달리 선거일자를 예단하기 어려운 상황에서 임시적으로 실시되어 유권자들이 후보를 정확하게 판단할 시간이 부족하였다. 따라서 역대 어느 선거보다도 TV토론의 중요성이 컸다. 특히 민주화 이전의 대통령에 비하여 최근의 대통령은 많은 자질 중에서도 대화, 토론, 소통이 중요한 자질로 부상하였다. TV토론이 국민들에게 이런 자질을 가장 실감나게 보여주는 장치이기 때문에 유권자들은 후보를 최종 선택함에 있어 TV토론을 크게 중시하였다.

물론 유권자들은 선거 국면에 후보의 정당, 정당 지지율, 현직 여부, 현직 대통령의 지지율 등을 종합적으로 판단하여 자신이 지지하는 후보에 대해 선호도를 파악한다. 이런 선호도에 따라 후보를 판단하기 때문에 토론회를 거치더라도 후보 선호도 순위가 큰 폭으로 교체되지 않는다. 이를 인지조화라고 한다. 그러나 유권자들의 인지조화도 그 허용범위를 뛰어

넘는 예상외로 매우 놀라운 장면이 대두되면 변화가능하다.
　미국의 경우, 수염도 깎지 않고 화장도 안 한 부스스한 얼굴로 등장했던 1960년 대선 토론회에서 실패했던 리처드 닉슨이나 2000년 대선 토론회에서 조시 부시 후보가 발언할 때마다 답답하다는 식으로 한숨을 쉬던 알 고어처럼 시청자들의 뇌리에 깊이 남은 매우 부정적인 이미지는 선거결과에 결정적 영향을 미친다. 이번 한국의 19대 대선에서도 토론 직전 지지율은 문재인 후보와 안철수 후보가 막상막하였지만, 토론회가 1차와 2차로 진행되면서 안 후보의 지지율은 점점 하락하다가 3차 토론회에서 스스로 수차례 언급한 자학적인 MB아바타 발언으로 안 후보의 지지율은 회복 불능에 빠지게 되었다. 따라서 이번 대선은 후보 간 TV토론회가 가장 주요한 승리요인으로 볼 수 있다. 이에 따라 이번 선거는 문재인 후보와 안철수 후보 간 경쟁으로 볼 수 있으며 당선자와 패배자에 대한 설명은 여러 가지 방법으로 판단이 가능하겠지만, TV토론도 중요한 기준이 되었다.
　TV토론을 통해 도출된 각 후보에 대한 평가는 다음과 같다.
　첫째, 문재인 후보는 참여정부에 대한 비판을 적극 방어하였으며 유력 후보로서 좋은 사람 이미지를 주로 부각하였다. 문 후보는 이미 선두를 달리고 있는 상황에서 무리하게 상대방을 공격하거나 과격한 용어를 사용하지 않아 토론회 때문에 지지율이 추락하지는 않게 하는 방어전략을 성공적으로 활용하였다.
　둘째, 정치입문 이후 안철수 후보는 IT전문가, 뛰어난 능력, 강인한 지도력, 미래를 리드하는 젊은 지도자라는 긍정적인 이미지를 구축하였으나, 이번 1차 토론에서부터 어눌한 말투, 어색한 표정 등으로 대통령이 될 수도 있는 후보에서 되어서는 안 되는 후보로까지 이미지가 실추하였다. 결정적으로 3차 토론회의 MB아바타 발언은 유권자들로 하여금 매우 의아스러운 정치인 혹은 매우 부정적인 후보로 인식하게 하여 실패한 후보로 귀결되었다.
　셋째, 홍준표 후보는 상대방을 공격하는 능력이 노련하며, 한국당이라는 새로운 정당이 창당되었기 때문에 더 이상 박근혜 정당의 정책실패와 각종 부패와 무관하다는 점을 강조한 점 등이 보수유권자들에게 새 출발이 가능하다는 희망을 제공하기도 하였다. 그러나 홍 후보의 이런 호소력도 토론회를 한두 번 시청할 때에는 유효하지만, 토론회 횟수가 증가하면서 홍 후보 특유의 부정적인 발언태도와 말투 및 다소 험악한 표정 등으로 지지율 확장에 큰 장애가 되었으며 결국 2위로 선전하였지만 1위 지지율의 절반에 불과하였다.

넷째, 유승민 후보와 심상정 후보는 시종일관 토론에 매우 뛰어난 실적을 보여주었다. 그러나 유 후보는 바른정당의 태생적 한계 그리고 토론회 와중에 당 내에서 불거진 후보사퇴론 등으로 토론회 내내 매우 고전하였다. 심 후보는 초미니 정당의 후보로서 전국적 대중성을 갖는 데는 한계가 많았다. 또한 유 후보와 심 후보 모두 미시적인 토론에는 능숙하였지만 거시적으로 유권자들의 뇌리에 강하게 남을 수 있도록 정책을 포장하는 능력은 부족하여 뛰어난 토론 능력에도 불구하고 지지율로 직결되지는 않았다.

이번 연구에서 후보 간 토론회의 효과를 파악하기 위해 토론전에 유권자들이 판단했던 후보에 대한 지지율을 기저지지율로 판단하고 이 지지율을 중심으로 6차에 걸친 토론 과정에 변화하는 지지율을 비교하였으며 그리고 선거일의 득표율과도 비교하였다. 이에 따른 결과는 첫째, 기저지지율과 토론 직후 지지율은 매우 큰 차이를 보이면서 후보 간 승패에 결정적으로 영향을 미쳤다. 문 후보는 토론 전후에 큰 변화가 없었으나, 안 후보의 지지율은 절반이나 추락하여 회복이 불가능하였다. 둘째, 마지막 6차 토론 직후 지지율과 여론조사 결과를 공표할 수 없는 암흑의 1주일이 지난 5월 9일 선거일 득표율은 대동소이하였다. 즉 토론 직후 지지율이 거의 그대로 선거결과로 전이되었다. 셋째, 6차 토론 직후 지지율에 따른 후보 간 순위가 선거결과 득표율 순위와도 거의 동일하였다. 넷째, 6차 토론 직후에도 선호후보를 정하지 못한 부동층 유권자들은 대체로 홍준표 후보와 안철수 후보에게로 이전된 보수부동층이거나 중도부동층으로 밝혀졌다. 이들이 이번 임시 대통령선거에서 가장 충격이 컸을 것이다.

• 참고문헌 •

구교태·김관규·이준웅. 2007. "선거방송토론의 효과에 대한 연구: 2006년 대구시장 후보 토론방송을 중심으로." 『한국언론학보』 51(2): 203-225.
권혁남. 2011. "2010 지방선거에서 미디어 이용과 TV토론관심시청이 정치효능감, 투표행위에 미치는 효과연구." 『한국언론학보』 55(6): 126-151.
김관규·구교태·이준웅. 2006. "후보의 텔레비전토론 효과연구: 2006년 서울시장 선거를 중심으로." 『언론과학연구』 6(4): 51-88.
김연종. 2009. "제18대 국회의원선거 TV 방송토론의 형식과 내용: 3개 토론회 사례 분석." 『스피치와 커뮤니케이션』 11: 254-292.
김 욱. 2012. 충청 지역정치의 특성과 향후 전망. 『국제지역연구』 15(4): 163-178.
김춘식·송종길·이민규·전영란. 2004. "제16대 대통령선거 후보자의 TV토론 수사분석: Benoit의 정치캠페인 수사분석틀 적용." 『방송문화연구』 16(2): 139-171.
김춘식·전영란. 2009. "서울시장 선거 텔레비전 토론 참가 후보자의 캠페인 수사에 관한 신문 보도 분석: 스트레이트와 녹취록 비교를 중심으로." 『언론과학연구』 9(3): 70-102.
김호진. 1997. 『한국정치체체론』. 서울: 박영사.
문우진. 2012. "대통령 지지도의 필연적 하락의 법칙: 누가 왜 대통령에 대한 지지를 바꾸는가?" 『한국정치학회보』 46(1): 175-201.
박연진·김관규. 2014. "TV토론의 후보자 설득 전략과 효과에 관한 연구: 2012년 18대 대통령선거 TV토론을 중심으로." 『언론과학연구』 14(4): 77-105.
_____. 2016. "선거방송토론이 후보자 호감도와 지지도 변화에 미치는 영향." 『언론과학연구』 16(4): 5-40.
박태순. 2006. "선거방송토론의 쟁점과 운영방향: 제도화의 문제점과 개선 방향." 『5.31 동시 지방선거와 선거방송』 20-42.
박희봉·장경석. 2010. "정책선거의 구조적 취약성: 18대 국회의원 선거과정을 중심으로." 『한국행정논집』 22(4): 1205-1226.
범기수. 2010. "1997년, 2002년, 2007년 대통령선거 후보자 방송토론에서 이회창 후보의 설득전략." 『스피치와 커뮤니케이션』 14: 33-63.
범기수·최용혁. 2013. "한국의 역대 대선 TV토론에 나타난 후보자의 충돌 전략에 관한 연구." 『한국언론학보』 57(3): 455-481.
양승찬. 1999. "텔레비전 선거토론 방송의 영향력 연구: 후보자 평가 변화, 정책관련지식, 정치과정 참여를 중심으로." 『방송연구』 48: 210-246.
우지숙·김한솔·안준규. 2017. "TV토론 보도와 정책선거: 제19대 대선토론 방송보도에 대한 프레임 분석을 중심으로." 『행정논총』 55(4): 81-124.

이강형·김춘식·양승찬·권혁남. 2004. "후보 결정에 대한 TV 토론의 영향력에 있어서 정치환경의 역할: 제 17대국회의원 선거 캠페인." 『한국방송학보』 18(3): 51-90.
이준웅. 1999. "텔레비전 토론의 정치적 영향력." 『한국방송학보』 12: 253-297.
장석준. 2017. "제19대 대선 TV토론 평가와 과제." 『국회토론회 자료집』(2017.7.7).
정한울. 2015. "국정소통의 4대 성공조건." 『오피니언 리뷰』 3: 1-8.

경향신문. 2017.4.23. "[속보] 안철수 "제가 MB 아바타입니까?" VS 문재인 "항간에 그런 말도 있다."" http://news.khan.co.kr/kh_news/khan_art_view.html?artid=201704232118001(검색일: 2018.2.28).
글로벌이코노믹. 2017.4.26. "[대선 여론조사] 문재인 40.4% 안철수 26.4%… '적극 투표층' 지지율은?" http://news.g-enews.com/view.php?ud=2017042609172676550cc1df6cba_1&md=20170426102818_J(검색일: 2018.2.27).
뉴스인사이드. 2017.4.18. "TV토론 직후 文↑·安↓ 13.5%p차 '벌어진 양강구도'." http://www.newsinside.kr/news/articleView.html?idxno=455754(검색일: 2018.2.27).
매일경제. 2017.5.2. "대선후보 6차 TV토론 전문가 평가 … 산만하고 수준 낮은 공방." http://news.mk.co.kr/newsRead.php?year=2017&no=297433(검색일: 2018.2.27).
미디어스. 2018.4.14. "첫 대선후보 TV토론, 동시간대 드라마 시청률 추월." http://www.mediaus.co.kr/news/articleView.html?idxno=88071(검색일: 2018.2.27).
오마이뉴스. 2017.4.14. "'희비' 엇갈린 대선후보들, TV 토론 관람 포인트는?" http://www.ohmynews.com/NWS_Web/View/at_pg.aspx?CNTN_CD=A0002316709(검색일: 2018.2.27).
_____. 2017.5.10. "'문재인 이긴다'던 안철수 예언, 이래서 틀렸다." http://www.ohmynews.com/NWS_Web/View/at_pg.aspx?CNTN_CD=A0002324053(검색일: 2018.2.27).
전북일보. 2017.5.2. "[여론조사－TV 토론 시청 뒤 표심 변화] 지지 후보 변경 7.2% … "심상정 잘했다"." http://www.jjan.kr/news/articleView.html?idxno=1127031(검색일: 2018.2.27).
중앙일보. 2017.4.26. "대선후보 TV토론회 말말말 … '돼지발정제'가 최다 언급." http://news.joins.com/article/21516799(검색일: 2018.2.27).
한국경제. 2017.4.20. "'2차 대선TV토론' 유승민, 문재인에 "北을 왜 주적이라 말 못하나." http://news.hankyung.com/article/2017042036387?nv=o(검색일: 2018.2.27).
한국일보. 2017.5.3. "대선 판도 바꾼 TV토론 … 다자 구도에서 영향력 더욱 커져." http://www.hankookilbo.com/v/f03aa20fc8784f2694032ef9c07969c1.Search(검색일: 2017.10.22).
헤럴드경제. 2017.4.29. "[5차 TV토론] 文-安 '존재감 실종'·洪 '내실 부족'·劉-沈 '탁월'."

http://news.heraldcorp.com/view.php?ud=20170429000056(검색일: 2018. 2.27).

Best, S. J., & Clark Hubbard. 1999. "Maximizing "Minimal Effects": The Impact of Early Primary Season Debates on Voter Preferences." *American Politics Quarterly* 27(4): 450-467. Coleman (Ed.). *Televised Election Debates: International Perspectives* (pp.157-177). New York: St. Martin's Press.

Bruschke, Jon, and Laura Divine. 2017. "Debunking Nixon's Radio Victory in the 1960 Election: Re-analyzing the Historical Record and Considering Currently Unexamined Polling Data." *The Social Science Journal* 54(1): 67-75.

Druckman, James N. 2003. "The Power of Television Images: The First Kennedy-Nixon Debate Revisited." *Journal of Politics* 65(2): 559-571.

Faucheux, Ron. A. 2002. "What Voters Think about Political Debates: Key Findings from a Nationwide Voter Poll." *Campaigns & Elections June*, 22-26.

Geer, John. G. 1988. "The Effects on Presidential Debates on the Electorate's Preference on Candidates." *American Politics Quarterly* 16: 486-501.

Greenberg, David. 2010. "Rewinding the Kennedy-Nixon Debates." http://www.slate.com/articles/news_and_politics/history_lesson/2010/09/rewinding_the_kennedynixon_debates.html(검색일: 2018.2.19).

Greenstein, Fred I. 2000. "The Qualities of Effective Presidents: An Overview from FDR to Bill Clinton." *Presidential Studies Quarterly* 30(1): 178-185.

Hillygus, D. Sunshine, and Simon Jackman. 2003. Voter Decision Making in Election 2000: Campaign Effects, Partisan Activation, and the Clinton Legacy. *American Journal of Political Science* 47(4): 583-596.

Keeter, Scott. 1987. "The Illusion of Intimacy." *Public Opinion Quarterly* 51(3): 344-358.

Lang, G. E., & Kurt Lang. 1984. "The formation of public opinion: Direct and Mediated Effects of the First Debate." In G. F. Bishop, R. G. Meadow & M. Jacson Beeck (Eds.). *The Presidential Debates: Media, Electoral, and Policy Perspectives*, pp.61-80. New York: Praeger.

Mazo, Earl. 1962. *The Great Debates: An Occasional Paper on the Role of the Political Process in the Free Society*. Santa Barbara, CA: Center for the Study of Democratic Institutions.

McGill, Ralph. 1960. "Do you see or hear TV?" *Atlanta constitution* (p.28). Sep. 28.

Neustadt, Richard. 1990. *Presidential Power and Modern Presidents: The Politics of Leadership from Roosevelt to Reagan*. 4th Ed. New York: Free Press.

Nie, Norman H., Sidney Verba, & John R. Petrocik. 1999. *The Changing American Voter*. Harvard University Press.

Savoy, Jacques. 2017. "Trump's and Clinton's Style and Rhetoric during the 2016 Presidential Election." *Journal of Quantitative Linguistics*. https://doi.org/10.1080/09296174.2017.1349358

Schrott, Peter R., & David J. Lanoue. 2008. "The Power and Limitations of Televised Presidential Debates: Assessing the Real Impact of Candidate Performance on Public Opinion and Vote Choice." *Electoral Studies* 32: 684-692.

Schudson, Michael. 1995. *The Power of News*. Cambridge: Harvard University Press.

Yawn, Mike, & Bob Beatty. 2000. "Debate-induced Opinion Change What Matters?" *American Politics Quarterly* 28(2): 270-285.

선거운동의 자유와 공직선거법 개정 방안:
시민단체의 선거법 위반 사례를 중심으로*

김형철 | 성공회대학교
홍경선 | 청운대학교

I. 서론

자유롭고 공정한 선거가 민주주의의 도구라는 점에 동의하지 않는 사람들은 없다. 선거는 유권자의 자유롭고 평등한 참여와 공정한 경쟁이 보장될 때 민주적 정당성을 획득한다. 따라서 민주적 선거는 자유, 평등 그리고 공정을 기본원리로 하며, 선거와 관련된 일련의 과정과 절차를 규정하는 선거법의 핵심적인 요소이다. 우리나라의 공직선거법도 제1조에서 모든 국민에게 자유로운 의사표현의 평등한 기회와 민주적 절차에 의한 공정한 선거를 목적으로 하고 있음을 밝히고 있다.[1] 즉, 공직선거법은 선

---

* 이 글은 『비교민주주의연구』 제14집 2호에 게재된 원고를 수정하였음.
[1] 공직선거법 제1조(목적) "이 법은 「대한민국헌법」과 「지방자치법」에 의한 선거가 국민의 자유로운 의사와 민주적인 절차에 의하여 공정히 행하여지도록 하고, 선거와 관련한

거에 있어 자유의 원리, 평등의 원리, 공정의 원리의 실현을 목적으로 하고 있다.

그러나 선거법의 실제 적용에 있어 자유의 원리와 공정의 원리 간에 충돌하는 사례들이 발생하고 있다. 특히, 두 원리 사이의 충돌이 발생하는 영역은 선거과정 중 선거운동과 밀접한 관련이 있다. 현행 선거법은 선거운동과 관련하여 혼탁, 과열, 불법, 부정 선거를 방지하고 공정성을 확보하기 위한 취지로 규제 중심적 성격을 특징으로 한다. 그 결과, 개인 및 시민단체의 의사표현의 자유는 제한되고 선거법 위반에 따른 선거사범(범법자)을 양산하고 있다. 대표적인 사례는 2000년 제16대 총선과정에서 시작된 낙천·낙선운동, 투표독려, 정책 및 공약에 대한 비교평가 등은 선거법 위반에 따른 경고 조치 및 사법처리의 대상이 되었다. 또한 개인도 온라인상 여론조사 단순 인용 및 공유, 후보자의 SNS 게시물에 '좋아요' 클릭 및 비판 글 게시, 그리고 부적격 공천에 대한 1인 시위 등도 선거운동 관련법 위반에 따른 사법처리의 대상이 되었다. 그러나 법원에서의 판결은 사안에 따라 유죄 또는 무죄가 선고되는 일관되지 않은 경향을 보이고 있다.

이와 같은 개인 및 시민단체의 선거참여활동에 대한 사법적 조치는 헌법에서 명시하고 있는 의사표현의 자유와 선거의 자유를 제약한다는 비판을 불러일으키고 있다. 따라서 시민단체와 학계에서는 선거의 공정을 강조한 규제 중심의 현행 선거법을 선거의 자유가 보장되는 선거법으로의 개정을 주장하고 있다. 특히, 정치적 의사표현의 자유를 제약하는 선거법 58조, 90조, 93조, 108조, 110조 등 선거운동과 관련된 법조항은 폐지 및 개정의 대상으로 언급되고 있다.

따라서 이 연구는 시민단체의 자유로운 선거참여활동, 특히 선거운동에 있어 시민단체의 정치적 표현의 자유를 제한하는 현행 공직선거법 중 선거운동 관련 조항의 한계를 살펴보고 정치적 표현의 자유를 확대할 수

부정을 방지함으로써 민주정치의 발전에 기여함을 목적으로 한다." [개정 2005.8.4.]

있는 방안을 제시하는 데 목적이 있다. 이를 위해 2000년 제16대 국회의원선거 이후 시민단체의 선거참여활동을 중심으로 선거법 위반조치된 사례와 공직선거법 조항을 검토하고 그 법조항들이 선거의 자유와 공정성의 관점에서 타당성과 적법성을 갖고 있는지를 평가하고자 한다. 그리고 마지막으로 선거운동기간 시민단체의 표현의 자유를 확대할 수 있는 방안을 공직선거법 개정에 맞춰 제안하고자 한다. 이 연구의 구성은 다음과 같다. II절은 선거운동의 자유와 공정성 사이의 관계에 대해 고찰하고, 선거운동과 관련된 법조항의 문제점을 검토하고자 한다. III절은 2000년 제16대 국회의원선거부터 2018년 제19대 대통령선거까지 현행 공직선거법을 위반하여 법적 조치가 이루어진 시민단체의 선거참여활동 내용, 법원 판결, 적용된 법조항, 그리고 규제 내용을 검토하고자 한다. IV절은 시민단체의 선거운동방법과 관련된 법조항을 중심으로 정치적 의사표현의 자유에 있어 공정성을 강조한 규제 중심의 공직선거법이 갖는 한계를 제시하고자 한다. 그리고 정치적 표현의 자유를 확대하기 위한 선거운동과 관련된 법조항의 개정방안을 제시하고자 한다. 결론에서는 유권자의 정치적 표현의 자유와 알권리를 보장할 수 있는 공직선거법의 전반적인 개혁방향을 제시하고자 한다.

II. 선거운동의 자유와 공정성 간의 관계

1. 선거운동의 자유와 공정성

한국에서 선거운동의 자유와 공정성에 관한 연구는 정치학 분야에서 잘 다루어지지 않고 주로 법학 분야에서 다루어지고 있다. 즉, 법학 분야에서는 공직선거법을 중심으로 선거운동의 자유와 공정성 보장에 관한 많은 연구가 이루어졌다(강태수 2008; 고민수 2009; 김경호 2008; 김도협 2012; 김래영 2011; 2012; 음선필 2011; 임종훈 2001). 그 이유는 현실적으로 공직선거법이 선거운동의 공정성을 목적으로 함에 따라 헌법에서 보장하고 있는 선거과정, 특히 선거운동에 있어 유권자의 정치적 표현의 자유를 침해하고 있다는 위헌소원이 빈번해지고 있기 때문이다. 이에 따라 선거운동의 자유와 공정성 간 충돌에 대한 법리적 판단과 법적 정비의 필요성이 제기되고 있다.

반면 정치학 분야에서는 주로 선거 관련 제도 중 투표를 의석으로 전환하는 규칙으로서 선거체계(electoral system)에 관해 연구되었으나, 최근에는 선거결과뿐만 아니라 민주주의 건강성과 선거의 질에 영향을 미치는 선거운동의 자유와 공정성에 대한 관심이 높아지고 있다. 선거운동과 관련된 연구주제들은 투명성과 공정성을 확보하기 위한 정치자금법, 유권자의 선거운동의 자유를 규제하는 공직선거법, 현직의원과 정치신인 사이의 불공정성, 그리고 선거운동에서의 불공정성 등이다(김용철 2012; 김현태 2007; 김형철 2014; 심지연·김민전 2006; 엄기홍 2009; 유현종 2011; 이현출 2004; 차동욱 2010).

선거운동이 선거결과에 영향을 준다는 점에서 선거연구에 있어 선거운동을 이해하는 것이 무엇보다도 중요하다(Wlezien 2010, 98). 선거운동은 선거에서 승리를 목적으로 후보자나 정당이 유권자의 선호에 영향을 주는 일련의 조직화된 활동이다. 즉, 선거운동은 후보자나 정당 그리고 지지자들이 정견이나 정책 등을 중심으로 국민을 설득하여 지지를 획득하는 행위이며, 동시에 국민이 자신의 의사를 형성하고 이를 표출하는 정치적 의사형성과정이다(김현태 2007, 20). 따라서 선거운동의 자유와 공정성이 얼마나 보장되고 있는가는 민주적 선거와 비민주적 선거를 구분하는 기준 중에 하나이며,[2] 더 나아가 민주주의의 수준과 질을 평가하는

---

[2] 민주적 선거와 비민주적 선거를 구분한 버틀러와 그의 동료들(Butler, Penniman and Ranney 1981, 3)은 민주적 선거를 구성하는 조건으로 보통선거권, 정기적이고 규칙적

중요한 잣대 중 하나이다(Diamond 2008; Elkit and Svensson 2001; 김용철 2012).

　선거운동의 자유는 외부로부터의 부당한 간섭 혹은 침해 없이 모든 참여자가 선거운동을 자유롭게 행하는 것을 뜻한다(김용철 2012, 86). 따라서 유권자의 입장에서 선거운동의 자유는 민주주의에서 보장하는 시민적 기본권인 의사·표현의 자유, 언론·출판의 자유 그리고 집회·결사의 자유의 한 양태로서 받아들여지고 있다. 또한 정당 및 후보자의 입장에서는 선거경쟁의 장에 참여함에 있어 진입장벽이 없는 것을 의미한다. 만약 선거운동의 자유가 제한될 경우, 후보자는 자신의 정견 및 정책을 제시할 수 없으며, 또한 국민은 후보자에 대한 정보를 충분히 획득하지 못함으로써 정치적 의사형성을 방해받게 된다(엄기홍 2009, 114). 이때 시민은 자기결정의 주체가 아닌 '권위주의적 통치자의 완벽한 신민'(Dahl 2002, 133)으로 전락하고 만다.

　선거운동의 공정성은 다의적 의미를 갖지만,[3] '동등한 조건에서의 동등한 기회'라는 공통된 의미를 갖는다(Elkit and Svensson 2001, 203). 즉, 선거운동의 공정성은 사회경제적 그리고 정치적 환경의 차이에도 불구하고 선거운동의 기간, 방식, 그리고 자원동원의 조건과 기회가 공식적 또는 비공식적 규칙에 의해 동등하게 주어질 때 확보된다. 그리고 이 같은 공정성이 보장될 때 선거과정과 결과에 대한 정당성이 확보된다. 따라서 선거경쟁의 공정성은 선거운동의 자유와 같이 민주주의와 민주주의 질을 평가하는 주요한 기준이다.

　선거운동의 자유와 공정성은 선거경쟁의 결과에 대한 권위와 정당성을 보장해주는 필요불가결한 조건이며, 더 나아가 선거가 민주주의의 도구로서 기능을 수행하기 위한 최소한의 조건 중 하나이다. 헌법재판소는

　인 선거, 경쟁을 통한 의회구성, 공정한 선거운동, 그리고 자유투표와 비밀투표를 제시하고 있다.
3) 공정성의 개념 정의와 관련해서는 김현태(2007)의 연구 참조.

선거는 국민의 자유로운 의사결정과 후보자들의 공정한 경쟁을 통하여 훌륭한 대표자를 뽑는 것을 이상으로 하는 것이므로 자유로워야 할 뿐만 아니라 또한 공정하여야 한다고 보고 있다(송석윤 외 2011, 157 재인용).

그러나 문제는 선거운동의 자유와 공정성은 긴장관계를 갖고 있기 때문에 이들 관계의 균형점을 마련하는 것이 필요하다. 즉, 제한 없는 선거운동의 자유는 정당이나 후보자들 사이에 선거운동의 불공정성을 심화시킬 수 있으며, 반대로 선거운동의 공정성을 위한 과도한 규제는 선거운동의 자유를 침해할 수 있다. 즉, 선거운동의 자유 보장과 공정한 선거를 위한 규제 사이에 갈등이 발생하며, 공정한 선거를 강조하는 현행 공직선거법은 선거의 자유, 특히 선거운동의 자유를 제한하는 경향을 보이고 있다.

일반적으로 자유는 목적 가치이며, 공정은 도구적 가치로서 의미를 갖는다. 기본권으로서 자유는 모든 인간이 지향해야 될 가치이며, 공정은 자유 가치를 실현하기 위해 요구되는 수단이다. 따라서 선거운동에서 공정성은 선거운동의 자유가 최대한 보장되는 가운데 확보되어야 한다(김용철 2012, 90). 헌법재판소의 입장도 크게 다르지 않다. 헌법재판소는 많은 판결을 통해 공직선거과정에서의 국민의 참여행위와 선거운동은 자유롭게 행하여질 수 있도록 최대한 보장하여야 하며, 선거의 자유가 선거운동 규제의 기본원칙임을 지적한다(송석윤 외 2011, 156-157). 이와 같은 지적은 선거의 공정성을 확보하기 위해 선거운동의 규제가 선거운동의 자유를 규제하는 것이 아니라, 국민의 자유로운 선택을 방해하고 기회의 평등을 침해하는 것을 규제해야 함을 의미한다(음선필 2011, 118).

현실에서 선거운동의 자유와 공정성은 이율배반적인 성격을 갖고 있는 것으로 받아들여지고 있다. 이러한 선거운동의 자유와 공정성의 관계는 민주화 이후에도 공정성을 강조하는 과정에서 선거운동의 규제가 강화되는 양상을 보이고 있다. 이는 유권자를 아직도 민주적으로 성숙되지 못한, 즉 선거에서 상당한 규제를 하여야만 올바른 판단을 할 수 있는 존재로 인식하고 있음을 의미한다.

2. 선거운동과 관련된 법조항 규정과 쟁점 검토

공직선거법에 있어 선거운동의 자유와 공정성 사이의 충돌이 발생하는 주요한 영역은 선거운동의 주체, 기간, 방법, 그리고 여론조사결과 공표 금지 및 언론매체의 이용 등이다. 특히, 선거 시기에 시민단체의 선거참여활동과 관련하여 선거운동의 자유가 제약되는 영역은 선거운동의 정의, 주체와 운동방법이다.

먼저 공직선거법에서 선거운동에 대한 정의를 제58조에서 규정하고 있다. 선거운동의 정의규정은 1958년 1월 25일 민의원의원선거법에 처음으로 도입되었으며, 1994년 공직선거법 개정 이후 4차례에 걸쳐 정의규정이 개정되었다. 그리고 개정된 내용은 선거운동으로 보지 않는 행위와 관련되어 있다. 2014년 개정된 제58조 ①항은 당선되거나 되게 하거나 되지 못하게 하기 위한 행위를 말하며, 다만 선거에 관한 단순한 의견개진 및 의사표시, 입후보와 선거운동을 위한 준비행위, 정당의 후보자 추천에 관한 단순한 지지와 반대의 의견개진과 의사표시, 통상적인 정당활동, 설날·추석 등 명절 및 석가탄신일·기독탄신일 등에 하는 의례적인 인사말을 문자메시지로 전송하는 행위에 대해 선거운동으로 보지 않는다고 규정하고 있다. 또한 ②항은 누구든지 자유롭게 선거운동을 할 수 있으나 이 법 또는 다른 법률의 규정에 의하여 금지 또는 제한되는 경우에는 그러하지 않다고 정의하고 있다.

선거운동에 대한 정의와 관련해서 시민단체의 선거참여활동 및 유권자의 표현의 자유와 충돌하는 점은 ①항에서 선거운동으로 보지 않는 규정이다. 즉, 선거에 관한 단순한 의견개진 및 의사표시와 더불어 후보자 추천에 관한 단순한 지지와 반대의 의견개진과 의사표시는 선거운동으로 보지 않고 있지만, 시민단체의 낙천낙선운동이나 유권자의 특정후보에 대한 지지나 반대에 대해서 중앙선거관리위원회와 법원 등에서 불법으로 규정하여 법적 조치가 이루어지고 있다. 이러한 이유는 현행의 정의규정이 매우 추상적이고 일반적이어서 구체적이고 특정된 행위가 선거운동인지 여부를 쉽게 판단할 수 없기 때문이다(김현태 2007, 105).

따라서 선거운동인지 아닌지를 구분하기에 애매한 규정은 집행기관인 중앙선거관리위원회의 유권해석 등과 같이 그 판단을 포괄적으로 위임하는 문제가 발생한다. 이러한 포괄적 위임은 헌법에 규정되어 있는 포괄적 위임입법 금지를 위배하고 기본권을 침해하는 결과를 낳는다는 비판의 대상이 되고 있다.

다음으로 현행 공직선거법 제58조 ②항은 누구든지 자유롭게 선거운동을 할 수 있되, 당해 선거법 또는 다른 법률의 규정에 의하여 금지 또는 제한되는 경우에는 그러하지 아니하다고 규정하고 있다.[4] 자유로운 선거운동의 금지 또는 제한의 역사를 살펴보면, 1948년 미군정 시의 국회의원선거법에서는 공무원의 선거운동을 금지하는 규정이 있는 반면 제3자의 선거운동에 대해서는 전혀 규제를 하지 않았다(1948.3.17 미군정령 제175호). 그리고 선거법 제29조에서는 등록한 후보자는 자유로이 선전을 할 수 있고, 각급선거위원회 및 선거사무에 관계있는 공무원과 기타 일반 공무원을 제외하고는 누구든지 자유로이 선거운동을 할 수 있다고 규정하여 제3자에 대한 선거운동의 자유에 대해 전혀 제한하지 않았다. 그리고 1950년 국회의원선거법(법률 제121호)에서는 국회의원과 지방의원은 선거운동을 할 수 있도록 하고 국고보조 등을 받는 사회단체나 청년단체는 그 단체의 명의로 선거운동을 할 수 없도록 하였다. 또한 1952년에 제정된 대통령·부통령 선거법 제24조에서 국가·지방자치단체의 공무원과 각급선거위원회의 위원과 직원에 대한 선거운동을 제한하였으며, 제26조에서는 선거사무장 또는 선거운동자로 한정하여 선거운동을 할 수 있도록 하였다(김도협 2012, 192).

그러나 단체를 포함한 제3자의 선거운동이 규제되기 시작한 시점은 1958년 민의원의원선거법 개정부터이다. 이 선거법은 후보자나 선거운동원이 아닌 자는 선거운동을 할 수 없도록 제한하고 공무원 등이 선거운동

---

[4] 이와 관련해서는 공직선거법 제60조와 제87조를 참고하시오.

원이 될 수 없도록 하였다(제45조). 그리고 2003년에 와서 단체의 선거운동이 허용되었으며, 제3자의 선거운동은 아직도 선거운동 방법을 제한하고 있다. 즉, 1958년부터 선거운동의 주체에 대한 규제조항이 급증하였으며, 민주화 이후에도 과열 혼탁 선거가 나타나자 1994년 통합선거법 제정을 계기로 제한 금지 규정이 다소 증가하였다(유현종 2011, 105). 그러나 2005년에 개정된 선거법은 선거운동을 개별적으로 규제하는 방식의 이전 선거법과 달리 선거비용의 규제와 같은 보다 포괄적 제한에 기초한 규제 방식으로 변화됨으로써 선거운동의 자유를 보장하려는 노력이 있었음을 알 수 있다. 이와 같은 선거운동 주체에 대한 규제는 공무원 또는 선거권이 없는 미성년자의 후보에 대한 지지 또는 반대의견 개진 및 의사표시가 사법처리의 대상이 되고 있으며, 이에 대해 개인의 정치적 표현의 자유를 제약하는 법규정이라는 시민사회와 학계 그리고 법조계의 비판이 제기되고 있다.

마지막으로 선거운동방법은 유권자 개인 및 단체의 정치적 표현의 자유를 제한하는 대표적인 법조항들로 이뤄져 있다. 대표적으로 시설물설치 등의 금지(제90조), 탈법방법에 의한 문서·도화의 배부·게시 등 금지(제93조), 여론조사의 결과공표금지(제108조), 정책·공약에 관한 비교평가 결과의 공표제한 등(제108조 ③항)이다.

공직선거법 제90조는 선거일 180일 전부터 선거일까지 법에 규정한 것을 제외한 화환, 풍선, 간판, 현수막, 에드벌룬, 기구류 또는 선전탑 기타의 광고물 또는 광고시설을 설치 진열 게시 배부하거나 하게할 수 없으며, 표찰 기타 표시물을 착용 또는 배부하거나 하게 할 수 없고 후보자를 상징하는 인형 마스코트 등 상징물을 제작 판매할 수 없다고 규정하고 있다. 내용에서도 알 수 있듯이 제90조는 시설물 등에 의한 선거운동을 포괄적으로 제한하고 있다. 이와 같은 제한은 선거비용의 과다소요, 선거과열 유발, 광고시설의 범람 등의 폐해와 더불어 선거운동의 공정을 위해 규제하고 있다(김현태 2007, 158). 그리고 공직선거법 제58조 후보자의 당선 또는 낙선에 영향을 주는 행위로 보고 시설물에 의한 선거운동을 규제하고 있다. 이러한 규제의 대표적인 사례는 2016년 총선시민네트워크(이하 2016총선넷) 활동가들이 정당이나 후보자 이름이 없는 피켓, 이른바 '구멍 뚫린 피켓' 사용, '촛불이 만든 대선, 미래를 위해 투표합시다'라는 투표독려 현수막 게시 등에 대한 기소 및 단속이 있다. 이렇듯 제90조는 유권자 또는 단체의 정치적 표현을 과도하게 제한할 뿐만 아니라 투표참여에 대한 공익적 활동도 제한하고 있다는 비판이 제기되고 있다.

공직선거법 제93조는 탈법방법에 의한 문서·도화의 배부·게시 등 금지하는 규정을 명시하고 있다. 제93조는 1994년 이후 11번의 개정이 이루어졌으며 현행 규정은 2010년 1월 25일 일부개정된 것이다. 이 규정의 핵심내용은 선거일 전 180일부터 선거일까지 이 법의 규정에 따르지 않고 정당 또는 후보자를 지지·추천하거나 반대하는 내용이 포함되어 있거나 정당의 명칭 도는 후보자의 성명을 나타내는 문서나 도화 인쇄물 등을 배부, 첨부, 살포, 상영 또는 게시할 수 없다는 것이다. 그러나 이 조항이 국민의 알권리와 정치적 표현의 자유를 침해한다는 비판이 제기되고 있다. 즉, 이 조항은 선거운동의 자유에 대한 과도한 제한이며, 후보자에 관한 정보를 알 수 없기 때문에 국민의 알권리를 침해하며, 폐해방지나 과잉공급 등은 선거운동의 공정과는 관련이 없는 위헌이라는 것이다(김현태 2007, 154). 특히, 선거운동방법으로서 문서 및 도화의 배부와 게시는 정당이나 후보자에 대한 정보를 제공한다는 점에서 유권자의 합리적 판단에 따른 투표결정을 하도록 한다는 점에서 의미있는 선거운동방법일 것이다. 그런데 이를 규제한다는 것은 유권자의 정당이나 후보자 선택에 있어 비합리적 결정을 위해 제한한다는 비판으로부터 자유롭지 않다.

여론조사를 포함한 정책·공약에 관한 비교평가결과의 공표금지와 제한을 규정한 공직선거법 108조도 선거운동의 자유와 국민의 알권리를 침해하는 조항으로 지적된다. 공직선거법 108조는 누구든지 선거일 전 6일부터 선거일의 투표마감 시각까지 정당에 대한 지지도나 당선인을 예상하게 하는 여론조사(모의투표나 인기투표 등을 포함)의 경위와 그 결과를 공표하거나 인용하여 보도할 수 없도록 되어 있다. 이 조항 또한 11차례에 걸쳐 일부개정되었다. 2017년 2월 8일과 3월 9일에 일부개정이 이루어졌는데, 1개월 만에 일부개정이 이루어진 이유는 '정당에 대한 지지도나 당선인을 예상하게 하는'이라는 문구의 삭제와 삽입 때문이다. 이 조항에 따른 경고 및 위반사례는 경향신문-경실련 18대 대선공약 평가, 2016총선넷의 최악의 후보 10인 온라인 설문조사 이벤트와 2012년 참여연대의 정당별 복지정책 비교평가 등이다. 즉, 선거법 108조의 2항의 경우, 언론과 단체가 후보자와 정당의 정책을 비교하고 점수·등급 등으로 평가하는 방식을 금지하고 있어, 언론의 자유를 침해할 뿐만 아니라 정책 선거를 가로막는 대표적인 표현의 자유를 제한하는 조항이라는 주장이 제기된다 (http://www.peoplepower21.org/index.php? 검색일: 2016.5.17).

이외에도 정치적 표현의 자유를 제한하는 공직선거법은 캠페인과 관련한 제103조(각종집회 등의 제한), 105조(행렬 등의 금지), 제107조(서명·날인운동의 금지), 제251조(후보자비방죄) 등이 있다. 특히, 후보자 비방죄는 2012년 2월에 인터넷 선거운동을 상시 허용(선거 당일 제외)하는 법 개정이 이루어졌음에도 불구하고 인터넷 실명제와 후보자 비방죄 등 온라인 공간의 표현을 규제하는 조항이 존재하고 있다는 점에서 유권자의 선거운동의 자유가 제한되고 있다. 따라서 현행 공직선거법 중 선거운동과 관련된 조항들은 선거운동의 공정성 확보라는 이유로 유권자와 시민단체의 선거운동 또는 표현의 자유를 강하게 규제하고 있다고 할 수 있다.

III. 시민단체의 선거참여활동과 위반사례

1. 시민단체의 선거참여활동에 대한 시각들

공적이익을 추구하는 시민단체는 다양한 정치참여활동을 통해 정치적 영향력을 행사하고 있다. 평상시에는 권력감시활동, 의정감시활동, 입법청원활동 그리고 정책평가활동 등을 통해 정치적 영향력을 행사하고 있으며, 선거 시기에는 공정선거 감시, 투표독려, 부적격 후보자에 대한 낙천낙선 그리고 공약 및 정책비교를 통한 정보제공 등 다양한 선거참여활동을 전개하고 있다. 시민단체는 공명선거운동, 낙천낙선 및 당선운동, 투표독려운동, 정보제공운동 등을 진행하였다. 이들 운동 중 낙천낙선운동, 투표독려운동 그리고 정보제공운동은 선거법 위반 논란의 중심에 서 있다.

우선 낙천낙선운동에 대한 선거법 위반과 중립성과 공정성이 결여되어 있다는 지적이 제기되고 있다. 즉, 낙천낙선 대상자들과 중앙선거관리위원회는 낙천낙선운동을 고발하고, 사법부는 현행 선거법 제87조를 위반하였다고 판결하고 있다. 또한 중립성과 공정성 결여와 관련해서는 낙천낙선 대상자에 있어 특정 정당의 후보에게 집중되어 있다는 점에서 의문을 제기하고 있다. 그러나 낙천낙선운동은 인물과 자질 그리고 후보자의 정책입장과 의정활동을 평가하여 시민의 대표로서의 부적격자를 심판한다는 점에서 민주적 책임성을 제도화하는 데 기여하였다고 할 수 있다(김형철 2017). 또한 낙천낙선운동의 불법화와 사법처리는 오히려 정치적 표현의 자유를 제한하고 정당과 후보자에 대한 정보 제공을 제약한다는 점에서 선거운동의 자유를 침해하는 것이며 공직선거법의 개정을 요구하는 주장도 존재한다.

투표독려운동은 운동방법과 관련하여 공직선거법을 위반하였다는 중앙선거관리위원회와 사법기관의 유권해석에 따라 규제되거나 또는 사법처리 대상이 되고 있다. 이러한 투표독려운동에 대한 규제와 사법처리는 헌법에서 보장하는 국민의 기본권, 즉 정치적 표현의 자유를 침해한다는 비판을 불러일으켰다. 그리고 현행 공직선거법이 헌법에서 제시하고 있는 표현의 자유를 제약하고 있다는 이유로 시민단체를 중심으로 한 위헌심사를 청구하거나 공직선거법 개정운동 등이 전개되고 있다. 이러한 투표독려운동은 정치참여라는 공익적 목적을 위한 것이다. 따라서 투표독려를 위한 현수막 게시, 거리행진 등은 누군가를 당선시키거나 낙선시키기 위한 선거운동이 아니라는 점에서 선거운동방법과 관련된 법조항을 과도하게 적용한 잘못된 사례이며, 표현의 자유를 제약한 대표적 예라고 할 수 있다.

정책평가 및 공약채택운동은 인물중심의 선거경쟁을 정책중심의 선거경쟁으로 전환하려는 노력이었다는 점과 후보의 정책에 대한 평가와 약속이행을 감시함으로써 정치적 대표성을 실현할 수 있는 기회를 제공하였다는 점에서 의의를 갖는다. 그러나 2016년 총선과정에서 최고의 정책선정을 위한 온라인 투표가 진행되었는데 서울시선거관리위원회는 정당이나 후보자의 지지도나 당선인을 예상하기 위한 여론조사라는 이유로 고발 조치하였다. 이러한 고발조치도 시민단체의 표현의 자유와 정보제공을 통한 유권자의 합리적 선택을 제한하고 있다는 비판을 불러일으키고 있다.

그렇다면 시민단체의 선거참여활동에 대해 유권자들은 어떻게 인식하고 있는가? 이를 살펴보기 위해 중앙선거관리위원회와 한국정치학회가 선거 후 실시한 유권자 의식조사 자료 중 "이번 선거에서 시민단체의 활동에 대해 어떻게 평가하십니까?"라는 문항을 비교하였다. 이 문항이 있는 선거는 제17대 대통령선거, 제18대 대통령선거, 제20대 국회의원선거,

〈그림 1〉 시민단체의 선거참여활동에 대한 유권자 평가

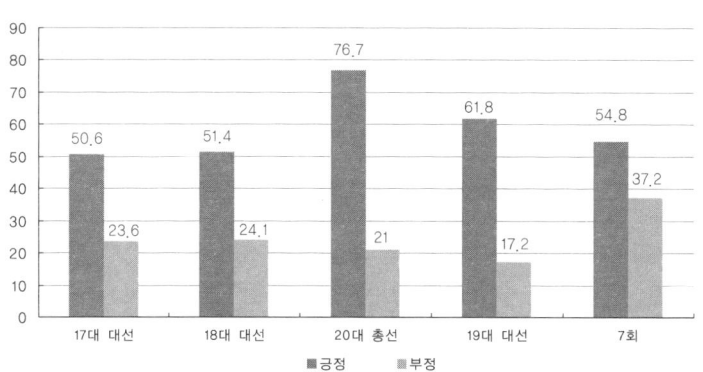

출처: 한국정치학회, 선거 후 유권자 의식조사 자료

제19대 대통령선거, 그리고 제7회 지방선거이다.

이들 선거에서 시민단체의 선거참여활동에 대해 긍정적인 응답의 평균은 59.06%이며, 부정적인 응답의 평균은 24.62%이다. 즉, 유권자는 시민단체의 선거참여활동에 대해 긍정적으로 인식하고 있음을 보여준다. 그리고 대통령선거의 경우 시민단체의 선거참여활동에 대한 긍정적 인식이 상승하고 있음을 알 수 있다. 그리고 2016년 이후 선거에서 시민단체의 선거참여활동에 대한 긍정적 인식은 64.4%로 이전 선거(51%)보다 13.4%p 상승하였다.

2. 시민단체의 선거참여활동과 공직선거법 위반 조치 사례 분석

매 선거마다 선거과정에서 공직선거법 위반사례들이 속출하고 있으며, 선거 후에는 공직선거법 위반으로 고발된 사건들에 대한 재판과 선고가 이루어지고 있다. 중앙선거관리위원회나 각 시도 선거관리위원회에서 주요 공직선거법과 개정된 조항들에 대한 공보물을 통해 정당이나 후보자에게 알리고 있음에도 불구하고, 많은 공직선거법 위반사례들이 나온다는 것은 공직선거법이 이해하기 어렵거나 모호하게 만들어져 있음을 의미하는 것이다. 특히 포지티브한 공직선거법 규정은 무엇이 합법적인 선거운동인지 아니면 무엇이 위법적인 선거운동인지를 구분하는 데 있어 모호한 성격이 강하다. 따라서 공직선거법을 포지티브한 규정에서 네거티브한 규정으로 개정해야 한다는 목소리가 법조계, 학계 그리고 시민단체에서 나오고 있다.

지난 2010년 지방선거 이후 제19대 대통령선거까지 공직선거법 위반 조치된 사례수를 보면 2010년 제5회 지방선거가 4,730건으로 가장 많았으며, 제19대 대통령선거가 333건으로 가장 적었다. 그리고 선거의 수준에 따라 위반 조치된 사례수에 있어서도 일정한 패턴을 보이고 있다. 즉, 지방선거가 공직선거법 위반 조치된 사례가 가장 많으며, 그다음으로 국

제4장 선거운동의 자유와 공직선거법 개정 방안   143

〈표 1〉 2010년 제5회 전국동시지방선거 이후 선거법 위반 조치 현황

구분	5회 지선 (2010)	19대 총선 (2012)	18대 대선 (2012)	6회 지선 (2014)	20대 총선 (2016)	19대 대선 (2017)
계	4,730	1,595	509	3685	1370	333
기부행위	975	311	44	1060	202	24
허위사실공포	223	56	1	404	229	75
비방·흑색선전	69	77	35	36	36	5
유사기관·사조직	37	19	13	11	12	3
공무원 등 선거개입			12			21
시설물설치 등	336	141	36	242	81	34
인쇄물배부 등	1,266	341	76	887	200	21
문자메시지 이용	363	184	10	206	75	8
여론조사 관련		29	8		107	9
집회·모임 등 이용		69	28		47	10
기타	1,101	368	246	839	381	123

출처: 중앙선거관리위원회 홈페이지(http://www.nec.go.kr/). 제6회 전국동시지방선거 총람; 제20대 국회의원 총람; 제19대 대통령선거총람(검색일: 2018.7.10)

회의원선거이며, 가장 적은 공직선거법 위반 조치 사례를 보이는 선거는 대통령선거이다. 이러한 양상은 후보자 수가 많으면 많을수록 공직선거법 위반사례가 많아질 것이라는 점을 유추할 수 있다. 또한 지방선거의 경우 기존 선거에 참여한 경험이 적은 신인이 출마할 경우가 많고 정당의 도움이 비교적 적기 때문에 국회의원선거나 대통령선거보다 공직선거법을 위반할 가능성이 높다고 할 수 있다.

공직선거법 위반 조치사례에서 보이는 또 다른 특징은 시설물 설치, 인쇄물 배포, 그리고 문자메시지 이용이라는 선거운동방법과 관련된 항목이 가장 많은 사례를 보이고 있다. 다음으로 허위사실 공표나 비방·흑색선전 등도 많은 사례를 보이고 있다. 이는 시설물설치 등의 금지(제90조), 탈법방법에 의한 문서·도화의 배부·게시 등 금지(제93조), 후보자 등의 비

방금지(제110조), 허위사실 공표죄(제250조) 등 공직선거법이 선거의 공정성을 위해 선거운동방법을 지나치게 규제하고 있음을 의미하는 것이다.

참여연대는 2011년 6월에 2000년 제16대 국회의원선거부터 2008년 제18대 국회의원선거까지 언론이나 피해자 제보로 알려진 공직선거법에 의한 유권자(개인 및 시민단체 포함)의 선거참여활동 중 사법조치된 사례가 총 32건이라고 발표하였다(참여연대 2011). 또한 참여연대는 2010년 제5회 지방선거부터 제19대 대통령선거까지 공직선거법에 의한 유권자 피해 사례가 총 33건이라고 발표하였다(참여연대 2018). 이를 종합하면 2000년 이후 제19대 대통령선거까지 공직선거법에 의해 정치적 표현의 자유가 제약한 사례는 총 65건이다. 참여연대는 유권자의 표현의 자유와 선거참여 의지를 제약하는 현행 공직선거법을 선거참여 규제법으로 규정하고 전면적인 선거법 개정을 주장하고 있다.

참여연대가 발표한 사례 중 시민단체의 선거참여활동에 대한 공직선거법 위반 조치된 피해 사례는 총 21건이다. 실제로는 이보다 더 많은 피해사례가 존재할 것이다. 그러나 시민단체의 선거참여활동에 대한 경고 조치를 포함한 사법조치된 사례에 대한 정보를 중앙선거관리위원회조차 정리해 놓고 있지 않아 실제 사례를 검토하기 어렵다. 따라서 이 연구에서는 참여연대의 자료를 이용하여 공직선거법에 의해 시민단체의 선거참여활동이 제약된 주요사례를 활동내용, 위반조치 그리고 위반 법조항을 중심으로 정리하였다.

이들 사례를 주요 유형별로 분류하면, 후보자와 정책에 대한 찬반의견·낙천낙선운동을 진행하여 처벌받은 사례가 11건으로 가장 많으며, 다음으로 주요이슈에 대한 후보의 입장 질의·공약 비교평가로 단속받은 사례가 8건이다. 그리고 투표독려 행위로 단속 받은 사례는 3건으로 총 22건이다. 공직선거법 위반 조치된 피해 사례는 총 21건이나 유형별로 22건인 이유는 2016 총선넷의 경우 낙천낙선운동과 공약 비교평가에 의한 사법조치가 이루어졌기 때문이다. 그리고 총 21건의 사례 중 가장 많은 공직선거법 위반 조항은 제90조(시설물설치 등의 금지)로 11건이며, 다음으로

〈표 2〉 시민단체의 선거운동 자유가 제약된 주요 사례: 2000~2017년

시기	단체	활동내용	위반조치	법조항
2000년 16대 총선	총선연대	제16대 총선에 출마예정자인 제15대 전·현직 국회의원 중 공천반대인사 66명 선정 후 낙천낙선운동을 펼침	각 벌금 50만원 선고(항소포기한 1인은 2심에서 벌금 5백만원 확정)	구 공선법 90조 91조 ①, ③ 93조 ① 95조 ① 101조 105조 ①, ② 107조 254조 ②
2002년 16대 대선	노사모 회원 2인	자발적 유권자모임인 노사모 회원으로서 노사모 가입과 노무현 후보 지지를 호소하며 희망돼지 저금통 배포 및 서명운동 벌임	벌금 각각 100만원, 80만원 선고	구 공선법 90조 93조 ① 107조
2010년 5회 지선	녹색연합 사무처장	정책캠페인 기자회견에서 4대강 사업 찬성하는 한나라당 의원은 떨어져야 한다고 발언	1심 벌금 50만원 선고(2심 진행 중)	선거법 254조
2010년 5회 지선	4대강 사업저지 범국민대책위원회 및 환경운동연합 등	4대강 사업 중단을 촉구하며 관련 사진전을 개최하고, 피켓, 현수막 등을 게시하며 시민들에게 지지 서명을 받는 등의 행위	1심 벌금 80만원 선고 대법원은 벌금 50만원 확정	선거법 90조 93조 103조 105조 107조
2010년 5회 지선	친환경 무상급식 풀뿌리 국민연대	지방선거 후보자들과 정책협약식을 통해 무상급식을 공약으로 채택해 줄 것을 요구하고 기자회견 및 대국민 지지서명을 받음	1심 벌금 200만원 선고(2심 진행 중)	선거법 90조 107조 254조
2012년 18대 총선	참여연대	보편적 복지의 구현, 복지 재원의 확보, 복지의 공공성 확보 등 6대 원칙과 27개 평가기준을 통해 정당별 비교 평가하여 유권자에게 알릴 예정	단속	선거법 108조 2항 (현행 108조 3항)
2012년 18대 대선	한국작가회의 137명	"강은 결코 역류하지 않습니다"라는 정권교체 요구하는 내용의 선언문을 경향신문에 게재	1심 100만원 선고	선거법 93조
2012년 18대 대선	경향신문-경실련	재벌개혁, 남북관계 개선, 무상보육 확대, 세제 개편 등 주요의제와 관련한 후보자 공약 평가 진행	경고	선거법 108조 3항

2016년 20대 총선	한국노총과 전국공공 노동조합 연맹	집회에서 "반노동자 정당 투쟁으로 심판하자"는 내용의 현수막 사용 여부에 대해 선관위에 질의	금지로 답변 (선관위 유권해석)	선거법 90조
2016년 20대 총선	용산참사 유가족과 진상규명 위원회	'용산참사 책임자, 김석기를 감옥으로' 라는 현수막 게시 및 '용산 살인진압 책임자 김석기의 총선 출마를 규탄합니다' 피켓 게시	진상규명위원회 활동가 벌금 90만원, 유가족 벌금 70만원 선고	선거법 90조 93조 ① 103조 254조
2016년 20대 총선	춘천시민 연대	더불어민주당 당사 앞에서 설악산 케이블카 사업 반대 집회 진행 및 '표없다 전해라! 설악산 케이블카 앞장서는 더민당, 규탄한다' 현수막 게시	1심 집회주최자 벌금 80만원, 참가자 벌금 70만원 선고 대법원 선거법 유죄 판결 확정	선거법 90조
2016년 20대 총선	2016 총선넷	35명의 낙선후보자 선정 및 부적격 후보 낙선 기자회견 진행하면서 정당이나 후보자의 명칭을 명시하지 않은 '구멍 뚫린 피켓' 사용 Best 정책 10개, Worst 후보 10인 선정하는 온라인 설문조사 이벤트 진행	참여연대 안진걸 등 활동가 22명 벌금 50만원~200만원 선고 항소심에서 90조 93조 103조 위반 유죄선고, 선거 유예 및 30만원~200만원 선고 온라인 설문조사와 관련한 혐의는 무죄 선고	90조 91조 93조 103조 108조
2016년 20대 총선	청년유니온 위원장	"중소기업진흥공단 취업 청탁 채용비리 청년 구직자의 노력을 비웃는 채용비리 인사가 공천되어선 안 됩니다"라는 문구와 최경환 당시 새누리당 소속 경제부총리의 이름 사진이 들어간 피켓 게시 및 1인 시위	무죄 선고	선거법 90조
2016년 20대 총선	서울환경 운동연합	이노근 후보 반대하는 기자회견 개최 및 '2NO ㄹOUT' 현수막 게시	1심 벌금 70만원 선고(현재 항소심 진행 중)	선거법 90조
2016년 20대 총선	반올림	반도체노동자의 건강과 인권지킴이 반올림은 삼성 직업병 문제와 노동자 안전 관련한 입장을 후보자에게 질의하고 답변 내용을 담은 현수막을 강남 삼성본관 앞에 게시	반올림 상임활동가 조사	선거법 90조

2016년 20대 총선	한양대 총학생회	'등록금과 청년 일자리 문제, 당신이 생각하는 팩트는?'이란 설문지 학내 배포하여 설문조사 계획함 배포전 선관위에 검토 의뢰	선관위는 학내 설문조사를 선거여론조사로 해석하고 위반으로 판단	선거법 108조
2017년 19대 대선	국민일보	국민일보는 교육시민단체인 사교육걱정없는세상의 대선 후보자 교육공약 평가 결과 보도	선거법 108조 2 (현행 108조의 3) 위반이라고 지적	선거법 108조의 3
2017년 19대 대선	대전 지역 시민단체	투표독려를 위해 '촛불이 만든 대선, 미래를 위해 꼭 투표합시다', '투표가 촛불입니다. 죽쒀서 개주지 맙시다!' 등 현수막 게시	선관위는 현수막 철거공문 보내 단속	선거법 58조 2항
2017년 19대 대선	인권친화적 학교+너머 운동본부	광화문광장에서 "청소년인권시험 치룬 대선 후보들"이라는 제목의 유인물 배포. 유인물에는 답변 결과와 함께 안철수, 심상정, 문재인, 김선동 후보의 사진이 있음	현장에서 배포 중단시킴	선거법 93조
2017년 19대 대선	흥사단	투표독려를 위해 '촛불이 앞당긴 선거, 투표참여로 꽃피우자!' 등 현수막 게시	선관위는 현수막 철거공문 보내 단속	선거법 58조 2항
2017년 19대 대선	참여연대	투표독려를 위해 '촛불이 만든 대선, 미래를 위해 꼭 투표합시다', 현수막 게시	선관위는 현수막 철거공문 보내 단속	선거법 58조 2항

출처: 참여연대, 〈2000-2010 선거시기 '유권자 수난사'〉 이슈리포트(6/1)(2011); 〈'온통 하지마' 선거법 유권자 피해사례 보고서〉 이슈리포트(4/16)(2018)

제93조(탈법방법에 의한 문서·도화의 배부·게시 등 금지)가 7건, 제108조(여론조사의 결과공표금지)가 5건이다. 그리고 4건의 위반사례는 공직선거법 107조(서명·날인운동의 금지)와 254조(선거운동기간위반죄)이며, 3건의 위반사례는 제58조(선거운동의 정의)와 제103조(각종집회 등의 제한)이다.

IV. 시민단체의 선거운동 자유와 공직선거법 조항의 개정

1. 시민단체의 선거운동 자유를 제약하는 법조항의 한계

1) 제58조 선거운동의 정의

비록 공직선거법 제58조에서 규정하고 있는 선거운동의 정의를 위반한 사례는 3건이지만, 선거운동방법의 위법 여부가 선거운동의 정의에 기초하여 규정되고 있고 선거운동의 자유에 직접적인 영향을 준다는 점에서 매우 중요한 조항이라 할 수 있다.

공직선거법 제58조는 선거운동을 당선되거나 되게 하거나 되지 못하게 하기 위한 행위로 규정하고, 선거운동으로 보지 않는 행위를 나열하고 있다. 이에 대해 박명호 외(2012, 16)는 선거운동의 개념의 범위를 크게 3가지로 구분하고 있다. 즉, '선거운동을 위하여' 한 행위를 협범위 개념으로, '선거에 영향을 미치게 하기 위하여' 한 행위를 중범위 개념으로, 그리고 '선거에 관하여' 한 행위를 광범위 개념으로 구분하고 있다. 이렇듯 선거운동에 대한 개념이 다의적이고 상대적인 성격을 갖고 있으며, 선거운동으로 보지 않는 조건들—단순한 의견개진, 통상적인 활동 등—이 법 해석의 모호성을 갖게 하고 있다는 점에서 선거운동의 자유를 제약하고 있다. 즉, 후보자, 정당 그리고 유권자들이 선거운동을 함에 있어 무엇을 어떻게 해야 하는지에 대한 명확하게 이해하고 행위하는 데 있어 어려움을 갖게 된다(강태수 2008). 이에 따라 매 선거마다 중앙선거관리위원회나 각 시·도선거관리위원회는 후보캠프, 정당, 그리고 시민단체로부터 수많은 선거운동과 관련된 문의를 받고 있을 뿐만 아니라 공직선거법 위반 사례가 줄어들지 않고 있다.

〈표 2〉에서 제58조를 위반한 대표적인 사례는 투표독려활동과 관련되어 있다. 즉, 제19대 대선에서 대전지역 시민단체, 흥사단 그리고 참여연대 등이 투표독려를 위해 시민단체가 현수막을 게시한 것을 선거관리

위원회는 선거운동법을 위반하였다고 현수막 철거공문을 보내 단속하였다. 이는 투표참여라는 공익적 사안임에도 불구하고 특정 정당의 후보를 당선되지 못하게 하는 행위로 규정하고 단속하여 정치적 표현의 자유를 제한하였다는 논란을 초래했다. 이와 같은 사례는 제18대 국회의원선거에서 한반도 대운하 반대운동에 대한 선거관리위원회의 선거법위반 유권해석도 있다. 이 또한 유권자의 표현의 자유를 제한하고 있다는 점에서 논란의 대상이 되었다. 그리고 선거운동의 개념은 선거운동의 자유를 제한하는 입법에 대한 위헌심사에서도 가장 핵심적인 쟁점이 되고 있다(손인혁 2018).

위 사례들은 특정인에 대한 당선 또는 낙선을 위한 행위가 아니라 주권자로서의 권리인 투표참여를 독려하고 정책에 대한 의사를 표현한 것임에도 불구하고 선거운동법 위반으로 규정한 것은 선거운동의 정의가 너무 다의적이고 모호하다는 점을 의미하는 것이다. 헌법재판소의 판례는 선거운동을 당선 또는 낙선을 위한 것이라는 목적의사가 객관적으로 인정될 수 있는 능동적, 계획적 행위를 말하는 것이라고 해석하며 엄격하게 판단해야 함을 제시한다(손인혁 2018). 대법원의 해석도 헌법재판소의 해석과 크게 다르지 않다. 따라서 선거운동의 자유를 보장하기 위해서는 선거운동에 대한 정의를 보다 명확하게 정의할 필요가 있으며, 특정후보자에 대한 직접적이고 구체적인 행위로 구체화할 필요가 있다. 이러할 때 선거관리위원회의 유권해석과 같은 엄격하지 못한 그리고 자의적인 법해석을 방지할 수 있을 것이다.

2) 제90조(시설물에 의한 선거운동 등)와 제107조(서명·날인운동의 금지)

공직선거법 제90조에 대한 단속 사례가 많은 이유는 후보 및 정책에 대한 지지와 반대, 그리고 투표독려운동에 있어 사용된 현수막과 피켓 등의 시설물 이용 때문이다. 대표적으로 2010년 제5회 지방선거에서 4대강사업저지범국민대책위원회 및 환경운동연합 등이 4대강 사업 중단을 촉구하며 관련 사진전을 개최하고, 피켓, 현수막 등을 게시하고, 2016 총선넷은 35명의 낙선후보자 선정 및 부적격 후보 낙선 기자회견 진행하면서 정당이나 후보자의 명칭을 명시하지 않은 '구멍 뚫린 피켓'을 사용하였는데 대법원 및 항소심에서 유죄로 인정되어 벌금형이 선고되었다.

또한 제107조(서명·날인운동의 금지)를 위반한 대표적인 사례는 제5회 지방선거에서 친환경무상급식풀뿌리국민연대의 무상급식에 대한 대국민 지지서명 운동이다. 이 또한 특정 후보나 정당을 당선 또는 낙선할 목적이 없이 무상급식이라는 정책에 대한 캠페인이었을 뿐인데 이를 불법적인 선거운동으로 규정한 것이다. 즉, 중앙선거관리위원회와 검찰은 비록 시민단체가 특정 정책에 대한 지지 반대 활동을 꾸준히 해왔다 하더라도 해당 정책이 선거쟁점이 된 이상 선거운동 내지 선거에 영향을 미치는 행위라고 주장하였다(류제성 2012, 20).

이는 선거 시기에 유권자의 정책에 대한 호소행위를 불가능하게 하며 더 나아가 불법 및 위법행위로 전락시킴으로써 유권자의 정치적 표현의 자유를 제약하고 있다. 정책 및 후보에 대한 호불호의 정치적 표현은 주권자가 갖는 기본권이라는 점에서 일상적인 정치활동으로 이해되어야 한다.[5] 따라서 후보자나 정당의 선거홍보물이 아닌 정책캠페인의 경우는 선거일 전 180일이라는 기간 제한을 폐지하고 정책캠페인을 위한 시설물 및 서명·날인운동을 허용함으로써 정치적 표현의 자유를 보장해야 할 것이다.

3) 제93조 인쇄물에 의한 선거운동

공직선거법 제93조는 선거일 전 180일부터 선거에 영향을 미치게 하거나 정당 또는 후보자를 지지·추천 또는 반대하는 내용, 정당의 명칭과 후보자의 성명이 들어있는 문서·도화의 배부·게시 등을 규제하고 있다.

---

5) 대법원은 단체가 지지 반대해 온 특정 정책이 선거쟁점이 되었다는 이유만으로 일률적으로 선거운동 내지 선거에 영향을 미치는 행위라고 볼 수는 없고 일정한 판단기준에 따라 개별적으로 판단되어야 한다고 하였다(대법원 2011. 6. 24 선고 2011도3447 판결; 대법원 2011.10.27. 선고2011도5344 판결; 대법원 2011.10.27. 선고 2011도9243 판결; 재인용 류제성 2012, 20).

이 조항의 취지는 후보자들 사이의 경제력 차이에 따른 불균형이 나타날 수 있고, 비방·흑색선전이 난무하여 선거풍토가 흐려져 선거질서의 혼란이 발생할 수 있을 것으로 보아 제한하는 것이다(박이석 2014, 44).

그러나 이 조항의 적용이 유권자나 시민단체의 정치적 표현의 자유를 제약하고 있다. 즉 이 조항은 시민단체의 선거참여활동 중 부적격자에 대한 낙선운동을 불법화하고 있다. 그 대표적인 사례가 2000년 제16대 국회의원선거 이후 총선시민연대, 총선넷 등의 선거참여활동에 대한 단속과 고발조치이다. 또한 제19대 대통령선거 시기에 인권친화적 학교+너머운동본부가 광화문광장에서 안철수, 심상정, 문재인, 김선동 후보의 사진이 있는 "청소년인권시험 치른 대선 후보들"이라는 제목의 유인물 배포를 중앙선거관리위원회가 중단시킨 사례도 있다.

공직선거법 93조 ①항은 위헌심사의 대표적인 조항 중 하나이다. 헌법재판소는 이 조항이 합헌이라는 입장을 견지하고 있다. 헌법재판소는 93조 ①항에 의하여 제한되는 것은 선거운동 또는 의사표현의 내용 그 자체가 아니라 선거운동 내지 의사표현에 있어서의 특정한 수단 방법에 한정되어 있음으로 선거운동의 자유 내지 언론의 자유가 전혀 무의해지거나 형해화된다고 단정할 수 없다[6]는 점에서 내용에 근거한 규제가 아닌 표현 내용과는 무관한 부수적 규제에 해당하는 내용 중립적 규제임을 주장한다(김래영 2012, 27).

반면에 위헌이라는 주장도 존재한다. 재판관 조대현과 김희옥의 위헌의견의 핵심은 공직선거법이 허용하고 있는 선거운동방법만으로는 후보자를 제대로 알리기에 부족하며 허용된 선거운동방식이라고 하더라도 규격과 내용에 있어서 제한을 가하고 있고 선거기간 역시 제한되어 있어서 이 방법만으로는 불충분하며, 93조 ①항은 정치적 표현의 자유를 제한하는 것으로 과잉금지원칙인 입법목적의 정당성을 인정받기 어렵다[7]는 것

---

[6] 헌법재판소 2007.1.17., 2004헌바82, 판례집 제19권 1지1, 1, 8.
[7] 헌법재판소 2007. 1.17.선고 2004헌바82(재판관 조대현 위헌의견).

이다(김경호 2008, 39).

또한 93조 ①항은 주권자의 선거권 행사라는 측면이 아니라 후보자 사이의 형평성 유지에만 지나치게 치우쳐 있다는 비판이 제기된다. 즉, 인쇄물을 통해 유권자에게 후보자에 대한 정보를 가장 정확하게 알릴 수 있으며, 유권자의 정치적 표현의 자유를 보장함에도 불구하고 후보자의 입장에서 선거운동의 공정성이라는 가치를 보장하기 위해 제한하고 있는 것이다. 그리고 선거일 전 180일부터 후보자와 정당에 대한 언급을 포괄적으로 금지하는 것은 과도할 뿐만 아니라 '선거에 영향을 미치게 하기 위하여'라는 포괄적이고 모호한 규정으로 단속기관의 자의적인 판단을 가능하게 한다(참여연대 2018, 25). 따라서 표현의 자유를 보장하기 위해서는 공직선거법 93조 ①항은 전면적으로 폐지되어야 할 것이다. 이러한 폐지 의견은 선거운동에 이르지 않는 범위에서 인쇄물 등을 활용한 정치적 표현의 자유를 보장해야 한다는 중앙선거관리위원회의 입장이기도 하다.

4) 제108조 여론조사의 결과공표금지 및 정책평가 서열화 금지

공직선거법 108조는 여론조사를 포함한 정책·공약에 관한 비교평가 결과의 공표금지와 제한을 규정하고 있다. 이와 관련하여 시민단체가 경고를 받거나 단속된 대표적 사례는 2012년 제18대 국회의원선거 시기에 참여연대가 보편적 복지의 구현, 복지 재원의 확보, 복지의 공공성 확보 등 6대 원칙과 27개 평가기준을 통해 정당별 비교 평가하여 유권자에게 알릴 예정에 대한 중앙선거관리위원회의 금지조치, 2016년 제20대 국회의원선거에서 총선넷의 Best 정책 10개, Worst 후보 10인 선정하는 온라인 설문조사 이벤트 진행, 제19대 대통령선거에서 국민일보는 교육시민단체인 사교육 걱정없는 세상의 대선 후보자 교육공약 평가 결과 보도 등이 있다. 이들 사례는 유권자에게 각 후보 및 정당의 정책을 비교하여 유권자가 합리적 선택을 할 수 있도록 정보를 제공하기 위한 목적이었다. 안진걸 참여연대 사무처장은 20대 국회의원선거 시기의 총선넷의 활동 중 여론조사 항목은 의도가 없었으며, 당락과 관계없는 의견수렴이었으며, 합법적인 낙선운동 범위에서 진행한 일종의 이벤트라고 지적하고 있다(NEWS 1, 2017.11.20). 그러나 공직선거법이 이를 규제함으로써 유권자의 선거운동의 자유와 국민의 알권리를 침해하고 있다는 지적이 제기되고 있다.

여론조사 공표와 관련하여 헌법재판소는 지속적으로 여론조사결과가 공표되면 여론의 왜곡이 발생하여 선거의 공정성을 해칠 수 있기 때문에 특정기간을 설정하여 여론조사 결과의 공표를 금지하는 것이 선거의 공정성을 확보하기 위해 합리적 제한이라고 판결하고 있다(김경호 2008, 40). 그러나 반대의견을 제시한 이영모 재판관은 '여론조사결과 공표'가 금지됨으로써 정상적인 정보의 흐름이 차단되고 비정상적인 선거운동전략에 의하여 오히려 허위정보가 유통될 수 있고 선거일에 임박할수록 그로 인한 폐해가 커질 가능성이 높고, 여론조사결과의 공표를 금지하는 것이 오히려 공정한 선거를 그르칠 수 있는 가능성이 높다고 보아 이 조항이 입법목적을 위한 수단으로서의 적절성과 합리성을 갖추지 못한 것이라고 판단하고 있다(김경호 2008, 40).

여론조사와 관련하여 '선거에 관한 여론조사'라는 조문이 너무 포괄적이다. 따라서 정당이나 후보에 대한 지지도 또는 당선을 예상하게 하는 여론조사가 아니라 선거에 대한 관심을 높이기 위한 설문조사 또는 정책에 대한 의견수렴, 유권자의 자발적인 의견조사 등도 규제하고 있다(참여연대 2018, 27). 그리고 정책평가 서열화 금지도 법조문이 모순된 내용에 의해 유권자가 정책비교나 검증을 통한 투표결정을 제한하고 있다. 즉, 공직선거법 108조 ③항은 정책이나 공약에 관하여 비교·평가할 수 있도록 규정하면서도 후보자별로 순위나 등급을 정해 서열화하는 방법은 금지하고 있다. 이는 후보자나 정당들 사이의 정책경쟁을 가로막고 있다는 비판을 낳고 있다(참여연대 2018, 27).

2. 선거운동의 자유를 위한 법 개정 방안

선거운동의 자유가 제약되는 이유는 규제 중심의 선거법이 마련되는 정치적 상황과 무관하지 않다. 즉, 심지연·김민전(2006)과 유현종(2011)의 연구는 민주화 이전에는 정부·여당이 야당 및 새로운 정치세력의 선거운동을 억압하고 자신들의 이익을 보호하기 위한 수단으로서 선거운동의 규제가 강화된 반면, 민주화 이후에는 "돈은 묶고 말은 푼다"는 표현에서 알 수 있듯이 돈 선거를 방지하기 위한 수단으로 선거운동에 대한 규제를 강화하였다고 지적한다. 그러나 현행 공직선거법은 말도 묶어 놓고 있음으로써 후보자와 유권자의 선거운동을 제약하고 있으며, 특히 유권자를 선거의 객체로 전락시키고 있다고 평가할 수 있다.

이 같은 공직선거법이 선거운동의 자유를 제약하고 있다는 인식은 2012년에 선거 관련 전문가를 대상으로 한 조사결과에서도 확연히 드러나고 있다. 선거 관련 전문가 147명을 대상으로 한 조사에서 "현행 선거법/제도에 있어 선거운동의 자유"에 대해 63.3%가 선거법과 제도가 자유를 제약하고 있다고 응답한 반면, 약간 보장이 31.6%, 그리고 잘 보장된다는 의견이 5.1%로 응답되었다(박명호 외 2012, 46-50). 중요한 것은 선거관리를 담당하는 선거관리위원회 구성원들도 과반이 넘는 54.2%가 현행

〈표 3〉 현행 선거법/제도에서 선거운동의 자유에 대한 평가

	매우 제약	어느정도 제약	약간보장	잘 보장
학계	56.0	28.0	12.0	4.0
언론시민	40.0	24.0	28.0	8.0
정당선거	12.5	37.5	50.0	
선관위	12.5	41.7	37.5	8.3
전체	30.6	32.7	31.6	5.1

출처: 2012년도 중앙선거관리위원회 용역보고서(박명호 외), 〈공직선거법상 선거운동방법의 실효성 및 제도개선 방안 학술연구〉(2012, 48)

선거법이 선거운동의 자유를 제약하고 있다고 인식하고 있다는 점이다.

따라서 정치적 표현의 자유를 제약하는 공직선거법의 개정이 요구되어진다. 즉, 현행 공직선거법 체계는 규제중심이다. 이 방식에 의하여 규제기관이 이를 전부 감시할 수도 없고 또한 대부분의 유권자나 시민단체가 현실적으로 범죄자가 되는 결과를 초래하고 있으므로 이를 개혁해야 한다.

선거과정에서 자유와 공정의 최적점은 그 사회의 정치적·사회적·문화적(선거문화 및 의식수준) 맥락과 조응해야 한다(김용철 2012, 90). 따라서 규칙으로서의 선거법의 모호한 또는 진입 문턱이 높은 정치참여의 조건에 의해 선거의 불공정성을 낳을 수 있는 현재의 정치적 조건을 변화시킬 필요가 있다. 이를 위해 공직선거법은 다음과 같은 개정이 이루어져야 할 것이다.

첫째, 선거운동의 정의규정(제58조)은 법이 정해 놓지 않는 유권자들의 자유로운 선거운동이 잠재적으로 불법이며, 이는 정치권과 유권자들의 거대한 소통의 장인 선거를 내용적으로 제한하는 걸림돌이 되고 있다(김용철·조영호 2013). 따라서 선거운동의 자유를 최대한 보장하기 위하여 삭제하거나 수정되어야 한다. 수정의 경우에는 "당선되거나 되게 하거나 되지 못하게 하기 위한 행위를 말한다."를 "특정 후보자를 당선되거나 되게 하거나 되지 못하게 하기 위한 직접적, 구체적 능동적 계획적 행위를 말한다"로 하여 행위에 대한 구체적 명시가 필요하다. 또한 낙선운동과 소극적 행위는 선거운동이 아닌 것으로 규정하여 국민의 정치적 의사가 자유롭게 형성되도록 하여야 한다.

둘째, 선거운동방법과 관련하여 후보자나 정당의 선거홍보물이 아닌 정책캠페인의 경우는 선거일 전 180일이라는 기간 제한 폐지와 정책캠페인을 위한 시설물 및 서명·날인운동을 허용함으로써 정치적 표현의 자유를 보장해야 할 것이다. 그리고 표현의 자유를 보장하기 위해서는 공직선거법 93조 ①항은 전면적으로 폐지되어야 할 것이다. 정부여당이나 야당의 정책에 반대하는 집회에서 유인물 배포 및 현수막 등 시설물 설치 등에 의한 경고 및 단속이 이루어지는데, 이는 내용중립적 규제라기보다는 내용근거규제에 해당하는 것으로 헌법재판소의 위헌판단 기준인 목적의 정당성, 피해의 최소성 원칙, 법익의 균형성을 위배하고 있음으로 폐지해야 한다고 주장한다(김래영 2012, 27-30). 또한 공직선거법 108조는 '선거에 관한 여론조사'라는 조문을 보다 구체적으로 '후보나 정당에 대한 지지나 당선인을 예상할 수 있게 하는 여론조사'로 규정하고 나머지 정책에 의한 의견수렴 등의 여론조사는 허용할 필요가 있다. 그리고 108조 ③항을 폐지하여 정책이나 공약에 관하여 비교·평가할 수 있도록 하고 그 결과를 공표함으로써 유권자의 알권리를 보장함과 동시에 정보를 제공함으로써 유권자가 합리적 선택을 할 수 있도록 하여야 할 것이다. 셋째, 선거운동에 있어 공정성을 보장하기 위해서 지금과 같은 선거운동 시기나 방법 등과 같은 개별적 조항을 마련하여 규제하기보다는 선거비용의 지출한도를 마련하고 이에 근거하여 선거운동을 규제하는 것이 필요하다. 즉, 개개의 선거운동 행위 및 수단 방법에 대한 규제보다는 비용의 측면에서 규제하는 것이 규제의 실효성이 크다(김현태 2007, 30). 즉, 경제적 차이는 정치자금과 선거비용의 비목별 제한을 통해 규제하면 가능하고 비방 흑색선전 등은 별도의 처벌규정이 있기 때문에 그 조항에 의하여 처리하여 유권자들이 정보를 획득하여 합리적 선택이 가능토록 해야 할 것이다(박이석 2014, 44).

마지막으로 선거관리위원회와 같이 선거를 관리하는 기관의 역할이 중요하다. 선거관리위원회가 기계적인 중립성의 강조와 중립성을 실현하는 과정에서의 과도한 권한행사는 선거의 자유와 공정성을 보호하기 위한 본연의 목적과 달리 오히려 선거에 참여하는 정당, 후보자 그리고 유권자들의 선거운동의 자유와 공정성을 침해하는 역설적 현상을 결과하게 된다(홍재우 2010, 156-157). 따라서 선거관리위원회와 같은 선거관리 기구는 선거관리의 규범적 목적에 부합할 수 있는 역할과 기능을 수행하여야 할 것이다. 예를 들어, 후보자들에 대한 지속적인 홍보와 교육 수행, 모호하거나 규제 중심적인 선거법 조항에 대한 검토와 개정의견 제시, 그리고 정당, 후보자, 그리고 유권자들이 자유롭고 공정한 선거운동을 수행할 수 있도록 공정하게 선거전반을 관리하는 역할을 수행해야 한다. 민주화 이후 선관위가 절차적 측면의 공정성에 초점을 맞추어 규제적 선거관리를 진행한 것은 이에 대한 유권자의 요구를 반영한 측면이 존재하는 반면 유권자들이 좀 더 자유롭게 정치적 의사 표현을 할 수 있는 방안들도 함께 모색할 필요가 있다(조진만 2015, 112).

우리나라의 공직선거법은 제헌국회의원을 선출하기 위해 마련된 선거법을 제외하고 선거운동에 대한 규제가 강화되어 왔다. 이와 같은 규제는 유권자 및 시민단체의 선거의 자유를 침해하면서 선거의 공정성 원리를 실현하기 위한 명분으로 이루어져 왔다. 하지만 실제 결과에 있어서는 선거의 자유와 공정성 모두 훼손되는 현상들이 나타났다. 선거운동의 자유와 공정성을 확대하기 위해서는 단지 현행의 규제 중심적 선거법 조항을 일부 개정하는 것이 아니라 정치사회적 환경의 변화에 부합하는 방향으로 전면적인 개정이 요구되어진다고 할 수 있다. 또한 국민에 대한 인식의 변화가 요구된다. 즉, 아직도 민주적으로 성숙되지 못해서 선거에서 상당한 규제를 하여야만 올바른 판단을 할 수 있는 국민이 아니라 자율적이고 정치적 판단능력을 갖는 합리적이고 성숙한 국민임을 간과해서는 안 될 것이다(김래영 2011, 181).

V. 결론

현대 대의민주주의는 주권자인 시민들과 이들의 집합체인 시민단체의 자유로운 정치참여를 보장하고 있으며 이를 통해 공공이익을 위한 결정이 이루어지고 있다. 그러나 한국의 공직선거법은 선거과정에서 주권자인 시민들과 시민단체의 자유로운 참여활동을 제약하고 있음이 많은 사례를 통해 밝혀지고 있다. 물론 민주적 선거가 되기 위해서는 선거의 자유와 더불어 선거의 공정성이 보장되어야 한다. 선거의 공정성은 선거의 자유를 보장하기 위한 수단이라는 점에서 선거의 공정성을 위한 규제가 시민들과 시민단체의 정치참여의 자유를 제한해서는 안 될 것이다. 즉, 선거과정에서의 정보의 유통과 공유, 의견의 발표와 토론, 소통을 실종시키는 것은 오히려 선거의 공정이 추구하는 국민의 주권행사와 국민의 의사반영이라는 선거의 목적과 상충된다(류제성 2012, 13).

따라서 선거의 자유와 공정성의 합리적 균형점을 찾을 필요가 있다. 즉, 주권자가 만족하는 민주적 선거이기 위해서는 선거의 자유를 보장하면서 공정한 선거가 이루어질 수 있는 규칙, 즉, 선거법을 고안해야 할 것이다. 이를 위해 선거의 공정, 특히 선거운동의 공정에 있어 공정에 대한 개념과 그 적용대상에 있어 재정의가 필요하다.

일반적으로 공정이란 '동등한 조건에서의 동등한 기회'를 의미한다. 선거운동과 관련해서 특정한 후보자나 정당에게 불편부당함이 없이 동등한 기회를 갖고 선거라는 경쟁을 수행할 수 있도록 함을 의미한다. 선거운동의 불공정성은 누군가의 사주를 받거나 매수를 당하는 등 자발적인 활동이 아니라는 전제가 있어야 한다(서복경 2018, 37). 즉, 시민의 자율성과 정치적 판단능력이 결여되어 있을 때 선거의 공정성이 훼손되는 것이다.

이러한 정의에 따르면 한국의 공직선거법에서 규정하고 있는 선거운동 관련법은 선거운동의 불공정성을 결과하고 있다고 볼 수 있다. 시민단체의 선거참여활동은 유권자가 접하기 어려운 후보자나 정당에 대한 정확한 정보를 제공함으로써 유권자의 합리적 결정에 도움을 주기 위한 것이라는 점에서 시민단체의 선거참여활동을 제한하거나 규제하는 것은 부당한 것이다. 시민단체의 선거참여활동의 부적격자에 대한 정보를 자유롭게 제공하고 유권자들 사이에 자유롭게 교환하는 것이 선거의 공정성을 훼손하기보다는 다양한 정보에 대한 동등한 접근 기회를 제공함으로써 선거의 공정성과 표현의 자유를 보장하는 것이다.

또한 시민단체의 선거참여활동은 투표독려운동, 부적절한 후보에 대한 낙천낙선운동, 정책 및 공약 비교와 공개를 통한 정보공개운동 등은 시민단체의 사적이익이 아닌 공공이익의 가치 실현을 목적으로 하고 있다. 이는 공직선거법 제58조에서 규정하고 있는 특정 후보나 정당에게 당선이나 낙선을 위한 선거운동이기보다는 일상적인 활동이라고 보는 것이 타당하다. 따라서 선거운동에 있어 공정성은 선거승리를 위해 후보자나 정당 그리고 당원들이 행하는 선거운동에 한해서 적용되어야 할 것이며, 공공이익을 목적으로 유권자의 참여와 정보를 제공하는 시민단체의 선거참여활동에 적용하는 것은 선거운동의 자유라는 목표를 제약하는 것이다. 표현의 자유나 알권리는 선거의 공정성을 저해하지 않는 한 후보자 정당뿐 아니라 일반 유권자에게 최대한 보장되어야 할 것이다(음선필 2011, 142).

따라서 선거운동의 자유를 제약하지 않고 공정성을 보장하기 위해서는 규제중심의 공직선거법을 자유를 보장하는 공직선거법으로 개정할 필요가 있다. 그리고 선거운동에 대한 규제는 정보의 정확성, 자유로운 전달, 용이한 획득가능성, 제공기회의 균등성을 부당하게 침해하지 않는 범위 내에서 이뤄져야 한다(음선필 2011, 142). 이를 위해서는 선거운동방법에 대한 적용대상과 범위를 포괄적인 주체와 행위로 규정하는 것이 아니라 보다 구체적이고 명확하게 제시할 필요가 있다. 특히 유권자나 시민단체의 선거참여활동의 목표나 의도가 합법적 선거운동과 불법적인 선거운동을 구분할 수 있는 공직선거법으로의 개정이 요구된다.

• 참고문헌 •

강태수. 2008. "선거운동의 자유에 대한 제한의 문제점과 개선방향." 『세계헌법연구』 제14권 2호, 1-28.
고민수. 2009. "유권자의 선거운동의 자유에 대한 제한과 문제점." 『언론과 법』 제8권 제2호, 29-48.
김경호. 2008. "정치표현의 자유와 선거운동 규제에 대한 헌법재판소 결정 연구." 『언론과학연구』 제8권 2호, 5-50.
김도협. 2012. "선거운동에 관한 규제와 그 개선방안에 관한 고찰." 『세계헌법연구』 제18권 1호, 185-219.
김래영. 2011. "공직선거법 제93조 제1항의 위헌성." 『공법학연구』 제12권 제2호, 159-185.
_____. 2012. "개정 공직선거법의 문제점과 개선방안." 『공법학연구』 제13권 제2호, 3-36.
김용철. 2012. "한국 선거운동의 민주적 품질: 자유와 공정의 관점에서." 『의정연구』 제17권 제3호, 83-116.
김용철·조영호. 2013. "한국 대선의 민주적 품질: 다차원적 평가모델의 경험적 분석과 함의." 『한국정당학회보』 12권 1호, 31-60.
김현태. 2007. 『한국의 선거운동제도와 정치발전』. 서울: 도서출판 오름.
김형철. 2014. "예비후보자제도와 선거운동기회의 불평등성: 선거운동의 자유와 공정성을 중심으로." 『한국정치연구』 제23집 제3호, 55-82.
_____. 2017. "시민단체의 선거참여활동 평가와 활성화 방안: '2016 총선시민네트워크'를 중심으로." 『선거연구』 제8호, 153-182.
달, 로버트, 김왕식 역. 2002. 『민주주의』. 서울: 동명사.
류제성. 2012. "공직선거법 제93조 제1항 한정위헌결정(2007헌마1001)의 의미와 과제." 『법학연구』 제53집 제1호, 1-27.
박명호 외. 2012. "공직선거법상 선거운동방법의 실효성 및 제도개선 방안 학술연구." 2012년도 중앙선거관리위원회 용역보고서.
박이석. 2014. "지방선거에서의 선거운동 자유증대를 위한 제도적 논의." 한국행정학회 국정기획세미나 「한국의 선거행정 및 정책방향」(4/15).
비담, 데이비드·케빈 보일, 이창호·윤병순 역. 1999. 『민주주의를 이해하는 여든 가지 물음』. 서울: 도서출판 오름.
서복경. 2018. "한국 민주주의 30년 시민의 정치적 권리선언이 필요하다." 선거제도 개혁방안 토론회 「2020총선 전, 이제는 바꿔야 할 선거제도」(7/11).
손인혁. 2018. "선거운동의 자유와 선거의 공정성에 관한 연구: 대법원 2016. 8. 26.선고 2015도11812 전원합의체 판결을 중심으로." 『헌법학연구』 제24권 제2호, 125-170.

송석윤·황성기·김도협·김주영. 2011. "선거운동의 자유와 선거의 공정성." 헌법재판소 정책개발연구 용역보고서.
심지연·김민전. 2006. 『한국정치제도의 진화경로』. 서울: 백산서당.
엄기홍. 2009. "한국 국회의원 후원회에 대한 기부행위 규제, 바람직한 것인가?: 선거운동의 자유와 공정성 관점에서." 『현대정치연구』 제2권 제2호, 113-147.
유현종. 2011. "선거운동 규제의 제도적 변화와 지속성." 『한국정치학회보』 제45집 제1호, 87-111.
음선필. 2011. "선거과정과 헌법재판소: 선거운동 관련 판례의 분석." 『홍익법학』 제12권 제1호, 109-152.
이현출. 2004. "선거운동에서의 공평성 확보." 『한국정당학회보』 제3권 제1호, 221-252.
임종훈. 2001. "선거운동의 자유와 현행 선거법상 규제의 문제점." 『공법연구』 제29집 제4호 공법연구, 29-44.
조진만. 2015. "유권자의 선거품질에 대한 인식과 선거관리위원회에 대한 평가." 『한국정당학회보』 제14권 제3호, 95-118.
차동욱. 2010. "6.2지방선거와 선거법." 한국지방정부학회 학술대회자료집.
참여연대. 2011. 〈2000-2010 선거시기 '유권자 수난사'〉 이슈리포트(6/1).
_____. 2018. 〈'온통 하지마' 선거법 유권자 피해사례 보고서〉 이슈리포트(4/16).
헌법재판소. 2007. 1. 17. 선고 2004헌바82, 전원재판부.
홍재우. 2010. "민주주의와 선거관리: 원칙과 평가." 『의정연구』 제16권 제13호, 125-159.

Butler, David, Howard R. Penniman, and Austin Ranney. 1981. *Democracy at the Polls: A Comparative Study of Competitive National Elections*. Washington: American Enterprise Institute for Public Policy Research.

Daimond, Larry. 2008. *The Spirit of Democracy*. NY: Henry Holt and Company, LLC.

Elkit, JØrgen, and Palle Svensson. 2001. "What Makes Elections Free and Fair?" In L. Diamond and Marc F. Plattner. *The Global Divergence of Democracies*. Baltimore and London: The Johns Hopkins University Press, 200-214.

Levitsky, Steven, and Lucan A. Way. 2002. "The Rise Competitive Authoritarianism." *Journal of Democracy* Vol.13, No.2, 51-65.

Wlezien, Christopher. 2010. "Election Campaigns." In Lawrence LeDuc, Richard G. Niemi and Pippa Norris. *Comparing Democracies* 3, 98-117. London: Sage Publications Ltd.

중앙선거관위원회 홈페이지. http://www.nec.go.kr/(검색일: 2018.7.10).

참여연대 홈페이지. http://www.peoplepower21.org/index.php?(검색일: 2016.5.17).

NEWS 1. 2017. "'4·13 총선 낙선운동' 총선넷 관계자 징역 8개월 구형." http://news1.kr/articles/?3157791(검색일: 2018.7.25).

제2부

2018년 제7회 동시지방선거와 특성

제5장 2018년 지방선거, 정당과 후보자의 선거운동	서복경
제6장 스윙 투표자의 특징과 투표 행태에 관한 연구	조성대
제7장 2018년 교육감선거의 투표행태 결정요인에 대한 분석	강우진·배진석
제8장 2018년 광역단체장 후보 경선과 매니페스토 투표효과	김연숙
제9장 영남지역의 선거결과와 지역정치 변화	박영환
제10장 호남지역 선거결과의 원인과 함의	지병근

2018년 지방선거, 정당과 후보자의 선거운동*

서복경 | 서강대 현대정치연구소

I. 들어가며

2018년 지방선거는 대통령 당선 1년여 만에 시행되었다는 점에서 특별한 정치적 이슈나 사건이 없더라도 '집권당 프리미엄'을 예상할 수 있는 조건이었다. 더군다나 2017년 대선은 박근혜 전 대통령이 임기를 마치지 못한 채 탄핵당한 이후에 치러졌고 문재인 정부 1년은 박근혜 정부 하에서 일어났던 불법행위들에 대한 연이은 검찰조사와 기소, 재판과 함께 했다.

일반적인 조건에서였다면 집권당을 견제하기를 바라는 유권자들은 야당 후보들을 선택할 수 있지만, 문재인 정부의 제1야당은 박근혜 정부의

---

* 이 글은 중앙선거관리위원회 발주 한국정치학회 수행 '2018년 지방선거 사후 평가' 용역 최종보고서로 제출한 원고를 토대로 수정, 보완한 것입니다.

집권당이었으므로 박근혜 정부의 위헌적이거나 위법적인 행위들의 책임에서 자유롭지 못한 조건에 처해 있었다. 원내 제2야당인 바른미래당은 지방선거 예비후보자 등록이 시작된 2월 13일에서야 통합 전당대회를 개최했기 때문에, 조직정비 및 당헌당규 정립 등 제도화과정이 지방선거 준비와 함께 진행될 수밖에 없는 상황이었다. 지방선거의 시점, 정당대안의 구조라는 기본조건에서 이미 집권당에 유리하게 만들어진 지형으로 출발했던 것이다.

이러한 구조적 조건에 더하여 트럼프 미 대통령과 북한 김정은 위원장의 한반도 문제에 대한 전향적 선택이 만들어낸 대화 국면은 지방선거 캠페인 전 시기의 이슈를 장악했고, 미국과 북한 사이에서 문재인 대통령은 주도적으로 정치적 공간을 만들었다. 여기에 지방선거와 헌법 개정 투표 동시 실시라는 2017년 대통령선거 모든 후보들의 공약 사항을 이행하겠다는 명분이 더해졌다.

돌이켜보면 조기 대선에서 문재인 대통령을 포함한 모든 후보들은 개헌에 대해 준비가 되어 있지 않은 상황이었지만, '공약은 공약'이라는 명분은 여론의 정당성을 얻었다. 대통령이 한 달 반여 기간 동안 정책기획위원회를 통해 개헌안을 마련하는 동안 원내 야당들은 합의안을 만들지 못했을 뿐 아니라 정의당을 제외한 모든 정당들이 각 정당의 자체 개헌안조차 국민들에게 내놓지 못했다. 집권당인 더불어민주당조차 대통령 개헌안 제출 이전에 자체 개헌안을 갖지 못했던 상황을 고려한다면, 2017년 대선 공약이 급조되었다는 반성과 일정의 재조정이 필요한 문제였지만 개헌일정은 진행되었고 지방선거 캠페인 기간 동안 이슈를 형성했다.

이렇게 본다면 2018년 지방선거에서는 대통령 본인이 의도했든 그렇지 않았든 간에 대통령 주도 캠페인이 가장 강력한 선거운동이 될 수밖에 없었다. 이런 이유로 우선 지방선거 캠페인 기간을 전후한 정치적 조건을 간략히 살펴보겠다. 그리고 2018년 지선 정당 및 후보자들의 선거캠페인 특징과 효과를 원내정당과 원외정당으로 나누어 살펴보고자 한다.

II. 지방선거 캠페인 일정과 정치이슈 변화

〈그림 1〉은 2018년 지방선거 일정을 전후한 국내외 정치일정을 남북-북미정상회담, 개헌, 댓글사건 특검법이라는 키워드로 정리한 것이다. 시도지사, 교육감선거 예비후보자등록이 개시되었던 2월 13일은 평창올림픽이 한창 진행 중인 시점이었다. 1월 9일 개최된 남북고위급회담에서 북한의 평창올림픽 참가가 공식화되었고(서울신문 2018/01/09, "남북, 北대표단 평창 파견·군사당국회담 개최 합의"), 이후 남북단일팀 구성을 둘러싼 논란, 평창올림픽 기간 중 김여정의 방남 등의 이슈가 이어졌다. 한편 이 시기 개헌을 둘러싼 논의도 본격화되었다. 2월 5일 문 대통령이 정책기획위원회에 헌법개정안 마련을 지시한 사실이 공표되었고(세계일보 2018/02/05, "문 대통령, 이젠 대통령이 개헌안을 준비할 수밖에 없다"), 지방선거 국민투표 동시실시를 위한 국회 개헌특위의 개헌안 마련 일정, 「국민투표법」 개정

〈그림 1〉 2018년 지방선거 일정과 정치일정

문제 등이 가시화되었다.

　3월 2일부터는 시·도의원, 구·시의원 및 구청장, 시장 선거 예비후보자 등록이 개시되었고 각 정당의 당내 경선 규칙을 둘러싼 논의가 본격화되었는데, 대중적 관심은 3월 6일과 9일 남북정상회담과 북미정상회담 개최 발표에 쏠렸다. 3월 5일 방북한 대북특사단이 김정은 위원장과 회담을 가졌고 6일 남북정상회담 개최가 공식화되었다(서울신문 2018/03/06, ' "4월 말 남북정상회담 판문점서 개최" … 특사단 방북결과 발표'). 또한 정의용 국가안보실장이 김정은 위원장과의 면담 내용을 가지고 미국을 방문했고 미국 현지시간 기준 3월 8일 트럼프 대통령이 북미정상회담 개최의사를 밝혔다(국민일보 2018/03/09, "트럼프 "5월까지 김정은 만나겠다" "). 4월 남북정상회담에 이은 5월 북미정상회담 개최가 일정에 오르면서 국내외 언론들은 이를 대서특필했고 여론의 관심은 2017년 가을까지 팽팽했던 한반도의 군사적 긴장상태가 완화될 가능성에 집중될 수밖에 없었다. 3월 중순 이후 국내적인 또 다른 이슈는 개헌이었다. 2월부터 정책기획위원회를 중심으로 진행된 대통령 개헌안 마련작업은 언론사들의 여론조사, 다양한 기획보도와 맞물리면서 이슈화되었고 3월 26일 문재인 대통령은 원내야당들의 반대에도 불구하고 개헌안을 발의했다(서울신문 2018/03/20, "靑, 개헌안 26일 발의… 국회에 '최후통첩' ").

　각 정당별로 당내 경선 캠페인이 진행되고 공천을 둘러싼 갈등이 전면화되었던 4월, 국회는 정부의 추가경정예산안 제출(경향신문 2018/04/05, "민주당 "착한 추경" 한국당 "선거 앞두고 현금 살포" ")과 야당의 '댓글 사건 관련 특검법안' 제출(세계일보 2018/04/20, "野 "드루킹 특검" 與 "수사 지켜보자" ")로 갈등을 겪었지만 언론이나 여론의 관심은 4월 27일로 예정된 남북정상회담과 북미정상회담 일정, 장소 등에 맞춰져 있었다. 정부는 '일자리 추경'이라는 명분으로 추경안을 제출했고 국회심의의 시급성을 강조했지만 이미 지방선거 국면에 돌입한 상황에서 야당의 협조를 얻을 수는 없었다. 한편 자유한국당은 당초 더불어민주당 '네이버 댓글 TF'가 요구했던 댓글조작 수사결과를 토대로 2건의 특검법안을 발의했고 5월 초 김성태 원내대표의 특검법 통과 단식이 이어졌다(문화일보 2018/05/03, "김성태, 특검 요구 단식 돌입").

지방선거 본 선거를 위한 후보자등록기간이 시작된 5월 24일, 트럼프 대통령은 6월 12일로 예정된 북미정상회담의 무산을 공표했고(서울신문 2018/05/24, "트럼프, 북미정상회담 취소… 김정은에 공개서한") 국회는 대통령 제안 헌법개정안의 본회의 처리를 무산시킴으로써(경향신문 2018/05/24, "'대통령 개헌안' 정족수 미달로 투표 불성립… 사실상 부결") 지방선거와 개헌안 투표 동시실시 가능성이 최종적으로 사라졌다. 후보자등록마감일 다음 날인 5월 26일에는 판문점에서 제2차 남북정상회담이 전격적으로 개최되었고(서울신문 2018/05/26, "문재인 대통령, 김정은 위원장과 오늘 두 번째 판문점 회담"), 다시 국내외 언론의 관심과 여론의 기대가 한반도 문제에 집중되었다. 5월 27일(미국 현지시간 5월 26일) 트럼프 대통령은 6월 12일 북미정상회담 개최 가능성을 다시 언급했고, 6월 2일에는 김영철 북한 노동당 부위원장을 통해 김정은 위원장의 친서를 전달받은 후 회담의 재개를 공식화했다(세계일보 2018/06/02, "트럼프 "12일 싱가포르에서 북·미 정상회담 개최""). 그리고 투표일 전날인 6월 12일 싱가포르에서 북미정상회담이 개최되었다.

〈표 1〉 한국갤럽 대통령 국정지지도 및 정당지지율: 2018년 3월~6월

(단위: %)

	3월 1주	4월 1주	5월 1주	6월 2주
대통령	71	74	83	79
더불어민주당	49	49	55	56
민주평화당	1	0.3	1	1
바른미래당	6	8	6	5
자유한국당	12	13	12	14
정의당	5	6	5	8

자료: 한국갤럽 데일리오피니언

〈표 1〉은 각 정당의 예비후보자 등록이 시작된 이후부터 투표일까지 대통령 국정지지도 및 정당지지율을 나타낸 것이다. 대통령 국정지지도는 3월 첫 주 71%에서 4월 27일 남북정상회담 직후인 5월 첫 주 83%까지 치솟았다. 정당별로 보면 집권당인 더불어민주당 지지율만 49%에서 56%로 유의한 변동이 있었고, 다른 정당들은 모두 오차범위를 넘는 변화를 보이지 않았다.

집권당의 유의한 정당지지도 변화에는 선거 때 나타나는 이벤트 효과와 개헌 및 정상회담 국면의 효과가 모두 반영되어 있겠지만, 적어도 유권자들의 인식을 기준으로 본다면 전자보다는 후자의 효과가 더 큰 것으로 확인된다. 정치학회 지방선거 사후 조사에서 응답자들의 81%는 '이번 선거가 문재인 대통령의 국정운영을 평가하는 선거'라는 데 공감을 표했다.

III. 2018년 지방선거 선거캠페인의 특징과 변화: 원내정당

1. 더불어민주당의 '평화'·'원팀' 캠페인

2018년 지방선거 더불어민주당 선거 메인 슬로건은 '나라다운 나라 든든한 지방정부'로, 2017년 대선 문재인 후보의 캠페인 슬로건 '나라다운 나라'를 그대로 차용함으로써 대통령과 집권당의 일체감을 강조했다. 5대 핵심공약은 '청년행복, 미세먼지 해결, 국민생활 안전, 일자리 중심 혁신성장, 한반도 평화'로(더불어민주당 2018), 19대 대선과의 연속성을 추구했다. '미세먼지 해결'은 2017년 대선 문재인 후보의 '문재인 1번가'에서 정책쇼핑 1위 상품이었고, 안전, 일자리, 평화 역시 핵심공약이었다(더불어민주당 2017).

2018년 지방선거 더불어민주당 선거캠페인은 '평화'와 '원팀' 캠페인으

〈그림 2〉 더불어민주당 수도권 광역단체장 후보들의 '평화' 캠페인

출처: 더불어민주당 박원순 서울시장 후보 홍보물(왼쪽); 이재명 경기도지사 후보 홍보물(오른쪽 위); 박남춘 인천시장 후보 홍보물(오른쪽 아래)

로 집약될 수 있다. '평화'는 앞서 살펴보았듯이 남북 및 북미정상회담 국면에서 집권당의 이점을 극대화하기 위한 전략으로, 남북정상회담 성공기원 후보자 집회를 개최하거나 '은하철도 999'를 패러디한 평화열차 이벤트를 벌이는 등의 캠페인으로 구체화되었다. 특히 서울, 경기, 인천지역 출마 후보자들은 한반도 평화와 지역의 경제적 이익을 적극적으로 연계시키는 공약을 메인으로 내걸어 당선전략으로 삼았다.

한편, 더불어민주당은 당내 경선 단계에서부터 '원팀' 캠페인을 벌였고 본 선거까지 이 기조를 그대로 유지했다. '원팀'이라는 명명은 19대 대선 문재인 후보 '원팀 선대위'에서 차용한 것이지만, 지방선거 국면에서는 대략 세 가지 정도의 변용이 이루어졌다.

첫 번째 활용은 당내 경선으로 인한 갈등을 봉합하려는 목적이었다. 더불어민주당의 전국 지역 중 가장 먼저 '원팀' 캠페인을 표방한 곳은 부산으로, 2월 21일 부산진구 출마 예정 예비후보들이 모여 '부산진구 원팀

공동 협약식'을 진행했다(국제뉴스 2018/02/20, "부산에 더불어민주당 '원팀' 바람"). 2월 24일에는 부산지역 전체 경쟁 예비후보들의 흐름으로 확산되었고(KNN뉴스 2018/02/25, "잇따른 원팀 선언, 약인가 독인가"), 3월 19에는 춘천지역 예비후보자들이 '춘천 원팀 서약식'을 가졌으며(강원도민일보 2018/03/20, "더불어민주당 '춘천 원팀' 서약식"), 3월 22일 양산, 4월 4일과 5일 인천과 대전에서 예비후보자들 사이에 '원팀' 캠페인이 이어졌다(데일리한국 2018/03/22, "민주당 양산시장 후보군 '원팀' 합류"; 일요신문 2018/04/04, "더민주 인천시당, 화합 통한 승리 다짐… 원팀 캠페인 개최"; 대전투데이 2018/04/05, "더불어민주당 대전시당, 원팀운동 공동선언"). 5월 12일에는 더불어민주당 광역단위 당내 경선에서 가장 갈등적인 양상을 띠었던 경기도지사 후보 경선 이후 이재명 예비후보와 전해철 예비후보가 '원팀 선대위'에 합의했다(도민일보 2018/05/13, "더불어민주당 경기도지사 '원팀' 선대위 구성").

〈그림 3〉 더불어민주당 2018 지방선거 '원팀' 캠페인 이미지 자료

출처: 더불어민주당 최문순 강원도지사 홍보동영상 중 캡쳐(왼쪽 위); 이재명 경기도지사 후보 원팀 선대위 사진(왼쪽 아래); 더불어민주당 부산시당 '원팀 부산' 선포식 사진(오른쪽 위); 더불어민주당 유동근 마포구청장 예비후보 페이스북 홍보사진(오른쪽 아래)

'원팀' 캠페인이 전국단위로 진행되기는 했지만, 초기에 시작되었고 밀도가 가장 높았던 것은 부산경남과 강원지역이었다. 이 지역은 더불어민주당의 입장에서 역대지방선거 취약지역이었고, 2018년 지방선거에서 공략지역으로 꼽혔던 곳이다. 이 지역에서 '원팀' 캠페인은 당내 경선 갈등 봉합 목적도 있었지만 광역과 기초단체장 및 의원들 간에 수직적이고 수평적인 통합을 이미지화함으로써 기초자치단체 공직을 적극적으로 공략하는 성격을 띠었고 이것이 '원팀' 캠페인의 두 번째 변용이었다.

2014년 지방선거에서 새정치민주연합은 2,519개에 달하는 지역구 선출 기초의회 의석 가운데 53.7%의 후보만을 공천할 수 있었던 반면, 2018년에는 2,541개의 의석 가운데 67.1%인 1,705명을 공천했다. 공천후보자 숫자가 급증한 데에는 영남과 강원지역 후보자 증가가 큰 몫을 담당했고, 결과적으로 이 지역 당선자 역시 유의하게 증가한 것으로 나타났다.

영남지역 더불어민주당 공천 후보는 2014년에 비해 2018년 2.6배가 늘어났다. 2014년에 새정치민주연합은 영남지역 총 선거구 대비 40.2%, 의원정수 대비 17.2%의 후보자밖에 공천하지 못했으며, 대구경북에서는 총 선거구 기준 6.3%, 의원정수 기준 0.3%의 후보를 공천했다. 반면 2018년

〈표 2〉 2014년 vs. 2018년 지역구 기초의회선거,
영남-강원지역 새정치민주연합-더불어민주당 후보 현황

	2014			2018		
	선거구수	의원정수	새정치민주연합	선거구수	의원정수	더불어민주당
부산	70	158	71	67	157	100
대구	44	102	15	44	102	46
울산	19	43	7	19	43	23
경북	102	247	7	105	247	57
경남	95	225	33	96	228	115
강원	51	146	68	53	146	93
합계	381	921	201	384	923	434

에는 대구지역 후보자가 2014년에 비해 3배, 경남 3.5배, 경북 8배로 늘어났다. 강원지역에서도 2014년 새정치민주연합은 68명의 후보를 공천해 의원정수의 절반 수준에 머물렀으나 2018년에는 93명을 공천하여 1.4배의 증가를 보였다.

당선자를 기준으로 보면 2014년 새정치민주연합은 영남 및 강원지역에서 기초의회 지역선거구 당선자를 136명 냈던 반면, 2018년 더불어민주당은 355명의 기초의원이 당선되어 2.6배가 늘어났다. 문재인 대통령 집권 1년 만에 치러진 지방선거에서 대통령의 높은 국정 지지율 후광효과는 분명해 보이며 남북·북미 정상회담의 효과 역시 있었을 것이다.

그러나 지방선거는 총선이나 대선처럼 전국 이슈만으로 결과를 가늠할 수 있는 선거가 아니다. 17개 광역시도지사 후보를 내는 것은 상대적으로 쉬울 수 있지만 737개 지역구 선출 광역의회 의석, 226개 기초자치단체, 2,541개 지역구 선출 기초의회 의석에 '될 만한 사람'을 공천하는 일은 대통령의 전국적 인기나 선거 국면에서의 단기 이슈 효과로만 가능한 일은 아니다. 이런 점을 고려한다면, 더불어민주당이 광역과 기초자치단체를 아울러 공격적으로 후보를 공천하고 '원팀' 캠페인을 진행한 것의 효과는 성공적이었다고 평가할 수 있겠다.

2018년 지방선거 더불어민주당 '원팀' 캠페인의 세 번째 변용은 당내 경선 단계에서 지역 당협위원장의 영향력을 강화하기 위한 수단으로 활용된 것이다. 현직의원이나 원외 위원장은 2020년 총선에서의 공천과 당선이 1차적인 목적이 되며, 2018년 지방선거에서 기초단체장 및 기초의회 후보자를 '자기 사람'으로 공천하는 것은 2020년 총선을 위한 사전 조직화의 성격을 가졌다. 이런 목적에서 당협위원장들은 당내 경선 예비후보자들 중 '자기 사람'들의 경선통과 가능성을 극대화하기 위해 '원팀' 캠페인을 벌임으로써 '자기 사람'이 아닌 예비후보자들을 경선단계에서부터 배제하는 효과를 누렸다. 더불어민주당 마포구 당협위원장 손혜원 의원은 당내 경선 결과가 나오지 않은 단계에서 특정 예비후보들과 '원팀' 캠페인을 벌였고, 손 의원의 '원팀'에 속한 예비후보자들은 당내 경선 캠페인에서 자신이 '손 의원의 사람'이라는 점을 부각하는 전략을 취했다(마포구청장 유동균 예비후보 블로그 게시글, https://blog.naver.com/yminjoo9800/221249546699). 다른 정당들보다 덜 주목받기는 했지만, 더불어민주당 당내 경선과정에서도 경선 없는 단수공천, 기준 없는 컷오프로 탈락한 예비후보들의 재심신청 등의 문제가 심각했다. 당헌과 당규의 제도적 규칙은 작동했지만 그 실행과정이 민주적이었다고 보기는 어려웠다.

2. 자유한국당 선거캠페인과 '홍준표 변수'

자유한국당의 2018년 지방선거 메인 슬로건은 당초 '나라를 통째로 넘기시겠습니까?'로 정해졌고 '나라를 통째로 북에 넘기겠습니까, 나라를 통째로 좌파들에게 넘기겠습니까, 지방까지 통째로 좌파들에게 넘기겠습니까'가 세부구호로 채택되었다(조선일보 2018/04/26, "홍준표作 '나라를 통째로 넘기시겠습니까?'"). 그러나 남경필 경기도지사 후보 등이 메인 슬로

〈그림 4〉 2018년 지방선거, 자유한국당과 후보들의 선거 슬로건

출처: 자유한국당 홈페이지 제공 이미지(왼쪽 위, 오른쪽 위); 자유한국당 남경필 경기도지사 기자회견 사진(왼쪽 아래); 권영진 대구시장 후보 공약발표장 사진(오른쪽 아래)

건에 반발하거나 사용을 거부하면서 논란을 겪었고(중앙일보 2018/05/02, "남경필 "나라를 통째로 넘기시겠습니까 슬로건, 다시 만들자""), 5월 8일 '경제를 통째로 포기하시겠습니까?'를 추가로 내놓으면서 중앙당 슬로건 논쟁은 잠잠해졌으나, 광역단체장 및 기초단체장 후보들은 전국적으로 통일된 슬로건이 아닌 개별 지역공약이나 후보 강점을 담은 각각의 슬로건을 사용하는 캠페인을 진행했다.

또한 선거운동 과정에서 남북 및 북미정상회담에 대한 중앙당의 캠페인 기조를 둘러싼 당내 논란이 일었다. 4월 27일 남북정상회담 당일 홍준표 전 대표는 페이스북에 '정상회담은 남북 위장 평화쇼에 불과했다'는 논평을 내놓았는데, 다음 날 김성태 원내대표는 '이번 회담은 남북 관계의 새로운 변곡점이 될 수 있다는 점에서 대단히 의미가 깊다'는 상반된 논평을 제시하면서 여론의 주목을 받았다(국민일보 2018/04/28, "홍준표 "위장평화쇼에 불과" 김성태 "남북관계 새 변곡점""). 4월 30일 유정복 인천시장 후보는 페이스북에 '이제는 할 말 하겠습니다' 제목의 글을 올려 중앙당 선거 캠페인 기조를 정면으로 반박했다(중앙일보 2018/04/30, ""당 지도부 정신차려라"… 유정복 인천시장, 홍준표에 쓴소리"). "자유한국당 홍준표 대표를 비롯한 당 지도부는 아직도 정신을 못 차리고 있다. 국민은 아랑곳하지 않고 그들만의 세상에 갇혀 자기 정치에만 몰두하고 있다"며 "특히 남북정상회담 관련 무책임한 발언으로 국민 기대에 찬물을 끼얹는 몰상식한 발언이 당을 더 어렵게 만들어 가고 있다"고 비판한 것이다. 5월 1일 김태호 경남지사 후보도 홍 대표의 발언에 대해 "다소 너무 나갔다는 느낌도 든다"는 평을 내놓았지만 중앙당 차원의 입장 변경은 없었고 중앙당 선대위와 후보자들 간의 갈등의 골은 깊어갔다.

공식 선거운동 개시 하루 전날인 5월 30일, 정우택 의원이 "지도부의 결단을 강력히 촉구한다"며 "당 지지율과 선거전략 부재의 책임을 지고 환골탈태해 백의종군의 자세로 헌신할 것을 호소한다"고 입장을 밝혀, 선거캠페인 과정의 당내갈등을 표면화했다. 이에 홍준표 대표는 "(정우택 의원은) 충북에서 유일하게 자기 지역의 도의원도 공천을 못한 사람입니다.

부끄러움을 알아야 해 … 개가 짖어도 기차는 간다."고 정면 반박에 나섰다(MBN뉴스 2018/05/30, "정우택, 홍준표 향해 "백의종군하라" … 홍준표 "개가 짖어도 기차는 간다"").

급기야 31일 선거운동이 개시되면서 지방선거 후보자들이 홍준표 대표의 지원유세를 공개적으로 거부하거나 회피하는 현상이 나타났다. 31일 서병수 부산시장 후보 지원유세에 홍 대표가 참여했으나 후보가 나타나지 않는 일이 벌어졌다. 같은 날 충남에서도 이인제 지사 후보가 홍 대표의 지원 유세 현장에 불참했으며, 6월 1일과 2일 경기도지사와 울산시장 후보 지원유세에서도 후보와 대표가 함께 유세하는 장면은 포착되지 못했다. 결국 6월 3일 홍 대표는 페이스북을 통해 지원유세 중단 의사를 표명했고, 이후 유세지원 일정들을 모두 취소했다(중앙일보 2018/06/04, ""오지 말라니"… 홍준표 '패싱' 논란속 지원유세 취소").

지방선거 캠페인 과정에서 자유한국당 중앙당과 후보들 간의 갈등은 불리한 선거경쟁구도와 선거이슈지형을 기반으로 하긴 했지만, 이를 타개해 나갈 수 있는 중앙당의 선거 전략 실패도 중요한 원인으로 꼽을 수밖에 없다. 여론의 지지를 받았던 남북 및 북미 정상회담의 의미나 성과를 부정하거나 높은 국정지지도를 유지하고 있는 대통령에 대해 '좌파'라는 색깔론을 제기하는 기조가 아니라, 경제이슈나 인물경쟁력 등으로 접근했다면 적어도 캠페인 기간 당내갈등이 전면화되지는 않았을 수 있기 때문이다.

〈표 3〉 2014 vs. 2018 지선,
영남지역 새누리당-자한당 vs. 비(非) 새누리-자한당 광역의회 정당비례 득표율

	부산		울산		경남		대구		경북	
	자한	비자한	자한	비자한	자한	비자한	자한	비자한	자한	비자한
2014	58.1	40.2	55.5	44.6	59.2	40.8	69.9	30.1	75.2	24.7
2018	36.7	62.7	33.3	66.2	38.9	60.4	46.1	52.6	50.0	47.8

2014년 비(非)새누리당 정당은 새정치민주연합, 통진당, 정의당, 녹색당, 노동당 합
2018년 비(非)자유한국당 정당은 바른미래당, 더불어민주당, 정의당, 녹색당, 민중당, 노동당, 녹색당, 우리미래당 합

자유한국당은 광역 및 기초단체장, 광역의회와 기초의회 전체에서 2014년 지방선거에 비해 큰 의석 손실을 입었지만 선거결과 가장 큰 충격은 영남 지역기반의 손실이었다. 부산, 울산, 경남, 대구, 경북 전 지역에서 자유한국당의 광역의회 정당비례 득표율은 20~25% 수준의 고른 하락을 기록했는데, 이런 결과는 2018년 지방선거에서 정당 선거캠페인의 실패를 보여주는 한 지표가 될 수 있다.

3. 미완의 정당통합과 바른미래당 선거 캠페인

5월 17일 바른미래당은 지방선거 메인 슬로건으로 '망가진 경제, 먼저 살리겠습니다!,' 보조 슬로건으로 '망가진 경제, 내 지갑은? 내 일자리는?' 을 결정했다고 발표했다. 하지만 선거캠페인 과정에서 선거정책기조는 부각될 수 없었다.

국민의당과 바른정당이 통합 전당대회를 치른 2월 13일은 선거일정상 시도지사 및 교육감 예비후보자 등록이 개시되던 날이었다. 우리나라 정당들의 공천규칙 변동은 예비후보자 등록 이후에도 종종 이루어지긴 하지만, 바른미래당은 기존 규칙을 개정하는 문제가 아니라 새롭게 제정

〈그림 5〉 바른미래당 지방선거 슬로건

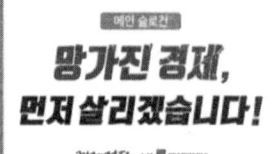
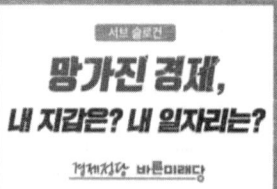

출처: 바른미래당 지방선거 공식 홈페이지 제공 자료

해야 하는 상황에 처해 있었기 때문에 중앙당 차원뿐 아니라 후보자 수준에서도 준비된 선거 캠페인을 진행하는 것 자체가 어려운 조건에서 캠페인을 출발했다.

양당은 통합논의 단계에서부터 통합에 대한 찬반을 둘러싼 갈등으로 몸살을 앓았고 급기야 1월 9일 남경필 경기지사와 김세연 의원이 통합에 반대하여 탈당했다(중앙일보 2018/01/10, "남경필·김세연 탈당… 바른정당 "통합 예정대로 진행""). 남경필 지사는 수도권 현직 도지사이자 다른 정당 후보자들과 견주어도 경쟁력을 확보하고 있었던 후보자였기 때문에 그 타격은 클 수밖에 없었다.

당내 후보 공천과정은 미완의 정당통합이 남긴 어려움을 고스란히 보여주었는데, 당내갈등은 소위 '안철수계'와 '유승민계'의 공천갈등이 후보 등록일 직전까지도 지속되는 형태로 나타났다. '유승민계'로 분류되는 이준석 예비후보가 단독후보 신청을 하면서 시작된 노원병 당협위원장 지명과정은 '안철수계'로 분류되는 김근식 예비후보의 예비후보직 사퇴에 이르기까지 중앙당과 선거구를 오가면서 지속되었다. 송파을 국회의원 재보선 후보자 공천을 둘러싸고도 양 세력의 갈등은 반복되었고 결국 손학규 선대위원장의 출마의사 철회에 이르기까지 긴 갈등이 지속되었다. 이 와중에 4월 10일 원희룡 제주지사가 탈당 후 무소속 출마를 결정하게 되면서, 남경필 경기지사에 이어 강력한 시도지사 후보자를 또 잃었고 전체 선거캠페인은 두 세력 간 갈등으로만 여론에 비춰지게 되었다.

바른미래당은 공천 후보자수 대비 절대적으로 낮은 당선율을 보이면

〈표 4〉 바른미래당의 2018년 지방선거 결과

	광역단체장	기초단체장	광역의회(지역구)	기초의회(지역구)
선거구수	17	226	737	1,035
후보자수	14	98	208	569
당선자수	0	0	1	19

서 선거를 마감했고, 선거 이후 안철수 서울시장 후보와 유승민 대표 모두 당직을 사퇴하고 미완의 통합과정을 새롭게 진행해야 하는 과제에 직면했다.

4. 정의당의 정당득표 중심 캠페인

5월 10일 정의당은 '제1야당 교체' '정당투표는 5비(飛)2락(落)' '갑질 없는 나라' 등을 지방선거 슬로건으로 정했다고 밝혔다(정의당 2018/05/10 최석 대변인, 정의당 지방선거 슬로건 확정). '정당투표 5비2락'은 '지방선거 정당 투표에서 기호 5번 정의당을 선택하면 대한민국 정치가 비상하고, 2번 자유한국당을 선택하면 추락한다는 의미'라고 밝혔고, 실제 선거캠페인 기조 역시 집권당인 더불어민주당과의 경쟁이 아니라 자유한국당과의 경쟁에 초점을 맞추었다.

2018년 정의당 선거캠페인이 다른 정당들과 구별되는 특징은 지방의회 의원선거에 초점을 맞춘 공약발표나 이벤트를 특화했다는 점이다. 원내 소수정당으로서 정의당은 시도지사 후보 9명을 내어 17개 광역자치단체 중 50% 이상의 공천율을 보이긴 했지만, 기초단체장은 226개 선거구 중 15명, 광역의회는 737개 선거구 중 17명으로 선거구 기준 10%의 공천

〈그림 6〉 2018년 지방선거 정의당 선거 슬로건

출처: 정의당 지방선거 공식 홈페이지 제공 이미지

〈그림 7〉 정의당 '5무 5유 지방의회 약속' 기자회견

출처: https://www.youtube.com/watch?v=2FcyXxBoa1s

율에도 미치지 못했고, 지역구 기초의회 후보자는 총선거구 1,035개 가운데 134명을 공천해 10% 공천율을 겨우 넘겼다. 후보자공천상황에 비추어 지방의회 특화형 선거캠페인은 합리적 선택으로 보인다.

또한 정의당의 지방선거 캠페인은 대통령선거나 국회의원선거에서처

〈표 5〉 정의당 지방선거 공약 발표 일정

04월 04일	청년공약 발표
04월 08일	미세먼지공약 발표
04월 10일	여성공약 발표
04월 12일	동물복지공약 발표
04월 15일	농민공약 발표
04월 17일	인권성소수자 공약 발표
04월 24일	교통공약발표
04월 26일	중소상공인공약발표
05월 11일	문화공약 발표

출처: http://www.justice21.org/newhome/board/board.html?bbs_code=JS21

럼 체계적인 선거공약 발표와 여성선대위, 노동선대위 등 부문선대위 발족을 기점으로 정책이나 후보자 홍보 이벤트를 배치했다는 점에서 다른 정당들과 차별성을 보였다.

통상 다른 정당들도 대선이나 총선에서는 이와 유사한 정책캠페인 일정을 기획하고 부문 선대위를 구성하지만, 지방선거에서는 정당마다 선거시기마다 차이를 보인다. 특히 지방선거에서는 지역 선거구 단위 정당 및 후보자 캠페인이 주가 되므로 전국단위 부문선대위를 별도로 꾸리는 데 노력을 기울이지는 않는다. 반면 정의당은 지역선거구 공천 후보자의 수가 절대적으로 작고 선거캠페인의 초점이 '오비이락' 등 정당투표 득표율 확대에 있었기 때문에 정책과 부문에 집중하는 캠페인 전략을 채택한 것으로 보인다.

또한 정의당은 원내 정당들 가운데 지방선거 예비후보자 등록 이후에 공천규칙을 둘러싼 논란이 없었던 유일한 정당이었고 당내 경선을 시행해야 할 선거구 자체가 소규모였기 때문에 큰 정당들이 대규모 후보공천 과정에 들여야 하는 에너지를 들이지 않은 대신 정당 득표율 확대에 초점을 맞출 수 있었던 것으로 보인다.

IV. 2018년 지방선거 선거캠페인의 특징과 변화 : 원외정당

1. 페미니즘 선거캠페인의 등장

2018년 지방선거 캠페인에서 새롭게 등장한 현상 중 하나는 '페미니즘'을 선거캠페인 전면에 내세운 정당과 후보자의 출현이다. 신지예 녹색당 서울시장 후보는 선거벽보 슬로건으로 '페미니스트 서울시장'을 내세웠고, 후보의 선거사무실 이름은 '웰컴 투 페미니스트 유토피아'였으며,

〈그림 8〉 녹색당 신지예 서울시장 후보 선거캠페인 자료

출처: 녹색당 신지예 후보 선거사무실 입구 사진(왼쪽 위); 신지예 후보 선거벽보(오른쪽 위); 신지예 후보 헌법재판소 앞 게시 현수막

출마선언문의 제목은 '2018 페미니스트 시민선언'이었다. 선거운동 기간 신 후보는 '나 혼자 섹스하고 나 혼자 임신하고 나 혼자 낙태하고 여자만 또 처벌받고'라는 슬로건을 내건 현수막을 헌법재판소 앞에 내걸기도 했다.

신 후보의 캠페인은 선거기간과 선거 이후까지 언론의 주목을 받았을 뿐 아니라(프레시안 2018/06/03, "'페미니스트 서울시장' 후보 선거 벽보가 사라지고 있다"; 한겨레신문 2018/06/14, "'페미니즘 정치' 첫 발 뗀 신지예 "이번 선거는 끝이 아닌 시작""; 중앙일보 2018/06/14, ""페미니즘 정치의 시작점은 1.7%" 신지예 후보가 일으킨 이변") 긍정적이거나 부정적인 여론의 주목을 받았다. 27차례나 선거벽보 훼손 사건이 있었고 다수의 협박성 메시지가 후보에게 전달되었으며, 페이스북 등 다양한 SNS 매체에서의 반응을 이끌어냈다.

여론의 주목은 신 후보에게 집중되었지만 사실 '페미니스트 유토피아'는 신 후보 개인이 아닌 녹색당의 슬로건이었다. 3월 8일 '세계 여성의 날'을 맞아 2018년 3월 4일 관련 집회가 있었고, 이 집회에서 녹색당은 '정치, 이제 여성이 한다'는 슬로건을 내걸었으며 사전행사로 녹색당의 '페

미니스트 유토피아'를 논하는 자리를 가졌는데 신 후보가 이것을 캠페인 전면에 내세운 것이다.

　녹색당과 신 후보의 페미니스트 선거 캠페인은 2018년 1월 서지현 검사의 언론을 통한 성추행 피해 폭로로부터 시작된 일련의 사회적 '미투(me too)운동' 흐름의 연장에 있었다. 이후 정봉주 전 의원의 성추행 의혹 제기, 안희정 전 지사에 대한 '위력에 의한 성폭력 의혹' 제기 등이 이어졌고, 5월 19일에는 '홍대 몰카 사건 편파 수사 규탄'을 주장하며 제1차 '혜화역 시위'가 개최되었다. 투표일 직전인 6월 9일 제2차 '혜화역 시위'에 수만 명의 여성들이 집결하면서 언론과 사회적 관심이 집중되었고, 신 후보의 페미니즘 캠페인에도 함께 여론의 관심이 높아졌다.

　5월 31일 선거운동 개시일 신 후보는 '2018 페미니스트 시민선언'이라는 제목의 출마선언을 내놓았는데, 여기에 담긴 내용은 '미투운동'과 '혜화역 시위'로 상징되는 '몰카 범죄' 규탄 등의 흐름을 반영하고 있었다.

　신 후보는 서울시장선거에서 1.7%의 지지를 받는 데 그쳤지만, '페미니즘'이라는 용어를 선거 슬로건의 전면에 내세웠고 유의미한 여론의 주목을 받은 최초의 후보로 기록되었다. 또한 신 후보의 캠페인은 2016년 문화계 인사들의 성추문 의혹 제기 이후 온라인에서 일어났던 '문화계 성폭력' 해시태그 운동, 2018년 본격화된 '미투 운동', '몰카 범죄 규탄' 온-오프라인 집단행동의 흐름을 선거캠페인에서 공식화하는 계기가 되었다. 향후 한국사회 페미니즘 운동이 어떤 방향으로 움직일지는 알 수 없지만, 지방선거 이후 매월 지속되고 있는 '혜화역 시위'나 서지현 검사 성추행 사건 재판, 안희정 전 지사 사건 재판 등에 대한 여론의 논란 등을 볼 때 여성운동의 정치화 경향은 일시적인 흐름으로 그칠 것 같지는 않아 보인다.

2018 페미니스트 시민선언

긴 시간 동안 우리 한국의 페미니스트들은 개인적이고도 정치적인 투쟁을 벌여왔다. 그러나 시민들의 정당한 요구에 대해 한국 사회의 대답은 마냥 늦고, 많이 부족하다. 기다리라고 말한다. 우리가 지금 알아서 하고 있으니 기다리면 된다고 한다. 이 정도면 됐지 그만 바라라고 말한다. 그래도 부족하다 말하면 사회의 불순물 취급을 해버리는 것이 2018년 한국이다.

하지만 너무 오래 기다렸다. "나중에" 정치로는 그 무엇도 바꿀 수 없다. 그렇기에 오늘 우리는 〈페미니스트 유토피아〉를 부르고 욕망한다. 유토피아는 우리를 더 나은 세상으로 이끄는 힘이다. 인류에게 상상력을 불어넣고 변화를 추동해온 유토피아에 나아갈 방향을 비춰본다.

우리는 페미니스트 유토피아를 원한다.
우리는 원하는 때, 원하는 장소에 머무르거나 돌아다닐 때, 성별이 제약이 되지 않는 세상을 원한다(원한다!)
우리는 태어나자마자 국가의 시스템에 남성 혹은 여성 중 한 가지로 등록되어 1,2번을 부여받지 않기를 원한다(원한다!)
우리는 여성이 하는 일, 남성이 하는 일이라는 편견없이, 각자가 배우고 싶은 것을 배우고, 하고 싶은 일에 도전할 수 있기를 원한다(원한다!)
우리는 애교와 웃음이 여성의 덕목으로 요구되지 않고, 다양한 경험 속에서 느낀 다양한 감정을 표현하고 존중받는 것이 자연스러운 세상을 원한다(원한다!)
우리는 성폭력 이후 2차가해 없는 환경과 실질적 제도적 지원으로 잘 극복하고 살아갈 수 있는 사회를, 나아가 성폭력이 없는 세상을 원한다(원한다!)
우리는 불법촬영 하지도 보지도 않는 사회를 원한다(원한다!)
우리는 남성만이 '생계부양자'로 여겨지는 것이 아니라, 같은 일을 하면 같은 임금을 받기를 원한다(원한다!)
우리는 노동현장에서의 성차별로 인해 더 쉽게 해고의 대상이 되고, 결혼이나 육아를 이유로 직장을 그만두지 않기를 원한다(원한다!)
우리는 여성인 엄마와 남성인 아빠로 이루어진 '정상가족'이 아니라, '정상가족'이라는 말 자체가 사라진 사회를 원한다(원한다!)
우리는 결혼만이 국가가 허락한 법적계약이 아니라, 살림살이 동료이자 돌봄의 공동체로서 '가족'이 새롭게 정의되고 온갖 잡다한 가족들이 시끌벅적하게 만드는 세상을 원한다(원한다!)
우리는 저출산이 '위기'이고, 낙태는 '죄'라고 정의하며 여성만의 책임을 묻는 게 아니라, 우리 사회가 현재의 인간들을 어떻게 대우하며, 어떻게 다음 인간을 초대할 것인지 함께 고민하는 세상을 원한다(원한다!)
우리는 원치 않는 임신과 미혼모에 대한 낙인 때문에 고통받지 않는 사회, 나아가 여성이 안전한 환경에서 자신이 원하는 방식으로 출산을 경험할 수 있는 사회를 원한다(원한다!)
우리는 장애여성이 시설의 수용이 아니라, 동네에서 이웃과 어울려 살며 자립을 고민

> 할 수 있기를 원한다(원한다!)
> 우리는 장애여성이 안전하게 거리를 다니고, 더 편하게 생리하고, 병원의 진료를 받을 수 있기를 원한다(원한다!)
> 우리는 성소수자가 자신 그대로 드러내고 우리 사회에 동등한 시민으로서 살 수 있는 세상을 원한다.
> 우리는 국회와 의회, 정부와 대학과 기업의 이사회, 그 밖에 수많은 결정권자의 자리에 남성들만 절반을 훌쩍 넘겨 존재하는 게 아닌, 실제 공동체의 구성을 반영한 다양한 주체들이 당당하게 목소리 내는 세상을 원한다(원한다!)
> 우리는 최소한 차별 때문에 병들지 않고, 폭력 때문에 죽지 않고, 가난해서 아프지 않는 사회에서 개인들이 잠재력을 발휘하면서 삶을 영위할 수 있기를 원한다(원한다!)
> "원래 그런 것"이나, "당연한 것"에 과감히 질문하면서 거듭해 새로운 상식과 질서를 만들어가는 세상을 원한다(원한다!)
> 그리고 그밖에 더 많은 것들을 원한다(원한다!)(we want more!) 이 모든 변화를 감히 원하는 우리가 파도다.
> 우리가 함께 지금 여기에서, 페미니스트 유토피아를 현실로 만들 것이다.
> 이전으로 되돌아가지 않을 것이다.
>
> 2018년 5월 31일,
> 녹색당 페미니스트 서울시장 후보 신지예와 페미니스트 시민들

2. 청년정치를 내건 다양한 선거캠페인

2018년 지방선거에서 새롭게 나타난 또 다른 캠페인 경향은 '청년 주체들에 의한' 청년정치 캠페인이다. 선거 국면에서 유권자 집단으로서 '청년'이 주목을 받은 것은 이번 지방선거에서 새로운 현상은 아니다. 19대 국회의원선거에서 주요 원내정당들은 청년후보 공천을 위한 다양한 이벤트를 벌였고, 2014년 지방선거에서 광역 및 기초단체장 주요 후보들은 청년정책을 주요공약으로 채택한 바 있었다. 제6대 전국동시 지방선거의 이런 경향은 선거 이후 전국의 광역 및 기초자치단체에서 청년정책 관련 조례들이 봇물 터지듯이 제정되는 결과를 낳았으며, 각 자치단체마다 청년주체들을 '청년정책위원회', '청년정책네트워크' 등의 제도적 틀로 끌어들이면서 다양한 활동공간을 제공했다. 하지만 이 시기까지 청년정책은 기

〈그림 9〉 2018지방선거 청년공동행동 출범식(2018.04.24)

자료: http://www.labortoday.co.kr/news/articleView.html?idxno=151146

존정당 및 중장년 후보자들의 선거 전략과 선거 공약 수준의 지위를 가졌으며, 청년 후보자의 확대나 청년정책을 통한 선거참여 등으로 이어지지는 않았다.

반면 2018년 지선에서는 청년단체들이 청년정책을 매개로 집단적 선거참여운동을 벌였다. '청년유니온', '민달팽이 유니온' 등 26개 청년단체들은 4월 24일 '2018지방선거 청년공동행동'을 구성했고, 공동의 청년정책 채택, 청년후보자들과의 정책협약, 지지후보의 공표 등의 활동을 벌였다. 이들은 원외정당인 우리미래당, 녹색당, 노동당, 원내정당인 정의당과 더불어민주당의 청년후보 60명과 정책 협약식을 진행했고, 온라인을 통해 정당에 관계없이 청년후보 지지활동을 벌였다.

그리고 '전체 예산 대비 3% 청년정책 할당, 청년 전담조직 신설 혹은 위상 강화, 청년 지원기관 신설 혹은 확대 조성, 지방정부 내 각종 위원회 청년 의무비율 15% 도입, 각종 청년 지원정책 예산 및 사업 확대 추진의 5가지 공동정책'을 채택했고, '정치적 결정 및 정책 추진 과정에 청년당사

자의 적극적 발언권 보장, 청년세대 내 다양성을 존중하고 각종 차별의 해소에 노력, 청년층이 겪는 정치·경제·사회·문화적 불평등 해소에 노력, 청년정책의 지역 간 격차 해소를 위한 전국적 협력 모색, 청년 문제 해결을 위한 청년 정치인-청년 시민사회 간 협력 지속'이라는 5가지 실천 과제를 도출하기도 했다.

한편 청년후보자들의 선거자금 마련을 돕는 '청치펀딩(청년정치 펀딩, https://youthfund.kr/)'도 새로운 캠페인 시도로 등장했다. 더불어민주당, 정의당, 녹색당, 바른미래당, 무소속 청년후보 12명의 선거자금을 펀드 형식으로 모금했고, 총 1억 1,777만 원을 모았다고 한다. 후보자들은 '헬정치 파괴를 위한 청치들의 5대 원칙 3대 약속'을 공개했고, 1만 원 이상 내는 소액 투자자들을 모았다. 모금과정에서 기탁금 등의 재정적 진입장벽이 청년정치인에게 미치는 부담과 청년들의 시선에서 본 '헬정치'의 내용 및 '헬정치 타파술'을 홍보하는 기획을 도입했다.

2018년 지방선거에서 나타난 청년집단의 정치참여 흐름은 정책요구

〈그림 10〉 2018지방선거 청년공동행동 홍보물

〈표 6〉 39세 이하 기초의회 후보자 및 당선자수 변동: 2014 vs. 2018

	지방선거 연도	30세 미만	30~39세
후보자수	2018	74	302
	2014	37	285
	2018~2014	37	17
당선자수	2018	22	144
	2014	6	82
	2018~2014	16	62

나 정책 캠페인에 그치지 않고 청년 후보자 및 당선자의 확장과도 연관되어 있는 것으로 보인다. 2018년 39세 이하 기초의회 지방선거(비례대표 제외) 후보자수는 2014년에 비해 54명 늘어났으며, 당선자수는 78명의 증가를 나타냈다. 후보자수 증가율은 16.8%인 반면 당선자수 증가율은 88.6%를 나타내, 청년정치인의 지방공직 진출에 유의미한 변화를 보인 것이다. 특히 30세 미만 당선자는 2014년 6명에서 2018년 22명으로 3.7배의 증가를 보였다.

이런 경향은 광역의회(비례대표 제외) 후보자 및 당선자 변동에서도 발견된다. 후보자수는 1.1배 증가한 반면 당선자수는 2014년 17명에서 2018년 33명으로 1.9배 증가한 것으로 확인되었다. 청년 후보자에 대해 청년 유권자들이 더 많이 투표를 했는지 여부는 다른 조사결과를 통해 확인되어야 하겠지만, 청년정치인의 지방의회 진출에 유의미한 변화가 나타난 것은 분명하다.

V. 2018년 지방선거 캠페인의 특징과 변화

제7대 전국동시지방선거는 대선 이후 1년여가 경과한 시점, 대통령 주도 정상회담 국면과 개헌 의제가 선거이슈를 장악한 조건에서 시행되었기 때문에 야당들의 입장에서는 선거구도나 의제설정이 쉽지 않은 선거였다.

더불어민주당은 집권당의 이점을 살린 캠페인을 기획하고 '공천이 곧 당선'이라는 유리한 지형이 만들어낼 수밖에 없었던 공천갈등을 비교적 잘 관리한 반면, 자유한국당은 선거지형의 불리함을 당내 공천갈등, 캠페인 기조를 둘러싼 갈등으로 증폭시켰다. 바른미래당은 선거 직전의 정당 통합 효과를 전혀 얻지 못했을 뿐 아니라 선거캠페인 과정에서 당내갈등으로 정책이나 이미지, 후보전략을 제대로 활용하지 못했다. 정의당은 후보자원의 열세를 제1야당 교체와 정당투표 극대화, 단체장이 아닌 지방의회 중심 캠페인으로 만회하고자 했던 특징을 나타냈다.

원외 정당들의 캠페인은 '여성'과 '청년'이라는 지방선거 이전 사회운동의 흐름을 선거공간에서 공식화하는 변화를 보였다. 미투운동과 '혜화역 시위'로 촉발된 젊은 세대 여성 유권자들을 대변하면서 '페미니즘'을 공식 슬로건으로 채택한 녹색당 신지예 후보는 1.7%라는 득표율보다는 훨씬 더 큰 여론의 주목을 받았다. 원내정당인 정의당, 더불어민주당, 바른미래당과 원외정당인 녹색당, 우리미래당, 노동당, 그리고 무소속을 아우른 청년후보자들의 정책연대나 선거자금 펀드 개설, 공통 정책공약 채택 등의 흐름은 청년주체들에 의한 청년정치라는 새로운 변화를 보여주었다.

참고문헌

강원도민일보. 2018/03/20. 더불어민주당 '춘천 원팀' 서약식.
경향신문. 2018/04/05. 민주당 "착한 추경" 한국당 "선거 앞두고 현금 살포."
_____. 2018/05/24. '대통령 개헌안' 정족수 미달로 투표 불성립 … 사실상 부결.
국민일보. 2018/03/09. 트럼프 "5월까지 김정은 만나겠다."
_____. 2018/04/28. 홍준표 "위장평화쇼에 불과" 김성태 "남북관계 새 변곡점."
국제뉴스. 2018/02/20. 부산에 더불어민주당 '원팀' 바람.
대전투데이. 2018/04/05. 더불어민주당 대전시당, 원팀운동 공동선언.
더불어민주당. 2017. 『나라를 나라답게: 제19대 대통령선거 더불어민주당 정책공약집』.
_____. 2018. 『더불어민주당 6·13 지방선거 5대 핵심약속을 소개합니다』 더불어민주당 2018 지방선거 자료집.
데일리한국. 2018/03/22. 민주당 양산시장 후보군 '원팀' 합류.
도민일보. 2018/05/13. 더불어민주당 경기도지사 '원팀' 선대위 구성.
문화일보. 2018/05/03. 김성태, 특검 요구 단식 돌입.
서울신문. 2018/01/09. "남북, 北대표단 평창 파견·군사당국회담 개최 합의."
_____. 2018/03/06. "4월말 남북정상회담 판문점서 개최" … 특사단 방북결과 발표.
_____. 2018/03/20. 靑, 개헌안 26일 발의 … 국회에 '최후통첩.'
_____. 2018/05/24. 트럼프, 북미정상회담 취소 … 김정은에 공개서한.
_____. 2018/05/26. 문재인 대통령, 김정은 위원장과 오늘 두 번째 판문점 회담.
세계일보. 2018/02/05. "문 대통령, 이젠 대통령이 개헌안을 준비할 수밖에 없다."
_____. 2018/04/20. 野 "드루킹 특검" 與 "수사 지켜보자."
_____. 2018/06/02. 트럼프 "12일 싱가포르에서 북·미 정상회담 개최."
일요신문. 2018/04/04. 더민주 인천시당, 화합 통한 승리 다짐 … 원팀 캠페인 개최.
정의당. 2018/05/10. 최석 대변인, 정의당 지방선거 슬로건 확정.
조선일보. 2018/04/26. 홍준표作 '나라를 통째로 넘기시겠습니까?'
중앙일보. 2018/01/10. 남경필·김세연 탈당 … 바른정당 "통합 예정대로 진행."
_____. 2018/04/30. "당 지도부 정신차려라" … 유정복 인천시장, 홍준표에 쓴소리.
_____. 2018/05/02. 남경필 "나라를 통째로 넘기시겠습니까 슬로건, 다시 만들자."
_____. 2018/06/04. "오지 말라니" … 홍준표 '패싱' 논란속 지원유세 취소.
_____. 2018/06/14. "페미니즘 정치의 시작점은 1.7%" 신지예 후보가 일으킨 이변.
프레시안. 2018/06/03. '페미니스트 서울시장' 후보 선거 벽보가 사라지고 있다.

한겨레신문. 2018/06/14. '페미니즘 정치' 첫 발 뗀 신지예 "이번 선거는 끝이 아닌 시작."
KNN뉴스. 2018/02/25. 잇따른 원팀 선언, 약인가 독인가.
MBN뉴스. 2018/05/30. 정우택, 홍준표 향해 "백의종군하라"… 홍준표 "개가 짖어도 기차는 간다."

스윙 투표자의 특징과 투표 행태에 관한 연구:
2018년 6·13 지방선거 사례*

조성대 | 한신대학교

I. 머리말

민주화 이후 한국 선거정치의 주요 특징 중 하나는 규칙적인 정권 혹은 다수당 교체였고 지방선거도 예외는 아니었다. 2000년대 이후 지방선거 광역단체장선거에서 당선자의 소속정당에 변화가 없었던 지역은 대구, 경북, 전북 지역에 불과했다. 2006년 지방선거 당시 호남지역에서 경합을 벌였던 열린우리당과 민주당 간의 차이를 무시한다면 광주와 전남 지역이 변화의 불모지대로 추가될 뿐이다. 즉 지역주의가 공고한 영호남의 일부 지역을 제외하면 모든 지역에서 정권 교체를 경험했었다. 2018년 선거는 그 변화의 폭이 아주 컸다. 더불어민주당은 전체 17곳의 광역단체장선

---

* 이 논문은 저자의 이름으로『한국정치학회보』52집 5호(2018), pp.31-56에 이미 게재된 바 있음을 밝혀둔다.

거에서 무려 14곳에 당선자를 내었다. 특히 전통적으로 보수정당의 텃밭이었던 부산, 울산, 경남에서 승리했다. 2014년 지방선거 결과와 비교하면, 더불어민주당은 5곳(부산, 인천, 울산, 경기, 경남)에서 광역단체장을 추가했고 이곳에서 최소 6.8%p(경기)와 최대 26.5%p(울산)의 득표율 증가를 거두었다. 아울러 서울, 대구, 전남을 제외한 모든 지역에서 후보들의 득표율도 크게 증가했다.

　큰 변동은 일찌감치 예견되었었다. 각종 미디어들은 선거운동이 본격화되기 전부터 다가올 변화의 동인들에 관심을 기울이며 '스윙 보터', '샤이 보수', '스윙 보수' 등 표심을 탐색하는 기사들을 연이어 쏟아냈다. 선거결과를 뒤집을 수 있는 집단에 대한 관심은 새로운 현상이 아니다. 특히 정당 간의 경합이 치열할수록 부동층이나 스윙 투표자(swing voter) 집단은 미디어와 여론의 주요한 관심사였다. 그러나 학계의 연구는 그리 활발하지 않았다. 그나마 선거운동이 시작되기 전까지 표심의 향방을 결정하지 못한 부동층에 대한 연구가 절대적인 편수는 적으나 최근 주목도가 증가한 데 반해(예, 김연숙 2014; 류재성 2014; 문은영 2017; 조성대 2013), 정당 변경자(party changer) 혹은 스윙 투표자에 대한 연구는 거의 없었다. 예외적으로 이현우(2007)와 정한울(2013)의 연구가 있긴 하나 한 선거 기간 내(intra-election)의 스윙 투표나 혹은 연이은 총선에서 정당에 대한 갈등적 태도가 스윙 투표 현상에 미친 영향에만 주목하고 있을 뿐이었다.

　따라서 이 글은 2018년 지방선거에서 발생한 대규모 정당지지의 변화를 스윙 투표 현상을 통해 설명하고자 한다. 스윙 투표가 갖는 정치적 의미가 과거 선거와 비교해 이번 선거에서 특정 정당이 갖는 득실과 그에 따른 정당체계의 변화에 있다고 한다면, 구체적으로 2018년 지방선거에서 선거 간 스윙 투표자들은 누구였고, 어떤 정치적 태도나 정향을 지니고 있었으며, 또 그들의 스윙 행태가 어떤 요인들에 의해 결정되었는가에 대한 탐구는 한국 유권자의 투표 행태뿐만 아니라 정당체계, 정당의 반응성 및 책임성, 나아가 대의제의 작동 기제에 대한 이해를 넓혀줄 것이다.

　두 가지 쟁점이 고려될 필요가 있다. 첫째, '스윙 투표자'의 개념 및 조작적 정의를 좀 더 명확하게 정리할 필요가 있다. 많은 언론은 선거 전부터 특정 지역이나 집단에서 스윙이 발생할 것인가에 관심을 가진다. 집합적 혹은 집단적 현상으로서의 스윙 투표에 대한 관심은 몇몇 연구들로 하여금 스윙 투표자를 누구에게나 설득될 수 있는지 그리고 누구나 차지할 수 있는지 여부를 중심으로 개념을 정의하게 했고, 정당에 대한 양가적 태도(ambivalent attitude)를 중심으로 조작하게 했다(Mayer et al. 2008 참조). 그러나 스윙의 잠재성에 기초한 정의는 스윙 투표 행위를 적절하게 표상하지 못한다. 이런 측면에서 연속하는 선거에서 지지정당을 변경하는 행위에 기초해 스윙 투표자를 정의한 컨버스(Converse 1962)나 키이(Key 1966)의 연구는 적절한 출발점을 제시한다. 나아가 이 글은 최소한 세 번 이상의 연속하는 선거에서의 퇴장 행위에 대한 판단으로 스윙 투표자를 정의할 필요성을 주장한다.

둘째, 컨버스의 유동 투표자(floating voter) 가설과 키이로 대표되는 합리적 투표자(rational voter) 가설을 스윙 투표자의 특징과 투표 행태를 통해 경험적으로 검증하는 작업이 필요하다.1) 전자의 경우 정치 관여나 정보 수준이 낮은 상태에서 스윙 행위는 단기적인 요인들에 의해 영향을 받을 가능성이 높다는 점만 언급하고 있을 뿐(Converse 1962, 583), 무엇이 특정 정당으로 퇴장(exit)을 가능하게 하는지에 대해선 분석하지 않았다. 이에 반해, 후자는 정당 변경 행위가 정치 관심이나 지식과는 관계가 없으며 현재의 정책 선호에 가까운 정당을 선택하는 것으로 분석했다(Key 1966). 상호 대립하는 두 가설에 대해 이 글은 절충을 모색한다. 정치적 세련됨이 낮고 정당에 대해 양가적 태도를 지니는 스윙 투표자들은 제한적 합리성(bounded rationality)에 기초해 장기적으로 형성되고 난이도 높은 이해력을 요구하는 이념이나 정책보다 단기적이고 쉬운 선거쟁점에

---

1) 이현우(2007, 147-149)는 기존 연구들의 리뷰를 통해 컨버스류의 연구를 유동 투표자 가설로, 키이류의 연구를 합리적 선택이론의 맥락으로 구분하고 있다. 이 글은 이를 수용하여 전자를 유동 투표자 가설로, 후자를 합리적 투표자 가설로 부르고자 한다.

의존한다는 것이다.

경험 분석을 위해 한국사회과학데이터센터와 한국선거학회가 지방선거 직후부터 3주간(2018년 6월 14일~7월 4일) 전국(제주 제외) 유권자 1,200명을 대상으로 면접 조사한『제7회 전국동시 지방선거 관련 유권자 정치의식조사』데이터를 활용한다. 글의 순서는 다음과 같다. II절은 기존 연구를 검토하면서 스윙 투표자의 개념에 대해 토론한다. III절은 역시 기존 연구의 검토를 통해 스윙 투표자의 특징 및 투표 선택에 대한 분석틀과 가설 및 변수의 조작 방법을 제시한다. IV절은 제시된 가설들에 대한 기초적인 통계 분석 결과를 이변량 분석을 통해 제시한다. V절은 다항 로지스틱 회귀분석을 통해 가설을 검증한 결과를 제시한다. 마지막으로 VI절은 본문을 요약하며 그 함의를 제시한다.

II. 스윙 투표자 개념에 대한 검토

스윙 투표자 개념의 기원은 1948년 라자스펠드와 그의 동료들에 의해 저술된『인민의 선택(People's Choice)』까지 거슬러 올라간다. 저자들은 선거 운동 기간 특정 정당을 "지지할 의도를 가지고 출발했지만 이후 상대 정당으로 변경했고, 실제 그 당에 투표한 사람"을 "정당 변경자(party changer)"로 정의했다(Lazarsfeld et al. 1968, 66). 컨버스는 경험 분석을 연속하는 선거에로 확장했다. 그는 1956년과 1960년 미국 대선에서 서로 다른 정당에 투표한 사람들을 "유동 투표자(floating voter)"로 정의하면서, 이들의 투표 행태가 일관되게 정당 투표를 행하는 정상 투표(normal voter)와 달리 "반대당에 대한 단기적 요인들의 세기에 비례하고 습득된 정치 정보에 반비례"한다는 가설을 제시했다(Converse 1962, 141). 그러나 그의 연구는 새롭게 제시한 가설을 검증하기보다 종래의 연구를 재차 검증하는 데 그칠 뿐이었다(Boyd 1986). 즉 스윙 투표자들이 일관 투표자들보다 정보 수준이 낮다는 점 외에 그들이 어떤 기제에 의거해 후보나 정당을 선택하는지에 대해 분석하지 못했다.

『책임 있는 유권자들(The Responsible Electorate)』에서 키이는 스윙 투표자의 투표 행태에 대해 합리성을 기초한 가설을 제시함으로써 새로운 지평을 열었다. 그는 '유지자(standpatter) 대 변경자(switcher)' 가설에서 컨버스와 마찬가지로 연이은 선거에서 "서로 다른 방향으로 정당 라인을 넘은 투표자들"을 "변경 투표자들(switching voter)"로 정의했다(Key 1966, 16). 그리고 1936년부터 1960년까지의 미국 대선을 사례로 그들이 정당 유지자들에 비해 정보 수준, 정치 관심, 혹은 정치 관여 정도가 낮지 않고 정책에 대한 무지 빈도도 차이가 없음을 발견했다. 보다 중요한 점은 정당 변경자들의 투표 행태에 대한 분석인데, 정당 유지자들과의 차이가 사회심리적 기벽 때문이 아니라 정부 정책이나 대통령 후보의 자질에 대한 평가가 달랐기 때문이라고 주장했다. 즉 키이는 다운스(Downs 1957)적 전통의 합리적 투표행위로 지지 정당 변경을 설명하려 했다.

그런데 많은 미디어는 이미 선거 전부터 어느 지역 혹은 어느 집단이 기존 지지 정당을 이탈해 다른 정당으로 옮겨가 선거결과를 뒤집을 수 있는가에 관심을 가진다. 여기서 스윙 투표는 지극히 집합적 수준의 현상으로 정의된다. 예를 들어, 미시간, 오하이오 등의 미국의 스윙 주들(states), 한국의 충청도, 또는 스윙 보수라는 개념들은 과거 혹은 다가올 선거에서 스윙의 잠재성을 지닌 유권자 집단을 지칭하는 개념으로 사용된다.

이런 측면에서 『미국 정치의 스윙 투표자들(The Swing Voters in American Politics)』(Mayer et al. 2008)의 몇몇 저자들은 집단적 수준의 현상으로 스윙 투표자 문제에 접근한다. 대체로 스윙 투표자를 특정 정당이나 후보에 대해 열성적인 선호를 지니지 않아 다양한 캠페인 이벤트나 커뮤니케이션에 의해 설득될 수 있는 유권자로 정의한다(Mayer 2008, 2; Dimock et al. 2008, 60; Stonecash 2008, 102-103; Clymer and Winneg 2008, 113). 여기서 핵심어는 "설득될 수 있는지(persuadable)"와 "누구나 차지할 수 있는지(up for grabs)" 여부이다(Campbell 2008, 118-119). 경험적 조작은 대체로 다음의 두 가지 방법에 의존하고 있다.

첫째, 정당이나 후보에 대해 양가적 태도를 지닌 유권자 집단을 스윙 투표자로 분류하는 방법이다. 응답자가 서로 다른 정당이나 후보자에게 부여한 온도지수(thermometer scores)에서 차이 값이 작은 응답자들이나(Mayer 2008), 싫고 좋음에 대한 응답에서 차이 값이 작은 응답자들을(Kelley 1983; Campbell 2008) 구분한다. 둘째, 『인민의 선택』의 연장선상에서 선거운동 기간 표심을 바꾸었거나 혹은 반대 후보에게 표를 던지겠다고 결심한 적이 있는지 여부로 스윙 투표자 집단을 조작하는 방법이다(Clymer and Winneg 2008; Dimock et al. 2008; Jones 2008). 패널 데이터를 이용해 선거 내 스윙 투표자를 조작하는 방법으로 한국 선거의 연구에도 적용된 적이 있다(이현우 2007; 정한울 2013). 요약하면, 정당 간 교차압력에 놓여 있거나 정치적 선호를 변경할 의향이 있는 유권자들을 선거 전 유동적인 표심을 지닌 스윙 투표자 집단으로 분류한다는 것이다.

여기서 컨버스나 키이의 정당 변경자 개념은 스윙 투표자 구분에서 제외된다. 한 연구는 정당 변경자 개념의 문제점으로 첫째, 지난 선거에서 투표를 못했거나 할 수 없었던 유권자들을 배제한다는 점; 둘째, 선거 기간 중 지지 정당을 바꿀 의향을 품었다가 마지막으로 원점으로 되돌아온 유권자들을 제외한다는 점; 셋째, 과거 지지했던 정당으로부터 '진짜' 퇴장하는 사람들을 포함하고 있어 모두가 스윙 투표자가 아닐 수 있다는 점을 들고 있다(Mayer 2008, 12). 모든 스윙 투표자가 정당 변경자는 아니며, 반대로 모든 정당 변경자가 스윙 투표자는 아니라는 것이다.

그러나 위의 두 가지 조작 방법은 다음의 문제점을 지니고 있다. 첫째, 정당에 대한 양가적 태도를 지닌 사람들이 그 자체로 스윙 투표자인가는 문제이다. 스윙의 잠재력을 지니고 있을지라도 실제 스윙 투표를 했는지는 결과로 확인할 수밖에 없다. 그리고 이 요인은 그동안 정당이나 선거에 대한 연구들에서 주요한 독립변수로 많이 활용되어 왔다. 예를 들면, 양극화 정치의 완화(김장수 2005), 제3당 후보에 대한 지지(유성진 2007),

부동층의 특징(조성대 2013; 김연숙 2014)을 설명하는 주요한 독립변수로 활용되었다. 심지어 선거 내 혹은 선거 간 스윙 투표를 설명하는 주요 독립변수로 활용되기도 했다(정한울 2013). 따라서 이 요인은 오히려 스윙 행위를 설명하는 독립변수로 활용되는 것이 더 적절하다.

둘째, 선거 내 정당 변경 의향을 묻는 설문이 과연 스윙 투표자를 적절하게 조작하는 지도 재고해볼 필요가 있다. 스윙 투표는 과거 특정 정당에 대한 지지를 철회하고 다른 정당으로 퇴장해서 집권당의 지위나 의회 다수당의 지위에서 변화를 일으킬 때 의미가 부각된다. 편의상 양당제를 기준으로 살펴보자. 한 유권자가 스윙 투표자가 되기 위해서는 모든 조건이 같을 경우 두 정당 중 하나를 선택할 확률이 0.5에 가까워야 한다. 그리고 이런 표심의 이동이 선거결과를 바꾸어 놓을 때 스윙의 중요성이 도드라진다. 그런데 이 확률은 연속하는 선거에서 투표 기록을 계산할 때만 구할 수 있다. 경험적으로 적어도 세 개 이상의 선거에서 동일한 응답자의 투표 행태를 추적할 것이 권고되고 있다(Shaw 2008, 87-88 참조). 이런 측면에서 스윙 투표자는 두 번의 선거에서의 퇴장행위를 측정한 기존 연구의 '정당 변경자'와 엄밀히 구분된다.

세 번 이상의 선거에서 퇴장의 경험을 지닌 스윙 투표자의 경험적 조작에는 선거 간 패널 데이터가 필요하다. 그러나 최소한 한국에서 이런 데이터를 구하기는 쉽지 않다. 오히려 이용 가능한 데이터는 과거 선거에서의 투표 행태를 묻는 설문을 포함한 특정 시기의 여론조사 자료이다. 물론 이 경우 오래전 기억에 의존한 답변의 정확성 문제와 편승 효과에 따른 유권자의 거짓 응답 등의 문제 등이 발생할 수 있다(이현우 2007, 145). 그러나 스윙 투표 행태에 관한 개념적 엄밀성을 충족하기 위해선 적어도 세 번의 선거에서의 투표 기록을 확보할 필요가 있다. 따라서 응답이 과장될 수 있다는 문제에도 불구하고 현재 사용 가능한 데이터를 통해서 스윙 투표자의 특징과 투표 행태를 밝혀봄이 현실적인 타협책일 수 있다고 판단된다.

III. 스윙 투표자의 특징과 투표 행태에 관한 분석 틀

1. 스윙 투표자들의 특징에 대한 가설과 변수 조작

『인민의 선택』이 "선거 자체나 선거 결과에 대한 관심과 정치 정보 수준이 최소이면서 가장 늦게 투표 결정을 하며, 선거의 쟁점보다는 개인 접촉에 의해 설득당할 가능성이 높은 사람"(Lazarsfeld et al. 1968, 69)으로 정당 변경자들의 특징을 묘사한 이후 스윙 투표자들에 대한 연구는 정보 수준이나 정책 태도에 있어 정치적 세련(sophistication)을 중심으로 진행되어 왔다. 『미국 정치의 스윙 투표자들』(Mayer ed. 2008)의 저자들을 비롯한 대부분의 기존 연구는 스윙 투표자들이 대체로 사회경제적 지위에 있어서는 저학력, 저소득, 그리고 저연령층이고, 정치 정향에 있어서는 무당파, 부동층, 중도주의자들이며, 정치 관심이나 정보 습득, 그리고 정치 관여도 상대적으로 저조하다는 점 등을 밝히고 있다(Bearnot and Schier 2012 참조). 한국의 경우 스윙 투표자들이 일관 투표자들보다 선거 관심이 적고 정당에 대한 선호도가 낮다는 연구(이현우 2007)와 정당에 대한 양가적 태도가 스윙 투표를 유도한다는 연구(정한울 2013) 외에 더 자세한 연구가 없다. 따라서 서구의 경험이 밝힌 스윙 투표자들의 특징들이 한국의 유권자들에게서도 발견되는지를 기존 연구와 비교하며 자세히 검증해볼 필요가 있다.

스윙 투표자의 특징을 살펴보기 위한 종속변수는 스윙 투표를 했는지 여부로 2014년 지방선거, 2017년 대통령선거, 그리고 2018년 지방선거의 투표 행태로 조작되었다. 분석의 편의를 위해, 2014년 지방선거에서 새누리당과 새정치민주연합의 광역단체장 후보를 선택한 응답, 2017년 대선에서 더불어민주당의 문재인, 자유한국당의 홍준표, 그리고 국민의당의 안철수 후보를 선택한 응답, 그리고 2018년 지방선거에서 더불어민주당과 자유한국당 광역단체장 후보를 선택한 응답을 선택해 조합을 형성했다. 결과적으로 총 12개의 조합 중에 '새정치민주연합-더불어민주당-더불어민주당'과 '새누리당-자유한국당-자유한국당'에 투표했다고 응답한 사람들을 '일관 투표자'로, 단 한 번이라도 지지하는 정당 및 후보자로부터 이탈한 응답자를 '스윙 투표자'로 조작했다.[2]

스윙 투표자들이 정치 관여와 정보 수준에 대한 가설을 검증하기 위한 분석 틀은 다음과 같다. 응답자의 성, 연령, 교육 수준, 소득 수준과 거주지역을 나타나는 변수[3] 외에 기존 연구가 주로 활용해왔던 유권자의 선거 관심, 선거정보 습득, 정치 지식에 대한 설문을 활용한다. '선거 관심'은 광역단체장선거에의 관심 정도를 4점 척도(1. 전혀 없었다, ~ 4. 매우 많았다)로 묻는 설문(문1)을 활용했다. '선거정보 습득'은 선거에 관련된 정보를 집적 찾아본 경험을 묻는 설문(문15)에서 "있다"를 높은 값(1)으로 이 변량으로 조작했다. 마지막으로 응답자의 '정치 지식'은 정답 혹은 오답을 묻는 정치 질문들을 ― 대법원장 임명권한의 소재지(문34), 국무총리 이름(문35), 국회 교섭단체 구성 의석수(문36), 국회의원 총정원(문37), 이승만 정부 당시 반독재 민주화 운동 명칭(문38) ― 활용해 정답 수를 변수로 조작했다. 스윙 투표자는 정치에 관심이 부족하거나, 정보 습득 활동이 적거나, 혹은 정치 지식이 낮을 것으로 예상된다.

〈가설〉 스윙 투표자들은 낮은 정치 관심과 정보 수준을 보일 것이다.

---

[2] 설문 자료에는 2016년 국회의원 총선거에서 지지 정당을 묻는 설문도 있었지만, 굳이 분석에 세 시기 선거의 선택지만을 포함시킨 이유는 첫째, 경우의 수를 줄여 분석의 편의를 구한다는 측면, 둘째, 종속변수가 2018년 지방선거에서의 투표 행태이기에 한편으로 2014년 지방선거로부터의 변화를 측정하는 것이 더 적절하다는 점, 셋째, 민주화 이후 대부분의 지방선거가 대통령과 집권당의 국정운영에 대한 중간평가로 치러져 왔다는 점(강원택 2006; 김진하 2010; 오현주 외 2014)을 고려한 때문이다.
[3] 응답자의 사회경제적 지위는 성(1. 남성, 2. 여성), 연령(실제 나이), 교육(1. 중졸, 2. 고졸, 3. 전문대졸, 4. 대졸이하), 소득(100만원 단위로 9점 척도)으로 조작되었다. 응답자의 거주지역은 1. 대구/경북, 2. 부산/울산/경남, 3. 호남, 4. 기타로 조작되었다.

다음 가설은 스윙의 잠재성을 지니는 요인들에 관한 것이다. 정당, 이념, 혹은 정책에 대해 양가적 혹은 중도적인 태도를 지닐 때 교차압력에 취약해 스윙을 할 가능성이 높다는 것이다. 이를 위해 정당 및 정책에 대한 양가적 태도를 몇 가지 변수로 조작했다. '양가적 태도_정당태도'는 민주당과 한국당에 부여한 10점 만점의 온도지수(문9-1과 9-2)의 차이를 절댓값으로 계산했다. 0에 가까울수록 양가적 태도를 강하게 지닌다. '무당파'는 가깝게 느끼는 정당이 있는지 여부를 묻는 설문(문10)을 사용해 "없다"고 응답한 유권자들을 높은 값(1)으로 이변량 변수로 조작했다. '양가적 태도_일반 이념'은 11점 척도의 이념(0. 진보 ~ 10. 보수, 문18)을 중도를 기준으로 극단적 이념 소지자까지 6점 척도로 조작했다. 정책에 대한 양가적 태도는 역시 11점 척도로 정책에 대한 평가를 묻는 설문들을 이념과 같은 방식으로 조작했다. 사용된 정책 설문은 안보 및 경제 정책으로 한미동맹(문27-1), 대북지원(문27-2)의 안보 쟁점('양가적 태도_안보 정책')과 성장 대 복지(문27-7), 비정규직 문제(문27-8), 고소득자 증세 문제(문27-9)의 경제 쟁점('양가적 태도_경제 정책')으로 구분했다.[4] 스윙 투표자들은 일관 투표자들에 비해 중도적 태도를 많이 지닐 것으로 예상된다.

〈가설〉 스윙 투표자들은 정당 태도 및 이념과 정책에 있어 높은 양가적 혹은 중도적 태도를 보일 것이다.

추가적으로 이 글은 대소네빌(Dassonneville et al. 2015)[5]의 정당 충성

---

[4] 정책 변수로 안보 및 경제 정책을 사용한 이유는 한국정치의 이념적 성격을 진단하는 연구들이 주로 반공주의를 둘러싼 안보 이념과 전통적인 계급적 이해관계를 둘러싼 경제 이념을 중심으로 진행되어 왔다는 측면을 고려했기 때문이다. 기존 연구에 대한 리뷰는 조성대(2015)의 3장 참조.
[5] 이 연구는 두 번의 선거에서 정당 충성자, 정당 변경자와 기권자를 대비하고 정당의 과거 업적에 불만이 높을 경우 정당을 변경하는 데 반해 민주주의에 대한 실망감이 높을수록 기권 확률이 증가함을 밝히고 있다.

자, 정당 변경자, 기권자의 구분을 이용해 기권자를 통제 요인으로 추가했다. 스윙 투표자들의 선거 관여, 정치 지식, 정당 및 정책에 대한 양가적 태도가 일관 투표자들이나 기권자들의 중간 정도일지 혹은 두 집단 중 어느 한 집단에 가까운 속성을 지닐지 여부는 스윙 투표자들의 특징에 대한 이해의 폭을 넓힐 것으로 예상된다. 다만 분석의 초점을 스윙 투표자의 특징과 투표 행태를 일관 투표자의 그것과 비교하는 데 두고 있기에 기권자에 대한 설명과 추론은 최소화되었음을 밝혀둔다.

2. 스윙 투표자들의 투표 행태에 대한 가설

두 번째 분석틀은 구체적인 투표 행태이다. 유동 투표자 가설로 요약되는 기존 연구는 유권자의 정치적 세련됨과 스윙 투표의 관련성에 집중했을 뿐, 스윙 투표의 원인에 대해서는 분석하지 않았다. 미시간 학파(Michigan school)의 전통을 고려했을 때 스윙 행위는 습관적이거나 무작위적(random)이라는 추론마저 가능하다. 앞서 언급했듯이 정당 변경이 단기적인 요인들의 강도에 비례한다는 언급에서 약간의 단서를 찾을 수 있을 뿐이다(Converse 1962, 583). 이에 반해 키이(Key 1966)는 정당 변경을 현재의 정책 선호에 가까운 정당을 선택하는 행위로 보았다. 특히 외교정책에서의 대통령의 성공이나 국가경제 발전에 대한 보상이 영향을 미치는 것으로 분석했다. 이어진 보이드(Boyd 1986)의 연구 또한 주요 정책이나, 경제상태, 그리고 후보의 자질이 정당 변경자들의 투표 행태에 영향을 미친다고 분석했다. 보다 최근의 연구(Dassonneville et al. 2014; Dassonneville et al. 2015)는 정당 변경이 이념적으로 좀 더 가까운 정당에로 이동한 결과라고 해 다운스(Downs 1957)의 합리적 선택이론을 검증하고 있다.

그런데 대부분의 연구들이 인정하고 있듯이 스윙 투표자들의 낮은 정치 관여나 정보 수준은 각 정당의 공약이나 정책을 세심하게 살펴 자신의 선호에 걸맞은 정당을 선택하는 다운스식 합리적 투표 가설을 의심하게 한다. 심지어 관심과 정보를 세련되게 갖고 있다 하더라도 정당이나 이념 및 정책에 양가적 혹은 중도적 태도를 지닌다는 점은 이념 투표의 가능성을 의심하게 만든다. 오히려 스윙 투표자들은 제한적 합리성(bounded rationality)에 근거해 자신의 제한된 인지적 환경에서 가장 좋은 결과(payoff)를 가져올 선택을 할 개연성이 높다.

제한적 합리성에 대한 잘러(Zaller 2003)의 연구에 의하면, 정보 수준이 높은 사람들은 정치 태도가 발달되어 명확한 정당일체감이나 이념을 소유하는 경향이 있지만, 정보 수준이 낮은 사람들은 선거와 직접적으로 관련된 특정 정치 쟁점에 민감할 수 있다. 합리성에 대한 가정만을 제외하면, 이는 정당 변경자들이 단기적인 요인들에 더 민감할 수 있다는 컨버스의 주장과 큰 차이가 없다. 즉 개인의 사회화 과정에서 장기간 형성되어 안정적이고 명료하게 정치 현상을 이해하게 하는 이념과 정책에 대한 판단보다는 선거기간 동안 갑자기 현저하게 등장해 모든 대중들이 주목하게 하는 쉬운 쟁점에 대한 판단으로 표심을 결정할 공산이 크다는 것이다.

여기서 컨버스의 유동 투표자 가설과 키이의 합리적 투표자 가설은 교묘히 절충이 된다. 즉 단기적인 선거쟁점이 스윙 투표자들의 선택을 유도할 것이라는 점에서 유동 투표자 가설을 인정하는 셈이기도 하거니와 그것을 효용의 측면에서 평가하고 투표한다는 것 자체는 스윙 투표자들의 합리성을 인정하는 것이기 때문이다.

〈가설〉 스윙 투표자들의 투표 선택은 이념이나 정책보다는 단기적인 선거쟁점에 영향을 더 많이 받을 것이다.

이상의 가설을 경험적으로 분석하기 위해서 종속변수를 앞의 스윙 투표자와 다르게 조작할 필요가 있다. 즉 선거 간 특정 정당에 대한 투표 선택의 변화를 종속 변수로 조작해야 하는데, 세 번의 선거에서의 투표 선택을 하나의 모형에서 고려할 경우 총 12개의 선택지가 생겨 분석이 복잡할 수밖에 없다. 따라서 이를 두 개의 선거 간 스윙 투표로 구분하여 각각의 사례에 대한 원인을 추적하는 것이 적절하다. 물론 분석이 앞서 정의된 스윙 투표자에 국한된다는 점에서 단순한 지지 정당 변경의 원인을 추적하는 것과는 구별된다.

종속변수는 2014년 지방선거와 2018년 지방선거, 그리고 2017년 대선과 2018년 지방선거에서의 투표 선택의 변화로 구분했다. 전자의 경우 '새누리당 → 자유한국당', '새정치민주연합 → 더불어민주당', '새누리당 → 더불어민주당,' 그리고 '새정치민주연합 → 자유한국당'의 네 가지 선택지로 구분했다. 그리고 후자의 경우 2017년 자유한국당의 홍준표 후보와 국민의당 안철수 후보가 선택지를 늘리고 있어 좀 더 단순한 분석을 위해 '여야' 구분을 통제 요인을 활용해 '자유한국당 → 자유한국당', '더불어민주당 → 더불어민주당', '자유한국당/국민의당 → 더불어민주당', '더불어민주당/국민의당 → 자유한국당'으로 구분했다.

투표 선택의 변화를 설명하기 위해 한국 선거에서 투표 행태를 설명해왔던 주요 변수인 이념, 정책, 경제상태 평가, 그리고 선거쟁점들을 독립변수로 조작했다. '일반 이념' 변수는 11점 척도로 이용한 이념 설문 진보에서 보수의 순으로 조작해 사용했다. 정책 변수 또한 앞서 사용한 '안보 정책'과 '경제 정책'을 진보에서 보수의 순으로 10점 만점으로 조작해 사용했다. 경제 상태에 대한 평가는 지난 1년과 향후 1년의 국가경제 상태에 대한 평가(1. 좋아짐, ~ 3. 나빠짐)를 각각 '회고적 평가'(문47)와 '전망적 평가'(문50)로 사용했다. 단기적인 선거쟁점 변수는 '대통령의 국정운영 평가'(문20), '박근혜 전 대통령 구속 수사 평가'(문21), '이명박 전임 대통령 구속 수사 평가'(문22)를 4점 척도(1. 매우 잘못함/반대 ~ 4. 매우 잘함/찬성)로 설문한 자료를 사용했다. 아울러 통제 변수로 그동안 투표 선택을 설명하는 가장 강력한 영향력을 지니고 있다고 발견되어 온 '정당일체감' 변수를 이후 회귀분석에 삽입했다. 응답자가 가깝게 느끼는 정당을 더불어민주당, 자유한국당, 기타(무당파 및 기타 정당)로 구분해 기타 정당을 기준으로 명목 변수로 활용했다. 이외에 유권자의 성, 연령, 교육 수준, 소득 수준뿐만 아니라 거주지역도 통제 변수로 활용했다.

분석을 통해 이 글이 기대하는 바는 이념, 정책, 선거쟁점 변수 모두가 민주당과 한국당에 대한 일관 투표를 유의미하게 설명하는 데 반해, 스윙 투표의 경우 단기적인 선거쟁점만이 유의미한 영향을 미칠 거라는 점이다. 2018년 지방선거는 2017년 박근혜 전 대통령의 국정농단과 탄핵, 박근혜 및 이명박 전 대통령의 구속, 그리고 2018년 4월과 6월에 있었던 연이은 남북 및 북미정상회담의 여파 속에서 대통령 지지율이 70%를 상회하는 정치 환경 아래 치러졌다. 따라서 대통령의 국정운영이나 박근혜 및 이명박 전 대통령의 구속 쟁점은 응답자들에게 충분히 단기적이고 쉬운 쟁점이었을 거라 판단할 수 있을 것이다.

IV. 기초 통계 분석의 결과

1. 스윙 투표자의 분류

〈표 1〉은 스윙 투표자들의 분류 결과이다. 총 1,200명의 응답자 중 2014년 지방선거, 2017년 대통령선거, 2018년 지방선거에서 주요 정당 및 후보들에 투표했다고 응답한 사람은 645명이었다.[6] 이 중 일관 투표자는 새누리당-자유한국당-자유한국당에 투표한 127명과 새정치민주당-더불어민주당-더불어민주당에 투표한 331명으로 총 458명이다. 민주당 일관 투표자가 한국당 일관 투표자의 2.6배에 달한다. 그만큼 과거 한국당

---

6) 총 1,200명의 응답자 중 실제 6·13 지방선거에서 투표했다고 응답한 사람은 889명으로 74.1%였다. 이 중 민주당과 한국당 투표자만 뽑아서 보면, 민주당 투표자는 621명으로 75.0%였고, 한국당 투표자는 207명으로 25.0%여서 〈표 1〉의 빈도와 일치한다.

〈표 1〉 스윙 투표자 분류(전체 빈도)

이전 선거		2018년 지방선거		합계
2014년 지방선거	2017년 대선	자유한국당	더민주당	
새누리당	더민주당	15(2.3)	89(13.8)	104(16.1)
	자유한국당	127(19.7)	18(2.8)	145(22.5)
	국민의당	13(2.0)	19(2.9)	32(4.9)
새정치민주연합	더민주당	3(0.5)	331(51.3)	334(51.8)
	자유한국당	1(0.2)	1(0.2)	2(0.4)
	국민의당	2(0.3)	26(4.0)	28(4.3)
합계		161(25.0)	484(75.0)	645(100.0)

을 지지했던 사람들의 이탈이 컸음을 시사하고 있다. 스윙 투표자는 음영으로 처리된 응답자로 총 187명이다. 당연히 과거 한국당 지지자들의 이탈이 가장 많다.

스윙 투표자의 특징을 파악하는 데 사용되는 첫 번째 종속변수는 〈표 1〉의 결과에 기권자 311명을 더해 조작되었다. 결과적으로 총 956명의 응답자 중 일관 투표자가 47.9%, 기권자가 25.9%, 그리고 스윙 투표자는 19.6%였다. 기권자를 제외하고 살펴본다면 주요 정당 간 스윙 투표자들은 29%에 이른다. 한 개의 선거구에서 치러진 선거라면 당락을 충분히 결정지을 수 있을 만큼의 비율이다.

스윙 투표자의 투표 행태를 분석하는 두 번째 종속변수는 〈표 1〉을 두 가지 유형, 즉 2014년 지방선거와 2018년 지방선거 간 정당 변경 투표와 2017년 대선과 2018년 지방선거 간 정당 변경 투표로 구분한 두 개의 투표 선택 변수이다. 〈표 1〉에서 이미 세 번의 선거를 통해 일관 투표자와 스윙 투표자를 구분했기에, 비록 종속변수를 두 개의 선거에서의 정당 변경 행태로 구분했을지라도 일반적인 정당 변경 행위와 구분된다. 종속변수의 빈도는 〈표 2〉에서 알 수 있다. 이 분류표에서 스윙 투표자들은 음영으로 처리된 셀들로 2014년과 2017년 선거에서 새누리당이나 자유

〈표 2〉 스윙 투표자의 정당 변경 행태 분류(%)

2014년 지방선거 → 2018년 지방선거		2017년 대선 → 2018년 지방선거	
새누리당 → 자유한국당	155(24.0)	자유한국당 → 자유한국당	128(19.8)
새정치민주연합 → 더민주당	358(55.5)	더민주당 → 더민주당	420(65.1)
새누리당 → 더민주당	126(19.5)	자유한국당/국민의당 → 더민주당	64(9.9)
새정치민주연합 → 자유한국당	6(0.9)	더민주당/국민의당 → 자유한국당	34(5.1)
합계	645(100.0)	합계	645(100.0)

한국당 혹은 국민의당을 지지했다가 2018년 선거에서 더불어민주당으로 지지를 변경한 유권자들(각각 19.5%와 9.9%), 혹은 과거 선거에서 새정치민주연합을 지지했거나 더불어민주당 후보 혹은 국민의당을 지지했다가 2018년 선거에서 자유한국당으로 지지를 변경한 유권자들(각각 0.9%와 5.1%)이다.

2. 스윙 투표자의 특징에 관한 이변량 분석

〈표 3〉부터 〈표 6〉까지는 스윙 투표자의 특징을 살펴본 결과이다. 분산분석(ANOVA)과 사후 분석으로 하위 집단 간 일대일의 평균값의 차이를 t-검증(95%의 신뢰구간)으로 살펴보는 쉐페(Scheffe) 검증을 실시했다. 〈표 3〉은 스윙 투표자의 사회경제적 특징을 기권자 및 일관 투표자의 그것과 비교한 결과이다. 스윙 투표자는 다른 하위 집단보다 남성이 조금 더 많으며, 중간대의 연령과 교육 수준, 하위 소득수준을 지닌 것으로 나타났으나 성, 학력, 소득 수준에서는 통계적으로 유의미한 차이를 보이지 않고 있다. 연령은 두 개의 하위 집단으로 구분하고 있지만, 스윙 투표자와 일관 투표자가 같은 하위 집단으로 묶여서 기권자들과 구분될 뿐이다. 다만 일관 투표자와 스윙 투표자 집단의 연령 평균의 차이를 t-검증을 통해 살펴보았을 때 평균값은 차이는 통계적으로 유의미(p〈0.013)하게 나타

〈표 3〉 스윙 투표자의 사회경제적 특징(ANOVA, Scheffe 사후 검증)

변수	성	연령		학력	소득
집단	1	1	2	1	1
기권자	0.49	40.47		2.86	4.80
스윙 투표자	0.46		47.56	2.73	4.72
일관 투표자	0.53		50.26	2.70	4.74
F-test	1.47	50.96**		2.76	0.17

** p < 0.01

났다. 즉 서구의 일반적으로 발견과는 달리 한국에서 스윙 투표자들은 연령을 제외하고 다른 사회경제적 지위 변수들에서 일관 투표자들과 두드러지게 구별되지 않는다.

〈표 4〉는 스윙 투표자의 정보 수준을 기준으로 하위 집단을 구분한 결과이다. 선거 관심이나 정보 습득, 그리고 정치 지식 부문에서 스윙 투표자는 기권자와 일관 투표자의 중간 값을 지녀 기존 연구의 결과와 비슷하다. 그러나 쉐페 사후 검증에서 스윙 투표자는 일관 투표자와 통계적으로 유의미한 차이를 보이지 않고 있다. 선거 관심과 정보 습득에서 기권자만이 다른 두 집단과 유의미하게 구분될 뿐이다. 아울러 정치 지식에서

〈표 4〉 스윙 투표자의 정보 수준(ANOVA, Scheffe 사후 검증)

변수	선거 관심		선거정보 습득		정치 지식	
집단	1	2	1	2	1	2
기권자	2.26		0.14		2.23	
스윙 투표자		3.16		0.33	2.34	2.34
일관 투표자		3.26		0.40		2.55
F-test	181.24**		33.40**		8.29**	

** p < 0.01

스윙 투표자는 각각 기권자와 일관 투표자와 통계적으로 유의미하게 구분되지 않는다. 즉 정보 수준 측면에서 스윙 투표자들은 기권자와는 뚜렷하게 구분되는 높은 수준의 정치적 세련됨을 보이는 반면, 비록 수준이 다소 낮으나 일관 투표자와 큰 차이가 없는 세련됨을 지니고 있음을 알 수 있다. 이는 2006년 지방선거에서 유동 투표자가 일관 투표자보다 정치에 관심이 적었다는 발견과 사뭇 다르다(이현우 2007 참조).[7]

〈표 5〉는 기권자, 스윙 투표자, 일관 투표자를 정당 및 정책에 대한 양가적 혹은 중도적 태도를 기준으로 구분한 결과인데, 대체로 기존 연구들과 일치하는 패턴을 보이고 있다. 민주당과 한국당에 대한 온도지수 차이의 절댓값으로 조작된 정당태도에서 스윙 투표자의 양가적 태도 수준은 일관 투표자에 비해 높고 기권자보다는 낮은 중간치를 보이고 있다. 그러나 쉐페 검증에서 스윙 투표자는 일관 투표자들과는 구분되지만 기권자들과 같은 하위 집단으로 분류되고 있다. 즉 스윙 투표자들은 한국의 주요 정당에 대한 선호가 명료하지 않으며 이 점에서는 기권자와 크게 차

〈표 5〉 스윙 투표자의 정당 및 정책에 대한 양가적 태도
(ANOVA, Scheffe 사후 검증)

변수	양가적 태도									
	정당태도		무당파			일반 이념		안보 정책		경제 정책	
집단	1	2	1	2	3	1	2	1	2	1	2
기권자	2.66		0.75			2.20		2.76	2.76	2.96	
스윙 투표자	3.00			0.55			2.30	2.62		2.76	
일관 투표자		5.02			0.21		2.87		2.94		3.17
F-test	111.49**		152.08**			31.79**		7.16**		12.05**	

** $p < 0.01$

---

7) 이현우의 연구는 선거 간 스윙 투표가 아니라 선거 내 지지 정당 변경 의향을 종속변수로 사용했다는 점에서 다소 차이가 있다.

이나지 않는다는 것이다.

똑같은 패턴이 주관적인 일반 이념 및 정책에 대한 중도적 태도에서도 발견된다. 정책 태도에서는 흥미로운 현상이 발견되는데, 안보나 경제 정책에 대한 스윙 투표자들의 중도적 태도가 비록 통계적으로 기권자와 같은 하위 집단으로 분류되지만, 기권자보다 더 중도적이라는 점이다. 이는 지난 지방선거에서 보수적인 정책 성향을 지닌 유권자들의 기권이 많은데서 비롯된 것으로 보인다. 마지막으로 스윙 투표자들 사이에 무당파의 비율은 기권자와 일관 투표자의 중간치를 보이며, 모두 통계적으로 유의미한 독립적인 집단으로 존재하고 있다.

종합하면, 스윙 투표자들은 성, 학력, 소득 수준에서 일관 투표자들과 차이가 없을 뿐만 아니라 선거 관심, 정보 습득, 정치 지식 면에서도 일관 투표자들과 크게 차이나지 않는다. 특히 정치 관여나 정치 지식 부분에서 유동 투표자 가설보다는 합리적 투표자 가설이 더 적절해 보인다. 그러나 정당, 이념, 정책에 있어서는 덜 명료한 태도를 지니고 있었으며 오히려 기권자에 그것에 훨씬 가까운 것으로 나타났다. 즉 스윙 투표자의 양가적 태도는 한국의 사례에서도 그대로 나타나고 있다.

3. 스윙 투표자들의 투표 선택에 대한 이변량 분석

III절에서 스윙 투표자의 투표 선택이 제한적 합리성에 기초하여 선거와 관련된 단기적이고 쉬운 선거쟁점에 의존할 것이란 가설을 제시했었다. 박근혜 전 대통령의 국정농단과 탄핵 이후 진행된 일련의 정치과정은 2018년 지방선거에서 적폐청산 및 대통령 국정운영에 대한 평가를 주요한 선거쟁점으로 만들었다. 따라서 대통령 국정운영에 대한 평가, 박근혜 및 이명박 전 대통령의 구속에 대한 평가 등은 손쉬운 쟁점이었을 것으로 충분히 예상할 수 있다. 관련된 변수들과 스윙 투표자들의 투표 선택 간의 관계를 2014년 지방선거와 2018년 지방선거 사이의 정당 변경 투표를 사례로 하나씩 살펴보자.[8] 〈표 2〉에서 알 수 있듯이, 사례에서 민주당에서 한국당으로 지지를 변경한 응답자 수는 6명에 불과하다. 따라서 이에 대한 설명은 생략한다.

〈표 6〉은 응답자의 일반 이념, 안보 정책, 경제 정책에 대한 11점 척도의 응답을 진보, 중도, 보수의 3점 척도로 축소한 변수들을 종속변수와 교차 분석한 결과이다.[9] 일관 투표자들의 투표 행태가 가장 명확한 패턴을 보인다. 일반 이념, 안보 정책, 그리고 경제 정책에서 진보적인 입장을 지닌 응답자들일수록 민주당에 대한 일관 투표 비율이 높고 보수적인 태

〈표 6〉 이념 및 정책 태도와 일관 및 스윙 투표자들의 투표 선택

2014년 지선 → 2018년 지선		새누리 → 자유한국	민주 → 더민주	새누리 → 더민주	민주 → 자유한국	합계
일반 이념*	진보	2(1.0)	165(78.6)	42(20.0)	1(0.5)	210(32.6)
	중도	52(17.4)	168(56.4)	75(25.2)	3(1.0)	298(46.3)
	보수	101(74.3)	24(17.6)	9(6.6)	2(1.5)	136(21.1)
안보 정책*	진보	21(10.4)	141(70.1)	38(18.9)	1(0.5)	201(31.2)
	중도	62(19.4)	193(60.5)	61(19.1)	3(0.9)	319(49.5)
	보수	72(57.6)	24(19.2)	27(21.6)	2(1.6)	125(19.4)
경제 정책*	진보	33(15.3)	147(68.1)	34(15.7)	2(0.9)	216(33.8)
	중도	72(25.1)	151(52.6)	62(21.6)	2(0.7)	287(44.8)
	보수	48(35.0)	58(42.3)	29(21.2)	2(1.5)	137(21.4)

* 카이제곱 검증, $p < 0.01$

---

[8] 2017년 대선과 2018년 지방선거 사이의 스윙 투표를 종속변수로 사용한 결과는 〈부록 1〉부터 〈부록 34〉까지 볼 수 있다. 분석 결과가 본문에 제시된 패턴과 유사해 지면의 양을 고려해 본문에서 생략했다.

[9] 변수의 축소 조작방법은 일반 이념의 경우 진보(0~3), 중도(4~6), 보수(7~10)로 구분했다. 안보 정책과 경제 정책 변수는 일반 이념의 빈도와 유사한 분포를 갖도록 조작했다. 물론 이후 회귀분석에서는 축소 이전의 상태로 사용했다.

도를 지닐수록 한국당에 대한 일관 투표 비율이 높다. 이에 반해, 이념 및 정책에 대한 평가가 스윙 투표 행태와 갖는 관계는 다소 불명확하다. 앞서 〈표 5〉에서 이념이나 정책 태도에서 스윙 투표자들이 양가적 태도를 많이 갖는다는 발견을 고려할 때, 중도적 태도를 갖는 응답자들이 스윙 투표 행태에서 높은 빈도를 가질 것이라는 예상은 자연스럽다. 또한 '새누리당 → 민주당' 사례에서 진보 응답자들이 보수 응답자들보다 빈도가 높을 것이란 기대도 자연스럽다. 그러나 이러한 기대를 충족하는 것은 일반 이념 변수에 불과하다. 일반 이념에서 진보 응답자들은 보수 응답자들보다 새누리당에서 민주당으로 이탈한 응답자의 비율이 높다. 그러나 안보 정책과 경제 정책에 대한 태도에서 이 같은 스윙 투표자들의 비율은 진보보다 보수에서 더 높다. 이러한 혼란스러운 패턴은 최소한 정책이 스윙 투표 행위를 유도하는 중요한 요인은 아니었다고 판단하게 한다. 이는 이후 〈표 10〉의 다변량 검증에서도 재차 발견된다.

〈표 7〉은 경제 상태에 대한 평가와 일관 및 스윙 투표 행태와의 교차분석 결과이다. 이념 및 정책 태도와 마찬가지로 회고적 및 전망적 국가경제에 대한 평가는 한국당과 민주당에 대한 일관 투표와 강한 연관을 갖고 있다. 즉 국가경제의 과거 1년과 미래 1년을 좋게 평가할수록 2014년

〈표 7〉 경제상태 평가와 일관 및 스윙 투표자들의 투표 선택

2014년 지선 → 2018년 지선		새누리 → 자유한국	민주 → 더민주	새누리 → 더민주	민주 → 자유한국	합계
회고적 국가경제*	좋아짐	0(0.0)	26(81.3)	6(18.8)	0(0.0)	32(5.0)
	비슷함	52(15.2)	231(67.3)	56(16.3)	4(1.2)	343(53.2)
	나빠짐	103(38.1)	101(37.4)	64(23.7)	2(0.7)	270(41.9)
전망적 국가경제*	좋을 것임	16(8.2)	141(72.7)	36(18.6)	1(0.5)	194(30.1)
	비슷함	62(22.5)	149(54.0)	63(22.8)	2(0.7)	276(42.8)
	나쁠 것임	77(44.0)	68(39.9)	27(15.4)	3(1.7)	175(27.1)

* 카이제곱 검증, p < 0.01

지방선거에 이어 2018년 지방선거에서도 민주당을 연속적으로 지지하는 경향이 압도적이다. 반대로 비관적으로 생각하는 사람들일수록 한국당을 연속적으로 지지하는 비율이 다소 약하지만 증가하고 있다.

그러나 경제 상태에 대한 평가가 스윙 투표 행태와 갖는 관계는 그 패턴이 일관 투표자의 선택과 갖는 관계와 비교할 수 없을 정도로 불명확하다. 두 변수가 새누리당에서 민주당으로 지지를 변경한 사람들과 갖는 관계는 각각 ∪자 형태(회고적 평가)와 ∩자 형태(전망적 평가)로 선형성이 전혀 발견되지 않는다. 특히 회고적 평가에서 나빠졌다고 응답한 유권자들이 스윙 투표자 비율에서 가장 높다는 점은 회고적 평가가 스윙 투표의 원인이 아니었다는 점을 명확하게 보여주고 있다. 전망적 평가에서도 현재의 상태가 당분간 지속될 것이라 응답한 사람들이 스윙 투표자 비율에서 가장 높다는 점 또한 전망적 평가가 스윙 투표에 갖는 인과성을 의심하기에 충분하다. 한마디로 국가경제 상태에 대한 평가가 스윙 투표 행위를 유도했다고 보기 힘들다는 것이다.

〈표 8〉은 6·13 지방선거의 대표적인 선거쟁점과 응답자들의 투표 선택을 교차 분석한 결과이다. 쟁점들은 우선 일관 투표자들의 선택과 아주 강한 연관을 갖고 있다. 대통령이 국정운영을 잘하고 있다고 평가하거나 전직 대통령들의 구속에 찬성 비율이 높을수록 민주당에 대한 일관 투표 비율이 높은 반면, 반대일 경우 한국당에 대한 일관 투표 비율이 높다. 명확한 대조뿐만 아니라 가파른 선형적 관계를 갖고 있다.

세 쟁점들은 스윙 투표 행태와도 일정한 상관관계를 갖고 있는 것으로 보인다. 물론 선형성이 일관 투표자와 갖는 관계에 비해 약하고 심지어 이명박 구속 변수에서는 가설이 기대하는 패턴이 명확하게 발견되지는 않는다. 그러나 최소한 대통령 국정운영에 긍정적이거나 혹은 박근혜 전 대통령의 구속에 찬성할수록 새누리당을 이탈해 민주당으로 지지를 변경하는 비율이 증가하는 경향을 보이고 있다. 이는 뚜렷한 이념 체계나 정치 정향을 갖지 않는 상태에서 스윙 투표자들이 퇴장 행위를 단기적이고 판단하기 쉬운 선거쟁점에 의존했음을 보여주고 있다. 즉 이 글이 제

<표 8> 선거쟁점과 일관 및 스윙 투표자들의 투표 선택

2014년 지선→ 2018년 지선		새누리→ 자유한국	민주→ 더민주	새누리→ 더민주	민주→ 자유한국	합계
대통령 국정 운영*	매우 잘못	20(95.2)	1(4.8)	0(0.0)	0(0.0)	21(3.3)
	대체로 잘못	89(80.2)	7(6.3)	13(11.7)	2(1.8)	111(17.2)
	대체로 잘함	46(12.7)	225(62.0)	89(24.5)	3(0.8)	363(56.3)
	매우 잘함	0(0.0)	125(83.3)	24(16.0)	1(0.7)	150(23.3)
박근혜 구속*	매우 반대	31(83.8)	1(2.7)	4(10.8)	1(2.7)	37(5.7)
	대체로 반대	85(59.0)	29(20.1)	28(19.4)	2(0.9)	144(22.3)
	대체로 찬성	36(16.4)	159(58.9)	52(23.7)	2(0.9)	219(34.0)
	매우 찬성	3(1.2)	199(81.2)	42(17.1)	1(0.4)	245(38.0)
이명박 구속*	매우 반대	19(76.0)	1(4.0)	5(20.0)	0(0.0)	25(3.9)
	대체로 반대	67(62.6)	22(20.6)	17(15.9)	1(0.9)	107(16.6)
	대체로 찬성	61(25.8)	122(51.7)	49(20.8)	4(1.7)	236(36.6)
	매우 찬성	8(2.9)	213(76.9)	55(19.9)	1(0.4)	277(42.9)

* 카이제곱 검증, p < 0.01

시한 제한적 합리성에 기초한 합리적 투표자 가설을 일정하게 뒷받침하고 있다.

V. 스윙 투표자의 특징과 투표 선택에 대한 회귀분석 결과

지금까지 기초적인 통계분석을 통해서 스윙 투표자들의 특징과 투표 행태에 대해 살펴보았다. 간략히 요약하면, 스윙 투표자들은 선거 관심, 정보 습득, 정치 지식 측면에서 일관 투표자들과 크게 차이 나지 않은 세련된 모습을 보였으나, 정당, 이념, 정책에 있어 양가적 태도가 강했다. 투표 행태에 있어서도 이념이나 정책, 혹은 국가의 경제 상태에 대한 판단보다는 단기적인 정치 쟁점에 더 많이 의존하고 있음을 알 수 있었다. 이러한 이변량 분석 결과가 다른 변수들의 효과를 통제했을 때조차도 여전히 유지되는지를 회귀분석을 통해 재차 검증해보자. 회귀분석은 스윙 투표자의 특성을 알아보기 위한 모형〈표 9〉와 스윙 투표자의 투표 선택을 살펴보기 위한 모형〈표 10〉으로 구분해 진행했다. 분석에는 모두 다항 로지스틱 회귀가 사용되었다.

결과를 살펴보기에 앞서, 회귀모형에 삽입되는 종속변수 및 독립변수가 일정하게 조정되었음을 밝혀둔다. 첫째, 〈표 10〉의 〈모형 1〉에서 종속변수의 선택지 중 하나인 '민주당 → 한국당'은 관찰수가 '6'개밖에 되지 않아 분석에서 제외했다. 따라서 '민주당 → 민주당', '새누리당 → 한국당', '새누리당 → 민주당' 선택지만이 종속변수로 다항 로지스틱 회귀에 삽입했다. 둘째, 〈표 5〉와 〈표 6〉에 사용되었던 일반 이념, 안보 정책과 경제 정책 요인들 간의 다중공선성을 피하고 변수 사용의 절약원칙(principle of parsimony)을 고려해 세 요인들을 단순히 더해 '양가적 태도: 이념_정책' 변수와 '이념_정책' 변수로 조작해 각각 〈표 9〉와 〈표 10〉의 회귀에 삽입했다. 셋째, 〈표 8〉에 사용되었던 대통령 국정운영, 박근혜 구속, 이명박 구속 변수도 단순히 더해 '선거쟁점' 변수로 조작했다.[10]

〈표 9〉는 스윙 투표자의 특징에 대한 다항 로지스틱 회귀분석 결과이다. 종속변수는 일관 투표자, 스윙 투표자, 기권자의 명목변수이며, 일관 투표자를 기준으로 사용해 스윙 투표자와 기권자와의 관계〈모형 1〉에,

---

10) 실제 일반 이념과 정책 변수들 간, 이념 및 정책 변수들과 선거쟁점 변수들 간, 선거쟁점 변수들 간에 상관관계가 컸다(절댓값 0.40 이상). 심지어 선거쟁점 변수 중 박근혜 구속 변수와 이명박 구속 변수 간의 상관관계는 0.74나 되었다. 아울러 '양가적 태도: 이념_정책', '이념_정책' 변수와 '선거쟁점' 변수의 조작에서 각 요인들의 중요성(weight)을 묻는 설문이 없기에 각각 세 변수의 단순 합으로 변수들을 조작했다. 따라서 변수에서 각 요인들이 차지하는 중요성은 동일한 것으로 가정된다.

그리고 기권자를 기준으로 이용해 스윙 투표자와의 관계〈모형 2〉에 독립 변수들이 미친 영향을 살펴보았다.

결과는 앞서 이변량 분석을 통해 살펴보았던 것과 거의 일치한다. 유일한 차이점은 응답자의 연령 변수의 효과이다. 연령 변수는 스윙 투표자와 일관 투표자를 구분할 뿐만 아니라 스윙 투표자와 기권자도 유의미하게 구분하고 있다. 나이가 많을수록 스윙 투표보다는 일관 투표를, 그리고 기권보다는 스윙 투표를 행할 확률이 증가함을 보여주고 있다. 역시

〈표 9〉 스윙 투표자의 특징에 대한 다항 로지스틱 회귀분석 결과

		모형 1		모형 2
		스윙 투표자 / 일관 투표자	기권자 / 일관 투표자	스윙 투표자 / 기권자
양가적 태도	정당태도a	-0.24(0.05)**	-0.28(0.05)**	0.04(0.05)
	무당파	0.87(0.23)**	1.20(0.23)**	-0.33(0.25)
	이념_정책	-0.41(0.16)**	0.07(0.16)	-0.48(0.17)**
정보 수준	선거 관심	0.10(0.15)	-1.20(0.14)**	1.30(0.16)**
	정보 습득	-0.21(0.22)	-0.90(0.26)**	0.69(0.27)*
	정치 지식	-0.01(0.10)	-0.21(0.09)*	0.20(0.10)*
거주지	대구/경북	1.85(0.36)**	2.03(0.38)**	-0.19(0.34)
	부산/울산/경남	1.17(0.27)**	1.01(0.29)**	0.16(0.27)
	호남	0.02(0.43)	0.91(0.39)*	-0.88(0.49)+
인구 통계	성	0.11(0.20)	-0.13(0.21)	0.23(0.22)
	연령	-0.02(0.01)*	-0.05(0.01)**	0.03(0.01)**
	학력	-0.16(0.12)	-0.18(0.13)	0.01(0.13)
	소득	0.06(0.07)	-0.02(0.07)	0.09(0.07)
절편		0.99(1.06)	4.76(1.10)**	-3.77(1.17)**
Cox and Snell R^2		0.46		
N		932		

괄호안의 숫자는 표준 오차. ** p < 0.01, * p < 0.05. a. 온도지수: 절댓값(민주-한국)

통제 변수로 활용된 응답자의 거주지 변수들은 지난 2018년 지방선거에서 지역별 스윙 투표 분포를 잘 보여주고 있다. 즉 기준 항으로 사용된 수도권, 충청권, 강원 지역에 비해 대구/경북지역과 부산/울산/경남지역에서 스윙 투표가 일관 투표보다 많이 발견되는 것으로 나타났다. 이는 영남 지방 내 보수의 균열이라는 대규모 변화를 반영한 것으로 보인다. 실제 민주당의 득표율은 지난 2014년 지방선거에 비해 대구(-0.6%p)를 제외한 영남 전 지역에서 — 부산(5.9%p), 울산(26.5%p), 경남(16.8%p), 경북(19.4%p) — 크게 증가했었다. 이에 반해, 호남의 일관 투표 대비 스윙 투표 현상은 기타 지역과 다르지 않았음을 보여준다.

정치적 세련의 척도 중 하나인 정보 수준에서 스윙 투표자들은 일관 투표자와 차이가 없는 것으로 보인다. 서구의 기존 연구들과는 달리 〈모형 1〉에서 선거 관심, 정보 습득, 정치 지식 변수들은 통계적인 유의미성을 획득하지 못하고 있다. 〈표 4〉에서 살펴본 것처럼 스윙 투표자들이 일관 투표자들에 비해 상대적으로 낮은 정보 수준을 보이고 있지만 통계적으로 별 차이가 없다는 것이다. 이에 반해, 세 변수들은 〈모형 2〉에서 최소 95%의 신뢰구간에서 스윙 투표자를 기권자로부터 명확히 구분하고 있다. 스윙 투표자들이 기권자들보다 선거에 관심이 더 많고 관련 정보도 더 많이 찾아보며 정치 지식도 더 풍부하다는 것이다. 즉 2018년 지방선거에서 한국의 스윙 투표자들은 기권자들보다 높고 일관 투표자들에 비해 크게 뒤처지지 않는 정보 수준을 보였다는 것이다.

양가적 태도에 있어서 스윙 투표자들은 일관 투표자들과 확실히 구분되고 있다. 정당 및 정책에 대한 양가적 태도를 나타내는 정당태도, 무당파, 이념_정책 변수들은 〈모형 1〉에서 모두 통계적으로 유의미한 효과를 지니고 있다. 즉 민주당과 한국당에 대한 선호도가 명확하게 차이나지 않을수록, 무당파일수록, 그리고 이념 및 정책에서 중도적인 성향이 강할수록 일관 투표보다는 스윙 투표를 행할 확률이 증가한다는 것이다. 아울러 〈모형 2〉에서 정당태도 부문에서 스윙 투표자들은 기권자와 구별되지 않고 있다. 흥미로운 점은 이념_정책에서 스윙 투표자들이 기권자들보다 더 높은 양가적 태도를 보이고 있으며 95%의 신뢰구간에서 통계적으로 유의미하다는 것이다. 이는 〈표 5〉에서 알 수 있듯이, 안보나 경제 정책에서 기권자들이 스윙 투표자들보다 더 선명한 선호를 지니고 있음이 반영된 것으로 보인다. 요약하면, 스윙 투표자들은 정치 정보가 부족하기 때문이 아니라 지지할 정당이 뚜렷하게 없거나 중도적인 정책 성향으로 인해 지지 정당을 변경하고 있다는 것이다.

다음으로 스윙 투표자들의 지지 정당의 변경 행위에 영향을 미친 요인들에 대해 살펴보자. 회귀분석에서 기준 값은 '새누리당 → 자유한국당'〈모형 1〉과 '한국당 → 한국당'과 '새정치민주연합 → 더불어민주당'〈모형 2〉를 활용했다. 〈표 10〉은 거주지를 나타내는 명목 변수들이 제외된 다항 로지스틱 회귀분석 결과를 제시하고 있다. 거주지 변수를 삽입했을 때, 오버플로우(overflow) 현상이 발생해 신뢰구간의 상한 값을 계산할 수 없는 문제가 발생했기 때문이다. 아울러 거주지 변수를 삽입하거나 생략한 채 회귀한 결과에서 이 글이 관심을 두는 변수의 회귀 값에 큰 차이가 없었다. 따라서 보다 안전한 방법을 선택해 본문에서는 거주지 변수들을 제외한 결과들을 토대로 추론을 제시하기로 했다. 거주지 변수를 삽입한 회귀 결과는 〈부록 4〉에서 살펴볼 수 있다.[11]

유권자의 사회경제적 지위는 스윙 행태에 아무런 영향을 미치지 못하고 있다. 아울러 국가경제에 대한 회고적 및 전망적 평가도 통계적인 유

---

[11] 〈부록 4〉에 제시된 분석 결과를 요약하면 다음과 같다. 우선, 〈모형 1〉의 호남 변수에서, 그리고 〈모형 2〉의 민주당일체감 변수와 호남 변수에서 부동소수점 오버플로우 현상이 발생했다. 분석 결과는 지역 변수가 스윙 투표에 큰 영향을 미치지 않는 것으로 나타났다. 유일하게 대구/경북 변수만이 〈모형 2〉(2017년 대선 → 2018년 지선)에서 통계적으로 유의미하게(p<0.05) 민주당에 대한 일관 투표에 비해 민주당/국민의당에서 한국당으로의 퇴장을 촉진하는 것으로 나타났을 뿐이었다. 정반대로 지역 변수는 유권자의 일관 투표에 통계적으로 유의미한 효과를 지니고 있었다. 대구/경북 변수와 호남 변수의 경우 〈모형 1〉과 〈모형 2〉에서 가설이 예견하는 방향의 효과를 지니고 있었다. 부산/울산/경남 변수는 〈모형 1〉에서 유의미한 영향력이 발견되었으나 〈모형 2〉에서는 통계적인 유의미성을 상실하고 있었다.

의미성을 지니지 않는다. 2018년 지방선거를 기점으로 살펴본 유권자들의 스윙 투표는 다른 변수들의 효과를 통제했을 때 유권자의 사회경제적

〈표 10〉 스윙 투표자의 투표 선택에 대한 다항 로지스틱 회귀분석 결과

	모형 1 2014년 지선 → 2018년 지선		모형 2 2017년 대선 → 2018년 지선		
	민→민 / 새→한	새→민 / 새→한	민→민 / 한→한	한/국→민 / 한→한	민/국→한 / 민→민
정당일체감_민주	4.71 (1.04)**	3.38 (1.05)**	22.60 (0.77)**	21.75 (0.80)**	-2.92 (0.77)**
정당일체감_한국	-3.13 (1.06)**	-2.40 (0.58)**	-4.16 (1.07)**	-1.96 (0.62)**	3.28 (1.10)**
이념_정책	-0.61 (0.27)*	-0.37 (0.26)	-0.61 (0.30)*	-0.33 (0.31)	0.46 (0.31)
선거쟁점	2.04 (0.43)**	1.39 (0.41)**	2.68 (0.52)**	1.93 (0.53)**	-0.96 (0.48)*
회고_국가경제	-0.11 (0.39)	0.42 (0.38)	0.16 (0.46)	0.15 (0.49)	-0.42 (0.44)
전망_국가경제	-0.26 (0.28)	-0.40 (0.27)	-0.61 (0.34)	-0.39 (0.35)	0.29 (0.32)
성	0.26 (0.40)	0.40 (0.39)	0.89 (0.46)	0.18 (0.48)	-0.10 (0.46)
연령	-0.01 (0.02)	-0.02 (0.02)	-0.03 (0.02)	-0.04 (0.02)	-0.01 (0.02)
학력	0.14 (0.25)	0.01 (0.24)	0.07 (0.29)	0.09 (0.30)	0.01 (0.28)
소득	0.18 (0.14)	0.06 (0.14)	0.22 (0.16)	0.17 (0.17)	-0.18 (0.16)
절편	-2.95 (2.94)	-1.89 (2.84)	-3.14 (3.33)	-2.26 (3.49)	1.04 (3.36)
Cox and Snell R^2	0.60		0.60		
N	639		639		

괄호안의 숫자는 표준 오차. ** $p < 0.01$, * $p < 0.05$

지위나 국가 경제에 대한 판단에 영향을 받지 않았다는 의미이다.

이에 반해 역시 통제 변수로 활용된 응답자들의 정당일체감은 일관 투표뿐만 아니라 스윙 투표에도 유의미한 영향력을 발휘하고 있다. 민주당을 가까이 느낄 경우 새누리당에서 민주당으로 그리고 한국당(혹은 국민의당)에서 민주당으로 퇴장이 가속화되는 데 반해, 한국당을 가까이 느낄 경우 이러한 퇴장이 감소한다는 것이다. 회귀계수의 크기로 미루어 보아 사용한 독립변수 중 가장 큰 효과를 지니고 있다.

스윙 투표에 대한 주요 가설과 관계되는 두 변수인 이념_정책 변수와 선거쟁점 변수는 가설이 예견한 효과를 보이고 있다. 이념_정책 변수는 한국당과 민주당에 대한 일관 투표를 유의미하게 설명하고 있지만, 스윙 투표 행태에는 통계적인 유의미성을 지니지 않는다. 즉 보수적인 이념과 정책 태도를 지닐수록 민주당에 대한 일관 투표가 감소하지만, 한국당(혹은 국민의당)을 이탈해 민주당을 지지하거나 민주당(혹은 국민의당)을 이탈해 한국당을 지지하는 스윙 투표에는 영향을 미치지 않는다는 것이다.

이에 반해 선거쟁점 변수는 일관 투표뿐만 아니라 스윙 투표에도 통계적으로 유의미한 상관관계를 갖고 있다. 비록 회귀계수의 크기는 일관 투표 모형의 그것보다 상대적으로 작지만, 정당일체감 변수와 함께 스윙 투표 행태를 잘 설명하고 있다. 대통령의 국정운영을 지지하거나 전직 대통령들의 구속에 찬성할수록 한국당에 일관 투표하기보다 한국당 혹은 국민의당에서 이탈해 민주당 지지로 돌아설 확률이 증가한다는 것이다(모형 1 그리고 모형 2의 두 번째 열 참조). 이와 반대로 선거쟁점에 반대하는 정도가 강할수록 민주당(혹은 국민의당)에서 한국당으로 퇴장할 확률이 증가하고 있다(모형 2의 세 번째 열).

요약하면, 2018년 지방선거에서 스윙 투표 행태는 이념이나 정책, 혹은 경제 상태에 대한 평가보다는 정당일체감과 단기적인 선거쟁점에 대한 평가에 의존하는 경향을 보였다. 그리고 이는 유동 투표자 가설과 합리적 투표자 가설 간의 절충을 엿보게 한다. 스윙 투표자들이 정당이나 이념 및 정책에서 양가적 혹은 중도적 태도를 지닌 상태에서 제한적 합리성을 활용해 상대적으로 쉬운 선거쟁점들을 평가하고 이에 상응하는 투표 선택에 임했다는 것이다.

VI. 맺음말

이 글은 2018년 6·13 지방선거에서 발생한 대규모 변동을 스윙 투표를 통해 설명하고자 했다. 이를 위해 기존 연구들이 밝힌 이론과 경험적 발견을 유동 투표자 가설과 합리적 투표자 가설로 구분하면서 절충적인 가설을 제시했다. 핵심을 간추리면, 스윙 투표자들이 일반적으로 정치 관심과 정보 수준이 낮은 상태이고 심지어 정당이나 이념 및 정책에 대해 상대적으로 높은 양가적 태도를 지닐 것이기에 투표 선택은 안정적인 정치 정향이나 난이도 높은 이해력을 요구하는 어려운 요인들보다는 단기적이고 쉬운 쟁점에 의존할 것이라는 가설이었다. 즉 미시간 학파의 무지하거나 습관적인 유권자나 혹은 합리적 선택이론의 온전한 합리성에 기초한 유권자가 아니라 자신이 처한 인지적 환경에 제한된 합리성에 기초하여 투표 선택에 임한다는 것이었다.

2018년 지방선거 상황은 대체로 가설이 기대했던 결과를 보여주었다. 가설과 다른 결과는 스윙 투표자의 정치적 세련 부분이었다. 2006년 지방선거에서 유동 투표자가 일관 투표자보다 정치 관심이 적었다는 발견은 2018년 지방선거에서는 성립하지 않았다. 비록 상대적으로 낮았지만, 스윙 투표자들의 선거 관심, 선거정보 습득, 그리고 정치 지식은 그 차이가 일관 투표자들과 유의미할 정도로 크지 않았다. 즉 정치 정보에 무지하지 않았다는 말이다. 그럼에도 불구하고, 스윙 투표자들은 주요 정당에 대한 태도에 있어서 기권자만큼이나 양가적 태도를 소유하고 있었다. 무당파의 비율도 상당히 높았다. 그리고 이념 및 정책에서 중도적인 성향이 강했다.

　정보 수준에서 정치적 세련됨을 일정하게 유지하면서도 정당 및 이념에 대해 양가적이거나 중도적인 성향을 띠는 스윙 투표자들의 선택은 제한적 합리성에 기초한 것이었다. 이념으로 판단하지 않아도 되는 쟁점 그리고 선거기간 동안 가장 크게 부상했던 정치 쟁점에 대한 판단을 근거로 투표 선택을 행했다. 대통령의 국정운영에 대한 평가와 전직 대통령의 구속에 대한 평가는 비단 과거 한국당이나 국민의당을 지지한 유권자들을 민주당으로 퇴장하게 할 뿐만 아니라 민주당이나 국민의당을 지지했던 유권자들을 한국당으로 퇴장하게도 만들었다. 즉 한국의 스윙 투표자들은 단순한 변덕이나 습관에 의지해 이탈 행위를 반복하는 유권자들이 아니었다는 것이다.

　특히 정당과 이념 및 정책에 대해 높은 양가적 태도를 지니고 있던 스윙 투표자들은 민주당으로의 퇴장이 두드려졌었는데, 이는 2018년 지방선거에서 전직 대통령의 국정농단에 이은 적폐청산이라는 현저한 쟁점이 정치지형을 압도하고 있는 상황에서 이에 민감하게 반응했기 때문이었다.

　스윙 투표자들이 단기적인 이슈에 민감하다는 점은 대의제의 운용이나 책임정당정치에 다소 부정적인 함의를 지닌다. 집권당은 정책성과나 공약을 이행하는 책임정치로 대중의 회고적 평가를 유도하기보다 대통령의 지지율을 관리하는 기술이나 혹은 유권자들을 단기적으로 들뜨게 하는 쟁점에 쉽게 유혹될 수 있다. 반대당도 집권당의 정국운영에 반대를 위한 반대를 하거나 혹은 집권당의 부패나 스캔들을 부각시켜 대중의 주목을 끌어야 한다는 유혹에 빠지기 쉽다. 이를 극복하기 위해서 책임정당정치가 제대로 작동되게 할 필요가 있다.

　마지막으로 이 글의 한계와 추후 과제를 제시하며 글을 맺고자 한다. 몇몇 연구들이 적절하게 지적하듯 스윙 투표자들에 대한 연구는 선거 간 패널조사 데이터를 활용해서 분석되어야 한다. 다만, 그런 데이터가 없는 상태에서 이 글은 그 예비적인 시도이었다는 의의에 만족해야 할 것 같다. 이 글의 가설과 분석 결과가 다른 선거에서도 여전히 유지될 수 있는지 살펴보는 것도 추후 과제로 남는다. 박근혜 전 대통령의 국정농단에 의한 탄핵과 정권 교체 이후 처음으로 치러진 전국적 선거였기 때문에 적폐청산이라는 단순하고 쉬운 그리고 현저한 쟁점이 이 같은 결과를 유도한 것이 아닌가는 문제제기가 충분히 가능하다. 패널 조사가 없는 상태에서 교차시계열적으로 사례수를 늘여 가설을 검증할 필요성이 제기된다. 이를 차후의 연구과제로 남기고자 한다.

부록

〈부록 1〉 이념 및 정책 태도와 일관 및 스윙 투표자들의 투표 선택

2017년 대선→ 2018년 지선		홍준표→ 자유한국	문재인→ 더민주	홍준표/안철수 → 더민주	문재인/안철수 → 자유한국	합계
이념*	진보	1(0.5)	183(87.1)	24(11.4)	2(1.0)	210(32.6)
	중도	35(11.7)	207(69.5)	36(12.1)	20(6.7)	298(46.3)
	보수	92(67.6)	29(21.3)	4(2.9)	11(8.1)	136(21.1)
안보 정책*	진보	17(8.5)	161(80.1)	18(9.0)	5(2.5)	201(31.2)
	중도	46(14.4)	228(71.5)	26(8.2)	19(6.0)	319(49.5)
	보수	65(52.0)	31(24.8)	20(16.0)	9(7.2)	125(19.4)
경제 정책*	진보	24(11.1)	166(76.9)	15(6.9)	11(5.1)	216(33.8)
	중도	57(19.9)	184(64.1)	29(10.1)	17(5.9)	287(44.8)
	보수	46(33.6)	67(48.9)	20(14.6)	4(2.9)	137(21.4)

* 카이제곱 검증, $p < 0.01$

〈부록 2〉 경제상태 평가와 일관 및 스윙 투표자들의 투표 선택

2017년 대선→ 2018년 지선		홍준표→ 자유한국	문재인→ 더민주	홍준표/안철수 → 더민주	문재인/안철수 → 자유한국	합계
회고적 국가경제*	좋아짐	0(0.0)	31(96.9)	1(3.1)	0(0.0)	32(5.0)
	비슷함	36(10.5)	252(73.5)	35(10.2)	20(5.8)	343(53.2)
	나빠짐	92(34.1)	137(50.7)	28(10.4)	13(4.8)	270(41.9)
전망적 국가경제*	좋을 것임	9(4.6)	163(84.0)	14(7.2)	8(4.1)	194(30.1)
	비슷함	49(17.8)	180(65.2)	32(11.6)	15(5.4)	276(42.8)
	나쁠 것임	70(40.0)	77(44.0)	18(10.3)	10(5.7)	175(27.1)

* 카이제곱 검증, $p < 0.01$

〈부록 3〉 선거쟁점과 일관 및 스윙 투표자들의 투표 선택

2017년 대선→ 2018년 지선		홍준표→ 자유한국	문재인→ 더민주	홍준표/안철수 → 더민주	문재인/안철수 → 자유한국	합계
대통령 국정 운영*	매우 잘못	20(95.2)	1(4.8)	0(0.0)	0(0.0)	21(3.3)
	대체로 잘못	81(73.0)	9(8.1)	11(9.9)	10(9.0)	111(17.2)
	대체로 잘함	27(7.4)	273(75.2)	41(11.3)	22(6.1)	363(56.3)
	매우 잘함	0(0.0)	137(91.3)	12(8.0)	1(0.7)	150(23.3)
박근혜 구속*	매우 반대	31(83.8)	3(8.1)	2(5.4)	1(2.7)	37(5.7)
	대체로 반대	76(52.8)	40(27.8)	17(11.8)	11(7.6)	144(22.3)
	대체로 찬성	21(9.6)	157(71.7)	24(11.0)	17(7.8)	219(34.0)
	매우 찬성	0(0.0)	220(89.8)	21(8.6)	4(1.6)	245(38.0)
이명박 구속*	매우 반대	19(76.0)	2(8.0)	4(16.0)	0(0.0)	25(3.9)
	대체로 반대	60(56.1)	28(26.2)	11(10.3)	8(7.5)	107(16.6)
	대체로 찬성	44(18.6)	148(62.7)	23(9.7)	21(8.9)	236(36.6)
	매우 찬성	5(1.8)	242(87.4)	26(9.9)	4(1.4)	277(42.9)

* 카이제곱 검증, p < 0.01

〈부록 4〉 스윙 투표자의 투표 선택에 대한 다항 로지스틱 회귀분석 결과

변수	모형 1 2014년 지선 → 2018년 지선		모형 2 2017년 대선 → 2018년 지선		
	민→민 / 새→한	새→민 / 새→한	민→민 / 한→한	한/국→민 / 한→한	민/국→한 / 민→민
정당일체감_민주	4.89 (1.06)**	3.27 (1.05)**	19.51 (2428.17)a	18.69 (2428.17)a	-2.81 (0.78)**
정당일체감_한국	-3.37 (1.09)**	-2.51 (0.59)**	-4.27 (1.09)**	-1.92 (0.63)**	3.57 (1.13)**
이념_정책	-0.58 (0.29)*	-0.32 (0.27)	-0.65 (0.31)*	-0.33 (0.32)	0.42 (0.32)
선거 쟁점	2.11 (0.46)**	1.52 (0.42)**	2.82 (0.53)**	1.77 (0.54)**	-1.21 (0.51)*
회고적 국가경제	-0.05 (0.42)	0.33 (0.39)	0.17 (0.47)	0.16 (0.49)	-0.38 (0.46)
전망적 국가경제	-0.27 (0.31)	-0.30 (0.29)	-0.59 (0.35)	-0.41 (0.36)	0.19 (0.35)
성	0.68 (0.43)	0.43 (0.40)	1.09 (0.48)*	0.26 (0.49)	-0.45 (0.48)
연령	-0.01 (0.02)	-0.01 (0.02)	-0.02 (0.31)	-0.03 (0.02)	-0.03 (0.02)
학력	0.46 (0.28)	0.11 (0.26)	0.21 (0.31)	0.15 (0.31)	-0.34 (0.32)
소득	-0.01 (0.15)	0.05 (0.14)	0.15 (0.17)	0.14 (0.17)	-0.04 (0.16)
대구/경북	-3.76 (0.73)**	-0.83 (0.57)	-1.88 (0.74)*	0.15 (0.68)	3.09 (0.66)**
부산/울산/경남	-2.65 (0.60)**	0.01 (0.49)	-0.61 (0.60)	-0.21 (0.63)	1.00 (0.57)+
호남	18.24 (7561.17)a	-2.91 (0.00)	15.19 (0.49)**	16.34 (0.00)a	-17.82 (0.00)a
절편	-3.78 (3.21)	-2.97 (2.97)	-3.96 (3.50)	-2.01 (3.62)	3.09 (3.54)
Cox and Snell R^2	0.66		0.62		
N	633		633		

a. 회귀분석 중 부동소수점 오버플로우가 발생
괄호안의 숫자는 표준 오차. ** $p < 0.01$, * $p < 0.05$

• 참고문헌 •

강원택. 2006. "2002년 지방선거의 정치적 의미: 중간평가 혹은 대선 전초전?" 『한국정치연구』 15집 2호, 612-683.
김연숙. 2014. "한국 유권자의 투표결정시기에 관한 연구." 『한국정당학회보』 13권 1호, 33-63.
김장수. 2005. "정당일체감에 따른 인식의 양극화." 『국제정치논총』 45집 4호, 145-168.
김진하. 2010. "지방선거의 역사적 의미와 6·2 지방선거 분석." 『한국정당학회보』 9권 2호, 5-32.
류재성. 2014. "부동층은 누구인가? 2012년 총선 및 대선, 2014년 지방선거 비교 분석." 『평화연구』 22권 2호, 113-144.
문은영. 2017. "한국 부동층의 특성에 관한 연구: 민주화 이후 각 선거에서 미결정 부동층을 중심으로." 『한국정당학회보』 16권 2호, 35-71.
오현주·송진미·길정아·강원택. 2014. "정당 호감도와 회고적 평가: 2014년 지방선거를 중심으로." 『한국정당학회보』 13권 3호, 69-97.
유성진. 2007. "상충적 태도의 유권자." 『한국정치학회보』 41집 4호, 215-242.
이현우. 2007. "2006년 지방선거의 유동투표자 분석: 패널자료를 바탕으로." 『국가전략』 13권 3호, 143-167.
정한울. 2013. "정당 태도갈등이 투표행위 변동에 미치는 영향: 18대 총선 및 19대 총선 패널조사(KEPS) 데이터 분석을 중심으로." 『한국정당학회보』 12권 1호, 243-277.
조성대. 2013. "부동층에 관한 연구: 19대 총선에서 정당선호, 선거쟁점과 투표 결정시기." 『한국정치학회보』 47잡 3호, 109-129.
_____. 2015. 『이념의 정치와 한국의 선거: 공간이론으로 본 한국의 대통령선거』. 서울: 도서출판 오름.

Bearnot, Edward C., and Steven E. Schier. 2012. "The Floating Voter in the 2008 American Elections." *American Review of Politics* 33(2): 75-93.
Boyd, Richard W. 1986. "Electoral Change and the Floating Voter: The Reagan Elections." *Political Behavior* 8(3): 230-244.
Campbell, James E. 2008. "Do Swing Voters Swing Elections?" In *The Swing Voter in American Politics*. Edited by William G. Mayer, 118-132. Washington, DC: Brookings Institution Press.
Clymer, Adam, and Ken Winneg. 2008. "Swing Voters? Hah! The Not Very "Persuadables" and the Not Reality "Undecideds" In 2004." In *The Swing Voter in American Politics*. Edited by William G. Mayer, 112-117. Washington,

DC: Brookings Institution Press.

Converse, Philip E. 1962. "Information Flow and the Stability of Partisan Attitudes." *The Public Opinion Quarterly* 26(4): 578-599.

Dassonneville, Ruth, and Yves Dejaeghere. 2014. "Bridging the Ideological Space: A Cross-National Analysis of the Distance of Party Switching." *European Journal of Political Research* 53(3): 580-599.

Dassonneville, Ruth, Andre Blais, and Yves Dejaeghere. 2015. "Staying with the Party, Switching or Exiting? A Comparative Analysis of Determinants of Party Switching and Abstaining." *Journal of Elections, Public Opinion and Parties* 25(3): 387-405.

Dimock, Michael, April Clark, and Juliana M. Horowitz. 2008. "Campaign Dynamics and the Swing Vote in the 2014 Election." In *The Swing Voter in American Politics*. Edited by William G. Mayer, 58-74. Washington, DC: Brookings Institution Press.

Downs, Anthony. 1957. *An Economic Theory of Democracy*. New York: Harper Collins Publishers.

Jones, Jeffrey M. 2008. "Swing Voters in the Gallup Poll, 1944 to 2004." In *The Swing Voter in American Politics*. Edited by William G. Mayer, 32-57. Washington, DC: Brookings Institution Press.

Kelley, Stanley. 1983. *Interpreting Elections*. Princeton: Princeton University Press.

Key, Valdimer O. 1966. *The Responsible Electorate*. Cambridge: Belknap Press of Harvard University Press.

Lazarsfeld, Paul F., Benard Berelson, and Hazel Gaudet. 1968(3rd ed.). *The People's Choice*. New York: Columbia University Press.

Mayer, William G. 2008. "What Exactly is a Swing Voter? Definition and Measurement." In *The Swing Voter in American Politics*. Edited by William G. Mayer, 1-31. Washington, DC: Brookings Institution Press.

Mayer, William G., ed. 2008. *The Swing Voter in American Politics*. Washington, DC: Brookings Institution Press.

Shaw, Daron R. 2008. "Swing Voting and U.S. Presidential Elections." In *The Swing Voter in American Politics*. Edited by William G. Mayer, 75-101. Washington, DC: Brookings Institution Press.

Stonecash, Jeffrey M. 2008. "Swing Voters in Subnational Campaigns." In *The Swing Voter in American Politics*. Edited by William G. Mayer, 102-111. Washington, DC: Brookings Institution Press.

Zaller, John R. 2003. "Floating Voters in U.S. Presidential Elections, 1948-2000." In *Studies in Public Opinion: Gauging Attitudes, Nonattitudes, Measuring*

Error, and Change. Edited by William E. Saris and Paul M. Snidermans, 166-214. Princeton: Princeton University Press.

2018년 교육감선거의 투표행태 결정요인에 대한 분석*

강우진 | 경북대학교
배진석 | 경상대학교

I. 들어가며

이 글의 목적은 2018년 교육감선거에서 나타난 유권자들의 투표행태를 분석하는 것이다. 두루 알듯이 2018년 교육감선거는 제7회 전국동시지방선거(제7회 동시지선)로 지방의회 의원·자치단체장선거와 동시에 치러졌다. 이번 지방선거는 이전에 치러진 6번의 동시 지방선거와 뚜렷이 비교되는 배경 속에서 치러졌다. 먼저, 이번 선거는 촛불집회의 결과로 탄생한 문재인 정부 집권 2년차 문턱에서 치러지는 선거로서 선거 직전 대통령과 여당에 대한 지지가 압도적인 상황이었다. 대통령 국정지지도는 70%를 넘나들었고, 집권 더불어민주당(더민주)의 지지율도 50% 내외를 기록했다. 둘째, 평창 동계올림픽을 계기로 제3차 남북정상회담과 역사적

---

* 이 글은 『한국과 국제정치』 34권 4호, 89-121에 출판된 내용을 수정·보완한 것이다.

인 싱가포르 북미정상회담이 연이어 개최되었다. 이를 통해서 세계에서 유일하게 남아 있던 한반도의 냉전체제가 평화체제로 변화할 수도 있다는 기대가 높아졌다. 대통령의 압도적인 지지율과 남북한 화해무드는 지방선거 본래의 의미에 걸맞은 지역 이슈에 관한 논쟁을 사라지게 하였다. 지역쟁점이 전혀 이슈가 되지 않은 선거였다.

2018년 교육감선거 결과의 주요한 특징은 세 가지로 요약할 수 있다. 먼저, 진보성향의 교육감 후보가 전체 17개 시·도 중 14개 시·도 지역에서 당선되었다. 반면, 중도를 포함한 보수 성향의 후보는 대전, 대구, 경북에서만 당선되었다. 이번 선거를 통해서 2014년 선거에 이어 혁신교육을 표방한 진보교육감 2기 시대가 본격적으로 열렸다. 둘째, 강한 현직효과이다. 2018년 선거에 출마한 현직 교육감 12명이 모두 당선되었다.[1] 광주, 전북, 강원도 교육감은 3선에 성공하였다. 셋째, 시·도지사 당선자와 정치적 성향의 일치 경향이 강화되었다. 집권 더불어민주당의 전국적인 승리와 진보 교육감 후보의 대거 당선으로 인해서 전체 17개 시·도 중 13개 시·도에서 시·도지사와 교육감 모두 진보적인 후보가 당선되었다.

지방선거와 동시에 치러지는 교육감선거는 대체로 유권자들의 관심을 끌지 못했다. 정당공천이 없는 상황에서 중앙 이슈가 압도적인 점이 정치적 제약으로 작용했다. 또한 공정성과 형평성 차원에서 2014년부터 도입된 교호순번제 역시 제도적인 제약이었다. 순서를 바꿔가며 후보자의 이름만 표기하는 교호순번제가 도입되면서 교육감선거에서는 기호도 정당표기도 없는 투표용지가 사용되었다. 이러한 상황에서 선거 전부터 교육감선거가 이른바 "깜깜이 선거"가 될 우려가 높았다. 선거 직전에 실시된 KBS·MBC·SBS 방송 3사 공동여론조사(코리아리서치센터 6월 2~5일 실시)에 따르면 교육감 후보 중 '지지후보가 없거나 모르겠다'는 응답이 50%

---

[1] 현직 교육감 중에서 뇌물수수 혐의로 징역형이 확정된 이청연 전 인천시교육감과 전남지사선거 출마를 위해 교육감에서 사퇴한 장만채 전 전남교육감을 제외한 전원이 이번 선거에 출마했다.

이상인 곳이 전국 17개 시·도 중 13개에 달했다(『연합뉴스』, 2018.6.8). 실제로, 교육감선거에서 무효표는 97만여 표(전체의 3.8%)로 나타나 시·도지사선거의 무효표(49만여 표)의 두 배에 달했다. 선거 후에는 이번 교육감선거가 '깜깜이 선거를 넘어 노(no) 관심' 선거였다는 비판이 제기되기도 했다(『조선일보』, 2018.6.15).

교육감선거의 무효표가 시·도지사선거 무효표의 두 배 가까이 발생했다는 점을 단순한 실수로 보기는 어렵다. 오히려 이런 무기표 행위는 유권자들의 정치적 의사가 반영된 적극적인 행위일 가능성이 높다. 따라서 이번 교육감선거가 과연 "깜깜이 선거"였고 유권자들의 교육감 후보 선택이 지방선거의 단체장선거에 편승해서 이루어졌는지를 알아보기 위해서는 좀 더 엄밀한 경험분석이 필요하다.

실제로 선거 결과를 좀 더 자세히 살펴보면, 민주당의 압승과 진보 교육감 대거 당선이라는 전체적인 구도만으로 설명할 수 없는 흥미로운 결과를 발견할 수 있다. 이 글은 교육감선거에서 나타난 유권자들의 투표행태의 세 가지 특징에 집중하여 교육감선거를 분석한다. 첫째, 지방선거에 참여한 유권자들의 교육감선거 기권행위이다. 둘째, 이번 선거 결과 단체장과 교육감의 정치적 성향이 전체 17개 시·도 중에서 14개 시·도에서 유사하게 나타났기 때문에 전체적인 경향과 다른 선택을 한 유권자의 선택에 주목한다. 즉 같은 선거구에서 치러졌음에도 불구하고 서로 다른 선택을 한 유권자의 행위를 분석한다. 이를 넓은 의미의 (유사) 분할투표로 명명할 수 있을 것이다. 셋째, 유권자들의 교육감 후보 선택 결정요인에 대한 분석이다. 이를 통해서 교육감선거 기권, 분할투표, 교육감 후보 선택 결정요인이라는 세 차원의 투표행태가 어떻게 연결되어 있는지를 분석할 것이다. 이 글이 경험분석을 위해서 사용하는 자료는 '2018년 지방선거 유권자 의식조사(이하 '지선의식조사')'이다.

이 글은 다음과 같이 구성된다. 먼저, 교육감선거의 배경에 대해서 살펴본다. 다음으로 2018년 교육감선거 결과를 이전 선거와 비교하여 간단히 살펴본다. 이후 본격적인 경험분석을 진행한다. 마지막으로 분석 결과를 제시하고 분석의 함의에 대한 논의와 함께 글을 마무리한다.

II. 교육감선거의 배경

〈그림 1〉을 보면 2018년 교육감선거에 '관심이 없었다'는 응답이 '관심이 있었다'는 응답을 압도했다. 교육감선거에 관심이 있다고 대답한 응답자는 전체 응답자의 1/3이 약간 넘는 36.36%에 그쳤다. 반면 관심이 없다고 대답한 응답자는 관심이 있다고 대답한 응답자의 두 배에 약간 모자라는 63.63%에 달했다.

아쉽게도 2018년 지선의식조사에서는 지방선거에 대한 관심을 묻는 문항은 존재하지 않는다. 하지만 중앙선거관리위원회(2018)가 실시한 '제7회 전국동시지방선거 유권자 의식조사'의 적극적 투표층에 대한 문항을 통해서 지방선거에 대한 관심을 유추할 수 있다. 2차 조사(6월 3일~4일 실시) 결과, 이번 선거에서 '반드시 투표할 것'이라는 적극적 투표층은 76.5%로

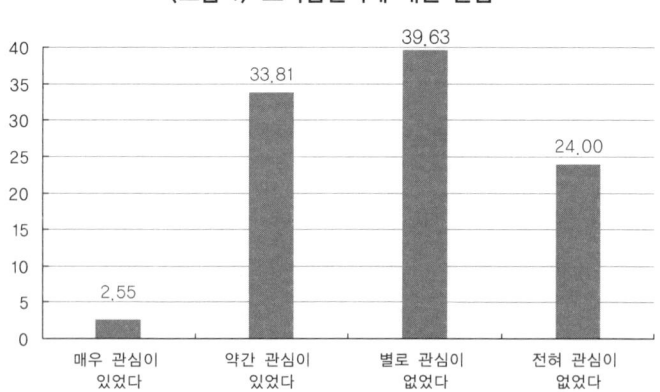

〈그림 1〉 교육감선거에 대한 관심

주: 수치는 %

나타났다. 이 수치는 제6회 전국 동시 지방선거(제6회 동시지선)(63.8%)에 비해 10%p 이상 상승한 수치이며 1차 조사(70.9%)와 비교해도 5.6%p 상승한 수치이다. 제6회 동시지선에 비해서 모든 연령층에서 투표의향이 상승했으며, 선거일이 가까워오며 선거에 대한 관심과 투표의향이 상승한 것으로 볼 수 있다. 교육감선거에 대한 관심 비율(36.36)과 지방선거 적극적 투표 층의 비율은 두 배 이상 차이가 났다. 즉 유권자들은 제7회 동시지선에 대해서 역대 어떠한 지방선거보다도 더 큰 관심과 적극적인 투표의향을 가지고 있었으나, 교육감선거에 대해서는 그다지 큰 관심을 가지지 않았다는 것을 알 수 있다.

1. 지방선거 투표

2018년 제7회 동시 지선의 최종 투표율은 60.2%로 집계되었다. 2014년 제6회 동시지선의 투표율(56.8%)보다 소폭 상승한 것이다. 〈그림 2〉는 이번 2018년 지선의식조사에서 나타난 지방선거의 투표자 중 교육감선거

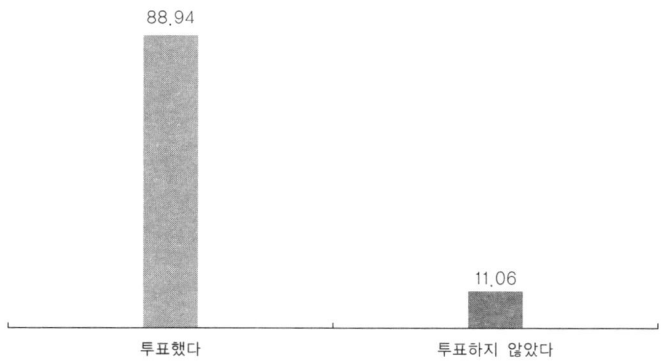

〈그림 2〉 지방선거 투표자 중 교육감선거 투표자/불참자 비교

주: 수치는 %; 사례수는 지방선거 1,000명, 교육감선거(지방선거 투표자) 624명
출처: 2018년 지선의식조사

의 투표율과 기권율을 제시하고 있다. 지방선거 투표율이 62.4%로 나타나 일반적으로 선거 후 여론조사에 나타나는 과잉리포트(over-reporting)는 크지 않은 것으로 나타났다. 흥미로운 것은 지방선거에 투표한 유권자 624명 중에서 교육감선거에 투표하지 않은 유권자의 비율이 11.06%(69명)에 달했다는 점이다. 이 수치는 기표 표기 실수와 같은 요인으로 인한 무효표가 아니라, 유권자가 투표장에 나왔지만 지방선거 후보자에게 투표하고 교육감 후보자에게는 투표하지 않은 무기표의 비율이다. 이 글은 단체장선거에는 투표하고 교육감 후보에게는 투표하지 않은 무기표의 특성에 관심을 가지고 있다.

2. 교육감 후보 선택 시 고려요인

〈그림 3〉은 유권자들이 지방선거와 교육감선거 선택에서 중요하게 판단한 주요 요인들을 제시하고 있다. 지방선거의 경우 소속정당(32.05%), 후보능력(23.72%), 정책공약(22.6%), 도덕성(8.49%)순이었다. 정당 공천이 허

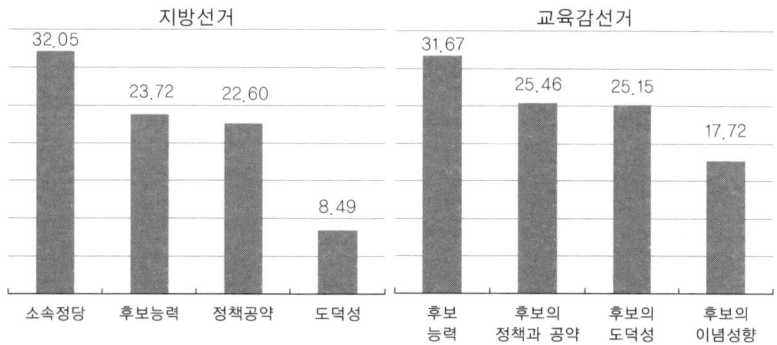

〈그림 3〉 지방선거와 교육감선거 선택 시 고려요인(상위 4요인)

주: 수치는 %('모르겠다' 제외); 사례수는 지방선거 1,000명, 교육감선거(지방선거 투표자) 624명
출처: 2018년 지선의식조사

용되지 않은 교육감선거의 경우 후보의 능력이 31.67%로 1위를 차지하였다. 2위는 후보의 정책과 공약으로서 응답자의 1/4인 25.46%가 후보선택에 있어서 정책과 공약을 중요하게 판단하였다. 후보의 도덕성을 중요하게 본 유권자의 비율은 2위와 비슷한 25.15%였다. 이어서 후보의 이념성향을 고려한 유권자의 비율이 17.12%였다. 이러한 결과를 통해서 알 수 있는 사실은 선거전 "깜깜이 선거" 또는 "무관심 선거" 논란에도 불구하고 상당수 유권자들이 교육감 후보 선택에 있어서 후보자의 정책과 공약을 중요한 판단 기준으로 삼았다는 사실이다. 즉, 교육감선거가 "깜깜이 선거"로만 치러졌다고 보기 어렵다는 것을 의미한다.

3. TV토론회 시청여부

유권자들이 교육감 후보 선택과정에서 후보자의 정책과 공약에 대해서 중요한 의미를 부여했다면, 이어지는 질문은 교육감 후보의 TV토론 시청 여부와 효과이다. TV토론 시청은 후보 간 공약과 정책을 비교·분석할

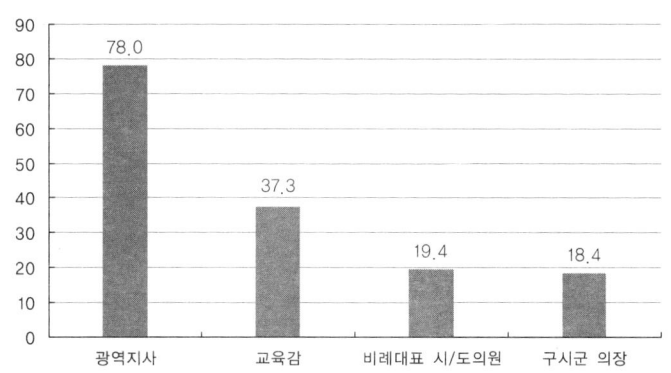

〈그림 4〉 TV토론 시청 여부

주: 수치는 %; 사례수는 386명(중복응답)
출처: 2018년 지선의식조사

수 있는 가장 효과적인 통로 중의 하나이다. 〈그림 4〉에서 확인되듯이 응답자 중에서 TV토론을 시청하였다고 응답한 비율은 38.40%(386명)이 었다. 반면에 61.40%(614명)는 시청하지 않았다고 답했다. 전체 시청자 중에서 광역지사 토론회를 시청한 비율이 78%로 가장 많았고 교육감 후보 토론회가 37.3%로 뒤를 이었다(중복응답).

그렇다면 TV토론 시청은 유권자의 후보 지지에 어떠한 영향을 미쳤는가? 〈그림 5〉는 TV토론이 후보 지지에 미친 영향을 전체 시청자와 교육감 토론회 시청자 집단을 비교하여 제시한다. 전체적으로 TV토론 시청 후에도 기존의 후보 지지에 변화가 없다는 응답이 가장 높았다. 전체 TV토론 시청자와 교육감 TV토론회 모두 절반을 훨씬 넘는 응답자(각각 60.42%, 58.26%)가 후보 지지에 변화가 없다고 대답했다. 기존의 지지가 강화되었다고 대답한 응답자의 비율은 교육감 후보 TV토론이 20.25%로 나타나 전체 시청자보다 더 많았다. TV토론 후 후보를 변경했다고 대답한 응답자의 비율은 전체 시청자 중 6.94%에 그쳤고 교육감 토론회의 경우도 4.96%로 나타나 미미한 수준에 머물렀다.

〈그림 5〉 TV토론 시청이 후보 지지에 미친 효과

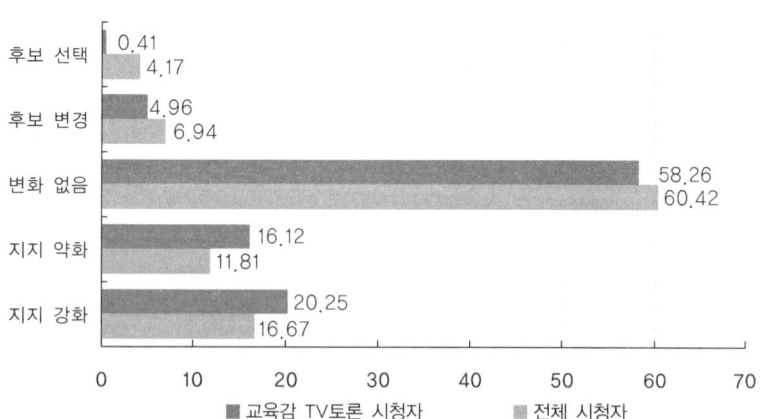

주: 수치는 %; 사례수는 386명(중복응답)
출처: 2018년 지선의식조사

이러한 반응은 기존 연구에 비춰볼 때 놀랄만한 사안은 아니다. TV토론이 대체로 정치 지식의 습득에 긍정적인 역할을 하지만, 후보에 대한 평가 변화나 지지 변경과 같은 행위의 변화로 이어지는 것에는 대체로 유보적인 입장이기 때문이다. 물론 지난 19대 대선처럼 정치적 맥락에 따라서 TV토론이 지지변경 등과 같은 적극적 행동변화로 이어지는 경우도 있다(강우진·배진석 2018). 다만 이번 교육감선거에서 TV토론의 영향력이 현저할 것으로 볼만한 정치적 맥락은 발견하기 어려웠다.

4. 교육감선거의 쟁점

교육감 후보 선거과정에서 교육과 관련된 다양한 중요 쟁점들에 대한 논쟁이 있었다. 2018년 지선의식조사에서는 세 가지 쟁점, 즉 교육감 후보 정당 공천, 교육감 직선제, 외고·자사고 폐지 여부에 대한 설문 문항이 포함되었다. 앞서 살펴본 대로 상당한 유권자들이 교육감선거 선택에서 교육감 후보의 정책과 공약을 중요하게 고려했다. 그렇다면 유권자들은 세 가지 주요 쟁점들에 대해서 어떠한 태도를 취했는가?

첫째, 교육감 후보를 정당이 공천하는 것에 대한 유권자들의 태도이다. 대한민국「헌법」31조 제4항은 교육의 정치적 중립성을 교육의 자주성·전문성 및 대학의 자율성과 함께 보장하고 있다.[2] 교육감선거에서는 교육의 정치적 중립성 확보를 위해 정당 표방을 금지해왔다. 하지만 제18대 국회에서부터 정당공천 배제의 타당성에 대한 논의가 제기되었다. 이에 따라서 시·도지사-교육감 러닝메이트(동반 출마) 또는 공동 후보 등록제와 같은 대안적 제도에 대한 논의가 활발하게 제기되었다(이덕난·이정

---

[2] 교육의 정치적 중립성을 실현하기 위해서「교육기본법」(제6조 1항),「국가공무원법」(제65조),「사립학교법」(제55조 1항, 제58조 4항) 등의 다양한 법령에서 교육 관련 교원의 정치적 중립의무를 명시하고 정치활동을 금지하고 있다. 또한「정당법」(제22조 1항)은 교원의 정당가입 금지와 선거운동 금지를 규정하고 있다(정승윤 2017).

진 2011; 정승윤 2017). 「지방교육자치에 관한 법률」 제10조 1항 등에 관하여 위헌확인 심판이 제기되었고 헌법재판소는 '2007 헌마 1175 사건(2008. 6.26선고)'에서 만장일치로 합헌 결정을 내렸다.3)

정당공천제에 대한 2018년 지선 유권자 의식조사 결과가 〈그림 6〉에 요약되어 있다. 분석 결과 응답자의 2/3 이상인 67.5%가 정당 공천에 반대하는 것으로 나타났다. 반면 찬성한다는 응답자는 29.5%에 지나지 않았다. 이 조사가 러닝메이트제와 같은 구체적인 제도적 대안에 대한 의사를 묻지 않았기 때문에 이를 모든 형태의 정당공천제에 반대한다고 해석하기에는 조심스럽다. 다만 많은 유권자들이 교육감선거가 정당 간 경쟁 구도에 의해서 직접적으로 영향을 받는 것에는 반대하고 있다고 볼 수 있다.

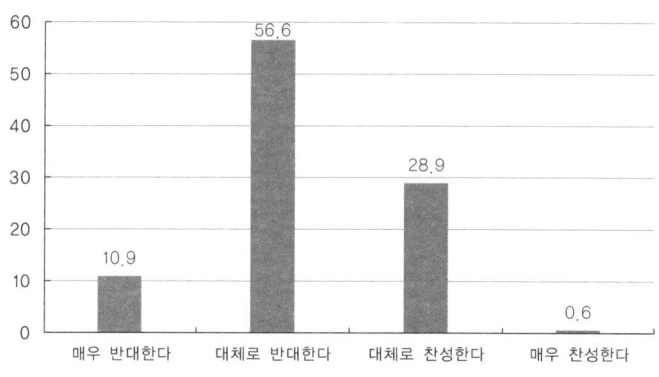

〈그림 6〉 교육감 후보 정당공천에 대한 의견

주: 수치는 %('모르겠다(1.8%)' 제외); 사례수는 1,000명
출처: 2018년 지선의식조사

---

3) 헌법 재판소는 '2001헌마710(헌재 2004. 3. 25.)' 선고에서 교육의 정치적 중립성에 대한 원칙을 구체화했다. "교육의 정치적 중립성은 교육이 국가권력이나 정치적 세력으로부터 부당한 간섭을 받지 아니할 뿐만 아니라 그 본연의 기능을 벗어나 정치영역에 개입하지 않아야 한다는 것을 말한다. 교육은 그 본질상 이상적이고 비권력적인 것임에 반하여 정치는 현실적이고 권력적인 것이기 때문에 교육과 정치는 일정한 거리를 유지하는 것이 바람직하기 때문이다."

이 조사는 이전에 실시되었던 여론조사와 대체로 결과가 일치한다. 중앙선거관리위원회가 2011년 10월 7~22일 실시한 조사에 따르면 교육감선거의 정당공천 도입에 찬성하는 유권자는 22.9%에 그쳤고, 반대하는 유권자는 찬성 유권자의 3배에 가까운 64.1%에 달했다(『연합뉴스』, 2011.9.8).

둘째, 〈그림 7〉에서 확인되듯이 교육감 직선제에 대한 의견조사에서 직선제가 유지되어야 한다고 대답한 응답자의 비율이 58%로 나타나 폐지되어야 한다는 의견의 비율(42%)보다 높았다. 민주화 이후 지방 자치가 부활된 1991년 이후에는 교육위원회에 의한 간선제로 교육감을 선출했다. 이후 1997년 선거인단에 의한 선출방식을 채택하였으며 2006년 이후부터는 주민 직선제로 변경하여 오늘에 이르고 있다. 그동안 교육부와의 정책 갈등·이념갈등으로 인한 사회통합 저해, 낮은 투표율로 인한 대표성의 결여, 과도한 선거비용 등의 문제점을 들어서 교육감 직선제를 폐지하자는 주장이 제기되어 왔다(윤상호·허원제 2014). 반면 교육자치의 헌법적 가치를 제도적으로 실현하기 위해서는 정당 배제형 주민 직선제가 유지되어야 한다는 주장이 제기되어 폐지론과 대립하고 있다(음선필 2012).

교육감 직선제에 반대하는 학부모와 교육관계자로 구성된 청구인들은

〈그림 7〉 교육감 직선제에 대한 의견

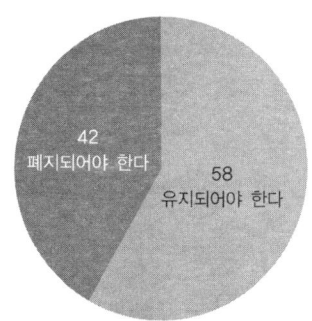

주: 수치는 %; 사례수는 1,000명
출처: 2018년 지선의식조사

「지방교육 자치에 관한 법률」 제43조 교육감 선출 규정—"교육감은 주민의 보통·평등·직접·비밀 선거에 따라 선출한다"—이 학생, 학부모, 교육자 및 교육전문가, 교사 및 교원의 기본권을 침해하고 있다고 헌법 소원 심판을 청구하였다(2014헌마 662). 하지만 헌법재판소는 각하 결정을 내린 바 있다(2015.11.26).[4] 2018년 지선의식조사에 따르면 여전히 교육감 직선제를 찬성하는 여론이 더 많았다.

셋째, 외고·자사고의 일반고 전환에 대한 유권자들의 태도이다. 앞선 두 쟁점이 교육감 선출 방식과 관련된 쟁점이라면 외고·자사고 폐지는

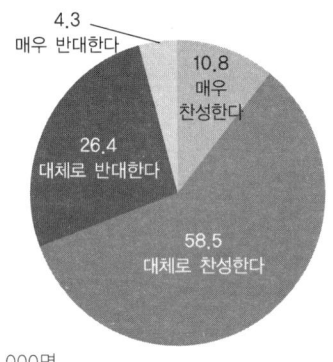

〈그림 8〉 외고·자사고 폐지에 대한 의견

주: 수치는 %; 사례수는 1,000명
출처: 2018년 지선의식조사

---

4) 결정요지에 따르면 "심판대상조항은 지방교육자치제도를 보장하기 위하여 교육감 선출에 대한 주민의 직접 참여를 규정하고 있을 뿐이지, 그 자체로서 청구인들에게 어떠한 의무의 부과, 권리 또는 법적 지위의 박탈이라는 불이익을 초래한다고 보기 어렵다. 따라서 심판대상 조항으로 인하여 학생의 교육받을 권리, 학부모의 자녀교육권, 교사 및 교원의 직업수행의 자유가 침해될 가능성이 있다거나 기본권침해의 자기관련성이 있다고 보기 어렵다. 그리고 교육감의 지위와, 지방교육자치의 내용으로서 주민참여의 원리 등을 고려할 때 학부모인 주민과 학부모가 아닌 주민 사이에 교육감선거에 있어 그 지위에 아무런 차이가 없으므로, 학부모가 아닌 주민이 교육감선거에 참여한다고 하여 학부모인 청구인들의 평등권을 침해할 가능성도 없다."고 밝히고 있다.

문재인 정부의 교육정책과 직접 관련된 쟁점이다. 2018년 지선 의식조사 결과 외고·자사고 폐지에 대해서 찬성 의견을 나타낸 응답자가 전체 응답자의 70%에 달하여 반대(30.7%) 의견을 압도하였다(〈그림 8〉 참조).

외고·자사고의 일반고 전환은 학교 서열화와 학력 철폐를 강조한 문재인 대통령의 후보 시절 공약이다.[5] 또한 교육의 공공성을 강조한 진보 교육감들의 공통적인 공약과 정책이다. 따라서 외고·자사고 폐지 여부에 대한 유권자의 선호가 교육감선거에서 유권자들의 투표행태에 어떠한 형태로든 영향을 미쳤을 가능성이 있다고 추론할 수 있다.

III. 2018년 교육감선거 결과

〈표 1〉은 2014년 교육감선거 결과와 2018년 교육감선거 결과를 비교 제시하고 있다. 앞서 언급한 바와 같이, 2018년 교육감선거 결과의 주요한 특징으로는 진보 교육감 압승으로 진보교육감 2기 개막, 강한 현직효과, 시·도지사와 교육감 당선자의 이념적 성향 일치의 경향 강화를 들 수 있다.

〈표 1〉에서 제시된 결과는 시·도별 집합자료의 비교이지만 좀 더 자세히 살펴보면 2014년과 비교하여 2018년 선거 결과의 중요한 차이를 확인할 수 있다. 먼저, 11개 시·도의 당선자 득표율에서 평균 11.8%p 증가가 있었다(최소 4.3%p~최대 21.6%p). 그동안 주민 직선제 교육감 제도의 중요한 문제점 중의 하나로서 낮은 투표율 및 득표율로 인한 대표성의 위

---

[5] 문재인 후보는 대선전 고교 서열화를 해소하여 공교육을 정상화하겠다고 공약하였다. 서열화 심화의 원인으로서 설립 취지에서 벗어나 명문고로 변질된 외고·국제고·자사고를 단계적으로 일반고로 전환하겠다고 공약하였다.

〈표 1〉 시·도지사선거 결과와 교육감선거 결과 비교

	2014년 교육감선거 결과			2018년 교육감선거			득표율 증감
	당선자(성향)	득표율	비고	당선자(성향)	득표율	비고	
서울	조희연(진보)	39.1%		조희연(진보)	46.6%	재선	+7.5
부산	김석준(진보)	34.7%		김석준(진보)	47.8%	재선	+13.1
대구	우동기(보수)	58.5%		강은희(보수)	40.7%		-11.5
인천	이청연(진보)	31.9%		도성훈(진보)	43.8%		+11.9
광주	장휘국(진보)	47.6%	재선	장휘국(진보)	38.0%	3선	-9.6
대전	설동호(중도)	31.4%		설동호(중도)	53.0%	재선	+21.6
울산	김복만(보수)	36.2%	재선	노옥희(진보)	35.6%		-0.6
세종	최교진(진보)	38.2%		최교진(진보)	50.1%	재선	+11.9
경기	이재정(진보)	36.5%		이재정(진보)	40.8%	재선	+4.3
강원	민병희(진보)	46.4%	재선	민병희(진보)	54.1%	3선	+7.7
충북	김병우(진보)	44.5%		김병우(진보)	57.1%	재선	+12.6
충남	김지철(진보)	31.9%		김지철(진보)	44.1%	재선	+12.2
전북	김승환(진보)	55.0%	재선	김승환(진보)	40.1%	3선	-14.9
전남	장만채(진보)	56.3%		장석웅(진보)	38.4%		-17.9
경북	이영우(보수)	56.1%		임종식(보수)	28.2%		-27.9
경남	박종훈(진보)	39.4%		박종훈(진보)	48.4%	재선	+9.0
제주	이석문(진보)	33.2%		이석문(진보)	51.2%	재선	+18.0

주: 교육감 당선자의 정치적 성향 분류는 각종 언론보도에서 대체로 합의된 내용을 저자들이 재정리 했음
출처: 중앙선거관리위원회 선거통계

기였다(정승윤 2017). 이러한 측면에서 2018년 선거에서는 일정한 진전이 있었다고 평가할 수 있다. 하지만 6개 지역에서 평균 14.8%p 득표율의 하락현상도 발견되었다(최소 0.6%p~최대 27.9%p). 득표율이 하락한 지역을 좀 더 자세히 살펴보면 두 가지 특징이 나타난다. 먼저 현직 교육감이 출마하지 않은 곳으로서, 대구·울산·경북·전남 4개 지역이다. 또한 나

머지 2개 지역은 집권 민주당의 정치적 텃밭이라고 할 수 있는 광주와 전북지역이다. 두 지역 모두 현직 교육감이 3선에 도전한 지역이었다. 따라서 변화를 내세운 경쟁자의 도전이 거셌던 곳이다.

2018년 교육감선거는 2014년 선거와는 달리 진보와 보수 각 진영 간 단일화가 당선에 결정적인 변수로 작용하지 않았다. 경기 지역은 진보 후보가 분열하였음에도 불구하고 현역인 진보성향의 이재정 후보(40.81%)가 비교적 큰 차이(17.3%p)로 2위인 보수성향의 임해규 후보(25.52%)를 앞섰다. 흥미로운 지역은 울산이다. 전교조 지부장이자 해직 교사 출신인 노옥희 후보(35.6%)가 진보후보의 단일화 무산에도 불구하고 교육감 경력을 가진 김석기 후보(18.0%)에 비해서 두 배에 가까운 득표율로 당선되었다. 반면 경북지역은 진보 단일 후보와 다자 보수후보의 구도에도 불구하고 보수성향의 임종식 후보(28.2%)가 같은 성향의 2위인 안상섭 후보(25.3%)를 근소한 차이로 앞서 당선되었다. 진보 단일 후보였던 이찬교 후보는 22.4%를 얻었다.

또한, 전통적으로 보수적인 지역으로 평가받는 강원 지역에서 진보 교육감이 3선의 고지에 올랐으며 충북·충남 지역에서 진보 교육감이 재선을 달성하였다. 현역 프리미엄을 감안하더라도 보수적인 지역의 유권자들이 현역 진보 교육감들의 교육정책을 일정하게 지지한 결과라는 추론이 가능하다. 강원과 충북 지역에서는 진보와 보수 후보가 단일화에 성공하여 일대일의 대결을 펼쳤다. 대전 지역에서는 현직인 중도성향의 설동호 교육감이 인지도와 조직력을 바탕으로 53.0%를 득표하여 진보 단일 후보였던 성광진 후보(47%)의 도전을 근소한 차로 막아냈다. 물론, 지역 균열의 영향력도 여전히 확인되었다. 호남 지역에서는 보수 진영이 후보를 내지 못하는 상황이었다. 경북 또한 진보 단일 후보가 의미 있는 득표를 얻었지만 20%대 초반에 그쳤다.

유권자들의 시·도지사 선택과 교육감 후보 선택에 있어서 분할투표 경향이 나타났는지를 좀 더 자세히 알아보기 위해 정치적 성향을 중심으로 교차분석을 실시하였다. 〈표 2〉에서 나타난 바와 같이 민주당·정의당

〈표 2〉 광역단체장 후보와 교육감 후보 선택 간 교차분석 — 정치적 성향을 중심으로

			교육감 후보 성향			전체
			진보	보수	중도	
광역·시·도지사 후보 소속정당	민주당 정의당	사례	276(3)	64(1)	42(0)	382(4)
		시·도지사(%)	72.25%	16.75%	10.99%	100%
		교육감(%)	85.71%	48.12%	91.30%	76.25%
	자유한국당 바른미래당	사례	46(8)	67(4)	3(0)	116(12)
		시·도지사(%)	39.66%	57.66%	2.59%	100%
		교육감(%)	14.29%	50.38%	6.52%	23.15%
	무소속	사례	0	2	1	3
		시·도지사(%)	0.00	66.67%	33.33%	100%
		교육감(%)	0.00	1.50%	2.17%	0.60%
전체		사례	322	133	46	501
		시·도지사(%)	64.27%	26.55%	9.18%	100.%
		교육감(%)	100%	100%	100%	100%

Pearson chi2(6) = 578.8159 Pr = 0.000
참고: 괄호안 사례수는 각각 정의당, 바른미래당을 선택한 유권자 수
출처: 2018년 지선의식조사

후보를 선택한 유권자 중에서 진보적인 성향의 교육감 후보를 선택한 비율이 72.25%로 압도적으로 높았다. 하지만 중도와 보수적인 성향의 교육감 후보를 선택한 비율도 27.74%에 달했다. 하지만 보수 정당 소속의 시·도지사 후보를 선택한 경우 보수적인 성향의 교육감 후보자를 선택한 비율은 57.76%로 진보정당 지지자가 진보 교육감에 투표한 비율보다 낮았다. 따라서 보수 정당 소속 단체장 후보에 투표한 유권자 중 진보 혹은 중도 성향의 교육감 후보자를 선택한 비율은 42.25%로서 상대적으로 높게 나타났다. 정치적 성향이 분할투표에 영향을 미칠 수 있다는 점을 유추할 수 있는 대목이다.

IV. 가설 설정

　교육감선거는 정당공천을 명시하지 않기 때문에 형식적으로는 일관투표 혹은 분할투표라는 용어를 쓰는 것이 적절하지 않을 수 있다. 다만 교육감선거 후보자들의 정치성향은 캠페인 기간 동안 자의 혹은 타의(주로 언론에 의해)로 분류되어 유권자들에게 전달된다. 따라서 내용적으로는 이 문제를 일관투표 혹은 분할투표의 관점에서 접근할 수 있다.6) 즉 진보정당의 단체장 후보에게 투표한 유권자가 교육감선거에서 진보성향의 후보에게 투표했을 경우 내용적으로는 일관투표와 유사한 투표행위를 한 것으로 간주할 수 있다. 반대의 경우에는 (유사) 분할투표라고 명명할 수 있을 것이다(장승진 2014). 이는 보수성향의 단체장 후보에게 투표한 유권자가 교육감선거에서 행한 투표행위에도 그대로 적용될 수 있다. 이 글은 동시에 진행되는 지방자치 단체장선거와 교육감선거의 투표행위의 연결고리를 일관투표 혹은 분할투표의 분석적 관점에서 접근하고자 한다.

　이 글의 첫 번째 관심 대상은 단체장선거에는 투표하고 교육감선거에는 기권한 유권자들이다. 이 문제는 해당 교육정책의 성격으로 접근할 필요가 있다. 해당 정책이 실행되었을 때 발생하는 편익·비용의 범위와 강도에 따라 교육감선거에 참여 혹은 기권할 인센티브가 달라지기 때문이다. 편익의 범위가 광범위하고 강도가 약하다면, 선거에 대한 관심도는 줄어든다. 반대로 정책 실행의 비용 범위가 좁고 강도가 세다면 선거에 대한 관심도는 커진다. 외고·자사고 폐지와 관련된 정책은 편익의 범위가 넓어 강도가 약한 반면, 비용의 범위는 특정되어 강도가 강하다. 외고 및 자사고에 재학 중이거나 진학을 준비해온 자녀가 있는 경우 기존 정책

---

6) 분할투표의 유형으로 구분하자면 같은 날 치러지는 서로 다른 선출직이라는 점에서 '동시-수직적 분할투표'에 해당한다고 할 수 있다(Burden and Helmke 2009; 윤광일 2014에서 재인용).

의 폐지는 강한 반발을 야기할 가능성이 크다. 따라서 외고·자사고 폐지에 찬성하는 유권자는 교육감선거에 대한 관심이 상대적으로 낮고, 반대하는 유권자는 관심이 상대적으로 높다. 전자는 단체장선거에서 투표했다고 하더라도 교육감선거에 기권할 가능성이 큰 반면, 후자는 교육감선거에서 더 적극적인 반대 의사를 표현할 가능성이 높기 때문에 기권이라는 소극적 의사표현보다는 외고·자사고 폐지에 반대하는 교육감 후보에게 투표할 가능성이 크다. 이러한 논리적 근거 하에 〈가설 1〉이 설정되었다.

〈가설 1〉
단체장선거에 투표한 유권자 중 외고·자사고 폐지에 반대하는 유권자는 찬성하는 유권자에 비해 교육감선거에 기권할 가능성이 낮다.

이 글의 두 번째 관심 대상은 단체장과 교육감선거에서 정치성향을 다르게 표현한 유권자들이다. 이른바 분할투표를 실시한 유권자 그룹이다. 분할투표에 대한 심리적 접근 중에서 가장 널리 알려진 이론은 교차압력설이다. "상충하는 사회정체성으로 심리적 갈등을 느낄 가능성이 높은 유권자"가 타협책으로 분할투표를 할 가능성이 높다는 것이다(윤광일 2014, 42-43). 지지하는 단체장의 소속정당이 본인의 의사에 반하는 교육정책을 추진할 경우 교육감선거에서 분할투표를 할 가능성을 예측할 수 있다. 정당균형전략(party balancing strategy) 역시 분할투표에 훌륭한 논거가 된다. 단체장선거에서 승리하는 정당의 독주를 막기 위해 교육감선거에서 서로 다른 성향의 후보자에게 투표할 수 있다는 것이다.[7]

교육감선거의 정당공천제와 관련된 논의는 좋은 예가 된다. 앞서 살펴본 바와 같이 교육감선거의 정당공천제에는 유권자의 2/3가 반대했다.

---

[7] 미국 분점정부 형성 원인을 정당 일체감의 약화에 따른 분할투표에서 찾는 것이 아니라 "정당 간 견제와 균형을 추구하는 온건한 유권자의 전략적 투표 행위"로 이해할 수 있다는 접근이다(윤광일 2014, 46).

교육정책이 정당 간의 정략에 의해 좌우되어서는 안 된다는 여론이 바탕에 있었다. 다만 유권자들은 정당공천제가 금지된 현재 상황에서도 실제적으로는 교육감 후보와 정당 간의 사실상 연계를 인지하고 있었다. 지방선거 전에 각종 언론은 진보성향의 단체장과 교육감 후보들이 완승할 것이라는 보도를 내보냈다. 단체장선거에서 진보성향의 정당을 지지한 유권자들 중에서 교육정책과 관련해 균형이 필요하다고 판단하는 경우 분할투표를 고려할 수 있다. 특히 교육감선거의 정당공천제를 반대하는 유권자들에게서 예상할 수 있는 투표행위라고 할 수 있다. 이상의 근거로 다음의 〈가설 2〉가 설정되었다.

〈가설 2〉
교육감선거의 정당공천제에 반대하는 유권자일수록 진보 분할투표를 할 가능성이 높다.

V. 경험분석

〈표 3〉은 경험분석에서 사용되는 주요변수에 대한 기술 통계를 제시하고 있다. 경험분석의 종속변수는 유권자의 교육감선거 불참과 유권자의 (유사) 분할투표,[8] 그리고 유권자들의 교육감 후보 선택이다. 먼저 교육감선거 불참 변수는 교육감선거가 지방선거와 동시에 실시되었기 때문에 지방선거에는 투표하였지만 교육감선거에 투표에 참여하지 않은 유권

---

8) 단체장선거에 투표하고 교육감선거에 기권하는 경우까지 분할투표로 이해하는 접근도 가능하다. 관련한 이론적 논의는 윤광일(2014) 참조. 다만 이 글에서는 기권을 분할투표와 구분해, 그 성격을 각각 추적하는 접근법을 취하기로 한다.

〈표 3〉 주요 변수에 대한 기술통계

변수	사례수	평균	표준편차	최소	최대
외고·자사고 폐지	1000	2.242	0.6970	1	4
교육감 직선제	1000	0.576	0.4944	0	1
교육감 정당공천	1000	0.192	0.6209	1	4
교육감선거 관심	979	2.8508	0.8116	1	4
교육감 TV토론	1000	0.144	0.3512	0	1
후보정책과 공약	1000	0.25	0.4332	0	1
문재인 정부 평가	1000	2.117	0.6322	1	4
정당 동원	1000	0.292	0.4549	0	1
진보	1000	0.201	0.4009	0	1
보수	1000	0.237	0.4254	0	1
더민주 선호도	1000	5.92	2.3403	0	10
자한당 선호도	1000	3.883	2.3771	0	10
국가경제 회고	1000	2.466	0.597	1	4
가정경제 회고	996	2.238	0.5390	1	3

출처: 2018년 지선의식조사

자를 대상으로 가변수를 도출하였다. 지방선거와 교육감선거 모두 투표한 유권자를 대상으로 0을 부여하였고 지방선거는 투표하였지만 교육감선거는 불참한 유권자들에게는 1을 부여하였다(〈표 4〉의 '모델 1').

또한 (유사) 분할투표의 측정을 위해서 다음과 같은 방식을 선택하였다. 제7회 동시 지방선거에서 집권 여당인 더민주가 압승을 거두었기 때문에 일관투표와 분할투표를 진보정당에 대한 투표 여부를 중심으로 살펴보았다. 교육감선거에서는 정당공천이 이루어지지 않지만 후보의 이념적 성향을 추론할 수 있는 언론보도 및 교육감 후보자들의 자체 홍보자료를 통해서 후보의 성향을 진보·보수·중도로 분류하였다. 이를 기반으로 17개 시·도에 출마한 후보 59명의 후보자를 각각 '진보 후보·보수후보·중도후보'로 분류하였다. 광역단체장 후보 중에서 민주당·정의당 후보를 선택한 유권자가 교육감 후보 중에서 진보후보를 선택한 경우를 진보 일관투표로 측정하였다. 또한 광역단체장 후보 중에서 진보 후보를 지지했지만 교육감 후보 중에서는 보수·중도 후보를 선택한 경우를 기반으로 하여 가변수를 도출하여 진보(유사) 분할투표자를 측정하였다. 진보 일관투표를 한 유권자를 대상으로 '0'을 부여하였고, 진보 분할투표를 한 유권자를 대상으로 '1'을 부여하였다(〈표 4〉의 '모델 2'). 교육감 후보 선택은 진보 후보를 선택한 유권자에게 '1'을, 보수·중도 후보를 선택한 유권자에게 '0'을 각각 부여하였다(〈표 4〉의 '모델 3').

독립변수는 교육감선거 캠페인 과정에서 제기되었던 정책적 쟁점에 대한 유권자들의 태도이다. 교육감 선거과정에서 제기되었던 세 가지 중요한 정책적 쟁점에 대한 태도가 포함되었다. 세 가지 쟁점은 외고·자사고 폐지에 대한 태도(원자료 '1: 매우 찬성한다 ~ 4: 매우 반대한다'를 역으로 재코딩), 교육감 직선제 폐지(원자료 '1: 유지되어야 한다, 2: 폐지되어야 한다'를, '0: 폐지되어야 한다, 1: 유지되어야 한다'로 재코딩), 교육감 정당공천에 대한 태도(1: 매우 반대한다 ~ 4: 매우 찬성한다)이다.

교육감선거 캠페인 과정에 대한 유권자들의 인식은 교육감선거에 대한 관심, 교육감 후보 TV토론 시청 여부, 교육감 후보 결정과정에서 정책의 중요성이라는 세 가지 변수로 측정되었다. 교육감선거에 대한 관심 변수는 4점 척도(1: 매우 관심 있었다 ~ 4: 전혀 관심이 없었다)로 측정되었다. 교육감선거에 대한 유권자들의 관심을 제약하는 정치적·제도적 제약 속에서 TV토론이 유권자들에게 필요한 정보를 제공하는 유용한 수단이 될 수 있다. 교육감 후보 TV토론 여부는 토론을 시청한 응답자를 대상으로 가변수를 도출하여 분석에 포함시켰다. 교육감 후보 선택 결정요인에 대한 앞선 기술 통계에서 후보자의 능력이 1위(31.67%)를, 후보의 정책과 공약은 2위(25.46%)를 차지했다. 정책이 교육감 후보 선택에 중요하다고 선택한 응답자를 대상으로 가변수를 도출하였다.

일반적으로 한국에서 지방선거는 집권당에 대한 중간평가의 성격을 지닌 것으로 해석되었다. 더구나 이번 선거는 앞서 언급한 대로 문재인 정부 2년차 문턱에서 치러졌다. 따라서 문재인 정부의 수행력에 대한 평가 문항을 분석에 포함하였다(원자료 '1: 매우 잘하고 있다 ~ 4: 매우 잘못하고 있다'를 역으로 코딩).

이 연구는 정당 동원의 효과를 측정하기 위해서 정당에 의한 접촉여부를 측정하였다. 정당에 의한 적극적인 동원이 있는 경우에 각 당의 주요 교육 정책과 일치하는 교육감 후보자의 선택에까지 연쇄적인 효과가 있었을 것이라고 추론할 수 있다. 실제로 문재인 대통령의 핵심적인 교육공약과 진보 교육감의 핵심적인 교육공약은 대체로 일치한다. 정당에 의한 동원은 선거운동 기간 동안 정당 또는 후보자가 접촉한 경험이 있다고 대답한 응답자를 대상으로 가변수를 도출하였다.

응답자의 이념 변수는 진보와 보수를 대상으로 가변수를 각각 도출하였다. 원자료는 11점 척도로 측정되었다(0: 진보 ~ 10: 보수). 이 연구에서는 0~3을 진보로, 4~6을 중도로, 7~10을 보수로 각각 범주화화였다.

정당에 대한 선호도는 좋아하거나 싫어하는 느낌의 정도를 묻는 문항을 기반으로 측정되었다(0: 아주 싫어한다 ~ 10: 아주 좋아한다). 정당에 대한 정서적인 근접성을 묻는 문항을 통한 정당 일체감 측정보다 더 안정적이라고 판단되었기 때문이다. 좋아함과 싫어함을 함께 측정할 수 있기 때문에 양방향의 영향력을 측정할 수 있다는 점도 고려 대상이었다.

이 연구는 1년 전 대비 가정경제와 국가경제의 상황변화에 대한 인식 변수를 통해서 경제투표의 영향력도 통제하였다. 이 두 변수 모두 3점 척도로 측정되었다('1: 좋아졌다 ~ 3: 나빠졌다'를 역으로 코딩).

직업, 연령, 교육, 월간 가구 소득, 성별과 같은 사회경제적 변수가 통제변수로 추가되었다. 직업변수 중에서는 교육감선거에 더 많은 관심을 가질 것으로 예상되는 사무·기술·전문직을 대상으로 하여 가변수를 도출하여 분석에서 통제하였다. 교육은 6급 간으로(1: 초등학교 졸업 ~ 6: 대학원 재학/졸업), 월간 가구 소득은 11급 간으로 측정되었다(1: 100만 원 이하 ~ 11: 1,000만 원 이상). 성별은 여성을 대상으로 가변수를 도출하였다.

거주 지역 변수로는 5개 지역(서울, 호남, 부산·경남, 대구·경북, 대전)이 추가되었다. 서울은 수도로서 각 당의 격전지이기 때문에 포함되었다. 호남지역은 집권당의 정치적 기반이었기 때문에 분석에 포함시켰다. 또한, 부산·경남지역은 이번 지방선거에서 집권 민주당이 승리하여 3당 합당 이전으로 정치구도를 복원할 수 있는지가 관전 포인트 중의 하나였기 때문에 변수로 포함되었다. 역으로 대구·경북지역은 탄핵 이후 몰락의 위기에까지 몰린 자유한국당(한국당)이 교두보를 확보할 수 있는지가 관심의 대상이 되었기 때문에 변수로 포함되었다. 마지막으로 대전 지역은 유일한 중도성향의 현역 교육감이 재선에 성공할 수 있을지 주목을 끌었다는 이유로 변수로 포함되었다.

'모델 3'에서는 광역단체장선거의 선택이 교육감 후보 선택에 미치는 영향을 측정하기 위해서 광역단체장 후보 선택변수를 추가하였다. '모델 3'의 종속 변수와 같은 방식으로 광역단체장선거에서 진보후보(민주당·정의당)에게 투표한 유권자에게 '1'을, 그 이외(보수정당) 후보에게 투표한 유권자에게 '0'을 부여하였다.

'모델 1, 2, 3' 모두 종속변수가 더미변수이므로 로짓(logit) 모델이 통계분석에 사용되었다.

VI. 분석 결과

유권자들의 교육감선거 기권요인과 투표 선택을 경험적으로 분석한 결과가 〈표 4〉에 제시되어 있다. 〈표 4〉의 분석 결과는 이 글이 주장한 대로 2018년 제7회 동시 지선에서 유권자들의 선택이 이른바 "깜깜이 선거"에서 단체장선거 결과에 휩쓸린 선거로만 볼 수 없다는 것을 경험적으로 확인해 주고 있다. 세 가지 모델―교육감선거 기권, 단체장·교육감선

〈표 4〉 교육감선거 투표행태 결정요인에 대한 통계분석

	〈모델 1〉 교육감선거 기권		〈모델 2〉 단체장·교육감 진보 분할투표 (진보 일관투표 대비)		〈모델 3〉 교육감 후보 선택 (진보 대 보수·중도)	
	계수(표준오차)	승산비	계수(표준오차)	승산비	계수(표준오차)	승산비
외고·자사고 폐지	0.525(0.242)**	1.690	0.240(0.162)	1.272	-0.146(0.127)	0.864
교육감 직선제	-1.951(0.324)***	0.142	-0.192(0.233)	0.824	0.409(0.187)**	1.505
교육감 정당공천	0.294(0.260)	1.342	-0.588(0.187)**	0.555	0.327(0.148)**	1.387
교육감선거 관심	-0.007(0.215)	0.992	0.039(0.153)	1.040	-0.084(0.128)	0.918
교육감 TV토론	0.132(0.387)	1.141	0.093(0.280)	1.097	-0.159(0.240)	0.992
후보정책과 공약	-0.410(0.400)	0.663	0.106(0.252)	1.112	-0.007(0.243)	0.831
문재인 정부 평가	0.402(0.306)	1.495	0.114(0.234)	1.121	-0.157(0.183)	0.854
정당 동원	-1.582(0.429)***	0.205	-0.628(0.251)**	0.533	0.646(0.200)***	1.909
진보	-0.464(0.422)	0.628	-0.226(0.257)	0.797	0.109(0.225)	1.115
보수	-0.949(0.433)**	0.386	-0.373(0.319)	0.688	0.379(0.241)	1.461
민주당 선호도	0.017(0.090)	1.101	0.062(0.070)	1.064	-0.089(0.055)	0.913
자한당 선호도	0.212(0.074)**	1.237	0.141(0.055)	1.152	-0.063(0.045)	0.938
국가경제 회고	-0.038(0.348)	0.962	-0.515(0.244)**	0.597	0.356(0.200)	1.428
가정경제 회고	0.732(0.345)**	2.078	0.292(0.262)	1.339	-0.231(0.205)	0.793
사무기술전문직	-0.102(0.393)	0.902	-0.541(0.262)**	0.581	0.499(0.216)	1.491
연령	0.005(0.014)	1.005	0.002(0.009)	1.002	0.004(0.008)	1.011
교육	-0.181(0.206)	0.828	0.122(0.142)	1.130	0.013(0.123)	0.959
가구소득	-0.158(0.103)	0.850	-0.003(0.075)	0.995	0.026(0.059)	1.030
여성	0.361(0.315)	1.442	0.205(0.222)	1.229	0.031(0.189)	0.943
서울	-0.186(0.492)	0.830	-0.580(0.320)	0.559	0.161(0.241)	1.175
호남	0.818(0.486)	2.215	0.504(0.345)	1.656	-0.684(0.308)**	0.504
부산·경남	0.452(0.504)	1.571	-0.073(0.393)	0.929	-0.170(0.305)	0.843
대구·경북	-0.382(0.707)	0.251	0.225(0.667)	1.252	-0.453(0.416)	0.629
대전	0.995(0.752)	2.705	0.710(0.551)	2.035	-0.917(0.525)	0.399
단체장투표					3.045(0.234)***	21.018
Constant	-4.992(2.208)	0.006	-0.966(1.550)	0.380	-2.535(1.205)	0.079
사례수	612		440		967	
Pseudo R2	0.2481		0.0932		0.3138	

참고: *** p≤.001; ** p≤.05
출처: 2018년 지선의식조사

거 분할투표, 교육감 후보 선택 결정요인—의 분석은 일관된 투표 행태와 서로 다른 투표행태가 공존하는 흥미로운 결과를 제시한다.

첫 번째, 지방선거에 참여하면서도 교육감선거에는 기권한 유권자들이 확인되었는데 그 이유는 무엇인가? 이는 교육감선거에 대한 무관심의 정치적 표현인가? 아니면 유권자들의 적극적인 의사표시인가? '모델 1'이 이 문제를 경험적으로 분석하였다. 첫째, 세 가지 주요 교육정책에 대한 태도 변수 중에서는 외고·자사고 폐지에 대한 태도와 교육감 직선제에 대한 태도가 교육감선거의 기권 혹은 투표에 영향을 미치는 중요한 요인으로 확인되었다. 계수의 방향을 고려할 때 외고·자사고 폐지에 찬성할수록 교육감선거에 투표할 확률이 낮고, 반대할수록 투표할 확률이 높은 것으로 확인되었다. 특히 승산비의 크기를 고려할 때 세 가지 변수 중 외고·자사고 폐지에 대한 유권자의 태도가 교육감선거 기권 요인으로 가장 큰 영향력(1.690)을 행사하는 요인으로 확인되었다. 이로써 〈가설 1〉이 입증되었다.

캠페인 관련 세 가지 변수는 모두 교육감 후보 기권 혹은 투표에 중요한 영향을 미치지 않은 것으로 나타났다. 먼저, 앞서 언급한 대로 교육감선거에 대한 정치적·제도적 제약 때문에 교육감선거에 대한 무관심이 기권으로 이어졌을 거라는 추론은 경험적 근거가 없는 것으로 확인되었다. 교육감 후보에 대한 TV토론 시청 역시 유권자들의 기권 혹은 투표에 중요한 영향을 미치지 않았다. 교육감 TV토론은 시·도지사 토론에 비해서 상대적으로 큰 관심을 갖지 못했고 시청률도 낮았다. 더구나 일부 지역(대표적으로 경기 지역)에서는 현직 교육감의 불참으로 토론이 파행되기도 했다. 앞서 기술통계를 통해서 확인된 TV토론의 지지 강화효과는 교육감선거에 영향을 미치지 않았다. 같은 맥락에서 교육감 후보 선택요인으로 후보의 정책과 공약에 대한 평가는 교육감선거 기권 혹은 투표 자체에는 유의미한 영향을 미치지 않았다. 문제인 정부에 대한 평가 또한 유의미한 영향을 미치지 않았다.

교육감선거에서는 정당공천이 이루어지지 않지만 정당과 관련된 변수들의 유의미한 영향력을 확인할 수 있었다. 먼저, 정당동원의 영향력이다. 정당(의 운동원) 또는 후보와 접촉 경험이 있는 유권자일수록 교육감선거에서 기권할 확률이 낮았다. 정당 선호도 변수 중에서는 제1야당인 한국당에 대한 선호도가 교육감선거의 기권 혹은 투표에 유의미한 영향력을 미친 것으로 나타났다. 한국당에 대해서 좋아하는 감정을 가질수록 교육감선거에 참여하기보다는 불참하는 것으로 나타났다. 이러한 결과는 선거 구도가 진보 쪽으로 기울었던 교육감선거 구도에 대한 한국당 지지자들의 대응이 교육감선거 불참으로 나타났음을 의미한다. 흥미롭게도 정치적 이념 변수는 정당 선호와는 반대의 영향을 미친 것으로 나타났다. 보수적인 유권자들은 교육감선거에 기권하기보다 투표할 확률이 더 높았다. 보수 이념과 제1야당에 대한 선호 변수의 상충되는 영향력은 제1야당이 대표하지 못하는 보수적 유권자가 상당히 존재한다는 것을 의미한다.

두 번째 질문은 분할투표의 결정요인과 관계되어 있다. 왜 어떤 유권자들은 단체장과 교육감 선택에 있어서 일관된 패턴을 보였고, 다른 유권자들은 분할투표의 행태를 나타냈는가? 〈표 4〉의 '모델 2'가 유권자들의 진보 분할투표 결정요인에 대한 분석을 각각 제시하고 있다. 먼저, 주요 교육정책에 대한 태도의 영향력을 살펴보자. '모델 2'의 분석 결과에서 교육감선거 기권 혹은 투표 결정요인과는 일정하게 다른 분석 결과를 확인할 수 있다. 외고·자사고 폐지에 대한 유권자들의 태도는 일관투표 혹은 분할투표에 중요한 영향력을 행사하지 않았다. 반면 교육감 직선제가 유지되어야 한다고 판단할수록 단체장과 교육감 모두 진보정당 후보와 진보적인 후보를 선택할 확률이 높았다. 하지만 직선제에 대한 태도는 분할투표에는 유의미한 영향을 미치지 않는 것으로 확인되었다. 반면에 교육감선거에 대한 유권자들의 일관투표 혹은 분할투표를 결정하는 유의미한 정책 태도요인은 교육감선거에 대한 정당공천 찬반 여부였다. 교육감 정당공천에 찬성할수록 일관투표의 경향을, 반대할수록 분할투표의 경향을 보였다. 정당공천제에 대한 반대는 교육정책은 탈정치화되어야 한다는 태도가 분할투표로까지 이어졌음을 알 수 있다. 상충하는 정체성에 따라 발생하는 교차압력과 한쪽으로 힘이 쏠리는 현상을 경계하는 정당균형전략이 분할투표로 나타난 것으로 해석할 수 있다. 이로써 〈가설 2〉도 입증되었다.

세 번째, 교육감 후보에 대한 선택 결정요인에 대한 분석을 통해서 이를 확인하였다. '모델 3'이 이를 경험적으로 검증하였다. '모델 3'의 종속변수는 진보 교육감 후보 '1' 대 보수·중도 교육감 후보 '0' 조합에서 나타난 유권자들의 선택이다. 이 추가적인 분석의 목적을 달성하기 위해서 단체장선거에서 나타난 유권자들이 선택을 조합하고(1: 진보, 0: 보수·중도) 변수를 생성하여 분석에 포함시켰다.

먼저, 이념을 기준으로 한 유권자들의 단체장 후보 선택이 유권자들의 교육감 후보 선택에 유의미한 영향력을 행사한 것으로 확인되었다. 단체장에서 민주당·정의당 후보를 선택한 유권자는 교육감에서도 보수적이거나 중도적인 후보보다는 진보적인 후보를 선택할 확률이 높았다. 이 결과는 여러 가지 영향 가능 변수(민주당과 자한당에 대한 정서, 개인의 이념적 성향, 문재인 정부에 대한 평가)가 적절히 통제된 후 확인된 결과라는 점이 중요하다. 승산비를 통한 계수의 영향력을 평가할 때 이 변수의 영향력(21.018)이 가장 컸다.

교육감 직선제와 정당공천제에 대한 태도도 교육감선거 투표선택에 중요한 영향을 미친 것으로 나타났다. 직선제가 유지되어야 한다는 입장을 가지거나 정당공천에 찬성할수록 교육감선거에서 진보 후보를 선택할 가능성이 높았다. 사회경제적 변수 중에서는 유일하게 사무기술전문직 변수가 교육감선거 선택에 중요한 영향을 미친 것으로 확인되었다.

정당관련 변수들 중에서는 앞서 '모델 1~3'에서 일관되게 확인된 바와 같이 정당의 동원이 교육감선거에서도 진보후보를 지지하는 데 유의미한 영향력을 행사하였다. 정당 동원은 교육감선거에서 유권자들이 단체장과 같은 성향의 진보적 후보에게 일관되게 투표할 확률을 높였다. 정당 동원은 교육감 선거기권 모델과 분할투표 모형에서도 모두 유의미한 영향력이 발견되었다. 정당 동원 변수는 세 모델에서 일관된 영향력이 나타난 유일한 변수였다. 이 결과는 정당 공천이 이루어지지 않은 상황에서도 교육감선거에서 유권자들의 투표행태에 정당의 동원이 유의미한 영향력을 행사했음을 나타낸다. 동시 투표가 진행될 경우 지자체단체장선거가 교육감선거에 연쇄적 영향을 미칠 수 있다는 점이 확인되었다.

VII. 결론과 함의

이 글의 목적은 2018년 제7회 동시 지선으로 치러진 교육감선거에서 나타난 유권자들의 세 가지 차원의 투표행태─교육감선거 기권, 진보 분할투표, 교육감 후보 선택 결정요인─를 경험적으로 분석하는 것이었다. 이를 통해서 유권자들의 투표행태가 적극적인 의사표시인지 혹은 동시선거로 치러진 단체장선거에 편승한 투표행태인지에 대한 규명을 시도했다.

분석결과를 요약하면 다음과 같다. 먼저, 외고·자사고 폐지 여부와 같은 교육 쟁점에 대한 태도는 유권자들의 교육감선거 기권에 유의미한 영향을 미쳤다. 또한, 교육감 선출과 관련된 제도적인 특성 중 직선제에 대한 태도는 직선제에 찬성할수록 교육감선거에 참여하고, 교육감선거에서 보수·중도보다 진보후보에 투표할 확률이 높게 나타났다. 반면 교육감 정당공천에 찬성할수록 진보 분할투표보다는 진보 일관투표를, 교육감 후보선택에서 진보후보에게 투표할 확률이 높았다. 교육감선거에 대한 낮은 관심과 후보자들의 정책과 공약에 대한 무관심 등에 대한 우려와는 달리, 교육감선거에서 나타난 유권자들의 투표행태는 교육정책과 관련된 쟁점과 교육감 후보 선출의 제도적 쟁점에 의해서 중요한 영향을 받았던 것으로 나타났다.

동시에 정당관련 변수의 강한 영향력 또한 확인되었다. 교육감선거 기권 모델부터 교육감 후보 선택 모델까지 세 가지 모델을 관통하여 일관

되게 유의미한 영향력을 나타낸 변수는 정당동원 변수였다. 흥미로운 결과는 정당동원 변수는 교육감선거의 참여, 진보 일관투표, 진보적인 교육감후보선택에 강한 긍정적인 영향력을 행사했다는 것이다. 또한 교육감선거 선택에 대한 분석('모델 3')을 통해서 단체장선거 선택의 영향력이 확인되었다. 2018년 교육감선거에서는 정당의 기호에 따라서 교육감 후보자를 찍는 '줄투표 현상'은 나타나지 않았다. 이는 2014년 선거 이후 도입된 교육감 교호순번제의 효과로 추론할 수 있다. 하지만 단체장선거 선택의 영향력은 교육감선거 선택에도 영향력을 미치는 파급효과(spill-over effect)가 확인되었다.[9]

이 글의 분석 결과를 중심으로 교육감 선출에 관한 그간의 논쟁에 대해 함의를 추론할 수 있다. 첫째, 교육감선거에 대한 TV토론 효과가 미미하다는 것이다. 시청률은 광역도지사에 이어서 2위를 차지하였지만 통계분석에서는 유의미한 효과를 찾을 수 없었다. 앞서 살펴본 대로 교육감선거에서 여러 가지 제약에도 불구하고 유권자들이 후보자의 능력에 이어서 후보자의 정책과 공약을 고려하여 투표하였다고 응답하였다. 그렇다면 앞으로 중요한 과제는 TV토론이 교육감 후보자들의 정책과 공약을 비교 분석할 수 있는 실질적인 도구가 될 수 있도록 개선하는 것이라고 할 수 있다.

둘째, 이 글의 분석 결과 교육감선거에서 나타난 유권자들의 투표행태를 결정하는 중요한 요인은 다양했다. 외고·자사고 폐지를 둘러싼 정책적 쟁점, 교육감 직선제·정당공천제를 둘러싼 제도적인 쟁점에 대한 태도가 선거 기권, 분할투표, 교육감 선택에서 차등적으로 영향력을 발휘했

---

9) 이러한 분석 결과는 교육감 선거제도에 대한 시민들의 의견과도 대체로 일치한다. MBC가 2014년 6·3지방선거 5개월여를 앞두고 실시한 '지방자치선거제도' 여론조사결과에 따르면 정당공천 없이 직선제로 치러지는 현행 교육감 선거제도에 대해서는 응답자의 절반 이상(55.8%)이 교육감은 사실상 정당과 연계돼 공동정책을 펼치고 있다고 봤고 독립적으로 교육정책을 펼치고 있다는 생각은 17.6%에 그쳤다(MBC 여론조사결과 보고서, 리서치앤리서치 2014.1.11).

다. 또한 단체장선거에서 행사된 유권자들의 투표 선택이 교육감선거 선택에도 영향을 미쳤다. 정당 공천이 금지된다고 하더라도 교육감선거에서 정당요인의 영향력을 배제될 수 없다는 것을 경험적으로 확인한 것이다. 그렇다면 두 가지 정책적 대안을 고민해야 할 것이다. 먼저, 정당공천 배제를 유지한다면 교육감선거에서 어떻게 정당의 영향력을 최소화할 것인가 하는 것이다. 이를 위해서 교육감선거가 미래의 교육 정책에 대한 실질적인 경쟁의 장이 될 수 있도록 여러 가지 제도적인 노력이 시도되어야 한다. 시급한 과제 중의 하나는 입후보 요건과 선거공영제와 같은 선거운동 방식의 변화라고 할 수 있다(음선필 2012). 장기적 대안은 동시 선거를 분리 선거로 전환하는 것일 것이다. 이 경우 비용 문제에 대한 국민적 합의와 이전 선거제도에서 나타난 무관심과 낮은 투표율, 대표성의 문제를 어떻게 극복할 것인가에 대한 방안이 고민되어야 할 것이다.[10]

---

10) 나아가 교육감에 대한 정당 공천제를 도입하기 전 단계로서 공동등록제를 도입하는 것도 하나의 방안이 될 수 있다. 정당원의 교육감 후보자격 배제 조항과 정당의 교육감선거 관여금지 조항 폐지를 통한 교육감 정당 공천제 도입이 교육의 자주성·전문성·정치적 중립성을 본질적으로 침해하지 않는다는 해석도 있다(정승윤 2017).

• 참고문헌 •

강우진·배진석. 2018. "TV토론의 투표선택 효과: 제19대 대통령선거 사례분석." 『대한정치학회보』 제26집 제2호, 155-180.
서현진. 2014. "동시선거로 실시된 2014 교육감 선거의 유권자 투표행태에 관한 연구." 『현대정치연구』 제7권 제2호, 35-65.
손희권. 2005. "교육감 선출방법 개선 방안들에 대한 헌법적 검토." 『한국교육』 제32권 제4호, 301-332.
윤광일. 2014. "6·4 지방선거와 분할투표: 광역단체장과 광역의회 선거를 중심으로." 『한국정당학회보』 제13권 제3호, 35-67.
윤상호·허원제. 2014. 『교육감 선출제도의 문제점과 개선방향: 교육감 직선제를 중심으로』 한국경제연구원 정책연구.
음선필. 2012. "지방교육자치시대의 교육감 선임방식: 정당배제형 직선제를 위한 변론(辯論)." 『홍익법학』 13권 제1호, 101-144.
이덕난·이정진. 2011. "주요국의 교육감 선출제도 및 시사점." 『이슈와 논점』 291호.
이준한. 2009. "2010년 지방선거와 교육감 및 교육의원 선거의 동시실시에 따른 효과 예측." 『한국지방자치학회보』 제21권 제3호, 101-118.
정승윤. 2017. "현행 주민직선 교육감 선출제도의 문제점과 개선방안에 대한 연구." 『부산대학교 법학연구』 제58권 제1호, 33-78.
조진만·윤상진. 2012. "광역단체장선거와 교육감선거 동시 실시와 유권자의 투표 선택: 경기도 사례에 대한 경험적 분석." 『사회과학연구』 제20집 제2호, 202-230.
중앙선거관리위원회. 2017. 『제7회 전국동시지방선거 유권자 의식조사』.

리서치앤리서치. 2014.1.11. "MBC 여론조사결과 보고서." http://imnews.imbc.com/mbcpoll0113.pdf
『연합뉴스』, 2011년 9월 8일.
『조선일보』, 2018년 6월 15일.
헌법재판 정보 2001헌마710(헌재 2004. 3. 25). http://search.ccourt.go.kr/ths/pr/ths_pr0101_P1.do?seq=0&cname=&eventNum=7756&eventNo=2001%ED%97%8C%EB%A7%88710&pubFlag=0&cId=010200&selectFont=(검색일: 2018.8.1).
헌법재판정보 2014헌마 662(헌재 2015. 11. 26). http://search.ccourt.go.kr/ths/pr/ths_pr0101_P1.do?seq=0&cname=&eventNum=41834&eventNo=2014%ED%97%8C%EB%A7%88662&pubFlag=0&cId=010200&selectFont=(검색일: 2018.7.25).

2018년 광역단체장 후보 경선과 매니페스토 투표효과*

김연숙 | 서울대 한국정치연구소

I. 들어가며

    본 연구는 제7회 전국 동시지방선거(이하 지방선거) 과정에서 주요 정당의 후보자 충원을 위한 경선과정과 매니페스토(Manifesto) 투표 효과를 다룬다. 2018년 지방선거 중 광역단체장선거에 초점을 맞추어 더불어민주당과 자유한국당의 후보자 경선과정을 비교·분석한다. 후보자 경선과정의 절차와 그 과정의 투명성, 그리고 경선 결과가 공개되어 공유될 때, 보다 책임있는 정치참여가 가능하다. 질 높은 투표는 후보자들이 공표하는 공약과 정책이 유권자들에게 잘 전달되어, 득표로 이어지는 선순환(virtuous circle) 시스템에서 가능하다. 당선자는 임기 동안 자신이 내세운

---

* 이 글은 중앙선거관리위원회와 한국정치학회가 공동으로 수행한 2018년 〈전국지방동시선거〉 외부평가 보고서의 내용을 수정·보완한 것입니다.

공약과 정책을 성실히 수행하고 유권자에게 평가받아야 한다. 정책선거의 선순환은 법·제도로 강제한다고 실현되지 않는다. 선거과정의 공정성과 투명성, 선거 정보의 개방성이 보장되고, 이것이 유권자의 투표선택과정에 자연스레 녹아들 때 비로소 현실화될 수 있다.

'선거 매니페스토'란 '선거에 참여한 정당·후보자가 유권자들에게 제시하는 구체적인 선거 공약'을 의미한다. 선거과정에서 후보자의 주요 공약과 그들의 정책 지향이 활발하게 논의되는 분위기에서 투표선택의 질도 높아진다. 매니페스토를 통한 정책선거는 대의 민주주의의 책임성을 구현한다는 의미에서 매우 중요한 요소이다(김욱 2008; 이현출 2006). 정당과 후보자들은 당선 후 펼치게 될 자신의 정책을 유권자들에게 더욱 명료하게 제시하여야 하며, 유권자들은 이러한 정책과 공약을 기초로 후보자평가 후 투표를 결정하게 된다. 매니페스토 정책 선거 환경 속에서 실질적 민주주의(substantial democracy)가 구현될 수 있다. 책임 있는 유권자로서 평소 자신의 소신과 가치관에 비추어 이에 부합하는 정책을 제시하는 후보자를 평가하고 선택하는 과정이야말로 진정한 의미의 정치참여라고 할 수 있다.

선거에 참여한 후보자와 정당은 투표에 도움이 될 정책 정보를 유권자들에게 충분히 제공할 의무가 있다. 선거 예비전이라 할 수 있는 당내 경선과정에서부터 경선의 과정과 절차, 그리고 매니페스토 공약·정책의 내용이 최대한 개방되어야 한다. 당내 경선과정에서 후보자들이 밝힌 공약과 정책은 유권자들에게 인지적 자극(cognitive mobilization)이 되어, 책임 있고 '올바른 투표(correct voting)' 행동의 동기가 된다(Lau et al. 2008).

1995년 제1회 전국동시지방선거가 실시된 이래, 한국의 풀뿌리 민주주의는 20년 이상의 세월을 지나왔다. 혹자는 약 20년의 한국 지방자치 역사가 서구의 지방자치에 비해 그리 길지 않으며 아직도 정체된 수준이라 평가하기도 한다. 그러나 1987년 한국 민주화의 벅찬 기억이 아직도 생생하며, 3당 합당을 통해 지방자치의 약속을 저버린 한국 정치의 궤적을 기억하는 유권자들에게 지역 대표를 선출하는 지방선거는 대통령선거나 국회의원선거에 못지않게 중요한 의미를 가진다. 특히 우리는 2016년 촛불시위로 대통령을 탄핵하고, 2017년 5월 사상 초유의 대통령선거를 치렀다. 이후 1년여 만에 치러지는 2018년 지방선거는 매우 큰 의미로 다가온다. 2016년 이후 유권자들의 정치 관심과 참여 의지는 사상 유래 없이 높아졌기 때문에, 유권자들의 2018년 투표선택은 더욱 신중하였을 것이다. 2018년 지방선거는 2017년 대선 정국의 영향 아래에서 치러졌다고 볼 수 있다. 특히, 집권 여당인 더불어민주당의 후보자 경선과정은 야당의 경선보다 매우 치열했다. 예비 후보 간 경선이 치열할수록 선거에 대한 관심은 높아질 수 있고, 투표할만한 후보자가 누구인지 판단하기 위해 유권자들의 고민도 깊어졌을 것이다.

2018년 지방선거는 1인 7표 시스템으로 치러졌다. 7표 중 광역·기초 단체장, 광역·기초의회 의원, 광역·기초 비례대표 의원 선출을 위한 6표는 정당의 후보자 선정과정에 따라 당선자의 윤곽이 결정된다고 볼 수 있다. 정당 중심의 선거는 정당에 대한 유권자들의 지지를 바탕으로 생활정치에 봉사할 대표자를 선출하는 매우 효율적인 시스템이다. 정당 민주주의의 핵심은 선거 플랫폼을 구성하기 위해 배출하는 정당 후보자 선정 과정에 있다고 해도 과언이 아니다(Rahat and Hazan 2001). 이 중 '당내 경선'은 민의에 따라 정당운영이 올바르게 이루어지는지 평가할 수 있는 척도가 된다.[1]

지방정치는 이제 유권자들의 실제적인 삶과 밀접한 생활정치의 영역이 되었다. 이 점에서 지역 정치인을 선출하는 지방선거과정은 국회의원 후보, 대통령 후보 선출보다 더욱 중요하다. 생활 정치의 영역에서 지역 행정가와 지방의원을 선출하는 과정은 예비 후보자에 대한 평가로부터 시작된다. 유권자들이 쉽게 접할 수 있는 지역 정책이슈와 지방의회의 의제(agenda)도 평가의 대상이 될 수 있다. 최종 투표는 생활 속 문제들을 해

---

[1] 여기에서 '후보자 선정'은 정당공천, 경선 등 다양한 후보 선출방법을 모두 포함한다. 예비 후보자 간의 경쟁을 거치는 후보자 선정은 '경선'이라 한정하여 칭한다.

결하는 능력과 정치인으로서의 소양 등에 의해 이루어져야 한다.

2018년 지방선거 결과 더불어민주당 출신 당선자는 전체 17개 지역 단체장 중 14명, 기초단체장 전체 226명 중 151명이다. 집권 여당인 더불어민주당의 압승이라 할 수 있는 선거 결과의 이면에 후보자 선정과정과 매니페스토 정책선거의 효과가 어떻게 작동을 하였는지 진단해 보는 것은 정당 민주주의의 질을 평가할 수 있는 중요한 작업이라 할 것이다. 올해로 '선거 매니페스토'가 시작된 이후 14년이 흘렀다. 2018년 지방선거 중 한국 정당의 후보 경선 제도와 경선과정에서 나타난 매니페스토 정책선거는 얼마나 정착되었는가? 유권자의 인식 속에 정책 선거는 어떻게 자리 잡고 있는가? 어떻게 하면 정책 중심의 투표환경이 자리 잡을 수 있을까? 이러한 문제의식을 가지고 구체적인 해법에 대한 고민들을 담아 보고자 한다.

이 글의 구성은 다음과 같다. 제II절은 정당의 당내 경선 제도 효과성을 분석하기 위한 논의를 담았다. 주로 더불어민주당과 자유한국당의 2018년 당시 후보자 경선제도에 관한 당헌·당규 자료를 검토한다.[2] 제도적 측면에서 후보자 경선과정의 제도화 정도를 평가하기 위해 공직선거법, 정당법, 당헌·당규 등을 포괄적으로 비교·검토한다. 당내 경선의 민주성, 절차의 공정성, 개방성 등을 개념을 중심으로 논의한다. 이에 덧붙여, 양대 정당의 2018년 광역단체장 후보자 선정 방법에 따라 실제 후보들이 어떠한 특징이 있는지 살펴본다.

제III절에서는 2018년 유권자 의식조사자료를 이용하여 유권자들의 매니페스토 인식과 정당별 경선 인지와 만족, 정책선거 인지, 매니페스토

---

[2] 2018년 선거 당시 주요 정당인 더불어민주당과 자유한국당에 한정하여 당내 경선과정을 살펴보기로 한다. 후보자 경선과 매니페스토 투표 효과를 보다 명확하게 분석하기 위해 당시 제3당인 바른미래당, 민주평화당, 정의당의 후보자 경선과정은 분석에서 제외하였다. 그러나 제3당(소수 정당)의 당내 경선과 유권자의 공약 인지, 그리고 득표과정은 매우 중요한 연구 주제임에 틀림없다. '제3당의 후보자 선정과 득표효과 연구'는 차기의 연구 주제로 남겨둔다.

선거 운동이 후보 결정에 도움을 주었는지 등을 경험적으로 분석한다. 매니페스토 운동이 선거과정의 주체인 유권자, 정당, 그리고 후보자들에게 어떠한 투표효과가 있는지 포괄적으로 논의할 것이다.

제IV절에서는 정책 선거를 향한 개선점과 실천적 대안에 대해 논의한다. 제도와 규정을 포함한 법률적 검토, 여론조사자료를 활용한 경험적 분석을 종합하고, 2020년 이후 유권자가 중심이 되는 한국정치의 방향과 실천 과제를 논의해 보기로 한다.

II. 2018년 지방선거 후보자 선정 원칙과 실제

1. 헌법 조항과 관련 법령 검토

대한민국 헌법 제8조 제2항에 따르면, '정당은 그 목적·조직과 활동이 민주적이어야 하며, 국민의 정치적 의사 형성에 참여하는데 필요한 조직을 가져야 한다'고 규정하고 있다. 이것은 정당의 본질이 민의 수렴에 있으며, 효과적으로 민의를 수렴하는 중간적 역할이 정당의 핵심적 기능임을 의미한다. 당내 후보자 선정과 당선자 배출, 그리고 정권의 창출은 정당의 핵심적 기능이다. 그 절차와 내용의 공정성, 민주성, 개방성이 더욱 중요하다는 점은 국가 운영 원리의 헌장인 헌법이 잘 말해준다.

하위 법령인 정당법과 공직선거법은 이에 대한 구체적인 사항을 규정하고 있다. 정당법 제28조 제2항에 따르면, 정당은 그 강령(또는 기본정책)과 당헌을 공개하도록 하고 있다. 정당의 당헌에는 '공직선거 후보자 선출에 관한 사항'을 규정하도록 의무화하고 있다. 정당의 당헌이 공개되어야 하며, 정당의 운영이 민의에 따라 이루어져야 함은 모든 정당이 가져야 할 보편적 가치이자 운영원리이다.

<표 1> 헌법과 관련 법령상 정당 후보자 선정 규정

구분	조항	내용	의미
헌법	제8조	②정당은 그 목적·조직과 활동이 민주적이어야 하며, 국민의 정치적 의사형성에 참여하는데 필요한 조직을 가져야 한다.	민의수렴과 정치적 의사형성 중요
정당법	제28조	①정당은 그 강령(또는 기본정책)과 당헌을 공개하여야 한다.	투명성, 개방성
		②제1항의 당헌에는 다음 각 호의 사항을 규정하여야 한다. 8. 공직선거후보자 선출에 관한 사항	후보자 선출 당헌 규정화 의무
공직선거법	제47조	② 정당이 … 후보자를 추천하는 때에는 당헌 또는 당규로 정한 민주적인 절차에 따라야 하며, …	후보자 선정방식 민주적 절차 당헌·당규에 위임
	제57조의2	①정당은 공직선거후보자를 추천하기 위하여 경선을 실시할 수 있다.	당내 경선 선택사항
		②정당이 당내 경선(당내 경선의 후보자로 등재된 자를 대상으로 정당의 당헌·당규 또는 경선후보자 간의 서면합의에 따라 당내 경선을 대체하는 여론조사 포함)을 실시하는 경우 경선후보자로서 당해 정당의 후보자로 선출되지 아니한 자는 당해 선거의 같은 선거구에서는 후보자로 등록될 수 없다.	당내 경선 원칙적용 (경선 통과자만 출마 권한을 가짐)

공직선거법에는 선거에 출마하는 후보자 추천 과정과 당내 경선이 매우 구체적으로 명시되어 있다. 공직선거법 제6장의2 '정당의 후보자 추천을 위한 당내 경선' 조항에는 당내 경선 자격, 경선운동 방법, 이의제기 등의 원칙이 담겨 있다. 특히 2018년 4월에 개정된 동법 제57조의2를 보면, 당내 경선을 대체할 수 있는 여론조사에 대한 규정도 매우 상세히 규정되어 있다. 당내 경선 대체 방법으로 여론조사 방식이 일반화되어 있음을 알 수 있다.

기본적으로 후보자 선정 원칙은 정당별 당헌·당규에 따라 자율적으로 정하도록 되어 있다. 그러나 그 내용을 보면, 후보자 선정의 공정성을 해치지 않는 범위 내에서 여론수렴의 방법과 그 기준을 제시하고 있다.

후보자 선정과 관련하여 최소한의 기준을 명기하는 수준에서 세부적 내용이 추가·수정되고 있음을 알 수 있다. 경선이 본격적으로 도입된 이후, 예비후보 선정과 탈락을 둘러싸고 법적 다툼의 선례가 빈번한 것이 조항 수정의 주요한 원인인 듯하다.

공직선거법상 무엇보다 중요한 조항은 제47조 제2항이다. '정당이 … 후보자를 추천하는 때에는 민주적인 절차에 따라야 한다'는 내용이다. '민주적 절차'라는 용어의 해석이 애매모호한 측면이 있다. 그럼에도 불구하고 이 조항은 당내 경선의 법적 근거가 된다. 이 조항에 근거하여, 정당은 공직선거 후보자 추천을 위한 경선을 실시할 수 있다. 이와 관련한 구체적인 사항들은 각 정당의 당헌·당규에 위임하도록 되어 있다.

정당의 핵심 기능인 후보자 충원은 다음의 두 가지 해석상 문제를 안고 있다. 하나는 '민주적인 정치적 의사형성'이라는 헌법 정신이 '당내 경선'이라는 절차로 단순화될 수 있는지의 문제이다. 후보자 선정이 '당내 경선' 절차를 통해 공정성과 민주성을 동시에 만족시킬 수 있는가 하는 지적도 있을 수 있다. 또 다른 문제는 실제 후보자 선정 과정이 대의 민주주의 운영에 있어 매우 중대한 사안이라는 점에 있다. 즉, '정치인 충원에 관한 원칙이 하위 규정으로 위임될 수 있는가'의 문제이다. 당헌·당규상 정당 자율에 맡겨져 있는 예비 후보 선정과정과 절차는 대의 민주주의 본질과 관련하여 매우 중대한 사안이기 때문이다.

현행법상 일반 유권자들은 당내 경선과정, 공천 여론조사의 객관성 수행의 결과에 대해 정보공개를 요구하기 어렵다. 또한, 후보자 경선 자체가 정당의 의무가 아니기 때문에 정당별 후보자 경선과정의 절차적 민주성 정도도 편차가 크다(도희근 2011). 소위 '지도부 공천'이 일반적이었던 관례를 깨고, 당원 투표, 여론조사 등 다양한 당내 경선 방식을 도입한 것은 분명 진일보한 것이다. 그럼에도 불구하고, 이제는 '당내 경선제'의 존재만으로 당내 민주화와 투명한 후보자 선정이 이루어지고 있다고 단언하기 어렵다. 더군다나 당원뿐 아니라 일반 유권자들이 개별 정당의 후보자 경선과정과 구체적 심사 내용을 알기 어렵다. 어떤 이유로 최종 선정된 예비 후보자가 본선에 진출하게 되었는지, 더 나아가 그 후보자의 공약이나 정책이 타 후보와 어떻게 차별화되는지 알기 어렵다.

대의 민주주의 하에서 선거를 통해 공직자를 선출하는 과정은 사실상 2단계이다. 본선 후보자가 되기 위해서는 1단계로 정당 내 문턱을 넘어야 한다. 당내 후보자 간 경쟁에서 이겨야 하고, 여기서 추려진 후보자들은 정당이라는 브랜드를 입고 2단계인 본선 플랫폼에 서게 된다.3) 2018년 지방선거에서 정당별 후보자 선정 과정은 1단계부터 엄청난 경쟁과정이었다. 현실적으로 한국의 정당에서 후보자로 선정되려면 흔히 말하는 '지도부 공천'을 포함하여, 험한 경쟁을 단계별로 거쳐야 한다. 어려운 경쟁에도 불구하고 그들이 얼마나 경쟁력 있는 후보인지, 어떠한 정책적 지향을 가지고 있는지에 대한 정보는 거의 노출되지 않는다. 특히, 지역 정치인으로서 어떠한 가치관과 철학, 정치 신념을 가지고 있는지, 특정 지역에 맞는 정책을 펼 능력이 있는지 평가하고 점검하는 과정은 일반 유권자들에게 개방되지 않는다. 특히, 정치 신인이나 청년, 여성 등 상대적 열세인 후보자군은 본선 가능성이라는 평가기준 앞에 무력해진다.

대한민국 헌법, 관련 법령에서는 지방선거 후보자 선정도 대통령 후보자, 국회의원 후보자 선정과 마찬가지로 '민주적'이고 '개방적'인 원칙과 절차에 따라 시행되어야 함을 규정하고 있다. 그럼에도 불구하고 현실은 당내 경선의 적용 여부, 절차와 방식 등을 둘러싸고 헌법 정신과 상당한 괴리가 있다. 또한 정당별로 민주성과 개방성의 정도에 있어 상당한 차이가 있다. 정당별로 어떠한 차이가 있는지 2018년 지방선거 당시 더불어민주당과 자유한국당의 당헌·당규를 살펴보기로 한다.

---

3) 한국선거 역사상 무소속 당선자도 상당수 존재한다. 그러나 현실적으로 정당 경선이 본격화된 이후 정당 공천 없이 본선에서 당선되기는 매우 어려운 구조가 되었다. 2018년 지방선거 중 광역단체장 17인 중 1인(제주도 원희룡 지사), 기초단체장 226인 중 17인만이 무소속이었다. 무소속 당선자들은 주로 정당 경선에 불복한 경우, 대중적 선호가 높은 유명 정치인인 경우로 매우 특수한 사례라 할 수 있다.

2. 정당별 후보자 선정 원칙

1) 더불어민주당 지방선거 후보자 선정 원칙

'당헌(黨憲)'이란 말 그대로 정당의 헌법이다. 정당의 기본 철학과 정체성이 담겨 있기 때문에 정당 운영의 중요 원칙이 된다. 헌법과 관련법령에 규정되어 있는 '민주성'과 '개방성'의 원리가 더불어민주당의 후보자 선정 원칙에 어떻게 녹아 있는지 검토해 보기로 한다.

후보자 선정과 관련하여 가장 중요한 조항은 당헌 제98조이다. '공직선거 후보자 추천 관리위원회(이하 공천관리위원회)'를 중심으로 후보자 추천이 이루어지고, 이 기구는 시·도지사, 지역구 국회의원 후보자 선정을 위해 주로 기능한다.

당헌 제101조에 따라, 외부 인재영입이나 단수 추천, 전략 공천에 대한 근거도 마련해 놓고 있다. 특히, '민주적' 절차와 '개방적' 원칙을 적용

〈표 2〉 더불어민주당 당헌

구분	조항	주요내용	비고
제3절	제98조	(공직선거 후보자 추천 관리위원회) - 중앙당과 시·도당 - 20명 이내 위원 구성(외부인사 위촉)	당내 경선 시행 기구
	제99조	(인재영입기구)	특별기구 설치 근거 세부사항 당규 위임
제4절	제101조	(시·도지사선거 후보자 및 지역구 국회의원선거 후보자 추천) - 2명 이상 선정, 경선방법 마련 의무 - 단수일 경우 사유 명기 - 전략공천 위원회, 해당 선거구(후보자) 선정	당내 경선 의무 전략공천 요건 명기
제5절	제106조	(심사 기준과 방법) - 기준 정체성, 기여도, 의정활동 능력, 도덕성, 당선가능성 등 - 특별 배려자 기준: 여성, 청년, 노인, 장애인 등 - 심사방법 명기	당규에 구체화

〈표 3〉 더불어민주당 당규 — '공직선거후보자추천규정'

구분	조항	주요내용	비고
제2장	제4조	(인재영입 위원회)	설치와 운영 근거
	제9조	(공직선거 후보자 검증위원회)	설치와 운영 근거
	제14조의2	(전략공천관리위원회) - 구성과 운영: 외부위원 50/100 - 선정결과 비밀유지 의무, 처벌조항	전략공천 근거 비밀유지 조항
	제15조	(공직선거 후보자 추천관리위원회)	설치와 운영 근거
제4장	제32조	(지역구 후보자의 심사기준) - 정체성, 기여도, 의정활동능력, 도덕성, 당선가능성 기준 구체화 - '경선'이 원칙, 단수 선정 시 특례조항	당헌 제106조 관련
	제39조	(국민참여 경선) - 권리당원과 일반 유권자 혼합형 경선 방법	경선방법과 관리 방식
	제39조의2	(국민경선) - 일반유권자 경선 방법	결과 비공개원칙 공개 시 징계

함과 동시에 후보자의 '당선 경쟁력'을 심사하기 위해 당헌 제106조와 공직선거후보자추천규정 제32조에 구체적 기준을 명기하고 있다. 공정성과 본선 경쟁력을 동시에 담보할 수 있도록 당 정체성, 기여도, 의정활동능력, 도덕성, 당선가능성 등을 점수화하여 평가하는 근거를 마련해 놓았다.

더불어민주당의 후보자 선정은 〈표 3〉 '공직선거후보자추천규정' 제32조에 따라 이루어진다. '경선'이 기본 원칙이라 명시되어 있으나, 전략공천과 단수공천에 대한 세세한 항목이 마련되어 있어, 정당 지도부의 선거전략에 따라 경선절차를 적용여부가 결정된다. 즉, 당내 경선이 의무사항은 아니다.

후보자 심사기준도 매우 모호한 편이다. 의정활동능력, 당선가능성에 대한 평가가 어떠한 기준에서 이루어지는지 명확하지 않다. '당선가능성' 기준은 현직 후보의 장점을 극대화하기 위한 전략으로 보인다. 이 기준은 유력한 현직 후보의 재선 가능성은 높일 수 있으나, 경선과정을 통해 참신한 공약을 제시하는 정치신인에게 매우 불리한 기준이 될 수 있다. 유권자들이 선거과정에 보다 관심을 가지고 정책 투표할 수 있는 가능성을 제한하는 역효과도 존재할 수 있다. 다만, 타 정당에 비해 지역 후보자 선정 기준(예. 정체성, 기여도, 의정활동 능력, 도덕성, 당선가능성)을 항목별로 구분하여 공개한 점은 매우 고무적이다. 그럼에도 경선결과의 비공개 조항이나 전략공천, 단수공천의 과정이 투명하지 않은 점은 개선되어야 할 부분이다.

2) 자유한국당[4] 지방선거 후보자 선정 원칙

〈표 4〉에서 보는 바와 같이, (구)자유한국당은 2018년 당시 당헌 제52조와 제53조에 지방선거 후보자 선정과 관련된 내용을 규정하였다. 중앙당에 공천관리위원회를 두고 있다는 점에서 더불어민주당과 유사한 구성이다. 실제적으로 최고위원회의에서 최종 후보자 선정에 관한 사항을 의결하고 당대표가 최종 후보자를 임명한다는 점에서 더불어민주당에 비해 중앙집권적 의사결정이 이루어지는 듯하다. 최고위원회는 당대표의 결정에 '재의 요구권'을 행사할 수 있지만, 그럼에도 여러 조항에 나타난 당대

〈표 4〉 후보자 선정 관련 (구)자유한국당 당헌

조항	내용	의미
제52조	(지방선거 공직후보자 추천기구) - 당내·외 인사 20인 구성 - 최고위원회의 의결 → 당대표 임명 - 최고위원회의 재의 요구권	지방선거 후보자 공천 기구 설치 근거 당대표 후보자 임명권
제53조	(지방선거 국민공천배심원단) - 외부인사 30인 이상 - 최고위원회의 의결 → 당대표 임명	기구 설치 근거

---

4) 2020년 2월 17일 자유통합당은 미래통합당으로 명칭을 변경하였다. 2018년 지방선거 당시 후보자 경선과정을 분석하기 위해 당시 자유한국당의 당헌·당규를 중심으로 논의하기로 한다. 이하 명칭은 (구)자유한국당이라 칭한다.

표의 권한은 매우 막강해 보인다.

이를 보완하기 위해 당헌 제53조에 '국민공천배심원단'을 규정하고 있다. 국민공천배임원단의 후보자 심사 권한은 최종적으로 최고위원회의에 귀속된다.

'지방선거공직후보자추천규정' 제9조에 후보자 선정과정의 비공개 원칙이 존재한다. 이 조항은 더불어민주당과 유사하다. 단수후보 추천과 우선 추천 지역에 관련된 내용은 동 규정 제28조, 제29조 명기되어 있다. 더불어민주당의 전략공천 과정과 매우 유사하다. 경선방식은 후보자 선정방식 중 하나의 옵션으로 존재한다. 전반적으로 심사와 선정과정이 '하향식(Top-down)' 의사 결정방식에 의해 이루어진다고 볼 수 있다.

(구)자유한국당 당헌·당규에 나타난 후보자 선정과정은 헌법에 규정된 '민주성' 면에서 보완되어야 할 사항들이 다수 발견된다. 지방선거 후보자 선정을 위한 경선과정 규정도 매우 미흡하다. 결국, 당 지도부에 의한 후보자 선정이 주된 방식이며, 이는 '단수공천', '전략공천' 형식으로 표현되고 있다. 후보자 경선과정에서 정책 토론, 공약의 현실가능성 평가, 정책 기반 투표 활성화는 기대하기 어려운 구조라 평가할 수 있다. 이러한 점들

〈표 5〉 (구)자유한국당 당규 – '지방선거공직후보자추천규정'

조항	내용	의미
제3조	(추천절차) - 공천관리위원회의 심사, 경선을 통해 선정 - 최고위원회의 의결	당내 경선은 선택사항 최고위원회 권한
제9조	(심의) - 비공개 원칙	후보자 선정의 폐쇄성
제27조	(단수 후보자 추천) - 경쟁력이 월등한 후보자 - 경쟁력은 후보자의 비교우위, 여론조사, 현지 실태조사, 감사 결과 종합하여 판단	단독 후보의 선정 기준
제28조	(우선추천 지역의 선정) - 선거경쟁력 우위에 있는 후보자 단독 선정 기준	전략공천 우선

을 감안해 볼 때, 현직 단체장에 대한 단수공천과 최고위원회의를 통한 비공개 공천이 유권자들의 투표선택에 부정적으로 작용했을 가능성이 높다.

3. 광역단체장 후보자 선정

1) 더불어민주당 광역단체장 후보자 선정

더불어민주당의 경우 '공직선거후보자추천 관리위원회(공천관리위원회)'가 광역단체장 예비후보 면접을 사전에 실시하여 1차 예비후보를 언론에 발표한 바 있다. 〈표 6〉은 언론에 발표된 더불어민주당 예비후보의 선정방식과 특이점들을 필자가 정리하여 요약한 것이다. 총 17개 광역단체장 선출지역 가운데 당규에 따라 '경선' 절차를 진행한 지역은 11곳, 그리고 단수공천 지역은 6곳이었다. 더불어민주당 광역단체장 후보 경선은 자격 미달자에 대해 '컷오프(cut-off)' 심사를 하고 이어 본경선, 결선 투표(3인 중 50% 이상 지지율을 얻은 후보가 없는 경우) 등 3단계로 진행되었다. 공천관리위원회는 당선가능성(30), 면접(15), 정체성(15), 기여도(10), 의정활동능력(15), 도덕성(15)을 100점 만점으로 집계하고, 집계된 개인별 취득 점수에 여성(15%), 당대표 1급 포상(10%), 65세 이상 고령자(15%)에 대한 추가 점수를 가산하였다. 기타 감산하는 개별조건이 있는 경우 이를 적용하여 최종 후보자를 선정하는 방식이다.

더불어민주당의 경우 당의 규정에 따라 '경선' 원칙이 대체로 지켜졌다고 볼 수 있다. 현직 단체장 5인 중 4인이 후보자로 다시 선정되었지만, 서울, 충북, 전북 지역에서 현직 단체장임에도 예비 후보로 참여하여 경선을 치렀다. 현직 단체장인 경우 세종, 강원 지역에서만 단수공천을 하였다. 현역 국회의원 7인이 예비 후보로 출마했으나, 2인을 제외하고 현직 의원 감점 조항을 적용받아 탈락했다.[5]

---

[5] 2018년 지방선거에 출사표를 던진 7인의 현직 국회의원 중 경선에 출마한 국회의원은

〈표 6〉 2018년 더불어민주당 광역단체장 후보자 선정 현황

지역구분	후보(군)	후보자 선정 방식	경력(특이사항)
서울	박원순, 박영선, 우상호	3인 경선	현직
부산	오거돈	단수	
광주*	이용섭, 이병훈, 양향자	3인 경선	
대구	이승천·이상식·임대윤	3인 경선	
대전	박영순·이상민·허태정	3인 경선	
인천	김교흥·박남춘·홍미영	3인 경선	현 국회의원
울산	송철호	단수	
세종*	이춘희	단수	현직, 상대 예비후보 재심청구
강원*	최문순	단수	현직
경기	양기대·이재명·전해철	3인 경선	
충남*	복기왕·양승조	2인 경선	현 국회의원
충북*	오제세·이시종	2인 경선	현직
전남	김영록·신정훈·장만채	3인 경선	
전북*	김춘진·송하진	2인 경선	현직
경남	김경수	단수	현 국회의원
경북	오중기	단수	
제주	김우남·문대림	2인 경선	

* 2014년 지방선거 더불어민주당 출신 단체장 재임지(충남은 권한대행)
* 예비 후보군 중 굵은 글씨는 최종 선정된 후보임

2) (구)자유한국당 광역단체장 후보자 선정

(구)자유한국당의 경우 2018년 당시 당헌·당규에 당내 경선에 대한

총 6명이었다. 이들은 모두 당내 경선에 참여했고, 후보자로 선정된 현역 국회의원은 최종 2명이었다. 당규 제32조 제5항에 근거하여 의원 임기를 4분의 3 이상 채우지 못한 경우 전체 점수에서 10% 감점하는 조항 때문이다. 지방정치 영역의 전문성을 살리고, 지역 특성에 맞는 정책 선거를 활성화하는 측면에서 바람직한 현상으로 해석해 볼 수 있다.

의무조항은 없었다. 이 때문인지 대부분 지역에서 단수공천으로 최종 후보자를 선정하였다.6) 단수공천 지역은 8곳, 최고위원회의에서 후보자를 단독으로 결정한 지역은 5곳이다. 사실상 단수공천지라 할 수 있다. 복수 후보군이 경선을 치른 곳은 대구와 경북지역 단 2곳이다.

단수공천 지역은 대부분 현직 단체장이 다시 후보가 되는 경우가 많았다. 특히, 비공개 최고위원회의를 통해 선정된 후보자는 전직 관료 출신이 대부분이다. 후보자 선정과정의 민주성과 개방성 면에서 모두 매우 취약함을 보여주고 있다. 지역 유권자 입장에서 후보자들이 표방하는 매니페스토 공약이 무엇인지 알기 어려운 선거환경이었을 것이라 쉽게 추측해 볼 수 있다.

단수공천이 대부분인 (구)자유한국당의 경우 결선에서 당선된 후보는 단 2인이다. 유권자 입장에서 당내 경선 정보의 폐쇄성, 후보자에 대한 정보, 정책적 차별성 등은 투표선택의 걸림돌이 되었을 수 있다. 오히려 어떤 정당을 지지하는가의 여부가 중요한 투표선택기준이 되었을 가능성이 높다. 소위 대구/경북지역의 '지역주의 투표', '정당기반 투표(partisan voting)'는 선거 정보가 부재한 상황에서 투표에 참여해야 하는 유권자들의 고충(?)을 덜어주는 대안적 방법일 수 있다.

흥미로운 점은 (구)자유한국당 지지자가 많은 대구/경북지역의 후보자 경선 효과이다. 후보자 경선과정을 통해 후보자의 역량과 정책적 차별성이 부각되는 매니페스토 투표가 대구/경북지역 유권자들에게 가능했을까 하는 점이다.

2016년 말부터 2017년 박근혜 대통령 탄핵 정국으로 인해 (구)자유한국당 지지가 대폭 하락한 상황에서, (구)자유한국당 후보는 사실상 더불어민주당 후보에 비해 매우 불리한 조건이었음은 부정하기 어렵다. '지역주

---

6) 단수공천 지역 시·도당 공천관리위원회를 통한 심사를 신청한 후보자는 다수 존재한다. 앞서 살펴본 당규 제28조 제2항에 따라 시·도당 공천관리위원회에서 본선 경쟁력이 현저히 낮다고 판단된 후보자들은 심사전 사전 탈락한 것으로 보인다.

〈표 7〉 2018년 자유한국당 광역단체장 후보자 선정 현황

지역구분	후보(군)	후보자 선정 방식	경력(특이사항)
서울	김문수	비공개 최고위원회의	전 경기지사
부산*	서병수	단수	현직
광주		후보없음	
대구*	권영진, 이재만, 이진훈, 김재수	경선	현직
대전	박성효	비공개 최고위원회의	전 대전시장
인천*	유정복	단수	현직
울산*	김기현	단수	현직
세종	송아영	단수, 전략	여성
강원	정창수	비공개 최고위원회의	전 국토해양부 1차관
경기*	남경필	단수	현직
충남	이인제	비공개 최고위원회의	전 국회의원
충북	박경국	단수	전 안전행정부 차관
전남		후보없음	
전북	신재봉	단수	전북 공천위원장
경남*	김태호	비공개 최고위원회의	전 경남지사
경북*	이철우, 김광림, 박명재, 남유진	경선	
제주	김방훈	단수	제주도당 위원장

* 2014년 지방선거 (구)자유한국당 출신 단체장 재임지(경남은 권한대행)
※ 예비 후보군 중 굵은 글씨는 최종 선정된 후보임

의'의 본산인 대구/경북 두 곳에서만 경선이 치러졌고, (구)자유한국당 후보자가 선거에 승리했다. 이 지역의 당내 경선은 유권자들로 하여금 정치적 관심과 인지적 동원(cognitive mobilization)에 따른 투표효과로 이어졌을까? 지역주의 투표현상은 유권자들의 정치관심과 정당에 대한 일체감(party identification)을 높이는 효과도 동시에 가지는가? 지역주의에 기초

한 정당투표와 후보자 경선의 효과에 대한 보다 세밀한 추가 연구가 필요할 것이다. 또한, 대구/경북지역 유권자들이 정책과 공약을 기준으로 최종 후보자를 선택했는지, 지역주의(regionalism) 중심의 이슈에 반응했는지 추가적인 연구가 필요할 것이다.

한국의 선거과정에서 정당의 후보자 선정은 '민주성'과 '개방성'의 원칙과 절차에 이루어져야 함을 헌법조항을 통해 확인하였다. 그러나 더불어민주당과 (구)자유한국당의 당헌·당규 비교를 통하여, 민주성과 개방성의 원칙이 실제로 매우 상이함을 확인할 수 있었다. 두 정당의 후보자 선정 원칙과 실제 후보자 선정과정 검토를 통해 제기할 수 문제는 다음과 같다.

더불어민주당의 경우 (구)자유한국당에 비해 상향식(botton-up) 결정 구조의 특성을 나타낸다. 이것으로 인해 파생되는 문제는 후보자 선정의 '대표성' 측면이다(전용주 2014). 상향식 결정방식은 일견 '민주성'과 절차적 '공정성'은 담보하지만, 정당지지층이 요구하는 '대표성'의 측면은 손상되기 쉽다. 집권 여당인 더불어민주당은 2017년 대선 이후 정당지지율이 비교적 높게 유지되고 있었다. 이러한 조건에서 더불어민주당 후보를 희망하는 정치인은 수적으로 증가하게 된다. 유권자들도 다양한 선택지를 제공받게 되며 당내 경선은 활성화될 수 있다. 동시에 현직 단체장 프리미엄 효과에도 무방비로 노출된다. 능력 있는 정치신인, 여성 정치인은 경선에서 상대적으로 불리할 수밖에 없다. 더불어민주당은 권리당원 투표와 여론조사를 각각 50%씩 반영해 최종 후보를 선정한다. 인지도가 낮은 후보들은 권리당원 투표뿐 아니라 여론조사에서도 부진할 수밖에 없다. 후보자 경선과정의 활성화를 통해 당내 민주화 정도가 높아지고, 후보자 선정과정의 개방성은 향상된다. 그러나 정치 신인이나 여성후보가 구조적으로 불리해 지고, 본선에 진출하기는 더욱 어렵게 된다.

지방선거 후보자 경선과정이 중앙무대의 후광 효과(halo effect)에 의해 영향 받는다는 점도 문제이다. 본선 경쟁력 면에서 우월한 인사가 후보자로 선정되는 것은 현실정치에서 어쩌면 당연한 것일 수 있다. 지역을 대표하는 인사가 민주적 절차에 따라 후보자로 선정될 수 있는 기회가 구조적으로 차단되는 현실은 지역 매니페스토 선거 활성화에 걸림돌이 된다. 중앙당으로부터 낙점된 유력인사가 경선을 거치지 않고 후보자로 선정된다면, 생활 정치에 기초한 정책 투표, 유권자 중심의 대의 민주주의 가치에 심각한 저해요인이 된다.

다음 절에서는 한국정치학회, 한국선거학회에서 공동으로 기획·조사한 지방선거 후 유권자 의식조사(post-election survey) 자료를 활용한 경험적 분석결과와 그 함의를 논의한다. 정당 내 경선 유권자 인지와 만족도, 매니페스토 인식 등을 미시적 수준에서 비교해 본다. 유권자 인식은 전반적인 정치문화를 결정하고, 투표행태의 원인 분석, 그리고 제도개선의 기초가 된다. 당내 경선과 매니페스토 정책선거운동, 그리고 정책 기반 투표라는 선순환 고리가 유권자 인식 속에 작동하는지 심층적으로 논의해 본다.

III. 2018년 유권자 의식조사 분석: 결과와 함의

매니페스토(참 공약 선택하기) 운동은 지난 2006년 5·31지방선거를 계기로 한국에 처음 도입되었다. 매니페스토란 선거과정을 통해 유권자들에게 제시되는 구체적이고 분명한 공약을 의미한다(이현출 2006). 선거에 출마한 후보자들은 자신이 표방하고 있는 공약을 단순한 캠페인이 아닌 구체적이고 확실한 정책 수준의 내용으로 제시하고 그것의 재정적 근거와 실현 가능한 로드맵을 제시해야 한다. 2006년 지방선거 이후 세 차례의 지방선거가 치러졌지만, 선거에 출마한 후보자의 공약을 평가하여 투표를 결정하는 '정책 투표'의 정치문화가 정착되었다고 보기는 어렵다. 그럼에도 불구하고 지방선거의 영역에서 후보자들이 내세우는 공약과 정책은 향후 4년간 지역 정치의 방향과 유권자의 '삶의 질'을 결정할 수 있다는 점에서 매우 중요하다.

　이번 절에서는 2018년 지방선거 당시 실시된 유권자 의식조사를 활용하여 후보자 경선과정에서 나타나는 매니페스토 정책 선거의 의미를 분석해 본다. 앞서 지방선거 후보자 선정, 특히 당내 경선을 중심으로 정당의 후보자 선출과정의 민주성과 개방성에 대한 논의를 하였다. 정책 대결 중심의 매니페스토 선거문화는 복수의 예비후보들이 공정하게 경쟁하는 가운데 민주적이고 개방적인 후보자 충원과정의 제도화를 앞당기는 긍정 효과가 있다. 후보자 간 경쟁과 정책 중심의 개방적인 토론문화는 유권자들이 최종 투표선택에 이르는 과정에서 중대한 변수로 작동할 수 있다.

　이러한 점들을 논의하기 위해 '2018년 지방선거 과정에서 유권자들이 매니페스토 운동에 대하여 얼마나 알고 있는지', '알고 있다면 후보자들의 매니페스토 운동이 지지 후보를 결정하는 데 도움이 되었는지' 분석해 본다. 다음으로 '각 정당의 당내 후보 경선에 대해 얼마나 알고 있는지', '알고 있다면 얼마나 만족하였는지' 등을 검토해 본다. 구체적으로 유권자들이 정당의 경선과정을 잘 알고 있는지, 이것이 후보자 선택의 결정요인으로 작용했는지 분석해 본다. 종합적으로 당내 경선의 투표참여 효과성에 대해서도 회귀분석을 통해 논의해 본다.

1. 매니페스토 정책은 몰라도 투표는 한다?

　〈표 8〉은 매니페스토 운동에 대해 얼마나 잘 알고 있는지에 대한 응답 결과이다. '평소 매니페스토 운동을 알고 있는지'의 질문에 대하여 전체 1,000명의 응답자 중 '잘 알고 있다'는 응답자는 3.6%에 불과하다. '대체로 알고 있다'는 36%, '전혀 모른다'는 응답자는 전체의 60.4%에 이른다.

　〈표 9〉는 매니페스토 운동을 알고 있다고 답변한 396명에게 '매니페스토 운동을 통해 얻은 정보가 선생님께서 지지후보를 결정하는 데 얼마나 도움을 주었다고 생각하십니까?'라고 질문하였다. '매우 도움이 되었다'와

〈표 8〉 매니페스토 운동 인지[7]

응답 내용	빈도(명)	퍼센트(%)	유효 퍼센트(%)
1 잘 알고 있다	36	3.6	3.6
2 대체로 알고 있다	360	36.0	36.0
3 전혀 모른다	604	60.4	60.4
합계	1,000	100.0	100.0

〈표 9〉 후보자 결정 시 매니페스토 도움 정도

응답 내용	빈도(명)	퍼센트(%)	유효 퍼센트(%)
1 매우 도움이 되었다	12	1.2	3.0
2 약간 도움이 되었다	257	25.7	64.9
3 별로 도움이 되지 않았다	123	12.3	31.1
4 전혀 도움이 되지 않았다	4	.4	1.0
합계	396	39.6	100.0
결측값(매니페스토 모름)	604	60.4	
총계	1,000	100.0	

'약간 도움이 되었다'는 응답 합계가 전체의 약 70%에 이른다. 매니페스토 운동을 알고 있다면, 후보자 결정에 중요한 정보로 활용될 수 있음을 알 수 있다(정회옥 2012). 보다 적극적인 매니페스토 운동을 통해 유권자들의 관심과 인지가 높아진다면, 보다 질 높은 유권자들의 정책 기반 투표참여를 기대할 수 있을 것이다.

---

[7] 응답자의 학력, 연령, 성별에 따라 매니페스토 인지정도를 비교해보면, 젊은 층과 남성인 경우 잘 알고 있다는 답변이 상대적으로 많았다. 반면, 유권자의 학력은 매니페스토 인지정도에 따라 별다른 차이가 없었다. 정책 인지가 취약한 계층에 대한 보완책이 필요해 보인다. 학교교육뿐 아니라 생활정치의 영역에서 유권자의 특성에 맞는 실천적 방법들이 개발되어야 할 것이다.

〈표 10〉 정당과 후보자들의 매니페스토 선거에 대한 적극성 평가

응답 내용	빈도(명)	퍼센트(%)	누적 퍼센트(%)
1 매우 적극적이었다	28	2.8	2.8
2 대체로 적극적이었다	421	42.1	44.9
3 대체로 소극적이었다	500	50.0	94.9
4 매우 소극적이었다	51	5.1	100.0
합계	1,000	100.0	

반면, '이번 선거에 참여한 정당과 후보자들이 매니페스토 선거(정책선거)에 얼마나 적극적인 모습을 보였는지'에 대한 평가는 매우 부정적이다. 〈표 10〉을 보면 정당과 후보자의 정책 선거 활동은 '대체로 소극적', '매우 소극적'이었다는 부정적 의견이 55.1%로 대부분이다. '매우 적극적', '대체로 적극적'이었다는 긍정 평가는 전체의 44.9% 정도이다.

일반적으로 지지하는 정당(후보자)이 있는 경우, 그 정당의 후보자에 대해 긍정적 평가를 하게 된다. 반대로 지지하지 않는 정당(후보자)에 대해서, 그들이 표방하는 정책이나 공약을 부정하는 현상도 나타난다.[8] 평소 정치에 관심이 있는 유권자, 좋아하는 정당이 있는 유권자, 또는 특정 정당을 싫어하는 유권자들은 자발적으로 선거 정보를 찾아보고 평가하는 능동적 태도를 보이기도 한다(김연숙 2018). 특정한 정당에 긍정 또는 부정적 성향을 가진 당파적 유권자(partisan)들이 매니페스토 운동에 대한 평가가 대체로 긍정적인 점은 회귀분석을 통해 다시 점검해 보기로 한다.

---

[8] 정당과 후보자가 얼마나 매니페스토 운동에 적극적이었는가 하는 것은 유권자들의 당파심(partisanship)과 관련된다. 자신이 지지하는 정당이 있는 경우 그 정당과 소속 후보자에 대한 평가가 긍정적이고, 당파성향이 약하거나 지지정당이 없는 경우 정당과 후보자들에 대해 전반적으로 부정적으로 평가하는 경향이 있다. 실제로 매니페스토 투표효과를 객관적으로 분석하기 위해서는 당파 성향에 의한 왜곡효과(partisan bias)를 고려해야 한다.

2. 경쟁하면 할수록 알려진다

앞선 분석에 따르면, 2018년 지방선거에서 각 정당과 후보자의 매니페스토 운동을 인지하고 있는 유권자들은 전체 유권자 중 40%에 불과했다. 그럼에도 불구하고, 매니페스토 운동을 잘 알고 있는 유권자들은 정치적 관심이 높고, 매니페스토 정보를 활용하여 투표에 적극적으로 참여한다는 점을 추론해 볼 수 있다. 그렇다면, 구체적으로 '매니페스토가 무엇인지 이해하고 잘 안다는 것'은 투표선택과 어떠한 관련이 있을까? 이것이 후보자 선정과정에 대한 관심과 인지, 궁극적으로 최종 투표결정에 중요한 영향을 주는 것일까?

〈표 11〉은 '이번선거에서 정당별 당내 후보 경선에 대해 얼마나 알고 계십니까?'에 대한 응답 결과이다. '잘 알고 있다'와 '대체로 알고 있는 편이다'라는 응답은 전체 응답자의 38.1%이다. '잘 모르고 있다'와 '전혀 모른다'는 응답은 약 62%에 이른다. 이번 지방선거 경선기간이 매우 짧았고, 각 정당별, 지역별 경선과정과 시기가 매우 달라 일반 유권자들이 알기 어려웠던 현실이 반영된 답변일 것이다. 정당별 후보자 선정과정이 규정상 또는 관례상 외부에 공개되지 않기 때문에 일반 유권자들은 대체로 후보자 선정과정에 대해 알 수 없다. '모른다'는 답변은 사실상 두 가지 의미가 혼재된 것으로 해석할 수 있다. 해석중 하나는 경선에 대한 '정보가 없다,' 또 다른 의미는 경선과정과 절차에 대해 글자 그대로 '모른다'는

〈표 11〉 당내 경선과정 인지정도

응답내용	빈도(명)	퍼센트(%)	누적 퍼센트(%)
1 잘 알고 있다	30	3	3
2 대체로 알고 있는 편이다	351	35.1	38.1
3 잘 모르고 있는 편이다	525	52.5	90.6
4 전혀 모른다	94	9.4	100.0
합계	1,000	100	

〈표 12〉 매니페스토 인지와 당내 경선과정 인지[9](교차분석)

구분			당내 후보 경선 인지		전체
			0 모른다	1 안다	
매니페스토 인지	0 모른다	빈도	476	128	604
		퍼센트	78.8%	21.2%	100.0%
	1 안다	빈도	143	253	396
		퍼센트	36.1%	63.9%	100.0%

카이제곱 = 184.89(p=.000)

두 가지 의미의 혼종 합산이다. 결과적으로 후보자 선정과 관련한 정보 공개, 그리고 후보자 당내 경선이 무엇이고, 왜 중요한지에 관한 유권자 인지적 측면의 개선이 모두 필요해 보인다.

〈표 12〉는 '매니페스토 정책선거 인지'와 '당내 경선 인지'의 인과 관계를 잘 보여준다. 평소 매니페스토 운동을 인지하고 관심을 가지고 있었다면, 각 정당의 후보 경선과정도 잘 알고 있을 가능성이 높다. 정책 선거를 지향하는 대의 민주주의의 과제가 정당 중심의 후보자 경선을 통해 가능할 수 있음을 시사한다. 매니페스토 운동이 일반적인 유권자들을 대상으로 한 홍보와 캠페인에 그치고 있어 그 효과성이 낮다는 비판이 있다. 정당이 중심이 된 매니페스토 운동이 활성화될 때, 보다 효과적인 정책선거로 환경으로 변화할 수 있음을 시사한다(김욱 2008). 일반적인 국민홍보와 공청회 등의 형식보다는 정당 중심의 공약 알리기, 지역사회 중심의 매니페스토 정책 운동을 통해 정책 선거의 효과성을 높일 수 있는 방안도 고려해 볼 만하다.

---

9) 당내 경선과정인지 변수는 4점 척도 답변을 가변수(dummy variable)로 변환한 것이다. (1: 잘 알고 있다, 2: 대체로 알고 있다 ⇒ 1: 안다, 3: 잘 모르고 있다, 4: 전혀 모른다 ⇒ 0: 모른다). 매니페스토 인지 변수는 3점 척도 답변을 가변수로 변환하였다(1: 잘 알고 있다, 2: 대체로 알고 있다 ⇒ 1: 안다, 3: 전혀 모른다 = 0: 모른다).

이 결과는 당내 경선과정 전반의 원칙과 절차, 진행과정의 공개가 일반국민에게 더욱 확대될 때, 매니페스토 정책선거가 활성화될 수 있음을 의미한다. 지방선거의 특색에 맞는 '지역중심 매니페스토' 구체화, '생활중심의 지역 어젠다' 개발도 필요하다. 지역사회 중심의 경선, 광역·기초단체장 공약, 이에 대한 유권자 평가, 상벌 점수 반영과 같은 제도적 보완을 통해 '매니페스토의 지역 사회화' 운동도 긴요할 것이다. 이를 위해 유권자들의 관심을 높일 수 있는 효과적인 방안을 정당 차원에서 고민하는 노력도 필요해 보인다.

3. 알아야 더 적극적으로 참여한다

다음은 2018년 지방선거에서 매니페스토 운동과 정당 경선과정이 유권자들의 투표참여 또는 기권에 어떠한 영향을 주었는지 분석한 결과이

〈표 13〉 매니페스토와 당내 경선 인지와 투표여부(교차분석)

구분			2018년 투표여부		전체	통계값
			기권	투표		
매니페스토 인지	0 모른다	빈도	272	332	604	카이제곱 = 35.92 (p=.000)
		퍼센트	45.0%	55.0%	100.0%	
	1 안다	빈도	104	292	396	
		퍼센트	26.3%	73.7%	100.0%	

구분			투표여부		전체	통계값
			기권	투표		
당내 후보 경선 인지	0 모른다	빈도	294	325	619	카이제곱 = 67.81 (p=.000)
		퍼센트	47.5%	52.5%	100.0%	
	1 안다	빈도	82	299	381	
		퍼센트	21.5%	78.5%	100.0%	

다. 매니페스토 정책 선거를 알고 있다면 투표에 참여할 가능성이 높아진다. 또한 정당별 후보자 경선에 대해 알고 있을 때, 투표에 참여할 가능성이 높다.

매니페스토 운동이 무엇인지 이해하고, 정당과 후보자가 어떠한 정책과 공약을 내세우는지 인지하는 것은 투표참여에 매우 중요하다. 평소 정치·선거과정 전반에 대한 관심(political interests), 그리고 유권자로서 기본적인 권리를 행사하고자 하는 심리적 동기(motivation)가 투표참여(voting)의 행동으로 표면화되기 때문이다. 매니페스토 운동과 후보자의 공약에 대한 관심, 그리고 당내 후보 경선과정에 대한 이해가 높아질수록 참여의 의지는 더욱 높아진다고 볼 수 있다. 유권자들이 정당과 후보자에 대해 객관적인 평가를 하고 투표에 임할 수 있는 선거환경은 민주적이고 개방적인 정당내 시스템이 제대로 작동하는지에 달려 있다. 후보자 선정 절차의 개방성과 민주적 원칙이 강화될 때 투표참여의 의지와 대의 민주주의의 안정성은 높아질 수 있다.

4. 경쟁하고 알려야 선거에 승리한다

다음은 2018년 지방선거에서 주요 정당인 더불어민주당과 자유한국당의 광역단체장 후보 경선과 매니페스토 인지의 변수가 유권자들의 최종 투표선택에 얼마나 중요한 요인으로 작동하였는지 보여주는 로짓 회귀분석(logistic regression) 결과이다. 종속변수는 이번 광역단체장선거에서 투표한 후보의 정당으로 설정했다.

투입된 주요 변수는 다음과 같다. '매니페스토 도움' 변수는 '매니페스토 운동을 통해 얻은 정보가 선생님께서 지지후보를 결정하는 데 얼마나 도움을 주었다고 생각하십니까?'의 질문에 대한 답변이다. '당파심(partisanship)' 변수는 '가깝게 느끼는 특정 정당이 있습니까?'에 대한 답변 결과를 활용하였다. 주요 양대 정당의 '경선 만족' 변수는 '더불어민주당과 자유한국당

〈표 14〉 매니페스토, 당내 경선 만족 그리고 투표선택(로짓 회귀분석)[10]

더불어민주당 후보 선택 모형						
투입 변수	B	S.E.	Wals	자유도	유의확률	Exp(B)
매니페스토 도움(1=도움, 0=도움안됨)	1.080	.448	5.808	1	.016	2.945
당파심(1=지지정당있음, 0=없음)	.754	.369	4.167	1	.041	2.125
민주당 경선 만족(1=만족, 0=불만족)	1.472	.485	9.232	1	.002	4.359
자한당 경선 만족(1=만족, 0=불만족)	-1.299	.347	14.045	1	.000	.273
지역주의_호남(1)	-.608	.412	2.175	1	.140	.545
지역주의_영남(1)	-.983	.414	5.640	1	.018	.374
상수항	.267	1.620	.027	1	.869	1.306

-2 Log 우도 259.244, Cox와 Snell의 R-제곱 0.246, N=448

(구)자유한국당 후보 선택 모형						
변수	B	S.E.	Wals	자유도	유의확률	Exp(B)
매니페스토 도움(1=도움, 0=도움안됨)	2.304	.968	5.669	1	.017	10.013
당파심(1=지지정당있음, 0=없음)	-.091	.651	.020	1	.888	.913
민주당 경선 만족(1=만족, 0=불만족)	-2.229	.717	9.665	1	.002	.108
자한당 경선 만족(1=만족, 0=불만족)	2.873	.666	18.639	1	.000	17.699
지역주의_호남(1)	-26.231	5381.610	.000	1	.996	.000
지역주의_영남(1)	2.540	.779	10.625	1	.001	12.678
상수항	-25.572	25118.881	.000	1	.999	.000

-2 Log 우도 91.937, Cox와 Snell의 R-제곱 .417, N=141

* 통제변수는 학력, 연령, 성별 변수이며 편의상 생략함. 지역주의 변수는 응답자의 거주지를 호남(광주, 전남, 전북), 영남(대구, 경북, 경남, 부산)으로 구분하여 가변수(dummy variable)로 사용함

10) 이번 지방선거결과, 광역단체장 전체 17명 중 더불어민주당 소속 후보 14명이 당선되고 자유한국당 후보는 대구, 경북지역 2곳에서 당선되었다. 일반적으로 더불어민주당 후보가 압승을 거둔 원인 중 2017년 대선 정국의 영향을 배제할 수는 없다. 그럼에도 불구하고 당내 경선의 개방성과 경쟁성 면에서 더불어민주당이 가진 비교우위, 당내 경선과정을 통한 예비후보의 홍보효과도 선거승리에 기여했다고 볼 수 있다.

후보 경선과정에 대해 어떻게 생각하십니까'의 질문을 활용하였다. 통제 변수는 응답자의 학력, 연령, 성별, 거주지로 설정하였고 편의상 통계표에는 생략하였다. 일반적으로 한국 선거과정에서 양대 정당의 득표는 '지역주의(regionalism)'에 의해 상당한 영향을 받기 때문에, 생략하지 않고 표에 추가하였다.

〈표 14〉의 결과에 따르면, 양대 정당의 투표선택에 매니페스토 공약 정보가 큰 도움이 되었음을 알 수 있다. 더불어민주당 경선과정에 대해 만족할수록 더불어민주당 후보에게 투표하며, 자유한국당에 대한 경선만족도가 높을 때 자유한국당 소속의 후보에게 투표하는 경향이 있다. 공통적으로 상대당의 당내 경선에 불만족한 경우도 투표 선택에 영향을 주었음을 알 수 있다. 당파심의 영향은 더불어민주당 후보선택 모형에서만 유효하게 나타난다. 공통적으로 매니페스토를 통해 얻은 정보가 후보자 선택에 도움이 되었으며 정당의 후보 경선과정에 만족할수록 광역단체장 투표선택에도 영향이 있었음을 알 수 있다.

전통적으로 한국의 '지역주의' 투표 효과는 영남 지역과 호남 지역에서 나타난다. 2018년 지방선거에서 더불어민주당, (구)자유한국당 모두 지역주의 투표로부터 자유롭지 않았음은 분명하다. 그러나 2016년 탄핵정국 이후 더불어민주당에 대한 지지가 전국적으로 높아짐에 따라 호남 지역주의는 표면적으로 약화되는 듯하다. 반면, (구)자유한국당에 대한 영남의 지역주의 성향은 다른 요인에 비해 상대적으로 강한 투표 집결효과를 나타낸다. 통계표에 따르면, (구)자유한국당 출신 광역단체장 후보에 투표할 확률은 자당에 대한 경선에 대한 만족, 매니페스토 정보의 도움, 그리고 지역주의 순으로 높다. 지역주의 정당 투표 현상은 보수 정당인 (구)자유한국당의 특성이며, 당내 경선과정에 대한 만족도 높은 편이다. 주로 대구/경북지역 당내 경선에 대한 긍정 평가가 득표로 이어지지 않았을까 추측해 본다.

공통적으로 양당의 광역단체장에 투표할 가능성은 매니페스토와 경선과정의 만족도가 상승하면 높아진다. 특히, 이번 선거에서 후보자들이 내세운 공약과 정책 매니페스토 정보가 광역단체장선거 득표에 유리하게 작용했을 것이다. 당파심이 강한 더불어민주당 지지자들의 매니페스토 투표효과도 확인된다. 또한 경선과정에 대한 이해와 관심이 높을 경우, 유권자와 후보자 간 응집력(cohesiveness)이 강화되어 본선 득표에도 유리하게 됨을 알 수 있다(전용주 2010).

이상과 같이, 양대 정당의 당내 경선, 매니페스토 투표 효과를 분석해 보았다. 주요한 발견을 요약하면 다음과 같다. 첫째, 매니페스토 운동을 잘 인지하고 정당의 경선과정에 대한 인지도가 높을수록 투표에 적극적이다. 둘째, 지지정당이 있는 당파적 유권자들은 당내 후보 경선과정에 대해 잘 인지하는 경향이 있다. 셋째, 특정정당의 경선과정에 만족할수록 그 정당의 소속 후보자에게 투표하는 경향이 있다.

이러한 점들을 종합해 볼 때, 정당중심의 매니페스토 운동의 활성화가 유권자와 후보자 모두에게 매우 중요하며, 후보 경선과정이 개방적일수록 유권자의 참여와 지지가 높아지고 정책투표의 가능성도 높아질 것이라 추론해 볼 수 있다. 매니페스토 운동은 선거과정의 주체인 유권자, 정당, 그리고 후보자들에게 모두 긍정적인 영향을 미칠 수 있다는 점도 지속적으로 논의되어야 할 부분이라 생각된다. 질 높은 투표 참여는 당내 경선과정의 개방성과 민주성이 높아질 때 그 긍정적인 효과가 배가될 수 있다. 이를 위해 지속적인 제도 개선과 정당법 개정, 공직선거법상 경선과 매니페스토 의무조항 추가 등 보다 적극적인 제도 개선의 노력이 필요할 것이다.

IV. 논의와 제언:
정당 중심의 매니페스토 강화와 당내 경선과정의 민주화

헌법에 명시된 정당 민주화의 원리는 본선에서 경쟁할 후보자를 선정하는 당헌·당규의 원칙과 절차로 구체화된다. 민주적 정당운영은 대표성 있는 후보자 선출과정을 통해 경쟁력 있는 정치인을 발굴하는 것에서 시작된다. 발굴된 정치인이 공직자로 선출되어 민의를 반영하는 책임정치를 실현하는 것이 대의 민주주의의 핵심이다. 당내 경선을 포함하여 본선에 진출할 후보자의 선정과정은 공정성, 민주성, 그리고 개방성의 원칙에 의거하여야 한다. 그러나 '최선의 후보자 선출 방식'을 법률과 규정에 따라 정당에 강제하기는 현실적으로 어렵다(도회근 2011). 법·제도적 차원에서 당내 경선과정을 보다 체계화하는 방법과 함께, 당내 경선과정을 유권자들에게 개방하는 정당 개혁의 의지가 필요하다 하겠다. 이를 매니페스토 정책 선거와 연계하여 유권자들의 관심을 모으는 전략도 필요하다. 당내 경선과 매니페스토 정책 선거, 질 높은 투표의 선순환 시스템 구축을 위한 방안을 다음과 같이 제안해 본다.

1. '정당법 개정'을 통한 국민개방형 경선제 의무화

먼저, 경선을 통한 상향식(bottom-up) 후보자 선정 방식이 정당 민주주의 발전에 필수적 요건이라 전제한다(전용주 2010; 이동윤 2008). 정당 지도부 중심의 하향식 후보자 선정은 유권자들의 정치적 관심과 투표할 의지를 저하시키기 때문이다. 그러나 단순히 당내 경선을 통해 본선에 진출했다는 이유로 당선가능성이 저절로 높아지지 않는다는 것은 정당이 처한 현실적 문제이다.

당내 경선 원칙이 의무화되었을 때 파생되는 또 다른 문제는 이 제도가 현직 후보에게 유리하고 정치 신인에게 불리하게 작용한다는 점이다. 여성 후보, 청년, 장애인 등 정치신인 및 소수자를 배려하는 규정이 최근 개선되고 있다. 그렇지만 현실적으로 당내 경선의 벽은 너무도 높다. '대표성'과 '경쟁성'을 모두 갖춘 후보자가 본선에 진출할 수 있도록 정당법을 개정하는 노력이 필요하다.

2018년 지방선거 후 유권자 여론조사 결과에 따르면, 일반 유권자들은 '당원과 대의원 투표 및 일반 국민 여론조사,' 그리고 '일반 국민 여론조사'를 통해 당내 후보를 결정하는 방식을 선호한다고 한다. 일정 규모 이상의 정당인 경우 '국민개방형 경선제'의 의무화가 시급하다고 할 수 있다. 국민들과 같이 호흡하면서 같이 치러내는 경선을 통해 더욱 경쟁력 있는 후보가 당선된다는 당연한 명제가 실현될 수 있어야 한다. 이를 위해 정당 차원의 당헌·당규 개정안 마련을 위한 준칙(가이드라인)도 필요할 것이다.

당원투표와 여론조사를 통한 획일적인 경선방식을 지양하고 정당별 후보자 선정을 위한 선거인단 명부를 작성하여 관리할 수 있는 제도도 고려해 볼 만하다. 또한 후보자 지지만을 묻는 여론조사 방식 이외에 정당과 후보자의 이름이 명기되지 않은 매니페스토 공약 블라인드 투표(manifesto voting) 방식도 도입해 볼 수 있다. 정당 예비 경선 선거인단 구성은 개방형으로 하되, 공정한 선거인단 관리를 위해 중앙선거관리위원회에 선거인단 풀을 등록하여 정당들이 공동으로 이용하는 방식도 고려할 수 있다. 각 정당별 지역경선의 시기를 일률적으로 조정하여 유권자들의 관심과 투표동기를 높이는 방식도 고려 대상이다. 짧은 선거 캠페인 기간 동안 유권자들은 예비 경선과정에 집중하기 어렵다. 당내 경선 시기를 조정하여 정해진 기간 동안 광역·기초단체장 후보의 매니페스토 정책과 공약을 검증하고 평가할 수 있도록 해야 한다.

당내 경선의 민주성 강화를 위해 분산형 경선제 도입을 제안한다. 후보자 공천의 개방성과 대표성 확장, 분산형 공천을 위해 시·도당 공천위원회에 보다 많은 권한을 부여하고 활성화하는 방안을 고민할 필요가 있다.

외부인사로만 구성된 개방형 공천심사위원회 의무화 방안도 고려해 볼 수 있다. 국민 개방형 후보자 선정 방식으로 전환하되, 정당별 선거인단 구성과 후보자 선정을 위한 심사 기준에 매니페스토 정책에 관한 조항을 명시하는 법·제도적 개선도 중요하다.

2. 후보자 선정 '공시제': 매니페스토 정책·공약 점수제 도입

후보자 선정은 복수의 예비 후보에 대한 투명하고 공정한 경쟁을 통해 이루어져야 한다. 이 과정은 유권자들이 쉽게 접근할 수 있는 다양한 방식과 매체를 통해 공개되고 공시(公示)되어야 한다. 이것은 경선에서 탈락한 후보자만을 위한 것이 아니라, 일반 유권자들의 질 높은 투표선택을 위한 최소한의 '알권리'에 해당한다. 당내 후보자 선정 의사결정기구(최고위원회의, 공천관리위원회 등)의 결정과 논의 과정, 심의 결과가 의무적으로 공개되어야 하고, 유권자 누구나 당내 예비후보자 정보에 접근할 수 있는 시스템이 마련되어야 할 것이다. 후보자 선정의 전 과정이 국민 누구에게나 공개되고 접근 가능하다면 정당 활동의 민주화뿐 아니라 헌법적으로 보장된 국민의 알권리를 증진하는 효과도 기대할 수 있다.

당헌·당규에 위임된 공직 후보자 선정의 원칙을 상위법에 명시하고, 그 절차를 공개하여 국민적 합의를 사전에 정하는 방법도 제안할 수 있다. 매니페스토 지역공약을 유권자들과 함께 정하고, 이를 당내 경선과정에 반영하여 점수화하는 방식도 고려대상이다. 후보자 경선과 매니페스토를 연계하여 유권자들의 참여확대, 정책선거의 정착을 위한 제도적 인프라로 활용할 수 있을 것이다. 합리적인 공약 제시, 지역 유권자들을 설득할 수 있는 정책의 검증, 실력 있는 후보자들의 매니페스토 경쟁이 본선에서 경쟁력을 가질 것임은 자명하다. 이를 위해 각 정당은 정책적 토론과 지역 문제에 대한 '공론의 장'을 유권자와 함께 만들어가는 데 관심을 기울여야 할 것이다.

V. 나가며

　2018년 지방선거를 통해 유권자들이 매니페스토 정책과 공약을 얼마나 중요하게 인지하고 있는지 살펴보았다. 광역단체장을 선출하는 지역 생활 정치의 영역에서 정당 중심의 매니페스토가 본선의 승리를 결정하는 매우 중요한 요인임을 알 수 있었다. 정책 선거는 당내 경선과정에서 더욱 활성화될 수 있고, 장기적으로 제도화해야 할 '풀뿌리 민주주의'의 핵심 요소임을 지적하였다. 특히 정당의 후보자 경선은 유권자들의 정치적 관심과 매니페스토 공약을 점검해 볼 수 있는 대의 민주주의의 핵심과정이라 할 수 있다. 궁극적으로 유권자가 참여하는 '정당 매니페스토' 활성화는 정당 민주화와 참여 민주주의의 질적 향상에 기여할 수 있다고 본다.

　전통적으로 지방선거는 집권 여당에 대한 평가와 심판, 그리고 중앙정부에 대한 견제와 반대 투표(negative voting)의 형태로 표면화되어 왔다. 2018년 정당 환경과 구도 하에서 후보자 경선은 중앙정치의 그늘에서 치러졌다고 해도 과언은 아닐 것이다. 그러나 지방정치의 영역이 엄연히 우리가 살아가는 생활의 영역이기 때문에, 중앙정치나 정당 지도부에 의해 좌지우지될 수 있는 '정치판(arena of politics)'은 아니다. 생활정치의 영역인 지방선거는 선거 전 과정을 통해 지역에 필요한 정책과 공약을 유권자들이 객관적으로 점검하고 평가해 볼 수 있어야 한다. 유권자 중심의 정책선거 환경은 유권자들이 실질적으로 필요로 하는 정책과 공약이 무엇인지, 그리고 이에 대한 해법이 무엇인지 같이 고민하는 후보자가 선거에서 승리하는 선순환의 구조 속에서 활성화된다. 향후 보다 개방적이고 민주적인 정당 경선제로 발전하기를 바라며, 매니페스토 운동과 연계 작업을 통해 정치인과 유권자가 함께 호흡하는 생활정치가 실현되기를 기대해 본다.

• 참고문헌 •

김연숙. 2018. "부정적 정당 감정과 후보자 선택: 2017년 대통령 선거 결과 분석." 『한국정치학회보』 52.4(2018), 5-32.
김 욱. 2008. "매니페스토 운동의 평가와 과제: 5·31 지방선거를 중심으로." 김영래 편. 『매니페스토와 정책선거』. 서울: 논형, 45-65.
도회근. 2011. "정당의 공직선거후보자 추천제도 개선방안 연구." 『헌법학연구』 17집, 235-271.
이동윤. 2008. "정당의 후보선출제도와 정당정치의 문제점." 『한국정당학회보』 7집 1호, 5-37.
이현출. 2006. "한국의 지방선거와 정책정당화 과제." 『내나라』 15집, 53-84.
전용주. 2010. "한국 정당 후보 공천제도 개혁의 쟁점과 대안." 『현대정치연구』 3집 1호, 37-69.
_____. 2014. "상향식 공천 방식은 민주주의를 진전시키는가?" 『21세기정치학회보』 24집 3호, 457-483.
정회옥. 2012. "19대 총선에서 나타난 매니페스토 정책선거의 현실과 한계." 『한국정당학회보』 11집 2호, 125-155.
차재권. 2014. "정당공천제 유지되어야 하는가?: 6.4 지방선거와 정당공천제의 제도효과." 2014년 중앙선거관리위원회 외부평가 보고서.

Lau, Richard R., David J. Andersen, and David P. Redlawsk. 2008. "An exploration of correct voting in recent US presidential elections." *American Journal of Political Science* 52(2): 395-411.
Rahat, Gideon, and Reuven Y. Hazan. 2001. "Candidate Selection Methods: an Analytical Framework." *Party Politics* 7(3): 297-322.

국민일보, 경향신문 등 신문기사.
더불어민주당 홈페이지: 당헌·당규 자료실.
자유한국당 홈페이지: 당헌·당규 자료실.
법제처 국가법령정보센터 홈페이지.
중앙선거관리위원회 후보자 정보.

제9장
영남지역의 선거결과와 지역정치 변화: 정당, 정책, 대표성*

박영환 | 영남대학교

I. 서론

이 연구는 2018년 6월 13일에 치러진 제7회 전국동시지방선거에서 영남권역(부산, 대구, 울산, 경북, 경남)의 선거결과와 그 정치적 의미를 분석하는 데 그 목적이 있다. 구체적으로 영남지역의 외부적인 선거환경, 선거과정에서 이슈 및 정당경쟁, 각급 수준에서 선거결과를 분석하고, 이를 통해 영남지역의 정당체계의 변화, 정책의 영향력, 지방적 수준에서 유권자와 대표자의 연계가 이번 선거에서 어떻게 나타났는지를 살펴본다. 이를 위해 한국정치학회, 한국정당학회, 한국선거학회가 여론조사기관 리서

---

* 이 글은 2018년 한국정치학회 제7회 전국동시지방선거 외부평가 보고서에 수록된 박영환의 논문("영남지역의 선거결과와 지역정치의 변화: 정당, 정책, 대표성")을 약간 수정한 것임을 밝힙니다.

치앤리서치에 의뢰하여 지방선거 직후 전국 유권자 1,000명을 대상으로 실시한 유권자 정치의식조사 데이터를 활용하여 앞에서 제기한 연구주제들을 분석한다.

여당인 더불어민주당의 압승과 야당인 자유한국당의 보수정당으로서 역사상 유례없는 참패로 끝난 이번 선거는 영남지역에서 여러 가지 의미를 내포하고 있다. 다른 지역은 말할 필요도 없거니와 자유한국당은 전통적 텃밭인 영남지역에서도 고전을 거듭한 나머지 대구와 경북만 겨우 수성을 하였을 뿐 부산·울산·경남지역에서는 그 패권적 지위를 상실하였고 지방선거 역사상 처음으로 민주당이 부산·울산·경남 광역자치단체장을 싹쓸이하는 등 지방권력의 교체가 이루어졌다. 영남지역의 균열은 산업화와 반공 이데올로기로 대표되는 보수주의 지역 정서에 어떤 변화를 초래할 것인가? 나아가서 그동안 한국정치를 지배해왔던 지역주의 정당 경쟁에 영남지역의 균열은 어떻게 작용할 것인가?

이제까지 한국의 지방선거는 중앙정치에 예속되어 중앙의 쟁점이 지역 고유의 이슈와 경쟁을 덮어버리는 중앙정치의 대리전으로 이해되어 왔다(김진하 2010; 유성진 2014). 특히 영남지역은 중앙의 정당정치가 지역주의와 결합한 지역 패권정당체계가 형성되면서 지역의 배타적 지위를 누리는 보수정당이 지방정치를 그동안 좌지우지하였다 해도 과언이 아니었다(류재성 2010). 이런 상황에서 영남 지역주의와 보수주의를 붕괴 및 약화시킨 이번 6·13 지방선거는 여러모로 지역의 지방정치의 향방에 시사하는 바가 크다고 할 수 있다. 과연 6·13 지방선거는 지역의 정당재편성을 가져오는 중대선거(critical election)로 평가받을 수 있는가? 이번 선거결과로 지역적 패권구도가 붕괴 및 약화되었다고 한다면 지역 독점적 정당구도가 떠난 빈자리를 지역 고유의 정책경쟁이나 지역민과 강화된 대표자의 정치적 연계로 메울 수 있는가?

지방정치는 지역 주민의 자율과 참여를 전제로 한다. 대의제 민주주의는 주민의 직접적 참여를 현실적으로 보완해주는 제도적 장치이다. 주민의 요구와 의견을 대의과정에 반영하여 정책을 산출시키는 지역대표자는 지방정치의 주요 행위자로서 풀뿌리 민주주의를 완성시키는데 중요한 역할을 담당한다. 지역 패권적 정당체계에 의해 주민밀착형 생활정치가 불가능하였던 지역의 정치에 이번 6·13 지방선거는 영남지역에 변화된 새로운 정치적 지형을 제공할 수도 있을 것이다.

본 연구는 6·13 지방선거가 영남지역의 정치지형의 변화를 알리는 신호탄이 될 수 있다는 점에 주목하여 집합적 자료와 설문조사 자료를 활용하여 종합적 관점에서 영남 정치의 변화와 연속을 평가하고자 한다. 그 과정에서 지역 정당체계의 변화와 한계, 정책경쟁의 가능성, 지방적 수준에서 대의제가 작동하는 지역대표성의 강화를 모색해본다.

II. 영남의 정치적 상황

1. 영남지역의 선거배경과 쟁점

지방선거의 중앙정치에의 예속화는 이번 제7회 전국동시지방선거에서도 이어졌다. 영남지역의 선거결과에 불리하게 작용할 수 있는 중앙의 대형 이슈들이 지역의 전반적인 선거구도를 규정하였다. 그리고 중앙의 이슈들은 역설적이게도 지역의 패권정당체계의 약화와 변화를 가져오는데 일조를 하였다. 지난 2016년 4·13 총선에서 민주당의 승리, 그리고 뒤이은 2017년 박근혜 대통령의 탄핵과 5·9 대선에서 문재인 후보의 승리로 인한 보수 세력의 와해, 대통령과 집권여당의 높은 지지율은 영남지역의 주도 정치세력인 보수정당에게 불리한 선거환경을 제공하였다. 뿐만 아니라 4월 남북정상회담과 선거 직전에 개최된 북미정상회담은 한반도의 평화와 화해, 협력의 분위기를 조성하여 지역민의 지방선거에 대한 관심을 반감시켰다. 여기에다 보수정당의 분열은 지역의 보수적 유권자들의 지지를 하나로 엮는 데 불리하게 작용하였다. 이런 정치적 상황에서 영남지역을 전통적 지지기반으로 삼았던 자유한국당의 선거패배는 어느 정도 예상가능한 일이었다. 이는 선거 전에 실시된 많은 여론조사에서 확인이 되었다. 선거과정에서 TV와 신문 매체들은 각종 여론조사를 활용하여 이번 지방선거 최대의 승부처로 PK(부산·울산·경남)지역이 부상하고 있고 이 지역에서 자유한국당의 전멸 가능성, 그리고 TK(대구·경북)지역에서 민주당의 가파른 상승과 자유한국당의 고전을 보도하였다. 지방선거에서 자유한국당의 패배와 'TK당'으로의 전락은 피할 수 없는 현실로 다가왔다.

중앙정치의 높은 파고 속에서도 영남지역 고유의 이슈경쟁을 살펴보는 것도 눈여겨볼 만하다. 이번 지방선거에서 대구지역의 주요 이슈는 낙동강 취수원 상류 이전 문제와 통합공항 이전 문제이다. 대구시와 구미시의 견해차가 극명한 취수원 이전 문제는 대구시가 계획을 입안한 지 10년이 다 돼 가도록 평행선만 달리고 있는 지역이슈로 문제해결을 위한 중앙정부의 중재도 없는 상황이다. 관련 자치단체장 후보들을 중심으로 문제해결의 공약들이 내세워졌다. 대구 통합공항 이전 문제는 이전 후보지 선정 주도권을 놓고 관련 자치단체장 후보들 간 경쟁이 치열하였으며 통합공항 이전으로 남아 있게 될 원공항 부지 개발 문제도 선거에서 이슈화가 되었다. 경북지역은 사드 이전 문제, 동해안지역의 지진발생과 원전의 안정성 논란, 그리고 전국 최대의 농도로서 농가소득 보전 방안 등이 후보들 간 이슈화로 점화되었으며 문제해결을 위한 처방책을 공약으로 담아냈다. 부산지역의 선거이슈는 신공항 건설 재추진 문제, 그리고 울산지역은 조선업의 장기불황으로 인한 지역경제 침체 해결이 주요 선거이슈였고, 마지막으로 경남지역 역시 조선업 위기와 한국 GM 사태로 인한 고용의 위기 극복이 후보들 간 주요 선거쟁점이었다.

2. 영남지역의 역대 정당경쟁

　영남지역은 한국 보수의 아성으로 그동안 각종 선거에서 전통적인 대표 보수정당들이 승리한 곳이다. 1990년 3당 합당으로 창당된 민주자유당을 위시하여 반공 이데올로기와 시장경제로 무장한 전통적 보수정당 계열들(신한국당-한나라당-새누리당)이 영남지역에 배타적이고 독점적인 정치체계를 구축해왔다. 그러나 2016년 4·13 총선 때부터 보수정당의 지역 패권정당체계에 조금씩 균열이 가기 시작하였다. 당시 총선에서 새누리당은 국회 과반수 정당은커녕 원내 1당의 자리를 야당인 더불어민주당에 내주었다. 영남지역의 선거결과에서도 새누리당의 독점적 정당체계가 서서히 쇠퇴하기 시작하였는데 부산지역에서 5석, 경남지역에서 3석, 대구지역에서 1석을 민주당이 차지하였다. 박근혜 대통령의 탄핵으로 치러진 2017년 5·9 대선은 지역 대표 보수정당에서 소지역 정당으로 쇠락하는 자유한국당의 위상을 적나라하게 보여주는 사건이었다. 당시 선거에서 민주당의 문재인 후보는 부산, 울산에서 한국당의 홍준표 후보를 눌렀으며 경남에서는 홍준표 후보와 사실상 무승부를 기록하였고, 대구, 경북에서도 상당한 선전을 거두었다.
　최근의 선거결과에서 드러났듯이 영남지역 유권자들은 지역 대표 보수정당에 대한 지지를 철회하거나 유보하는 모습을 보였고, 지역정치세력의 대체재로 민주당을 선택하는 태도로 변모하였다. 영남지역의 패권정당으로 자유한국당의 지지 기반 균열이 극명히 드러나는 시점에서 치러진 이번 6·13 지방선거는 영남지역의 정당경쟁 체계에 어떤 영향을 미칠 것인가? 일시적인 현상인지 아니면 지속적인 추세로서 정당체계의 변화인지의 여부는 영남지역의 선거경쟁 본질과 보수주의 정체성에 대한 심도 있는 연구를 필요로 한다.

III. 6·13 지방선거 결과

먼저 제7회 지방선거의 최종투표율을 살펴보면 60.2%로 제1회 지방선거 이후 처음으로 60%대를 기록하였다. 6월 8일에서 9일 이틀 동안 진행된 사전투표도 약 20%를 기록하면서 제6회 지방선거의 투표율 11%, 20대 총선의 12%보다 높았다. 영남지역의 투표율을 살펴보면 대구와 부

〈표 1〉 로짓 회귀분석: 영남지역 유권자의 투표참여에 영향을 미친 요인들
(제7회 전국동시지방선거)

	회귀계수	표준오차
나이	-.003	.137
학력	-.247	.212
가구소득	.109	.109
여성	.554	.349
TK	-.232	.355
정치적 관심	1.350***	.311
자신과 가까운 정당	1.612***	.419
정치이념	-.165*	.101
민주당 호감도	-.037	.082
한국당 호감도	.076	.083
문재인 대통령 직무수행 평가	.039	.366
지역현안이 중요한 선거	.313	.330
지방의원이 더 잘 대변	-.341	.339
상수	-1.985	1.414
N	248	
LR chi^2 test	71.09***	
Pseudo R^2	.2147	

*** p<.001, ** p<.05, * p<1.0

산은 전국 최종 투표율보다 낮았으며 울산, 경북, 경남은 전국 투표율보다 높았다. 특히 대구는 약 57%로 전국에서 인천 다음으로 낮은 투표율을 기록하였고 부산도 약 59%로 전국의 하위권을 맴돌았다. 반면 경남은 65.8%로 전국에서 세 번째로 높은 투표율을 기록하였고 울산과 경북은 각각 64.8%, 64.7%로 전국에서 5위, 6위를 차지하였다.

영남지역 유권자의 개인적 수준에서 투표참여에 영향을 미친 요인들은 무엇일까? 앞서 언급한 6·13 지방선거 유권자 정치의식 설문조사 자료를 활용하여 이 물음에 답을 찾아보고자 한다. 유권자의 투표참여에 관한 로짓 회귀분석 모델의 결과가 〈표 1〉에 나타나 있다. 종속변수는 영남지역 유권자의 투표참여 여부이다. 부록 〈표 A-1〉에 변수측정과 관련한 코딩 정보가 서술되어 있다. 회귀분석 결과에 따르면 정치변수들 중 일부가 투표참여에 유의미하게 영향을 미치는 것으로 나타났으며, 그 외 인구통계학적 변수나 사회경제적 지위 변수들은 별다른 영향을 끼치지 못하는 것으로 나타났다. 정치적 관심이 높은 영남 유권자일수록, 자신에게 가깝게 느끼는 특정 정당이 있는 영남 유권자일수록, 그리고 이념적으로 진보적인 영남 유권자일수록 투표참여를 자주하는 경향이 발견되었다. 이상의 결과를 놓고 볼 때 영남지역 유권자들의 투표참여는 중앙정치의 작용이나 개인적 수준의 변수와는 관계가 없고 당파성향, 정치이념, 정치에 대한 관심과 같은 정치변수들이 투표참여와 관련이 있는 것으로 나타났다.

다음으로 6·13 지방선거의 영남지역 선거결과를 살펴보자. 〈표 2〉, 〈표 3〉에 영남 권역별 선거결과가 보고되고 있다. 먼저 〈표 2〉의 자치단체장 선거결과를 보면 광역의 경우 대구·경북지역에서는 자유한국당이 2석 전부를, 부산·울산·경남지역에서는 더불어민주당이 3석 전부를 석권하였다. 기초의 경우 대구에서 총 8곳의 선거구 중 한국당이 7곳을, 경북에서 총 23곳의 선거구 중 17곳을 한국당이 차지함으로써 한국당이 TK지역을 사수하는 데 성공하였다고 볼 수 있다. 반면 부산, 울산에서는 민주당의 초강세가 두드러졌는데, 부산의 16곳의 선거구 중 13곳, 울산의 선거구 5곳 전부를 민주당이 차지하였다. 경남에서는 한국당이 선전하였

〈표 2〉 영남권역의 자치단체장선거결과(제7회 전국동시지방선거)

		민주당	한국당	무소속	합계
대구	광역	0	1	0	1
	기초	0	7	1	8
경북	광역	0	1	0	1
	기초	1	17	5	23
부산	광역	1	0	0	1
	기초	13	2	1	16
울산	광역	1	0	0	1
	기초	5	0	0	5
경남	광역	1	0	0	1
	기초	7	10	1	18

〈표 3〉 영남권역의 지방의회선거결과(제7회 전국동시지방선거)

		민주당	한국당	바른미래당	정의당	민중당	무소속	합계
대구	광역	5	25	0	0	0	0	30
	기초	50	62	2	1	0	1	116
경북	광역	9	41	1	0	0	9	60
	기초	50	171	2	1	0	60	284
부산	광역	41	6	0	0	0	0	47
	기초	103	78	0	0	0	1	182
울산	광역	17	5	0	0	0	0	22
	기초	27	21	0	0	1	1	50
경남	광역	34	21	0	1	0	2	58
	기초	104	133	0	3	1	23	264

는데 총 18석 중 10석을 지켜냈고 민주당은 7석을 거두었다.

〈표 3〉의 지방의회의 선거결과도 단체장의 선거결과와 마찬가지로 TK지역에서 한국당의 선전이, PK지역에서는 한국당의 고전과 민주당의

약진이 나타났다. 대구에서 한국당은 총 30석의 광역의원 중 25석을, 총 116석의 기초의원 중 62석을 차지하였다. 경북에서 한국당은 총 60석의 광역의원 중 41석을, 총 284석의 기초의원 중 171석을 차지하였다. 한편 부산·울산·경남에서는 민주당이 광역의원과 기초의원을 각각 87%(41석)과 57%(103석), 77%(17석)과 54%(27석), 59%(34석)과 39%(104석)을 차지하였다.

이상의 결과를 통해서 다음과 같은 결론에 다다를 수 있다. 전반적으로 영남지역에서 자유한국당의 패권적 지위는 상당히 약화되고 있는 것이 사실이지만 소지역별로는 자유한국당의 패권적 영향력이 다소 상이하게 나타나고 있다는 점에서 영남지역 내 균열의 또 다른 현상에 주목을 할 필요가 있다. 우리는 TK지역과 PK지역별로 정당경쟁 체계가 이질적으로 나타날 가능성을 염두에 두면서 향후 영남지역의 정치지형을 관찰하여야 할 것이다.

이제 설문조사 자료를 활용하여 영남 유권자의 개인적 수준에서 투표선택에 영향을 미치는 요인들을 살펴보자. 종속변수는 광역의원 비례대표의 정당투표를 측정한 것으로 구체적으로 이원변수로 코딩되었다(1=자유한국당에 투표, 0=그 외 다른 정당에 투표). 역시 부록 〈표 A-1〉에 변수측정과 관련한 코딩 정보가 서술되어 있다. 영남 유권자의 자유한국당에 대한 투표 요인을 설명하는 로짓 회귀분석의 결과가 〈표 4〉에 보고되고 있다. 전통적으로 영남지역의 보수정당 지지 유권자 집단들은 연령이 높고 이념적으로 보수적이고 보수정당에 대한 호감도가 높은 계층들이다. 회귀분석 결과는 기대하고 있는 바대로 나타났다. 연령이 높은 유권자일수록, 한국당에 대한 호감도가 높은 유권자일수록, 문재인 대통령의 직무수행을 부정적으로 평가하는 유권자일수록 정당투표에서 자유한국당에 투표를 하는 경향이 있었다. 또 PK지역 유권자보다 TK지역 유권자들이 자유한국당을 더 찍는 경향이 있었다. 보수적인 유권자와 자유한국당 투표 사이에 정의 관계는 있으나 통계적으로 유의미하지 않았으며, 정치적 관심과 자유한국당 투표의 관계도 통계적 유의미성이 발견되지 않았다. 그

〈표 4〉 로짓 회귀분석: 영남지역 유권자의 투표선택에 영향을 미친 요인들
(제7회 전국동시지방선거)

	회귀계수	표준오차
나이	.611**	.249
학력	-.030	.358
가구소득	.041	.190
여성	-.385	.625
TK	1.037**	.539
정치적 관심	-.262	.523
정치이념	.241	.173
민주당 호감도	-.260*	.139
한국당 호감도	.382**	.155
문재인 대통령 직무수행 평가	-1.234**	.566
상수	-3.775	2.742
N	152	
LR chi^2 test	108.23***	
Pseudo R^2	.5201	

*** p<.001, ** p<.05, * p<1.0

리고 학력이 낮은 유권자일수록, 가구소득이 높은 유권자일수록, 남성일수록 자유한국당에 투표하는 경향이 있었지만 통계적으로 유의미하지 않았다.

IV. 영남지역의 선거결과와 지역정치의 변화

 6·13 지방선거에서 드러난 영남지역의 선거결과는 지역의 정당경쟁체계와 지방적 수준에서 대의제 민주주의 작동방식과 관련하여 많은 의미를 내포하고 있다. 이런 연장선상에서 이번 영남지역의 선거결과가 향후 지역정치의 변화와 관련하여 어떤 정치적 의미를 지니는지 체계적으로 분석하기 위해 정당재편성의 가능성, 정책의 영향력, 지역대표성의 관점에서 살펴보고자 한다.

1. 정당재편성의 가능성

 앞서 밝힌 것처럼 영남지역을 지지 기반으로 하는 보수정당의 지역패권정당체계가 2016년 4·13 총선을 기점으로 서서히 붕괴되고 있는 것을 우리는 목격하고 있다. 이런 현상이 한 시점에서 끝나는 것이 아니라 현재까지 지속적으로 이어져오고 있다면 영남지역에서 정당재편성(party realignment)의 가능성을 열어 둘 수 있다. 정당재편성은 중대선거(critical elections)에 의해 유권자 집단과 정당 간 지지연합이 변하는 것으로 인구구성의 변화, 새로운 쟁점 이슈의 등장 등으로 인해 유권자의 정당선호가 바뀌면서 정당과 지지세력 간 연계의 구성에 변화가 발생하는 것을 말한다(Key 1955; Burnham 1970; Kleppner 1970; Clubb, Flanigan, and Zingale 1980; Petrocik 1981; Sundquist 1983; 정진민 2003; 조기숙 2011). 유권자의 지지정당에 대한 투표행태가 바뀌면서 새로운 우위정당이 나타나는 것이 정당재편성의 전형적인 양상이라 볼 수 있다. 이런 점에서 최근 전국단위의 선거 이후 경험하고 있는 영남의 지역 패권정당체계의 약화도 영남 보수 유권자 집단과 전통 보수정당 계열 간 지지연합의 변화의 관점에서 설명이 가능하다. 먼저 실제로 영남지역의 정당체계가 시기별로 어떻게 변했는지를 2014년 지방선거, 2016년 국회의원선거, 2018년 지방선거를 중심으로 살펴보자. 분석의 통일성을 유지하기 위하여 비례대표 정당투표를 대상으로 대표 보수정당 계열과 양당체계를 구축하고 있는 대표 진보정당 계열의 득표율 변화 추이를 분석한다. 〈표 5〉에 최근 선거에서 영남지역의 보수-진보 대표 양당의 정당투표 득표율이 보고되고 있다. 2014년 지방선거 광역의원 비례대표 정당투표에서 당시 보수정당인 새누리당은 대구, 경북에서 각각 69.92%, 75.17%의 득표율을 기록하였고 부산, 울산, 경남에서 각각 58.14%, 55.46%, 59.19%를 기록하였다. 진보정당인 새정치민주연합은 대구, 경북에서 23.80%, 16.44%, 부산, 울산, 경남에서 32.84%, 23.76%, 28.86%를 기록하였다. 이상의 결과를 통해서 볼 때 2014년 선거까지는 영남지역에서 보수정당 우위의 배타적 정당체계가 유지된 것으로 보인다. 새누리당은 70%대의 득표율을 기록한 TK지역에서뿐만 아니라 50%대 후반의 득표율을 기록한 PK지역에서도 약 30%의 격차로 새정치민주연합을 압도하였다.

그러나 2016년 국회의원선거에서 서서히 변화의 조짐이 감지된다. 비례대표 정당투표에서 새누리당은 대구, 경북에서 53.06%, 58.11%, 부산, 울산, 경남에서 41.22%, 36.69%, 44%를 각각 기록하였고, 새정치민주연합을 이은 더불어민주당은 각각 16.30%, 12.89%, 26.64%, 22.76%,

〈표 5〉 영남지역의 비례대표 정당투표 득표율(2014~2018)

(단위: %)

		대구	경북	부산	울산	경남
2014	새누리당	69.92	75.17	58.14	55.46	59.19
	새정치민주연합	23.80	16.44	32.84	23.76	28.86
2016	새누리당	53.06	58.11	41.22	36.69	44
	더불어민주당	16.30	12.89	26.64	22.76	24.35
2018	자유한국당	46.14	49.98	36.73	33.28	38.86
	더불어민주당	35.78	34.05	48.81	47	45.31

24.35%를 기록하였다. 더불어민주당이 비록 영남의 각 권역에서 새누리당을 앞서지는 못했지만 PK지역에서는 새누리당과 격차가 15~20%로 줄어들면서 더불어민주당의 의미있는 약진이 두드러졌다. 이런 설명은 II절에서 2016년 국회의원선거 지역구 투표의 선거결과 분석과도 부합된다. 당시 더불어민주당은 부산지역에서 5석, 경남지역에서 3석을 차지하였다. 이와 같은 결과는 PK지역에서 보수정당의 패권적 정당체계가 약화되고 있음을 보여주는 것이고 이것은 다시 말해 정당의 지지세력 구성에 변화가 발생하고 있다고 말할 수 있을 것이다. 2018년 지방의원선거에서 정당체계의 재편성의 경향은 더욱 뚜렷하게 나타난다. 5개의 영남권역에서 더불어민주당은 부산, 울산, 경남에서 새누리당을 앞섰으며, 대구와 경북에서도 자유한국당과의 격차가 약 10~15%에 불과할 정도로 상당한 선전을 펼쳤다. 새누리당을 이은 자유한국당은 TK지역에서만 간신히 우위를 지키며 사실상 'TK당'으로 전락하였다. 이를 정당재편성의 관점에서 해석한다면 영남지역(적어도 PK지역)에 유권자의 정당선호가 바뀌면서 유권자 집단과 정당 간 새로운 선거연합이 과거 보수적 선거연합을 대체하고 있는 것이라 할 수 있다. 그러나 이런 해석에 신중한 접근이 필요하다. 2016년 총선에 이어 2018년 지방선거에서도 TK지역에서는 여전히 보수정당이 우위를 점하고 있고, 향후 선거에서도 더불어민주당의 선전이 PK지역에서 지속적으로 나타날지는 두고 봐야 하기 때문이다.

특히 PK지역을 대상으로 유권자 개인적 수준에서 투표선택과 투표참여를 분석하면 새로운 선거연합이 출현하고 있다는 주장에 대해 유보적인 결론을 내릴 수 있다. 전통적으로 영남지역(PK지역도 해당되지만)의 보수정당의 주요 지지층은 연령이 높고 보수적이면서 보수정당에 대한 호감도가 높은 유권자들이다. 이들 유권자 집단의 투표행태가 2016년 총선과 2018년 지방선거를 거치면서 어떻게 변하였고 그 변화의 의미는 무엇인지를 파악하면 PK지역의 새로운 선거연합 출현에 대한 종합적인 평가가 가능하리라 본다. 먼저 연령별 투표행태를 살펴보자. 〈표 6〉에 따르면 선행연구의 논의대로 연령이 높은 유권자일수록 보수정당에 대한 투표를

〈표 6〉 2016년 총선과 2018년 지선에서 PK지역 연령별 보수정당 투표

		20대	30대	40대	50대	60대 이상	합계
2016 총선							
	다른 정당	13	7	13	15	9	57
		72.22%	46.67%	50%	57.69%	28.13%	48.72%
	새누리당	5	8	13	11	23	60
		27.78%	53.33%	50%	42.31%	71.88%	51.28%
	합계	18	15	26	26	32	117
		100%	100%	100%	100%	100%	100%
2018 지선							
	다른 정당	14	18	16	15	6	69
		100%	100%	80%	68.18%	31.58%	74.19%
	한국당	0	0	4	7	13	24
		0%	0%	20%	31.82%	68.42%	25.81%
	합계	14	18	20	22	19	93
		100%	100%	100%	100%	100%	100%

〈표 7〉 2016년 총선과 2018년 지선에서 PK지역 연령별 투표참여

		20대	30대	40대	50대	60대 이상	합계
2016 총선							
	기권	16	22	19	11	10	78
		47.06%	59.46%	42.22%	29.73%	23.81%	40%
	투표	18	15	26	26	32	117
		52.94%	40.54%	57.78%	70.27%	76.19%	60%
	합계	34	37	45	37	42	195
		100%	100%	100%	100%	100%	100%
2018 지선							
	기권	13	7	9	11	23	63
		48.15%	28%	31.03%	33.33%	54.76%	40.38%
	투표	14	18	20	22	19	93
		51.85%	72%	68.97%	66.67%	45.24%	59.62%
	합계	27	25	29	33	42	156
		100%	100%	100%	100%	100%	100%

많이 하였다. 〈표 6〉을 통해 60대 이상의 노년층이 보수정당의 주요 지지층임을 다시 확인할 수 있다. 전반적으로 최근 선거로 올수록 전 연령층에서 보수정당에 대한 지지 철회가 일어나고 있으며, 특히 20~50대의 청·장년층의 보수정당을 대체한 다른 정당(주로 민주당이 되겠지만)의 지지가 높아지는 현상이 나타나고 있다. 이 결과를 토대로 청·장년층과 다른 정당, 특히 민주당의 지지세력 연합 형성을 주장할 수 있겠지만 이런 주장에 대해 신중한 접근이 필요하다는 것을 다시 지적하고 싶다. 〈표 7〉의 연령별 투표참여를 보면 보수정당의 주요 지지층인 60대 이상의 노년층의 2018년 지선 기권율이 2016년 총선 대비 가장 높게 나타났다. 보수정당에 적대적인 20대, 40대, 50대 연령층에서는 오히려 투표참여가 증가하였다. 결국 노년층의 투표불참이 PK지역에서 보수정당의 참패의 한 요인이 될 수도 있었음을 지적하고 싶다.

다음으로 이념별 투표행태를 살펴보면, 일반적으로 PK지역에서 보수

〈표 8〉 2016년 총선과 2018년 지선에서 PK지역 이념별 보수정당 투표

		진보	중도	보수	합계
2016 총선					
	다른 정당	17	38	2	57
		89.47%	57.58%	6.25%	48.72%
	새누리당	2	28	30	60
		10.53%	42.42%	93.75%	51.28%
	합계	19	66	32	117
		100%	100%	100%	100%
2018 지선					
	다른 정당	11	43	12	66
		91.67%	84.31%	44.44%	73.33%
	한국당	1	8	15	24
		8.33%	15.69%	55.56%	26.67%
	합계	12	51	27	90
		100%	100%	100%	100%

적인 유권자들은 보수정당을 지지하는 경향이 있다. 〈표 8〉에 따르면 2016년 총선에서는 이러한 경향이 뚜렷하였으나 2018년 지선에서 보수 유권자들의 보수정당 배반이 눈에 띄게 늘어났다. 2016년 총선에서 보수 유권자들의 새누리당 투표는 약 94%에 달하였으나, 2018년 지선에서 보수 유권자들의 한국당 투표는 약 56%에 불과하였으며 그 감소폭은 무려 38%에 이르고 있다. 그 밖에 중도층의 보수정당의 지지 철회도 상당한 낙차 폭을 기록하였다. 2016년 총선에서 보수정당의 투표는 42%에 달하였던 것이 2018년 총선에서는 16%로 줄어들었다. 〈표 9〉의 이념별 투표율을 보면 중도, 보수 유권자들의 투표참여는 2016년과 2018년 사이에 큰 변화가 없지만, 진보 유권자들의 투표참여는 오히려 감소하였다(68%에서 44%). 결국 PK지역에서 보수정당에 적대적인 진보층의 진보 정당에 대한 선거연합 구축은 사실이 아니며 이념적으로 변절한 보수 유권자들과 이념적으로 양면성이 충돌하는 중도 유권자들의 보수정당 지지철회가

〈표 9〉 2016년 총선과 2018년 지선에서 PK지역 이념별 투표참여

		진보	중도	보수	합계
2016 총선					
	기권	9 32.14%	55 45.45%	11 25.58%	75 39.06%
	투표	19 67.86%	66 54.55%	32 74.42%	117 60.94%
	합계	28 100%	121 100%	43 100%	192 100%
2018 지선					
	기권	5 55.56%	23 43.4%	10 26.32%	38 38%
	투표	4 44.44%	30 56.6%	28 73.68%	62 62%
	합계	9 100%	53 100%	38 100%	100 100%

자유한국당의 참패로 이어지게 한 결정적 요인이 되었음을 추론할 수 있다. 보수층의 이런 투표행태가 이념적 와해에 의한 본질적 이탈의 문제인지 지역 대표 보수정당의 부재로 인한 일시적 이탈의 문제인지는 향후 선거에서 답을 찾아야 할 것이다.

마지막으로 보수정당에 대한 호감도별 투표행태를 살펴보면 앞의 이념별 투표행태의 패턴과 거의 동일하게 나타나고 있음을 알 수 있다. 〈표 10〉에 의하면 보수정당에 대해 호감을 가지고 있는 유권자들의 보수정당 투표가 2016년 94%에서 2018년 75%로 약 20% 감소하였다. 보수정당에 대해 보통 수준의 호감도를 가진 유권자들의 보수정당에 대한 투표의 감소폭은 무려 28%(33%에서 5%)에 달하였다. 〈표 11〉의 보수정당 호감도별 투표참여를 보면 2016년 총선과 2018년 지선에서 각 호감도 그룹별 투표참여의 변화가 없음을 확인할 수 있다. 이상의 결과를 놓고 볼 때, 앞의 이념별 투표행태의 설명과 마찬가지로 보수정당에 대한 상당한 호감

〈표 10〉 2016년 총선과 2018년 지선에서 PK지역 보수정당 호감도별 보수정당 투표

		비호감	보통	호감	합계
2016 총선					
	다른 정당	23	31	3	57
		95.83%	67.39%	6.38%	48.72%
	새누리당	1	15	44	60
		4.17%	32.61%	93.62%	51.28%
	합계	24	46	47	117
		100%	100%	100%	100%
2018 지선					
	다른 정당	28	35	6	69
		87.5%	94.59%	25%	74.19%
	한국당	4	2	18	24
		12.5%	5.41%	75%	25.81%
	합계	32	37	24	93
		100%	100%	100%	100%

〈표 11〉 2016년 총선과 2018년 지선에서 PK지역 보수정당 호감도별 투표참여

		비호감	보통	호감	합계
2016 총선					
	기권	16	45	17	78
		40%	49.45%	26.56%	40%
	투표	24	46	47	117
		60%	50.55%	73.44%	60%
	합계	40	91	64	195
		100%	100%	100%	100%
2018 지선					
	기권	22	32	9	63
		40.74%	46.38%	27.27%	40.38%
	투표	32	37	24	93
		59.26%	53.62%	72.73%	59.62%
	합계	54	69	33	156
		100%	100%	100%	100%

과 보통 수준의 호감을 가진 유권자들의 보수정당 지지철회가 6·13 지방선거에서 PK지역의 자유한국당 완패를 설명하는 중요 요인임을 알 수 있다. 이 역시 이들 집단의 일시적인 이탈현상이 원인인지 아니면 본질적인 이탈현상이 원인인지는 다음 선거 때까지 시간이 필요하다.

요약하면 최근의 선거결과를 단순 비교해보면 영남지역에서 보수정당의 패권이 점차 약화되는 현상을 발견할 수 있다. 특히 PK지역에서 보수정당의 궤멸은 정당재편성의 가능성까지 점쳐지고 있다. 그러나 유권자 개인적 수준에서 투표행태를 분석해보면 사뭇 다른 해석이 가능하며 보수정당의 패권적 정당체계 붕괴나 새로운 선거연합이 출현하고 있다는 주장은 설익은 논의가 될 수도 있다. 보수정당의 전통적 텃밭인 영남지역에서 보수정당과 지지세력을 형성하고 있는 유권자 집단은 연령이 높고 이념적으로 보수적이면서 보수정당에 대한 호감도가 높은 계층이다. 이들 계층의 보수정당에 대한 지지 철회나 투표불참이 보수 적통을 이어받

은 대표 보수정당의 부재 때문인지, 아니면 한국사회를 가로지르는 새로운 쟁점 이슈의 등장과 보수정당의 실망으로 인한 대체재 정당 모색 때문인지는 앞으로 펼쳐질 선거에서 답을 구하여야 할 것이다. 어쩌면 정치적 책임성 강화와 유권자와 긴밀한 대의적 연계를 형성하는 정당, 정치인의 등장이 영남지역의 정당체계의 미래를 결정할지도 모를 일이다.

2. 정책의 영향력

6·13 지방선거를 기점으로 영남지역의 패권정당체계가 점차 약화된다면 역설적으로 지역정치의 선거경쟁에서 정책의 중요성이 부각될 수 있다. 그 이유는 지금까지 영남지역에서 지방선거는 중앙의 정당정치가 지역주의와 결합한 배타적 정당체계가 작동하면서 지역 고유의 쟁점을 덮어버리는 폐쇄적 경쟁구도였다고 할 수 있다. 그러나 이런 구도가 붕괴되기 시작한다면 이슈에 근거한 정책 중심의 선거경쟁이 가능할지도 모른다. 이런 연장선상에서 이번 6·13 지방선거에서 정책이 유권자 수준에

〈표 12〉 후보 선택 시 고려요인

	영남		비영남	
	빈도	%	빈도	%
정책·공약	28	17.95	113	24.15
소속정당	49	31.41	151	32.26
후보 능력	32	20.51	116	24.79
이념	15	9.62	9	1.92
도덕성	13	8.33	40	8.55
출신지역	1	0.64	5	1.07
주변 평가	18	11.54	34	7.26
합계	156	100	468	100

서 어떻게 작용을 하였는지 살펴보는 일은 향후 지역정치의 변화를 조망하는 데 있어 유용할 것이다.

이번 지방선거에서 영남지역 유권자를 대상으로 후보 선택 시 어떤 요소를 가장 고려하였는지를 밝혀주는 결과가 〈표 12〉에 보고되고 있다. 영남 유권자의 약 18%가 후보 선택 시 고려요인으로 정책·공약을 꼽았고 이 비율은 전체 요소들 중 세 번째로 높은 순위였다. 가장 높은 후보 선택 요인은 후보의 소속정당으로 31%를 차지하였고 다음으로 후보 능력으로 약 21%를 차지하였다. 후보의 출신지역은 영남지역 유권자들의 후보 선택에 있어 주 고려요인이 아니었고(0.64%), 후보의 도덕성, 이념, 주변의 평가는 고려요인으로서 그 영향력이 상대적으로 낮았다(각각 8.33%, 9.62%, 11.54%). 전반적으로 중앙정치의 높은 영향력 하에서도 정책·공약이 영남지역 유권자들의 후보 선택에 있어 절대적인 요인은 아니었다 하더라도 어느 정도 의미있는 요인으로 고려되었음을 확인할 수 있다.

그러나 비영남지역과 비교하였을 경우, 정책·공약이 영남지역의 선거에서 차지하는 비중은 24% 대 18%로 6% 정도 그 영향력이 낮았으며 고려요인의 순위에서도 비영남지역에서는 사실상 정책·공약이 후보 능력과 함께 2위권을 형성하였지만 영남지역에서는 한 순위 낮은 3위였다. 이런 결과는 영남지역 유권자들의 선거공약의 인지여부에서도 잘 나타난다.

〈표 13〉은 영남지역과 비영남지역 유권자들의 후보 선거공약 인지여부를 비교한 결과이다. 영남 유권자들의 선거공약 인지 비율은 절반에 못 미치는 42%에 불과하지만 비영남 유권자들의 선거공약 인지 비율은 51%

〈표 13〉 선거공약의 인지 여부

	영남		비영남	
	빈도	%	빈도	%
인지	110	42.47	380	51.28
비인지	149	57.53	361	48.72
합계	259	100	741	100

로서 절반을 넘는다. 이상의 결과를 종합하면, 정책 및 공약은 영남지역 유권자들에게 이번 선거에서 무시할 수 없을 정도로 작용을 한 것은 사실이지만 다른 지역과 비교하였을 경우 그 영향력의 비중이나 인지 여부는 상대적으로 낮았다고 할 수 있다. 이는 지역 패권적 정당체계의 짙은 그림자가 지역정치에 오랫동안 드리워진 결과로 이해될 수 있으며 향후 지역 독점적 정당체계가 약해지면 정책·공약의 선거에 대한 영향력도 강화될 것으로 예상한다.

선거공약의 영향력 및 선거공약의 인지도를 넘어 영남지역 유권자들은 후보들의 선거공약을 어떻게 평가하고 있는가? 이를 위해 공약의 구체성, 차별성, 실현가능성, 공약의 재정 추계를 기준으로 평가해보고자 한다. 〈표 14〉에 영남지역과 비영남지역 유권자들의 선거공약에 관한 평가

〈표 14〉 선거공약의 평가

		영남		비영남	
		빈도	%	빈도	%
공약이 구체적인가?					
	긍정	109	42.08	391	52.77
	부정	150	57.92	350	47.23
	합계	259	100	741	100
공약이 차별적인가?					
	긍정	101	39	337	45.48
	부정	158	61	404	54.52
	합계	259	100	741	100
공약의 실현가능성이 높은가?					
	긍정	106	40.93	383	51.69
	부정	153	59.07	358	48.31
	합계	259	100	741	100
공약의 재정 추계 마련 여부?					
	긍정	94	36.29	313	42.24
	부정	165	63.71	428	57.76
	합계	259	100	741	100

가 보고되고 있다. 공약의 구체성과 관련해서 영남 유권자들의 42%는 후보들의 선거공약이 추상적이거나 모호하지 않고 구체적으로 제시되고 있다고 응답을 하였으며, 공약의 차별성과 관련해서는 후보들 간 선거공약이 차별적이라고 응답을 한 비율이 39%에 불과하였다. 반면 비영남 유권자들의 경우 후보들의 선거공약이 구체적이라고 응답을 한 비율이 절반이 넘는 53%이며, 공약의 차별성에 대해서는 응답자의 45%가 후보들 간 선거공약이 차별적이라고 대답하였다. 공약의 실현가능성과 공약 실행을 위한 구체적인 재정 추계의 마련 여부에 대해 영남 유권자들의 41%, 36%가 긍정적으로 응답을 하였고, 비영남 유권자들의 경우 긍정적 응답 비율이 각각 52%, 42%였다. 이상의 결과를 통해 대체로 영남지역 유권자들은 다른 지역의 유권자들에 비해 후보들의 선거공약을 부정적으로 평가하고 있음을 알 수 있다.

3. 지역대표성

지방선거는 지역민을 대신하여 일상적인 생활정치의 제일선에서 지역의 이익과 요구를 대의과정에 반영하여 정책화하는 데 중심적 역할을 담당하는 지역대표자를 뽑는 선거이다. 따라서 지역대표자의 대의행위는 지역민과 지역정부의 긴밀한 연계를 형성하는 데 중요하며 풀뿌리 민주주의를 통해 지방자치를 완성하는 데 결정적 역할을 한다. 이번 6·13 지방선거에서 영남지역의 유권자들은 지역대표자의 역할, 그리고 정치적 연계를 어떻게 생각하고 있는가? 특히 이 물음은 이번 지방선거가 영남지역의 패권적 정당체계의 약화를 알리는 신호탄이 될 수 있다는 점에서 의미심장하다. 왜냐하면 독점적 정당구도가 지역정치의 모습을 결정하던 시기에서 이제 주민과 대표자의 연계가 강화된 변화하고 있는 지역정치의 모습이 탄생할 수 있기 때문이다. 이를 통해 지역민의 삶과 긴밀히 연계된 일상적 지역정치가 중앙정치의 예속에서 탈피하여 민주주의의 책임성과 한

〈표 15〉 지방의원의 지역대표성

지역구 국회의원보다 지역구의 (광역 및 기초) 지방의원이 지역민의 의견, 이익, 선호를 더 잘 대표한다.

	빈도	%
공감	152	58.69
비공감	107	41.31
합계	259	100

국의 정치발전을 완성시킬 수 있을 것이다.

영남지역 유권자들은 지방의원의 지역대표성을 어떻게 보고 있는가? 〈표 15〉는 이 물음에 대한 결과를 보여주고 있다. 영남 유권자들의 절반 이상은 지역대표자의 지역대표성을 높이 평가하고 있다. 약 59%의 영남 유권자들은 지역구 국회의원보다 (광역 및 기초) 지방의원이 더 자신의 정치적 의견, 이익, 선호를 잘 대표한다고 응답하였다.

다음으로 영남 유권자들의 지방의원에 대한 지역대표성의 인식이 투표참여 및 정치행태와 어떤 관계가 있는지 살펴보자. 지방의원이 자신의 정치적 의견, 정책선호, 이해관계를 더 잘 대변한다고 생각하는 유권자일수록 정치행위에 적극적일 것이다. 〈표 16〉은 영남 유권자의 지방의원의 지역대표성에 대한 공감과 이번 지방선거의 투표참여의 관계를 보여주고 있다. 지방의원이 국회의원보다 자신의 정치적 의견, 이익, 선호를 더 잘 대표한다고 생각하는 영남 유권자일수록 그렇지 않다고 생각하는 유권자보다 이번 지방선거에 투표참여를 더 자주 하였다. 즉 지방의원이 국회의원보다 지역을 더 잘 대표한다고 공감하는 영남 유권자들이 그 반대로 생각하는 유권자들보다 16% 더 많이 투표를 하였다(58%-42%). 그리고 지방의원이 국회의원보다 지역대표성이 더 높다고 공감하는 유권자들 중에서 투표참여가 기권보다 18% 더 높았다(59%-41%). 이 결과를 통해서 우리는 지역과 가장 가까운 거리에 위치하는 대표자와 정치적 연계를 긴밀하게 형성하는 유권자일수록 투표참여와 같은 정치참여에 더 적극적이라

〈표 16〉 지방의원의 지역대표성과 투표참여

	투표 여부		
	기권	참여	합계
지방의원의 지역대표성 비공감	41	66	107
	38.32%	61.68%	100%
	39.81%	42.31%	41.31%
지방의원의 지역대표성 공감	62	90	152
	40.79%	59.21%	100%
	60.19%	57.69%	58.69%
합계	103	156	259
	39.77%	60.23%	100%
	100%	100%	100%

는 것을 알 수 있다.

영남 유권자의 지방의원에 대한 지역대표성 인식과 정치행태의 관계를 살펴보면, 〈표 17〉에 지방의원의 지역대표성과 정당 연계, 공약 인지, 지방선거 인식의 관계에 대한 결과들이 보고되고 있다. 먼저 국회의원보다 지방의원의 지역대표성이 더 높다고 생각하는 영남 유권자들은 그렇지 않다고 생각하는 유권자들보다 정당과의 연계가 8% 더 높았다(36%-28%). 그러나 지방의원의 지역대표성을 인정하는 영남 유권자들 중에서 정당과의 연계가 없는 것으로 드러난 비율이 연계가 있는 비율보다 약 28% 더 많았다(64%-36%). 지방적 수준에서 대의정치의 원활한 작동을 위해 지역대표자와의 긴밀한 대의채널 형성 과정에 정당의 매개적 역할을 영남 유권자들이 인정은 하지만 여전히 지역 패권정당체계가 완전히 사라지지 않은 시점에서 지역민과 원활한 소통의 기제로 정당은 부재하고 있다고 볼 수 있다. 한편 지방의원의 지역대표성과 공약인지의 관계와 관련하여, 지방의원이 국회의원보다 지역대표성이 더 높다고 생각하는 영남 유권자들이 그렇지 않은 유권자들보다 11% 더 후보들의 선거공약을

〈표 17〉 지방의원의 지역대표성과 정당 연계, 공약 인지, 지방선거 인식의 관계

		지방의원의 지역대표성		
		비공감	공감	합계
정당 연계				
	없다	77	97	174
		71.96%	63.82%	67.18%
	있다	30	55	85
		28.04%	36.18%	32.82%
	합계	107	152	259
		100%	100%	100%
선거공약 인지				
	비인지	68	81	149
		63.55	53.29	57.53
	인지	39	71	110
		36.45	46.71	42.47
	합계	107	152	259
		100%	100%	100%
지방선거 인식				
	부정	53	74	127
		49.53	48.68	49.03
	긍정	54	78	132
		50.47	51.32	50.97
	합계	107	152	259
		100%	100%	100%

잘 인지하고 있다(47%-36%). 하지만 역시 지방의원의 지역대표성을 인정하는 영남 유권자들 중에서 후보들의 선거공약 비인지의 비율이 인지보다 약 6% 더 높았다(53%-47%).

마지막으로 영남 유권자의 지방의원 지역대표성 인식과 지방선거 인식의 관계를 보면, 지방의원이 국회의원보다 지역대표성이 더 높다고 생각하는 유권자들과 그렇지 않은 유권자들 모두 절반 이상이 지방선거는 지역발전에 기여한다고 보고 있으며 전자가 후자보다 그 비율이 약 1%

정도 더 많다(51%-50%). 또 지방의원의 지역대표성을 인정하는 영남 유권자들 중 지방선거에 대한 긍정적 인식의 비율이 그렇지 않은 인식보다 약 2% 더 많다(51%-49%). 국회의원보다 지역민의 요구와 이익을 정책결정 과정에 더욱 잘 반영할 것이라고 생각하는 지역민들에게 지역의 대표자를 뽑는 지방선거를 긍정적으로 바라보는 것이 전혀 이상하지 않다.

V. 결론

이 연구는 2018년 6·13 동시지방선거에서 영남지역을 대상으로 선거의 배경과 선거결과, 그리고 선거결과가 지역 정치에 내포하고 있는 의미를 탐구하였다. 선거결과의 집합자료와 유권자 수준에서 설문조사 자료를 활용하여 이 물음에 대한 연구를 진행하였다. 전통적으로 지방선거는 중앙정치의 대리전으로 이해되어 왔다. 이번 영남지역의 선거는 어떤 양상으로 진행되었는가? 유권자의 개인적 수준에서 투표행태는 입체적 해석을 가능케 한다. 이번 6·13 지방선거에서 영남 유권자들의 투표참여는 인구통계학적 변수나 사회경제적 지위와는 관련성이 적었다. 정치변수들 중 정치에 대한 관심이나 당파성을 가진 유권자들의 투표참여가 통계적으로 유의미하게 나타났다. 그리고 정당투표에서 영남 유권자들에게 유의하게 작용한 변수들은 연령, 정당호감도, 지역, 문재인 대통령 평가였다.

6·13 지방선거의 결과 영남지역은 새로운 정치지형을 맞이할 가능성이 높아졌다. 보수적 패권정당체계가 작동한 지역에서 그 쇠퇴의 조짐이 발견되었기 때문이다. 지역의 대표 보수정당을 자처하는 자유한국당은 전통적 지지기반이었던 부산·울산·경남에서 민주당에 완패를 당하며 지방권력을 내주었다. 대구·경북에서도 고전 끝에 수성을 하였다. 그 결과 일각에서는 지역 패권정당체계의 붕괴와 정당체계의 재편성을 주장하며

영남지역, 특히 PK지역에 새로운 정당지지연합이 출현하는 것으로 보고 있다. 그러나 이러한 논의는 제대로 된 검증이 필요하다. 유권자의 개인적 수준에서 과거 보수정당과 지지연합을 구축한 유권자 집단의 투표행태가 이번 선거에서 일시적 일탈현상으로 나타났는지 아니면 본질적 일탈현상으로 나타났는지의 여부는 앞으로 더 많은 선거를 통해 연구되어야 할 사안이다.

자유한국당의 참패로 지역 패권정당체계가 약화되고 있는 현 시점에서 영남지역은 어떻게 보면 지방정치의 본질에 맞는 일상적 생활정치의 구현으로써 대의제 민주주의를 완성할 수 있는 좋은 기회가 왔다고 볼 수 있다. 중앙의 정당경쟁으로 지역 고유의 이슈가 파묻히고 지역민의 선호와 요구가 제대로 반영되지 않는 지방정치가 그동안 작동되어 왔다. 지역적 패권정당체계가 약화된 공간을 정책경쟁과 지역대표성이 강화된 대의제 민주주의로 채운다면 풀뿌리 민주주의로서 지방자치는 발전하게 될 것이다. 설문조사에 의하면 영남 유권자들의 후보 선택요인에 정책·공약은 의미있는 수준에서 작용을 하였으며 유권자들의 선거공약 인지도 40%대를 넘어서고 있다. 그러나 비영남지역과 비교를 하였을 경우, 지방선거에서 정책의 영향력은 저조한 것이 사실이다. 비영남지역의 경우 후보 선택 시 고려요인으로 정책·공약의 비율이 영남지역보다 6%가 많은 24%에 달하였으며, 후보들의 선거공약 인지도 절반을 넘어선다.

이런 사실은 향후 영남지역의 선거에서 정책경쟁의 선거문화를 정착시키는 데 주요 과제로 남는다. 특히 지방선거는 주민들을 대신하여 그들의 이익과 요구를 대의과정에 반영하여 정책을 만들어나가는 데 주도적 역할을 담당하는 지역대표자를 뽑는 선거이다. 이러한 지방선거의 모습을 구현하기 위해서는 정책경쟁이 중심이 되는 선거가 이루어져야 한다. 이를 위해 중앙선거관리위원회 및 시도별 선거관리위원회의 역할이 중요하다. 후보와 정당의 정책 및 공약을 널리 알릴 수 있는 홍보의 기회를 더 많이 마련하고 지역 유권자들이 선거정보를 접근하는 데 아무런 제약이 없는 환경을 만들어나가야 할 것이다. 그리고 정책토론으로 선거경쟁을 유도할 수 있는 선거문화 구축을 위해 TV토론이나 인터넷 매체를 더욱 활용하는 방안을 개발하여야 할 것이다. 다른 지역에 비해 선거에서 정책의 영향력이 저조한 영남지역에 있어 이러한 제안들은 중앙선거관리위원회와 시도별 선거관리위원회가 고민해야 할 사안들이라 할 수 있겠다.

부록

⟨표 A-1⟩ 변수측정

변수	코딩방법
나이	1=19~29, 2=30~39, 3=40~49, 4=50~59, 5=60 이상
학력	1=초등학교 졸업, 2=중학교 졸업, 3=고등학교 졸업, 4=전문대학교 재학/졸업, 5=4년제 대학교 재학/졸업, 6=대학원 재학/졸업(석사/박사)
가구소득	1=100만 원 미만, 2=100~199만 원, 3=200~299만 원, 4=300~399만 원, 5=400~499만 원, 6=500~599만 원, 7=600~699만 원, 8=700~799만 원, 9=800~89만 원, 10=900~999만 원, 11=1,000만 원 이상
여성	1=여성, 0=남성
TK	1=TK, 0=PK
정치적 관심	1=전혀 없다, 2=별로 없다, 3=조금 있다, 4=매우 많다
정치이념	0(진보)~10(보수)
정당호감도	0(비호감)~10(호감)
자신과 가까운 특정정당	1=있다, 0=없다
중앙정치보다 지역현안이 중요한 선거	1=공감한다, 0=공감하지 않는다
지역구 국회의원보다 지역구 지방의원이 나를 더 잘 대변	1=공감한다, 0=공감하지 않는다
문재인 대통령 직무수행 평가	1=잘하고 있다, 0=못하고 있다
투표참여	1=투표, 0=기권
자유한국당 정당투표	1=비례대표 정당투표로 자유한국당에 투표, 0=그 외 다른 정당에 투표

• 참고문헌 •

김진하. 2010. "지방선거의 역사적 의미와 6·2 지방선거 분석: 서울시장 선거 사례 분석." 『한국정당학회보』 9권 2호, 5-32.
류재성. 2010. "제5회 영남지역 지방선거 결과 분석: 지역패권정당체계의 지속과 변화." 『의정논총』 5권 2호, 189-223.
유성진. 2014. "지방선거에서의 정책선거: 한계와 가능성." 『한국정치학회보』 48권 5호, 97-117.
정진민. 2003. "한국 사회의 이념성향과 정당체계의 재편성." 『한국정당학회보』 2권 1호, 95-118.
조기숙. 2011. "정당재편성 이론으로 분석한 2007 대선." 『한국과 국제정치』 27권 4호, 187-218.

Burnham, Walter Dean. 1970. *Critical Elections and the Mainsprings of American Politics*. New York: W. W. Norton.
Clubb, Jerome M., William H. Flanigan, and Nancy H. Zingale. 1980. *Party Realignment: Voters, Parties, and Government in American History*. Beverly Hills, CA: Sage.
Key, V. O., Jr. 1955. "A Theory of Critical Elections." *Journal of Politics* 17, No.1, 3-18.
Kleppner, Paul M. 1970. *The Cross of Culture: A Social Analysis of Midwestern Politics, 1800-1900*. New York: Free Press.
Petrocik, John R. 1981. *Party Coalitions: Realignments and the Decline of the New Deal Party System*. Chicago: University of Chicago Press.
Sudquist, James L. 1983. *Dynamics of the Party System: Alignment and Realignment of Political Parties in the United States*. Washington, DC: The Brookings Institution.

호남지역 선거결과의 원인과 함의*

지병근 | 조선대학교

I. 서론

이 연구는 제7회 전국동시지방선거(2018.6.13) 시기 호남지역에서 이루어진 정당 간의 선거경쟁과 유권자들의 투표결정에 관한 것이다. 이번 지방선거를 앞두고 호남에서는 더불어민주당의 압승이 거의 확실시되고 있었으며, 자유한국당은 물론 지난 2016년 제20대 총선에서 소위 '호남홀대론'을 이용하여 호남지역의 거의 모든 지역구 의석을 석권했던 국민의당의 후신인 바른미래당이나 민주평화당이 별다른 성과를 얻지 못할 것이라는 전망이 일찍부터 제기되었다. 이러한 전망이 무색하지 않게 이번

---

* 이 연구는 한국정치학회 하계학술회의에서 발표한 "호남지역 선거 분석: 경쟁적 정당체제의 붕괴와 지역주의"(제7회 전국동시지방선거 외부평가, 중앙선거관리위원회, 2018)를 발전시킨 것이다.

지방선거에서 호남의 유권자들은 더불어민주당에 대한 전폭적인 지지를 보내주었으며, 이에 따라 모든 광역단체장선거와 대부분의 기초단체장선거에서 승리한 것은 물론 지방의회선거에서도 거의 모든 의석을 더불어민주당이 차지하게 되었다.

이 연구의 목적은 이번 지방선거에서 이처럼 '더불어민주당의 압승'이라는 결과를 낳은 원인과 그 의미를 밝히는 것이다. 특히 이 연구는 호남 유권자들이 제20대 총선 이후 불과 2년이 경과한 시점에 실시된 이번 지방선거에서 왜 현격히 상이한 선택을 하였는지, 다시 말해 이들이 국민의당 지지에서 더불어민주당 지지로 급속히 선회한 원인을 규명하고자 하였다. 물론, 이번 지방선거에서 더불어민주당의 압승이 단순히 민주화 이후 실시된 역대 선거에서 지속되어온 '민주당계 정당'에 대한 호남 유권자들의 '지역주의적 투표행태'가 재연된 것이라고 볼 수도 있지만, 이 지역을 대표하는 정치인이나 정당에 대한 애착이나 일체감은 일종의 사전정향(predisposition)으로 쉽게 변화하지 않는 투표결정요인이라는 점을 고려할 때 이는 매우 흥미로운 현상이 아닐 수 없다. 따라서 이번 지방선거에서 호남 유권자들이 보여준 투표결정에 관한 분석은 호남 지역의 선거정치만이 아니라 한국의 선거정치를 지배해온 영호남지역주의의 특성을 이해하는 데 기여할 수 있을 것이다.

이를 위해 이 연구는 한국사회과학데이터센터(KSDC)와 한국선거학회가 공동으로 실시한 제7회 전국동시지방선거후 여론조사자료를 이용하여 호남유권자들이 이번 지방선거에서 보여준 행태를 설명할 것이다. 보다 구체적으로, 이 연구는 더불어민주당과 자유한국당 등 주요 정당들과 바른미래당과 민주평화당에 대한 선호도와 함께 역대 총선과 대선, 그리고 지방선거에서 투표한 정당 등 이 조사에 포함된 다양한 질문을 이용하여 호남유권자들의 태도 변화를 추적하였으며, 이를 통해 이번 지방선거에서 더불어민주당이 호남에서 압승하게 된 원인과 관련된 '지역주의 완화 가설'과 '지역대표정당 대체 가설'의 타당성에 대한 논의를 바탕으로 호남 유권자들의 투표결정에 영향을 미친 요인들을 밝히고자 하였다.

이 연구의 구성은 다음과 같다. 제II절에서는 제20대 총선 이후 박근혜 대통령의 탄핵, 제19대 대선과 문재인 정부 출범, 국민의당과 바른정당의 통합에 의한 바른미래당 창당과 호남 지역구 의원 중심의 민주평화당 창당 등 일련의 정치적 사건을 중심으로 이번 지방선거의 정치적 배경을 설명하였다. 여기서는 호남의 유권자들이 더불어민주당에 대한 '항의투표'와 국민의당에 대한 지지를 철회함으로써 이 지역에서 양당 간의 경쟁적 정당체제가 급속히 약화되는 정치과정을 설명하였다. 제III절에서는 호남에서 진행된 각 정당의 후보공천과 투표율과 의석수 분포 등을 중심으로 이번 지방선거의 결과를 간략히 요약하였다. 제IV절에서는 호남 유권자들의 정당에 대한 선호도와 친근감, 역대 선거에서 투표한 정당의 변화를 추적하였다. 제V절에서는 이번 지방선거에서 호남 유권자들의 투표 결정요인을 분석하였으며, 마지막으로 제VI절에서는 이 연구의 분석결과를 요약하고 그 함의를 논하였다.

II. 지방선거의 배경

제7회 전국동시지방선거를 앞두고 집권여당인 더불어민주당의 지지도가 현격히 높았던 반면, 자유한국당을 비롯한 야당은 열세를 면치 못하고 있었다. 2016년 총선시기 안철수의 국민의당은 다른 어느 지역보다 호남에서 지지도가 높았으며, 이곳에서의 지지를 바탕으로 '제3정당'으로 급속히 성장할 수 있었다(지병근 2016). 하지만 제19대 대선을 거치면서 호남에서 유권자들의 정당선호는 국민의당으로부터 더불어민주당으로 급격히 선회하였다. 제19대 대선 결과만 보더라도 문재인의 유효득표율은 전국에서 41.1%에 머물렀으나, 광주에서는 61.1%, 전남에서는 59.9%, 전북에서는 64.8%에 달하였다(중앙선거관리위원회 선거통계시스템).

대선 이후 국민의당은 '개혁적 보수'를 표방하던 유승민의 바른정당과 통합하여 바른미래당을 창당하며 외연의 확대를 꾀하였지만, 오히려 이 과정에서 이념적 정체성 논란이 불거지면서 소속 국회의원들 가운데 상당수가 탈당하였고, 지지율 또한 답보 상태에 머물렀다. 당시 국민의당에서 탈당한 호남국회의원들이 중심이 되어 창당한 민주평화당 역시 유권자들에게 정치적 대안으로 여겨질 만큼 주목할 만한 행보를 취하지 못하면서 지지율이 지극히 저조하였다.

지방선거 3개월 전 실시된 갤럽조사(한국갤럽, 2018.3.13~15, 표본오차 95% 신뢰수준에 ±3.1%포인트)에서도 문재인 정부와 더불어민주당에 대한 호남의 지지율은 다른 어느 지역보다 월등히 높았다(이승준 2018). 당시의 조사에서 응답자들 가운데 문재인 정부의 국정운영을 긍정적으로 평가한 이들은 전체 응답자들 가운데 74%였던 반면, 호남에서는 무려 94%에 달하였다. 더불어민주당을 선호한다고 응답한 이들 또한 전체 응답자들 가운데 50%였던 반면, 호남에서는 68%에 달하였다. 이와는 대조적으로 바른미래당을 선호한다고 응답한 이들은 전체 응답자들 가운데 7%에 불과하였으며, 호남에서는 이보다 낮은 4%였다(전국: 자유한국당 12%, 정의당 5%; 호남: 자유한국당 2%, 정의당 6%). 민주평화당을 선호한다고 응답한 이들 또한 전체 응답자들 가운데 1%에 불과하였으며, 호남에서는 이보다 약간 높은 3%였다.

이는 민주화 이후 호남의 '지역주의적 투표결정,' 다시 말해 지역을 대표하는 민주당계 정당에 대하여 전폭적인 지지를 해온 이 지역 유권자들의 투표성향이 이번 선거에서도 재연될 것이라는 예측의 근거로 충분하였다. 지난 총선에서는 국민의당과 더불어민주당에 대한 지지로 분산되었던 유권자들의 지지가 이번 지방선거에서는 다시 더불어민주당 일당에 대한 지지로 집중될 가능성이 높아진 것이다. 과거와 달리 시민단체들의 '시민후보추대' 움직임 또한 거의 없었다. 이는 과거 일당독점체제의 해체를 주장하며 시민후보운동을 펼치던 이들 가운데 일부가 지난 제20대 총선 시기 국민의당에 합류한 까닭도 있었지만, 다른 무엇보다 문재인 정부에 대한 호남 유권자들의 전폭적인 지지로 인해 독자적인 시민후보추대가 사실상 불가능하였기 때문인 것으로 보인다.

하지만, 호남 유권자들의 더불어민주당에 대한 절대적인 지지에도 불구하고 이번 지방선거에서 바른미래당과 민주평화당을 포함한 3개 정당에 의한 다자경쟁구도가 형성될 가능성이 전혀 없었던 것은 아니었다. 여전히 지난 제20대 총선에서 선출된 현역 지역구국회의원들 가운데 압도적 다수가 민주평화당과 바른미래당 소속이었고, 이들은 높은 지명도와 지역조직을 활용하여 더불어민주당에 맞서 지방선거를 치를 수 있는 잠재력을 갖추고 있었다. 특히 민주평화당의 경우, 당초 23명의 국민의당 소속 호남 의원들 가운데 바른미래당에 합류한 5인(권은희, 김관영, 김동철, 박주선, 주승용)을 제외한 14인(광주·전남: 김경진, 박지원, 윤영일, 이용주, 장병완, 정인화, 천정배, 최경환, 황주홍; 전북: 김광수, 김종회, 유성엽, 정동영, 조배숙)의 소속국회의원이 있었다.[1] 따라서, 비록 여론조사에서는 야당이 형편없이 낮은 지지율에 머무르고 있었지만, 이들을 지지하는 이들이 여론조사에 소극적으로 응답하거나 거부하였을 가능성을 고려한다면 의외로 바른미래당과 민주평화당이 호남지역에서 선전할 수도 있다는 전망이 제기되기도 하였다.

그럼에도 불구하고 이번 지방선거를 앞두고 두 차례에 걸쳐 연속적으로 개최된 남북정상회담(1차: 2018.4.27; 2차: 2018.5.26)과 선거 직전 개최된 북미정상회담(2018.6.12)에서 4가지 합의사항이 포함된 공동합의문이 발표되는 등 남북한 관계가 급속히 화해무드로 전환하면서 현 정부에 대한 '중간평가'의 기회로 이번 지방선거를 활용하려던 야당의 선거운동전략은 심각한 차질을 빚게 되었다.[2] 비록 국회가 지방분권을 포함한 정부

---

[1] 국민의당 소속의원이었다가 바른미래당에 합류한 박준영(영암)과 민주평화당에 있던 송기석(광주서갑) 등 2인은 의원직을 상실하였다. 20대 총선에서 당선된 호남의 지역구 의원 28인 가운데 23명이 국민의당 소속이었으며, 그 외에 새누리당의 정운천과 이정현 등 2인과 더불어민주당 이개호, 이춘석, 안호영 등 3인이 포함된다. 이후 정운천은 바른미래당에 합류하였고 이정현은 새누리당 탈당 이후 무소속으로 남았다.

의 개헌안을 부결시켰지만 다른 어느 때보다 지방자치 실현에 대한 사회적 공감대가 폭넓게 형성되었으며, (권역별) 연동형 비례대표제 도입을 포함한 선거제도의 개혁과 관련한 주장들이 지속적으로 제기되면서 상당한 수준의 정책선거가 이루어질 것이라는 전망이 없지 않았다. 그러나 이번 지방선거는 북미정상회담이라는 국가적 이슈에 묻혀 지역이슈에 관한 논쟁이 제대로 조명받지 못하는 소위, '지방 없는 지방선거'가 재연되었다.

III. 후보공천과 선거경쟁

1. 후보공천

이미 잘 알려져 있듯이 호남의 경우 역대 선거 때마다 '민주당계' 정당의 일당지배체제가 지속되는 가운데 본선보다 후보 경선이 더 많은 주목을 받았다. 그 이유는 '민주당계' 정당으로부터 공천을 받을 경우 본선에서의 경쟁과는 무관하게 당선이 유력하였기 때문이다. 이번 지방선거에서도 압승이 예상되던 더불어민주당의 후보 경선은 사실상의 본선이라고 여겨졌기에 지역사회와 언론의 조명을 받으며 매우 치열하게 전개되었다. 이와는 대조적으로 자유한국당은 물론 민주평화당이나 바른미래당 등 야당들은 공천지원자를 모집하는 데에도 상당한 어려움을 겪어야 했다.

각 정당들은 4월 중순경부터 후보 경선을 본격적으로 진행하였다. 관심을 모았던 더불어민주당의 광역자치단체장 후보 경선은 당원과 일반시

---

2) 공동합의문에는 평화와 번영을 위한 양국 간 새로운 관계, 영구적이고 안정적인 평화체제, 한반도의 완전한 비핵화 등을 위한 노력과 전쟁포로 및 실종자 유해 수습과 즉각적인 송환 등을 포함하고 있다(김민수 2018).

민이 각각 50%의 비율로 선거인단을 구성하고 결선투표방식으로 진행되었다. 경선결과 이용섭이 예상외로 1차 경선에서 강기정의 추적을 따돌리고 과반 득표에 성공하여 광주광역시장 후보로 공천을 받았다.3) 전북의 경선에서도 현역 도지사인 송하진이 1차 경선에서 과반 득표로 김춘진을 누르고 도지사 후보공천을 받을 수 있었다. 전남의 경우에만 김영진이 1차 경선에서 과반 득표를 얻지 못하고 2차 경선을 치른 후에야 도지사 후보로 공천을 받았다(박기호·나혜윤 2018).

〈표 1〉 호남의 광역자치단체장 후보 경선결과 및 공천자(제7회 동시지방선거)

지역	더불어민주당		민주평화당		자유한국당		바른미래당	정의당	민중당
	선출	탈락	선출	탈락	선출	탈락	선출	선출	선출
광주	이용섭 52.9%	강기정 32.2%, 양향자 14.9%	김종배 (자진사퇴)	–	–	–	전덕영	나경채	윤민호
전북	송하진 56.9%	김춘진 43.1%	임정엽		신재봉	–		권태홍	이광석
전남 (1차)	김영록 40.9%	장만채 32.5%, (신정훈 26.6%)	민영삼	–	–	–	박매호	노형태	이성수
(2차)	61.9%	38.1%	–		–	–	–	–	–

자료출처: 중앙선거관리위원회 선거통계시스템

---

3) 더불어민주당의 광주광역시장 후보 경선에는 이용섭 문재인 정부 초대 대통령직속 일자리위원회 부위원장을 비롯하여, 강기정 전 국회의원, 양향자 최고위원 등이 참여하였다. 당초 이병훈 전 문재인대통령광주선대본부장, 민형배 광산구청장과 최영호 남구청장 등도 출마를 선언하였지만, 이병훈은 출마를 포기하고 이용섭의 공동선대위원장을 맡았으며, 민형배와 최영호는 강기정과의 후보단일화 경쟁에서 패배하여 출마를 포기하였다. 윤장현 시장 또한 3월 말경 출마를 선언하였다가 일주일 만에 돌연 불출마를 선언하였다(2018.4.4).

각 정당의 시도지사 후보로, 광주광역시의 경우 더불어민주당이 이용섭, 민중당은 윤민호 시당위원장, 정의당은 나경채 전 공동대표를 각각 공천하였다. 바른미래당은 시장후보를 찾지 못해 난항을 겪다가 지방선거가 임박한 5월 20일에야 전남대 전덕영 교수를 공천하였다. 민주평화당의 경우에는 5.18 광주민주화운동 시기 시민군 대표를 맡았던 김종배를 장기간의 정치적 공백에도 불구하고 시장후보로 공천하였지만, 그가 후보등록 직전인 5월 23일 후보직을 사퇴함에 따라 결국 무공천을 결정하였다.

전남의 경우 더불어민주당은 김영록 문재인 정부 초대 농식품부장관, 민중당은 이성수 전남도당위원장, 정의당은 노형태 전남도당부위원장을 각각 도지사후보로 공천하였다. 민주평화당은 민영삼 정치평론가를 바른미래당은 박매호 자연과미래 창업대표이사를 도지사후보로 공천하였다. 전북의 경우 더불어민주당은 현역 도지사인 송하진, 민중당은 이광석 전

〈표 2〉 광역 및 기초의회선거 후보공천자 수(지역구)

광역의회	선거구 수	당선인 수	계	더불어민주당	자유한국당	바른미래당	민주평화당	정의당	민중당	노동당	무소속
합계	737	737	1,886	704	611	208	74	17	54	6	204
광주	20	20	46	20	0	7	11	0	6	0	2
전북	35	35	78	35	0	3	22	1	3	1	13
전남	52	52	115	52	0	0	35	2	3	0	23
호남	107	107	239	107	0	10	68	3	12	1	38

기초의회	선거구 수	당선인 수	계	더불어민주당	자유한국당	바른미래당	민주평화당	정의당	민중당	녹색당	무소속
합계	1,035	2,541	5,318	1,705	1,492	569	209	133	146	12	996
광주	20	59	118	54	1	10	21	8	17	0	7
전북	69	172	366	167	0	15	62	9	5	1	107
전남	79	211	454	204	0	9	90	9	14	0	128
호남	168	442	938	425	1	34	173	26	36	1	242

자료출처: 중앙선거관리위원회 선거통계시스템

전국농민회총연맹의장, 정의당은 권태홍 전 정의당 사무총장을 도지사후보로 공천하였다. 민주평화당은 임정엽 전완주군수, 자유한국당은 신재봉 전 전북시민참여포럼 이사장을 도지사후보로 공천하였다. 하지만 바른미래당은 아예 전북도지사후보를 공천하지 못하였다(〈표 1〉 참조).

〈표 2〉에 잘 나타나 있듯이 광역 및 기초의회선거(지역구) 더불어민주당은 거의 모든 호남의 지역구에 후보를 공천한 반면 다른 정당들은 후보 지원자를 찾는데 어려움을 겪었다. 호남에서 더불어민주당은 107개 광역의회선거구에 모두 후보를 공천하였으며, 442명을 선출하는 기초의회선거에는 425명을 공천하였다. 이와는 대조적으로 자유한국당은 호남에서 단 한 명도 광역의회선거에 후보를 공천하지 않았으며, 기초의회선거에만 단 한 명을 공천하였다. 민주평화당은 광역의회선거와 기초의회선거에 각각 68명과 173명, 바른미래당은 10명과 34명을 공천하였다. 전국경쟁률은 광역의회선거와 기초의회선거에서 각각 2.56대 1, 2.09대 1이었지만, 호남의 경우에는 각각 2.23대 1, 2.12대 1로 나타났다(중앙선거관리위원회 선거통계시스템; 김영대 2018).

이처럼 후보공천자 수가 정당별로 현격히 다른 것은 이번 지방선거를 앞두고 더불어민주당에게 편중된 지역정치엘리트들의 이동이 이루어졌음을 의미한다. 그리고 이러한 현상은 예비후보 등록자들의 정당별 비율에서도 잘 드러난다. 〈표 3〉에 잘 나타나듯이 더불어민주당은 호남지역에서 거의 모든 유형의 지방선거후보공천과정에서 높은 수준의 경쟁률을 보였다(〈부록 2〉 참조).[4] 민주평화당은 더불어민주당 다음으로 예비후보 등록자 수가 많았으나 그 규모는 더불어민주당의 1/3 정도에 불과하였다.

각 정당들의 후보 경선과정, 특히 더불어민주당의 경우 예비후보자들 사이에 다양한 불공정 경선시비가 일어나 법적 분쟁으로 이어지는 등 상

---

4) 2018년 2월 13일(화)부터 예비후보등록을 받았으며, 이틀(2018.5.24~5.25) 사이에 후보등록을 받았다(중앙선거관리위원회 홈페이지). 예비후보 등록자 수는 시기에 따라 추가등록과 사퇴로 증감이 있을 수 있으나, 이 표를 작성한 시기 이후에 큰 변화는 없었던 것으로 보인다.

<표 3> 제7회 지방선거 정당별 예비후보자 수

(2018.5.6.현재, 기타정당 및 무소속 생략)

지역	선거구수	계	더불어민주당	자유한국당	바른미래당	민주평화당	정의당	민중당
광역의회								
전국	737	2097	966	647	155	71	16	51
광주광역시	20	60	36	0	4	12	0	6
	100.0%	300.0%	180.0%	0.0%	20.0%	60.0%	0.0%	30.0%
전라북도	35	78	38	0	4	20	1	3
	100.0%	222.9%	108.6%	0.0%	11.4%	57.1%	2.9%	8.6%
전라남도	52	149	94	0	0	35	2	3
	100.0%	286.5%	180.8%	0.0%	0.0%	67.3%	3.8%	5.8%
기초의회								
전국	1035	5810	2133	1698	580	199	133	122
광주광역시	20	123	59	1	8	24	8	17
	100.0%	615.0%	295.0%	5.0%	40.0%	120.0%	40.0%	85.0%
전라북도	69	397	202	1	14	61	9	4
	100.0%	575.4%	292.8%	1.4%	20.3%	88.4%	13.0%	5.8%
전라남도	79	495	255	0	7	91	10	14
	100.0%	626.6%	322.8%	0.0%	8.9%	115.2%	12.7%	17.7%

자료출처: 중앙선거관리위원회 선거통계시스템

당한 잡음이 일었다. 광주광역시의 경우 유력 후보였던 이용섭이 당원들에게 보낸 문자발송에 불법적으로 유출된 당원명부가 사용되었다는 소위 '당원명부불법유출사건'과 함께 그가 과거 5공화국 시절 청와대비서실에 파견근무를 하였다는 점을 이유로 '전두환 부역' 논란이 불거져 나왔다.[5]

---

[5] 광주광역시장후보 경선이 사실상 이용섭과 강기정 양자의 대결로 모아지고 있던 상황에서 강기정 측은 전두환 정권 시절 이용섭의 사정수석실 근무경력(재무부 파견 행정관 1985.12.~1987.6.)에 대해 소위 '전두환 부역 논란'을 제기하였다. 4월 8일 이용섭 측은

전남에서는 장만채가 유력 후보였던 김영록을 ARS를 이용하여 불법적으로 자신의 음성파일을 전송하였다며 공직선거법 57조3항 위반혐의로 검찰에 고발했다(배상현 2018.04.16). 전북에서도 김춘진 측이 압도적인 지지율을 보이고 있던 송하진을 예비후보 등록을 하지 않은 상태에서 유사선거사무실을 운영했다며 고발했다(윤난슬 2018.04.13).

이러한 현상은 기초단체장선거 후보공천과정에서도 마찬가지였다. 광주광역시만 하더라도 더불어민주당 동구청장 후보지원자인 양혜령의 탈당경력에 따른 감점 크기가 광주시장후보였던 이용섭에 비해서 컸으며, 시당공천위원회가 음주운전 전과 논란이 있던 서구의 현역구청장인 임우진의 경선참여를 허용하였음에도 중앙당공천관리위원회가 이를 번복하여 후보경선자격을 박탈하였고, 청와대 비서진 출신인 김병내가 공천신청을 한 남구에 전략공천을 추진하고, 검찰로부터 선거법 위반혐의로 기소를 당한 김삼호를 광산구청장 후보로 공천한 점 등이 구설수에 올랐다.6)

제7회 동시지방선거와 동시에 치러진 전국 12곳의 국회의원재보궐선거 가운데 호남에서는 서구갑과 영암·무안·신안 등 2곳이 포함되었으며, 이들 지역의 더불어민주당 후보공천과정에서도 상당한 '잡음'이 불거져 나왔다. 서구갑재보궐선거의 경우 당초 박혜자 전직 국회의원에 대한 전략공천이 추진되었지만 지역시민단체들까지 반발하자 중앙당이 입장을 바꾸어 경선이 실시되었고 결국 전대협 의장출신인 송갑석이 후보로 선출되었다. 영암·무안·신안의 경우에도 백재욱 전청와대행정관이 탈락하고 서삼석이 후보로 선출되었다(박종재·박진규 2018). 그런데 주목할 만한 것은 양 지역의 후보 경선방식이 매우 상이하였다는 것이다. 비록 경선결과를 바꾸지는 못하였지만 서구갑의 경우에는 지역위원장을 오랫동안 역임

이를 "가짜뉴스"라며 정면으로 부정하였지만, 다음 날 강기정 측은 "나치협력전력"에 대한 독일의 대처사례를 들며 진상규명을 촉구하였다(오광록, 광주일보 2018.4.10, A3).
6) 더불어민주당 전북도당의 기초단체장 후보공천의 경우에도 박승희 공천심사위원장이 과반수 위원들의 반대에도 불구하고 측근비리로 논란이 된 황숙주 순창군수를 포함한 57명의 지원자 가운데 단 한 명도 탈락시키지 않고 경선을 치르게 하여 논란이 발생하였다.

해온 박혜자에게 유리한 '권리당원투표'를, 영암무안신안의 경우에는 조직 기반이 취약한 백재욱에게 유리한 '일반여론조사'를 통해 후보자를 선출하였다.

2. 제7회 동시지방선거 결과

1) 투표율, 의석수 분포

제7회 지방선거에서 호남의 투표율은 전국평균인 60.7%에 비해 전반적으로 높은 것으로 나타났다. 전남은 이번선거에서 69.3%로 전국 광역시도 가운데 가장 높은 투표율을 보였으며, 전북은 65.3%로 광역자치단체장 선거경쟁이 치열하게 펼쳐졌던 경남의 65.8%와 제주의 65.9%에 이어 네 번째로 높았다. 다만, 광주광역시의 투표율은 59.2%로 전국광역시도 가운데 11위에 머물렀다. 사전투표의 경우에는 전남(31.7%), 전북(27.8%)은 각각 1위, 2위, 광주광역시(23.7%)가 6위에 달하였다.[7]

광역자치단체장 선거결과 더불어민주당은 광주광역시, 전남, 전북을 포함한 14곳(82.4%)에서 소위 '역대급' 승리를 하였으며, 자유한국당은 대구와 경북에서만 시도지사를 배출할 수 있었다.[8] 특히, 호남의 경우 더불어민주당 광역단체장 후보들은 압도적인 득표율로 당선에 성공하였다: 광주광역시에서는 이용섭이 무려 84.1%, 전남에서는 김영록이 77.1%, 전북에서는 송하진이 70.6%의 득표율로 각각 당선되었다. 기초단체장선거에서도 더불어민주당은 전국에서 151명(66.8%), 호남에서 29명(70.7%)을 당

---

[7] 이번 지방선거에서 호남의 투표율 순위는 지난 제6회 지방선거의 결과(전남: 65.6%, 1위; 전북: 59.9%, 5위; 광주: 57.1%, 10위)와 유사하였다

[8] 호남의 시도교육감선거 가운데 광주광역시는 장휘국(38.0%)이 이정선(35.8%), 최영태(26.2%)에게, 전남은 장석웅(38.4%)이 고석규(34.2%), 오인성(27.4%)에게, 전북에서는 김승환(40.1%)이 서거석(29.0%), 이미영(16.9%), 황호진(7.1%), 이재경(7.0%)에게 승리하였다.

선시켰다.9)

〈표 4〉가 보여주듯이 광역의회선거에서도 더불어민주당은 광주광역시의 모든 의석(20석)을 차지하였을 뿐만 아니라 전남과 전북에서는 각각 50석(96.2%, 총 52석)과 34석(97.1%, 총 35석), 광역비례대표선거에서도 호남의 총 13석 가운데 8석(61.5%)을 차지하였다. 기초의회선거에서도 더불어민주당은 광주광역시에서 46석(80.0%, 총 59석), 전남에서 150석(71.1%, 총 211석), 전북에서 126석(73.3%, 총 172석), 기초비례대표선거에서도 호남의 총 66석 가운데 58석(87.9%)을 얻었다.

반면, 민주평화당은 호남에 당력을 집중하였음에도 불구하고 광역자치단체장선거는 물론 국회의원 재보궐선거에서 단 한 석도 얻지 못하며 완패하였다. 민주평화당은 호남의 기초단체장선거에서도 별다른 성과를 거두지 못하였다. 광주광역시에서 김성환이 민주평화당 후보로 출마하였지만 현역동구청장이었음에도 불구하고 고배를 마시는 등 단 한 곳에서도 당선자를 배출하지 못하였다. 그나마, 전남에서는 22개 기초단체장선거 가운데 해남, 함평, 고흥 등 3곳(무소속 5개 지역: 장성, 광양, 여수, 장흥, 신안), 전북에서는 14개 기초단체장선거 가운데 익산과 고창 등 2곳(무소속 2곳: 무주, 임실)에서만 당선자를 배출하였다. 광역의회선거에서도 민주평화당은 전남에서 1석, 전남과 전북의 광역비례대표선거에서 각각 1석을 차지하는 데 그쳤으며, 기초의회선거에서 46석(10.4%, 총 442석), 기초비례대표선거에서는 3석(4.5%, 66석)만을 차지할 수 있었다.

자유한국당과 바른미래당이 이번 지방선거에서 거둔 성과는 지극히 저조하였다. 자유한국당은 호남의 광역 및 기초의회 및 비례대표의석 가운데 단 한 석도 차지하지 못하였으며, 바른미래당은 호남의 기초의회 2석을 차지하는 데 그쳤다. 오히려 진보정당인 정의당이 호남에서 광역의

---

9) 호남 이외 지역의 광역단체장선거에서 70% 이상의 높은 득표율로 당선자를 배출한 곳은 세종시(이춘희, 71.3%)가 유일하였다. 호남에서 기초단체장으로 선출된 이들의 평균득표율은 광주, 전남, 전북이 각각 68.5%, 52.5%, 55.7%였다.

〈표 4〉 제7회 동시지방선거 정당별 의석수(비율, %), 호남

의석 유형		더불어 민주당	자유 한국당	바른 미래당	민주 평화당	정의당	민중당	무소속	총계
광역의회	광주	20	0	0	0	0	0	0	20
의석비		100.0	0.0	0.0	0.0	0.0	0.0	0.0	100.0
	전남	50	0	0	1	1	0	0	52
		96.2	0.0	0.0	1.9	1.9	0.0	0.0	100.0
	전북	34	0	0	0	0	0	1	35
		97.1	0.0	0.0	0.0	0.0	0.0	2.9	100.0
광역의회(비례)	광주	2	0	0	0	1	0	–	3
의석비		66.7	0.0	0.0	0.0	33.3	0.0	–	100.0
	전남	4	0	0	1	1	0	–	6
		66.6	0.0	0.0	16.7	16.7	0.0	–	100.0
	전북	2	0	0	1	1	0	–	4
		50.0	0.0	0.0	25.0	25.0	0.0	–	100.0
기초의회	광주	46	0	0	9	1	3	0	59
의석비		80.0	0.0	0.0	15.3	1.7	5.1	0.0	100.0
	전남	150	0	0	23	2	4	32	211
		71.1	0.0	0.0	10.9	0.9	1.9	15.2	100.0
	전북	126	0	2	14	2	0	28	172
		73.3	0.0	0.6	8.1	0.6	0.0	16.3	100.0
기초의회(비례)	광주	9	0	0	0	0	0	–	9
의석비		100.0	0.0	0.0	0.0	0.0	0.0	–	100.0
	전남	28	0	0	3	1	0	–	32
		87.5	0.0	0.0	9.4	3.1	0.0	–	100.0
	전북	21	0	0	0	4	0	–	25
		84.0	0.0	0.0	0.0	16.0	0.0	–	100.0

자료출처: 중앙선거관리위원회 선거통계시스템[10]

회 1석, 광역비례 3석, 기초의회 5석, 기초비례 5석을 차지하는 등 어느 정도 성과를 거두었다. 비록 기대에는 미치지 못하였지만, 통합진보당의 후신인 민중당 또한 광주와 전남의 기초의회에서 각각 3석과 4석을 차지하였다.

이러한 지방선거 결과는 호남에서 지역주의적 투표성향이 과거와 크게 달라지지 않았음을 보여주는 것이었다. 지난 2014년 제6회 지방선거에서는 이 지역에서 새정치민주연합이 광주광역시장선거와 전남·전북 도지사선거에서 모두 승리하였다. 기초단체장선거의 경우 새정치민주연합은 광주광역시에서 5명(100%), 전남에서 14명(63.6%, 나머지 8명은 무소속), 전북에서는 7명(50.0%, 나머지 7명은 무소속)을 당선시킬 수 있었다. 새정치민주연합을 제외한 다른 정당은 단 한 명의 기초단체장도 당선시키지 못하였을 뿐만 아니라, 광역의회선거에서도 별다른 성과를 내지 못하였다. 새정치민주연합은 광주광역시에서 19명(100%), 전남에서 48명(92.3%, 나머지 4명은 무소속), 전북에서 32명(94.1%, 나머지 2명은 무소속)의 광역의원을 당선시켰다. 광역비례대표선거에서도 새정치민주연합은 광주광역시에서 2명(66.6%, 나머지 1명은 통진당), 전남에서 4명(66.6%, 나머지 2명은 새누리당과 통진당 소속 각 1명), 전북에서 2명(50%, 나머지 2명은 새누리당과 통진당 소속 각 1명)을 당선시켰다. 기초의회선거의 경우 새정치민주연합은 광주광역시에서 47명(총79.7%, 나머지는 새누리당 1명, 통진당 9명, 무소속 2명), 전남에서는 155명(73.5%, 나머지는 통진당 4명, 정의당 1명, 무소속 51명), 전북에서는 119명(68.8%, 나머지는 정의당 2명, 무소속 52명)의 당선자를 배출하였다. 기초비례대표선거에서도 새정치민주연합은 광주광역시 9명(100%), 전남 28명(87.5%, 나머지 3명은 통진당, 1명은 정의당 소속), 전북에서 20명(83.3%, 나머지 4명은 새누리당 소속)을 당선시켰다.

---

10) 전국 지역구 기초의회선거구는 1,035개이며 정원은 2,541명(평균선거구규모는 2.46)이며, 비례대표 기초의회 선거구는 226개이며 정원은 386명이다. 이번 선거에서 광역비례의석비는 전반적으로 하락한 반면 기초비례의석비는 전반적으로 상승하였다(〈부록 1〉 참조). 광역비례의석비가 증가한 곳은 강원도와 경남 등 두 곳뿐이었던 반면, 기초비례의석비가 감소한 곳은 충북 한 곳뿐이었다.

IV. 호남 유권자들의 정당선호와 투표결정

1. 선호정당의 변화

이미 앞서 밝힌 것처럼 호남에서 더불어민주당의 압승과 국민의당의 후신인 민주평화당과 바른미래당의 완패는 지난 제20대 총선에서 국민의당이 호남의석의 대부분을 차지하며 압승하였다는 점에서 주목할 만한 결과라고 할 수 있다. 광역자치단체장선거만 보더라도 민주평화당과 바른미래당은 각각 광주광역시와 전북에서 후보조차 공천하지 못하였고, 본선에 출마한 양당의 후보들 또한 저조한 득표율로 고배를 마셨다.

이러한 선거결과는 호남 유권자들이 더불어민주당과 민주평화당과 바른미래당을 포함한 정당들에 대한 태도의 변화를 그대로 반영한 것이었다고 할 수 있다. 한국사회과학데이터센터·선거학회의 지방선거후 여론조사결과를 보더라도 호남에서 더불어민주당에 대한 선호도에 비해서 바른미래당이나 민주평화당에 대한 선호도는 현격히 낮았다: 11점 척도로 측정한 응답자들의 정당선호도(0~10, 0=매우 싫어한다, 10=매우 좋아한다)는 더불어민주당(7.07) 〉 정의당(5.01) 〉 민주평화당(4.93) 〉 바른미래당(3.83) 〉 자유한국당(1.33)의 순으로 나타났다. 대부분의 소속의원들이 호남에 지역구를 두었던 민주평화당에 대한 선호도는 정의당에도 미치지 못하였다.

호남 이외의 지역을 모두 포함하더라도 더불어민주당에 대한 정당선호도는 다른 정당들보다 현격히 높았으며, 이는 영남에서도 예외가 아니었다: 전국에서 응답자들의 정당선호도는 더불어민주당(5.94) 〉 바른미래당(4.27) 〉 정의당(4.26) 〉 민주평화당(3.96) 〉 자유한국당(3.76), 영남에서는 더불어민주당(5.55) 〉 자유한국당(4.57) 〉 바른미래당(4.38) 〉 정의당(4.33) 〉 민주평화당(4.05)의 순으로 나타났다. 영남 유권자들의 정당선호도에서 흥미로운 점은 더불어민주당에 대한 정당선호도가 자유한국당보다 높았다는 점과 함께 이념적으로 보수적인 이곳에서 자유한국당이나 바른미래당

〈표 5〉 정당선호도

정당	전국			호남			영남		
	사례수	평균	표준편차	사례수	평균	표준편차	사례수	평균	표준편차
더불어민주당	1192	5.94	2.11	120	7.07	1.38	314	5.55	2.20
자유한국당	1189	3.76	2.46	118	1.33	1.31	314	4.57	2.37
바른미래당	1182	4.27	1.67	117	3.83	1.60	312	4.38	1.68
민주평화당	1172	3.96	1.62	118	4.93	1.82	310	4.05	1.48
정의당	1177	4.29	1.75	118	5.01	1.57	310	4.33	1.61

자료출처: 한국사회과학데이터센터·선거학회 2018년 제7회동시지방선거후 여론조사자료

에 대한 정당선호도가 진보정당인 정의당에 대한 선호도와 비교하여 별다른 차이가 없었다는 점이다(〈표 5〉 참조).

그런데 이 표에는 포함되지 않았으나 정당에 대한 친근감 순위는 이와 조금 달랐다. 전국에서 응답자들이 가장(조금이라도) 가깝게 느끼는 정당은 더불어민주당(60.17%)이 가장 높은 비중을 차지하였지만, 자유한국당(20.33%)이 그다음 순위였다.[11] 호남에서는 민주평화당(12.5%), 영남에서는 자유한국당(28.25%)이 더불어민주당 다음으로 친근감을 갖는 이들의 비율이 높았다(〈부록 3〉).[12]

---

[11] 친근감을 느끼는 정당이 있다고 응답한 이들로 한정하면, 정당별 친근감은 더불어민주당(60.17%) 〉 자유한국당(20.33%) 〉 바른미래당(6.17%) 〉 정의당(3.5%) 〉 민주평화당(1.42%)의 순으로 나타났다. 호남의 경우에는 이와 달리 더불어민주당(72.5%) 〉 민주평화당(12.5%) 〉 정의당(9.17%) 〉 바른미래당(0.0%) = 자유한국당(0.0%), 영남에서는 더불어민주당(55.87%) 〉 자유한국당(28.25%) 〉 바른미래당(5.08%) 〉 정의당(2.86%) 〉 민주평화당(0.0%)의 순으로 나타났다.

[12] 영호남지역에서 나타난 이와 같은 정당에 대한 친근감과 선호도 사이의 괴리는 지역정당에 대한 불만이 있지만, 여전히 이들에 대한 친밀감이 사라지지 않고 있음을 보여주는 것이며, 이는 지역주의가 정치적 '호명'에 의해 부활할 가능성이 존재한다는 것을 의미한다. 아울러 이는 정의당이나 바른미래당의 경우 영호남 지역에서 친근감을 형성하는 데에는 한계가 있었음을 보여주는 것이다.

2. 투표한 정당의 변화

이러한 호남에서의 정당선호도와 친근감은 지난 제20대 총선 시기와는 상당한 거리가 있는 것이었다. 한국정치학회의 제20대 총선후여론조사자료의 분석결과에 따르면 호남에서 가장 친근감을 느끼는 정당은 국민의당(26.4%) 〉 더불어민주당(26.2%) 〉 새누리당(3.8%) 〉 정의당(1.9%)의 순이었다(전국은 새누리당(27.0%) 〉 더불어민주당(16.8%) 〉 국민의당(6.9%) 〉 정의당(1.2%), 지병근 2016, 61). 그리고 이러한 변화가 유권자들의 투표결정에도 영향을 미칠 수밖에 없다고 추정할 수 있다.

〈표 6〉은 지난 제20대 총선(지역구)에서 각 정당의 후보자에게 투표했던 이들이 이번 제7회 지방선거의 광역자치단체장선거에서 어떠한 선택을 하였는가를 보여준다. 이 표에서 주목할 만한 점은 지난 총선에서 국민의당에게 투표했던 이들 가운데 무려 61.4%가 더불어민주당에 대한 투표로 선회하였으며, 바른미래당과 민주평화당 후보에게 투표한 이들은 각각 24.6%와 5.3%에 불과하였다는 점이다.

호남의 경우 이러한 경향성은 더 강한 것으로 나타났다. 지난 제20대 총선에서 국민의당 후보에게 투표하였다고 응답한 이들 가운데 무려 88.1%가 더불어민주당의 광역단체장 후보, 11.1%가 민주평화당의 광역단체장 후보에게 투표하였다고 응답하였으며, 바른미래당의 후보에게 투표하였다고 응답한 이는 아예 없었다.[13] 이는 이번 지방선거에서 바른미래당과

---

13) 한편, 이번 설문조사결과에 따르면 지난 2014년 실시된 제6회 동시지방선거에서 새정치민주연합의 광역자치단체장 후보에게 투표하였다고 응답한 이들 가운데 제20대 총선(지역구)에서 더불어민주당과 국민의당 후보에게 투표하였다고 응답한 이는 전국에서 각각 86.3%와 7.5%였으며, 호남의 경우에는 그 비율이 각각 78.2%와 14.9%였다. 그러나 한국정치학회의 제20대 총선후여론조사결과에 따르면 제19대 총선에서 새정치민주연합의 전신이었던 민주통합당 후보에게 투표했던 이들 가운데 제20대 총선에서 더불어민주당과 국민의당의 후보에게 투표한 이들의 비중은 각각 49.3%와 30.6%로 새정치민주연합에서 국민의당으로 투표대상을 바꾼 이들의 규모는 훨씬 더 컸다(지병근 2016).

제10장 호남지역 선거결과의 원인과 함의   345

〈표 6〉 제20대 총선과 제7회 동시지방선거에서 유권자들의 선택

전국	제20대 총선 (2016)	제7회 동시지방선거(2018)								
		자유한국당	더불어민주당	정의당	바른미래당	민주평화당	기타정당	무소속	기권	전체
	새누리당	177	100	0	12	0	0	0	0	289
		61.3	34.6	0	4.2	0	0	0	0	100
	더불어민주당	18	436	4	1	6	1	0	0	466
		3.9	93.6	0.9	0.2	1.3	0.2	0	0	100
	국민의당	1	35	2	14	3	0	1	1	57
		1.8	61.4	3.5	24.6	5.3	0	1.8	1.8	100
	정의당	0	4	9	2	0	0	0	0	15
		0	26.7	60	13.3	0	0	0	0	100
	무소속	2	2	1	2	0	0	0	0	7
		28.6	28.6	14.3	28.6	0	0	0	0	100
	기권	6	27	0	1	0	0	0	0	34
		17.7	79.4	0	2.9	0	0	0	0	100
	투표권 없음	0	4	0	1	0	0	0	0	5
		0	80	0	20	0	0	0	0	100
	전체	204	608	16	33	9	1	1	1	873
		23.4	69.6	1.8	3.8	1	0.1	0.1	0.1	100
호남	더불어민주당	–	59	2	–	6	–	–	–	67
		–	88.1	3	–	9	–	–	–	100
	국민의당	–	14	2	–	2	–	–	–	18
		–	77.8	11.1	–	11.1	–	–	–	100
	정의당	–	1	0	–	0	–	–	–	1
		–	100	0	–	0	–	–	–	100
	기권	–	2	0	–	0	–	–	–	2
		–	100	0	–	0	–	–	–	100
	전체	–	76	4	–	8	–	–	–	88
		–	86.4	4.6	–	9.1	–	–	–	100

자료출처: 한국사회과학데이터센터·선거학회 2018년 제7회동시지방선거후 여론조사자료

민주평화당이 각각 전북과 광주광역시에서 시도지사 후보를 공천하지 않았다는 점을 고려하더라도 이번 지방선거에서는 이들이 지난 총선 당시의 지지층으로부터 철저히 외면을 받았다는 것을 분명히 보여준다고 할 수 있다.[14]

반면, 더불어민주당은 지난 제20대 총선에서 다른 정당을 지지했던 이들로부터 상당한 지지를 얻었던 것으로 나타났다. 지난 총선에서 더불어민주당 후보에게 투표했던 이들의 이탈은 거의 없었던 반면, 국민의당에게 투표했던 응답자들 외에 새누리당 후보에게 투표했던 응답자들 가운데 34.6%, 정의당 후보에게 투표했던 이들 가운데 26.7%가 더불어민주당 후보에게 투표한 것으로 나타났다. 그 외에도 주목할 만한 사실은, 지난 총선에서 기권했다고 응답했던 이들 가운데 무려 79.4%가 더불어민주당 후보에게 투표했다는 점이며, 이들이 이번 지방선거에서 더불어민주당의 압승에 도움을 주었다고 할 수 있다.

V. 투표결정 요인

그렇다면, 왜 호남의 유권자들은 불과 2년만에 국민의당에 대한 지지에서 더불어민주당에 대한 지지로 선회한 것일까? 이와 관련한 가설은 크

---

14) 이 조사에서는 지난 20대 총선 시기 지역구선거에서 국민의당 후보에게 투표했다고 응답한 이들은 불과 6.5%였다. 당시 비례대표선거에서도 국민의당에 투표했다고 응답한 이들의 비율도 불과 7.7%였다. 호남에 한정하여 지역구선거와 비례대표선거에서 국민의당(후보)에 투표한 응답자 비율은 각각 19.1%와 17.1%로 나타났다. 하지만 실제 선거결과를 보면 비례대표선거에서 국민의당의 득표율은 26.74%로 더불어민주당의 25.54%보다 높았으며, 광주, 전남, 전북에서는 각각 53.3%, 47.7%, 42.8%였다(중앙선거관리위원회 선거통계시스템).

게 세 가지를 제시할 수 있을 것이다: 지역주의 약화에 따라 호남지역정당인 민주평화당의 득표율이 하락하였다는 '지역주의 완화 가설,' 더불어민주당의 친호남정책에 의한 국민의당에서 더불어민주당으로의 '지역대표정당 대체 가설.'

1. 지역주의와 지역정당의 약화 및 대체

지난 제20대 총선에서 국민의당은 소위 '호남홀대론'을 통해 호남에서 유권자들의 지지를 창출하고자 하였다. 따라서 국민의당의 후신인 민주평화당과 국민의당에 대한 지지율의 약화는 이곳의 지역주의가 이념균열, 세대균열, 계층균열 등 새롭게 부상한 사회적 균열(social cleavage)에 의해 약화되었기 때문일 가능성이 없지 않다(김욱 2004; 하세헌 2005; 최준영·

〈표 7〉 출신지역에 대한 언급과 지역주의에 대한 평가

		전국		호남	
		사례수	비율	사례수	비율
"지역주의가 예전보다 약해졌다"	매우 찬성한다	119	9.92	3	2.50
	약간 찬성한다	798	66.50	89	74.17
	약간 반대한다	240	20	26	21.67
	매우 반대한다	43	3.58	2	1.67
	전체	1,200	100	120	100
"나는○○○ (서울, 전라도, 경상도 등 출신지역) 사람이다"	매우 자주한다	16	1.33	3	2.50
	자주 하는 편이다	288	24	33	27.50
	자주하지 않는 편이다	546	45.50	81	67.50
	전혀 하지 않는다	350	29.17	3	2.50
	전체	1,200	100	120	100

자료출처: 한국사회과학데이터센터·선거학회 2018년 제7회동시지방선거후 여론조사자료

조진만 2005; 강원택 2010; 김태완 2012; 지병근 2014; 지병근 2015). 〈표 7〉에 잘 나타나 있듯이 "이번 지방선거에서 지역주의가 예전보다 약화되었다"는 주장에 공감하는 이들이 현격히 많았다: 지역주의가 예전보다 (매우) 약해졌다고 응답한 이들이 차지하는 비율은 전국(76.42%=9.92%+66.5%)보다 오히려 호남(76.57%=2.50+74.17%)에서 더 높았다.15) 이는 이 연구가 제시했던 "지역주의 완화화 가설"의 타당성을 보여주는 근거가 될 수 있다.

더구나 호남의 유권자들 가운데 민주평화당이나 바른미래당을 자신의 지역을 대표하는 정당으로 인식하는 이들의 비율 또한 지극히 적은 것으로 나타났다. 〈표 8〉에 잘 나타나는 바와 같이 호남에서 더불어민주당을 자신의 지역을 대표하는 정당이라고 여기는 이들은 응답자들 가운데 거의 절반에 가까운 49.17%였지만, 자유한국당과 바른미래당을 지목한 이는 단 한 명도 없었으며, 민주평화당과 정의당을 지목한 이는 1.67%에 불과하였다.

〈표 8〉 지역정당에 대한 인식

정당	전국		호남	
	사례수	비율	사례수	비율
더불어민주당	213	17.75	59	49.17
자유한국당	131	10.92	0	0.00
바른미래당	4	0.33	0	0.00
민주평화당	2	0.17	2	1.67
정의당	3	0.25	2	1.67
모름/무응답	847	70.58	57	47.50
전체	355	100	120	100

자료출처: 한국사회과학데이터센터·선거학회 2018년 제7회동시지방선거후 여론조사자료

---

15) 자신의 출신지역 언급을 (매우)자주하는 편인 응답자의 비율은 전국(25.33%)보다 호남(30%)의 경우 더 많았다.

이는 호남 이외의 지역을 포함한 경우에도 마찬가지였다. 전체 응답자들 가운데 자신의 지역을 대표하는 정당이 있다고 응답한 이들은 30%에도 미치지 못하였으며, 그 정당으로 더불어민주당과 자유한국당을 지목한 이는 각각 17.75%와 10.92%였다. 바른미래당과 민주평화당을 지목한 이는 각각 0.33%와 0.17%에 불과하였다. 이는 양당이 제20대 총선 시기 국민의당이 얻었던 호남을 대표하는 정당으로서의 지위를 상실하고 그 자리를 더불어민주당에게 내어줌으로써 이번 지방선거에서 패배하였다는 "지역대표정당 대체 가설"의 근거를 제공해주는 것이라고 할 수 있다.

2. 투표할 후보선택 시 고려한 요소와 이슈

1) 후보선택 시 고려한 요소: 정책·공약, 정당, 인물

〈표 9〉는 광역 및 기초단체장 후보를 선택할 때 정책·공약, 정당, 인물(자질, 능력, 도덕성 등) 가운데 가장 많이 고려한 요소에 관한 것이다. 이 표에 잘 나타나 있듯이 전체 응답자들 가운데 절반에 가까운 이들이 투표할 후보를 선택할 때에 소속정당을 가장 많이 고려하였으며, 30% 내외의 응답자들이 인물을 가장 많이 고려하였다고 답변하였다. 정책·공약을 가장 많이 고려하였다고 응답한 이들의 비율은 23.96%로 가장 낮았다.

〈표 9〉 후보선택 시 고려사항

	전국				호남			
	광역단체장		기초단체장		광역단체장		기초단체장	
정책·공약	213	23.96	189	21.26	18	20.00	18	20.00
소속정당	424	47.69	406	45.67	46	51.11	49	54.44
인물	252	28.35	294	33.07	26	28.89	23	25.56
전체	889	100	889	100	90	100	90	100

자료출처: 한국사회과학데이터센터·선거학회 2018년 제7회동시지방선거후 여론조사자료

이는 이번 선거가 정책대결이 거의 이루어지지 않았으며, 유권자들의 투표결정이 주로 후보자들의 소속정당을 고려한 일종의 "묻지마" 선거였음을 간접적으로 시사해주는 것이라고 할 수 있다. 그리고 이러한 분석결과는 호남에서도 거의 유사하게 나타났다. 응답자들이 후보를 선택할 때 가장 많이 고려한 요인은 소속정당, 인물, 정책·공약의 순으로 나타났다. 전체 응답자들에 비해서 호남의 경우 정책·공약을 가장 많이 고려하였다고 응답한 이들의 비율이 더 적었다.

2) 이슈

〈표 10〉은 이번 조사에 포함된 "이번 지방선거에서 지지후보를 결정하는 데 다음 문제들이 얼마나 중요했습니까"라는 이슈의 중요성을 묻는 질문에 대한 응답자들의 답변을 보여준다. 아래의 이슈들에 대하여 응답자들이 부여했던 중요성(1~4: 1=전혀 중요하지 않음, 4=매우 중요했음)은 일자리, 주거, 환경, 교육, 교통, 개발, 복지의 순으로 나타났다. 한 가지 주목할 만한 점은 다른 문제들에 비해서 복지 문제가 중요했다고 응답한 이들의 비율이 현격히 낮았다는 점이다. 이는 복지 문제가 중요하지 않았다기

〈표 10〉 주요 이슈의 중요성

이슈	전국			호남			최소값	최대값
	사례수	평균	표준편차	사례수	평균	표준편차		
교통	1178	2.95	0.75	114	2.94	0.67	1	4
복지	1188	1.77	0.76	116	1.65	0.68	1	4
일자리	1189	3.53	0.67	116	3.54	0.73	1	4
주거	1186	3.18	0.78	116	2.92	0.80	1	4
개발	1183	2.90	0.84	114	2.53	0.86	1	4
교육	1188	3.05	0.79	116	2.97	0.86	1	4
환경	1185	3.12	0.74	116	3.05	0.76	1	4

자료출처: 한국사회과학데이터센터·선거학회 2018년 제7회동시지방선거후 여론조사자료

보다 복지정책에 대한 후보자들의 공약이 매우 유사하였기 때문일 수 있다.

호남의 경우에는 지지후보를 결정할 때 고려한 이슈의 중요도는 일자리, 환경, 교육, 주거, 교통, 개발, 복지의 순이었다. 일자리의 중요성이 제1순위의 문제였으며, 복지 문제가 가장 하위를 차지하는 등 전국과 비교하여 별다른 차이가 없었다. 다만, 환경 문제가 주거 문제에 비해서 더 중요한 문제로 여겨졌다는 점은 이 이슈가 단순히 수도권만이 아니라 호남에서 후보자결정과정에서 유권자들이 고려한 중요한 문제라는 점을 보여준다는 점에서 주목할 만하다.

3. 투표결정요인과 지지 대상 전환의 이유

이번 지방선거에서 호남 유권자들이 투표할 후보를 결정하는 데 영향을 미친 요인은 무엇이었으며, 국민의당의 후신인 민주평화당이나 바른미래당에 대한 투표를 억제하고, 더불어민주당에 대한 투표를 촉진한 요인은 무엇이었을까? 한국사회과학데이터센터와 한국선거학회의 여론조사 자료를 이용한 투표결정요인에 대한 분석결과는 〈표 11〉에 요약되어 있다.

각 모델의 분석결과는 다항 로지스틱 모델(multinomial logistic estimation method)을 이용한 것이며, 종속변수는 광역단체장후보에 대한 투표이며, 기본범주는 더불어민주당에 대한 투표이다. 독립변수에는 호남 및 영남 거주여부(1=거주, 0=비거주), 지역대표정당(1=더불어민주당, 0=기타 정당 혹은 무응답), 지역정체성(1~4: 1=출신지역 표현 전혀 하지 않음, 4=매우 자주 표현) 등이 포함되었다. 이들 가운데 지역대표정당(더불어민주당)은 야당 후보에 대한 투표가능성에 부정적인 영향을 주는 반면, 지역정체성은 긍정적인 영향을 미칠 것으로 예상할 수 있다. 다시 말해, 더불어민주당을 자신이 거주하는 지역을 대표하는 정당으로 여기는 이들이 야당의 후보에게 투표할 가능성은 낮을 것으로 예상할 수 있다. 그러나 지역정체성이 강한 이들일 경우 더불어민주당보다 영호남에 기반을 두고 있는 민주평화당이나 새누리당 후보에게 투표할 가능성이 높을 것으로 예상된다. 호남거주는 새누리당이나 바른미래당 후보에 대한 투표가능성에 부정적 영향을 주는 반면, 민주평화당이나 정의당에 대한 투표가능성에는 긍정적 영향을 줄 것이며, 영남거주는 이와는 정반대의 영향을 줄 것으로 예상된다.

통제변수로는 문재인 정부의 업무수행평가(1~4: 1=매우 못함, 4=매우 잘함), 이념적 보수성(0~10: 0=진보, 10=보수), 연령(1~5: 20대 이하=1, 30대 =2, 40대=3, 50대=4, 60대 이상=5), 월소득수준(1~5: 1=2백만 원 미만, 2=3백만 원 미만, 3=4백만 원 미만, 4=5백만 원 미만, 5=5백만 원 이상), 교육수준 (1~4: 1=중졸 이하, 2=고졸 이하, 3=전문대 이하, 4=4년제 대학 이상), 성별(남성=1, 여성=0) 등이 포함되었다. 이들 가운데 문재인 정부의 업무수행평가는 야당 후보에 대한 투표가능성에 부정적인 영향을 미칠 것으로 예상할 수 있다. 문재인 정부의 업무수행에 대하여 긍정적으로 평가할수록 여당보다는 야당의 후보들에게 투표할 가능성이 낮다는 것이다.

이와 달리 이념적 보수성, 연령은 자유한국당이나 바른미래당, 그리고 민주평화당과 같이 더불어민주당보다 보수적인 야당에 대한 투표가능성에 긍정적 영향을 미치는 반면, 월소득수준과 교육수준은 부정적인 영향을 미칠 것으로 예상된다. 이는 한국에서 보수적인 정당들에 대한 지지층이 주로 이념적으로 보수적이거나, 고령층에 속하며, 저소득층과 저학력층에 집중되어 있다고 알려져 있기 때문이다. 하지만 이 변수들은 진보적 성향의 야당인 정의당에 대한 투표가능성에는 정반대의 영향을 미칠 것으로 예상할 수 있다.16) 더불어민주당이 각종 여론조사에서 남성보다는

---

16) 한국정치학회의 제20대 총선후여론조사를 분석한 지병근(2016, 71)에 따르면 당시의 총선에서 안철수에 대한 선호는 물론 지역경제발전에 대한 국민의당의 해결능력, 호남거주와 연령이 더불어민주당 대비 국민의당 후보(지역구)에 대한 투표 가능성에 긍정적인 영향을 미쳤다. 다시 말해, 안철수에 대한 선호도가 높을수록, 지역경제발전에 대한 해결능력이 국민의당에게 있다고 평가할 경우, 호남거주자일 경우, 연령이 많을수록 더불어민주당보다 국민의당 후보에게 투표할 가능성이 높다는 것이다. 그러나 그의 분석에서 이념이나 소득은 별다른 영향을 미치지 않은 것으로 나타났다.

〈표 11〉 제7회 광역자치단체장선거의 투표결정요인

변수	전국				호남†	
	자유한국당	바른미래당	민주평화당	정의당	민주평화당	정의당
문재인 정부	-2.07***	-1.67***	-1.08	-1.29**	-2.55**	-2.51
국정운영	(0.24)	(0.35)	(0.81)	(0.53)	(1.25)	(1.84)
지역대표	-2.11***	-0.80	-2.31**	-2.20**	-2.49**	-3.45
(민주당)	(0.67)	(0.77)	(1.13)	(1.12)	(1.20)	(2.14)
지역정체성	0.16	0.13	-0.67	0.65	-0.93	0.90
	(0.17)	(0.26)	(0.80)	(0.41)	(0.98)	(1.23)
호남거주	-17.96	-18.86	4.98***	1.43**		
	(3,098.91)	(8,850.94)	(1.22)	(0.67)		
영남거주	1.05***	0.06	-13.19	-16.79		
	(0.29)	(0.50)	(1,153.17)	(2,060.77)		
이념적 보수성	0.83***	0.43***	-0.21	-0.06	-0.38	-0.60
	(0.09)	(0.13)	(0.28)	(0.18)	(0.36)	(0.57)
연령	-0.06	-0.12	0.09	-0.64***	0.41	-1.63*
	(0.11)	(0.17)	(0.42)	(0.24)	(0.53)	(0.99)
소득	-0.27**	0.11	0.14	-0.44*	0.80*	0.03
	(0.11)	(0.18)	(0.37)	(0.24)	(0.48)	(0.71)
교육수준	-0.10	0.12	0.23	-0.05	-0.23	-3.19
	(0.15)	(0.23)	(0.58)	(0.33)	(0.72)	(2.09)
남성	0.24	0.02	-0.38	0.60	0.21	2.38
	(0.25)	(0.39)	(0.81)	(0.58)	(0.98)	(1.97)
상수	1.18	-0.50	-1.79	2.55	6.27	16.83
	(1.19)	(1.83)	(4.23)	(2.58)	(5.59)	(10.87)
LR chi2(50)	650.58				27.19	
Log likelihood	-428.40				-29.09	
Prob 〉 chi2	0.0000				0.0394	
Pseudo R2	0.43				0.32	
사례수	883				88	

† 자유한국당과 바른미래당에게 투표한 사례가 없음
자료출처: 한국사회과학데이터센터·선거학회 2018년 제7회동시지방선거후 여론조사자료

여성들로부터 지지를 더 많이 받는 것으로 알려져 있기에 남성은 야당에 대한 투표가능성에 긍정적인 영향을 미칠 것으로 예상할 수 있다.

〈표 11〉의 분석결과를 요약하면 다음과 같다. 자유한국당에 대한 투표가능성에는 예상했던 것처럼 민주당이 지역을 대표하는 정당이라는 인식, 문재인 정부의 국정운영에 대한 긍정적 평가는 부정적 영향을 미친 반면, 영남거주와 이념적 보수성은 긍정적 영향을 미친 것으로 나타났다. 바른미래당에 대한 투표가능성에는 문재인 정부의 국정운영에 대한 평가가 부정적 영향을 미친 반면, 이념적 보수성은 긍정적 영향을 미친 것으로 나타났다. 하지만, 영남거주나 지역대표정당이 더불어민주당이라는 인식은 바른미래당에 대한 투표가능성에 별다른 영향을 미치지 않은 것으로 나타났다.

민주평화당에 대한 투표가능성에는 더불어민주당이 지역을 대표하는 정당이라는 인식이 부정적인 영향을 미친 반면, 호남거주는 긍정적인 영향을 미친 것으로 나타났다. 문재인 정부의 국정운영에 대한 긍정적 평가나 이념적 보수성은 통계적으로 유의미한 영향을 미치지 않은 것으로 나타났다. 정의당의 투표가능성에 영향을 미친 변수는 문재인 정부의 국정운영에 대한 평가, 지역대표정당이 민주당이라는 인식, 호남거주, 연령 등이었으며, 이들 가운데 '개혁성향'이 강한 호남지역 거주만이 긍정적인 영향을 준 반면, 나머지 변수들은 모두 부정적 영향을 미친 것으로 나타났다.

그렇다면 호남에서 민주평화당 후보에 대한 투표를 촉진한 요인은 무엇이었을까? 호남거주자만을 대상으로 분석한 결과, 〈표 11〉에 잘 나타나 있듯이 민주평화당 후보에 대한 투표에 영향을 미친 요인은 문재인 정부의 국정운영에 대한 평가와 지역대표정당이 더불어민주당이라는 인식 등이었다. 하지만 지역정체성이나 이념적 보수성과 연령을 포함한 통제변수들은 별다른 영향을 미치지 않은 것으로 나타났다. 이러한 분석결과는 이번 지방선거에서 호남의 유권자들이 지역정체성보다 문재인 정부의 국정운영에 대한 평가에 기초한 '합리적 투표' 성향과 함께 더불어민주당이 지역을 대표하는 정당이라는 인식에 기초한 투표성향을 보였음을 의미한다.

　지금까지 살펴본 것처럼 이번 지방선거의 결과는 최소한 호남의 유권자들이 지역감정이나 지역정체성보다 정부정책에 대한 평가나 지역정당을 통한 지역이익실현 등 합리성에 기초하여 투표하였을 가능성이 높다는 점을 시사해주는 것이라고 할 수 있다(조기숙 1997; 문우진 2009; 지병근 2013; 지병근·차재권 2018). 지난 제20대 총선에서도 호남 유권자들은 지역정당에 대한 애착이나 지역정체성과 같이 장기적으로 지속될 수 있는 요소보다 새정치민주연합에 대한 일시적인 '항의'와 차기 대통령선거에서 영남 정권의 재집권을 막기 위해 당시 유력한 후보였던 안철수가 소속된 국민의당에 대한 '전략적' 투표를 한 것이라고 할 수 있다.

　이번 선거결과가 지난 제20대 총선결과와 현격히 달랐다는 사실은 호남 유권자들이 새로운 정당일체감을 형성했다기보다는 합리적 효용성에 따라 정당에 대한 태도와 투표여부를 결정한다는 점을 보여준 것이라고 할 수 있다. 다시 말해 만약 지역 유권자들의 요구에 부응하지 못하여 지역을 대표하는 정당으로서의 지위를 상실할 경우 지지를 철회하고 다른 정당을 대안으로 찾을 수 있다는 것이다. 이번 지방선거에서 더불어민주당이 호남에서 압승할 수 있었던 것도 다수의 호남 유권자들로부터 국정운영에 대한 긍정적인 평가를 얻을 수 있었을 뿐만 아니라 국민의당을 대체하여 더불어민주당이 호남을 대표하는 정당이라는 인식을 갖게 되었기에 가능한 것이었다고 할 수 있다.

VI. 결론

　지금까지 이 연구는 호남에서 실시된 지방선거를 분석하였으며, 그 결과를 요약하면 다음과 같다. 첫째, 이번 지방선거의 경우에도 호남에서는 본선에서 압도적인 우세가 예상되던 더불어민주당 내부의 공천경쟁이 치열하게 전개되었다.17) 집권여당인 더불어민주당의 압도적인 우세가 거의 확실시되던 상황에서 각 정당 및 후보들 사이에 별다른 정책경쟁을 진행하기 어려웠다. 이번 선거는 남북정상회담과 북미정상회담으로 남북관계가 크게 호전되면서, 지역이슈보다는 전국이슈가 부상한 상황에서 유권자들은 투표결정과정에서 정당이나 후보들이 제시한 지역현안에 관한 공약을 충분히 고려하기 어려웠다고 볼 수 있다.

둘째, 이번 지방선거는 호남에서도 더불어민주당의 압승으로 종결되었으며, 이로 인해 이 지역은 일당우위의 정당체제로 회귀하였다. 호남에서는 더불어민주당의 후보공천을 받으려는 경쟁력있는 정치엘리트들의 '쏠림' 현상이 발생하였으며, 후보 경선과정에서 발생한 공정성 시비에도 불구하고 광역자치단체장선거에서 모두 승리하였을 뿐만 아니라, 기초단체장선거에서도 광주 5곳(100%), 전남 14곳(63.6%), 전북 10곳(71.4%) 등 전체 41곳 가운데 29곳(70.7%)에서 승리하였다. 무소속 당선자(전남 5곳, 전북 2곳)를 제외하면 더불어민주당은 호남의 정당소속 기초단체장 가운데 무려 85.3%를 차지하게 된 것이다: 광역의회 의석의 97.1%(총 102석 가운데 99석), 광역비례의석의 61.5%(총 13석 가운데 8석), 기초의회 의석의 73.3%(총 442석 가운데 324석), 기초비례의석의 87.9%(총 66석 가운데 58석)를 차지하였다. 반면, 민주평화당은 호남에 중점을 둔 선거운동을 전개하였음에도 불구하고 단 한 명의 광역자치단체장도 배출하지 못하였을 뿐만 아니라, 5명의 기초단체장과 1명의 광역의회의원, 2명의 광역비례대표의원, 46명의 기초의원, 3명의 기초비례의원을 당선시키는 데 그쳤다.

이와 같은 호남의 선거결과는 박근혜 대통령의 탄핵과 제19대 대선을 거치면서 변화된 유권자들의 정당선호를 반영한 것임과 동시에 집권 이

---

17) 이번 선거에서는 민주평화당의 전신인 국민의당 공천경쟁이 치열하게 벌어졌던 지난 총선 때와는 대조적으로 유력한 후보자들이 더불어민주당 공천을 경쟁하였으며, 이는 지역의 유권자뿐만 아니라 정치엘리트 수준에서 정당들의 지지기반이 변화하였음을 보여주는 것이다.

후 호남인사의 중용과 적폐청산 및 남북관계개선에 노력해온 더불어민주당에 대한 호남유권자들의 '보상' 의지가 반영된 것이라고 할 수 있다. 반면, 민주평화당을 비롯한 야당은 바른미래당 창당과정에서 발생한 분란을 극복하지 못하고 지역현안의 발굴과 이슈경쟁을 제대로 추진하지 못하였다.[18] 특히 자유한국당의 홍준표 대표가 국민정서와 달리 남북정상회담이나 북미정상회담의 성과를 폄하하는 등 전형적인 반공·반북이데올로기에 기초한 입장을 밝혀 오히려 보수진영의 입지를 축소시키는 일이 벌어졌다.[19] 이번 지방선거는 지역이슈가 거의 주목을 받지 못한 채 종결된 '지방 없는 지방선거'의 전형(ideal type)이었다고 해도 과언이 아니다.

이번 지방선거에서 국민의당의 후신인 민주평화당이 호남에서도 완패한 것은 지역주의가 전반적으로 완화되면서 '호남홀대론'과 같은 동원이데올로기를 활용하기 어려웠을 뿐만 아니라 호남을 대표하는 정당으로서의 위상을 더불어민주당에게 빼앗겼기 때문이라고 할 수 있다. 한국사회과학데이터센터·한국선거학회의 지방선거후 여론조사자료를 분석한 결과에 따르면, 호남의 응답자들 가운데 절대 다수(76.57%)가 지역주의가 약해졌다고 여기고 있으며(지역주의 완화 가설), 거의 절반에 가까운 이들이 호남을 대표하는 정당으로 더불어민주당을 지목한 반면, 민주평화당을 지

---

[18] 문재인 정부가 호남인사들을 중용하면서 '호남홀대론'은 지역유권자들의 지지를 유도하는 동원이데올로기로서의 기능을 상실하였다. 집권여당에게 불리한 낮은 취업률 등 경제이슈가 유권자들의 주목을 거의 받지 못한 상황에서, 오히려 자유한국당 홍준표 대표의 '막말'과 이를 둘러싼 당내 갈등이 노출되었고, 바른미래당 또한 '노원을' 공천을 둘러싼 당내 계파 간 갈등이 불거져 나오면서 야당은 반전의 기회를 만들지 못하였다.
[19] 북한의 김정은이 2018년 신년사를 통해 핵억지력 확보를 천명하면서도 남북한 화해를 언급하면서 이에 대한 논쟁이 불거져 나왔다. 정부여당 측은 이를 계기로 남북이산가족의 상봉 등 남북한 관계의 진전을 도모하자는 반응이 나온 반면, 자유한국당 측은 한미동맹을 약화시키려는 책동으로 규정하였다. 동년 1월 9일 남한이 제안한 것을 북한이 수용하여 남북한 고위급회담이 판문점에서 개최되어 북한의 평창동계올림픽 참여와 군사회담개최가 합의되었다. 이에 대하여 자유한국당 홍준표 대표는 북핵 문제는 해결하지 않고 북한의 핵무장 시간을 벌어주는 역할을 한다고 비판하였다.

목한 이들의 비중은 지극히 미미하였다(지역대표정당 대체 가설). 게다가 이번 선거에서는 후보자들의 인물(자질·능력·도덕성)이나 정책·공약보다 소속정당에 의존하여 투표할 후보를 선택한 이들이 훨씬 많았다. 광역단체장선거에서의 투표결정요인을 분석한 결과 역시 유권자들이 지역정체성보다 문재인 정부의 국정운영이나 지역대표정당에 대한 평가에 의존하여 후보자를 선택한다는 점을 확인할 수 있었다(지역정체성 가설).

아울러, 이번 지방선거에서 나타난 호남유권자들의 '지역주의적 투표성향'은 그 원인에 대한 재평가와 함께 지역주의 투표에 관한 통상적 인식을 재고할 필요가 있다는 점을 제기해준다. 그동안 지역주의적 투표, 즉 지역정당에 대한 몰표는 지역 내부에 일당우위체제와 같은 과도한 권력집중현상을 유발한다는 점에서 부정적으로 평가받아왔다. 그럼에도 불구하고 이번 지방선거 결과는 그 원인을 단순히 비합리적인 지역감정이나 지역정체성에 의한 것으로 돌리기 어렵다는 점을 보여주었다. 이번 선거에서 더불어민주당이 호남에서 거둔 성과는 단순히 호남유권자들이 지역감정, 즉 동향출신 정치인이나 이들이 주도하는 정당에 대한 애착이나 '호남홀대론'과 같은 정치적 선동, 혹은 지역의 배타적 이익을 추구하려는 지역이기주의가 아니라 현정부와 집권정당의 업적에 대한 긍정적 평가와 더불어민주당이 지역을 대표하는 정당으로 인정받을 수 있었기 때문이라는 점에 주목할 필요가 있다.[20]

---

[20] 이번 지방선거에서 호남 유권자들은 이들의 투표결정이 단순히 DJ와 같은 특정 정치인이나 이들이 만든 정당에 의한 동원이 아니라, 오히려 정당들로 하여금 자신들이 원하는 정책을 제시하도록 유도하기 위한 전략적 행위라는 점을 보여주었다고 할 수 있다. 지난 총선에서 더불어민주당에 대한 항의투표와 국민의당에 대한 지지, 대선과정에서 정권교체를 위한 문재인에 대한 지지, 이번 지방선거에서 집권여당에 대한 지지는 정당들의 민주적 책임성을 강화하기 위한 호남 유권자들의 전략적 선택이었다고 할 수 있다.

제10장 호남지역 선거결과의 원인과 함의   359

부 록

〈부록 1〉 선거구 크기와 비례대표의석비의 변화(5~7회 동시지방선거)

	기초 지역구			광역 비례			기초 비례		
	5	6	7	5	6	7	5	6	7
합계	2.4	2.4	2.5	11.6%	11.6%	11.5%	13.0%	13.1%	13.2%
서울특별시	2.3	2.3	2.3	10.3%	10.3%	9.9%	12.6%	12.6%	12.8%
부산광역시	2.3	2.3	2.3	11.6%	11.6%	11.6%	13.2%	13.2%	13.7%
대구광역시	2.3	2.3	2.3	11.1%	10.7%	10.7%	12.1%	12.1%	12.1%
인천광역시	2.4	2.7	2.4	9.7%	12.5%	11.8%	13.4%	12.9%	13.6%
광주광역시	2.4	2.4	3	15.0%	15.0%	14.3%	13.2%	13.2%	13.2%
대전광역시	2.6	2.6	2.6	15.0%	15.0%	15.0%	12.7%	14.3%	14.3%
울산광역시	2.3	2.3	2.3	15.0%	15.0%	15.0%	14.0%	14.0%	14.0%
세종특별자치시					14.3%	11.8%			
경기도	2.4	2.4	2.5	10.6%	10.3%	10.0%	12.9%	12.8%	12.8%
강원도	2.9	2.9	2.8	10.3%	9.8%	11.9%	13.6%	13.6%	13.6%
충청북도	2.5	2.4	2.5	10.3%	10.3%	10.0%	13.0%	13.0%	12.1%
충청남도	2.5	2.6	2.6	10.8%	10.8%	10.3%	14.6%	14.8%	15.2%
전라북도	2.4	2.4	2.5	11.4%	11.4%	11.1%	12.2%	12.2%	12.7%
전라남도	2.6	2.6	2.7	11.5%	11.3%	11.3%	13.2%	13.2%	13.2%
경상북도	2.4	2.4	2.4	11.3%	10.9%	10.9%	13.0%	13.0%	13.0%
경상남도	2.4	2.4	2.4	10.0%	9.8%	11.3%	12.7%	13.5%	13.6%
제주특별자치도				23.3%	23.3%	21.9%			

자료출처: 중앙선거관리위원회 선거통계시스템

〈부록 2〉 제7회 지방선거 정당별 예비후보자 등록규모(2018.5.6.현재)

	지역	선거구수	계	더불어민주당	자유한국당	바른미래당	민주평화당	정의당	민중당	노동당	녹색당	무소속	기타정당
광역의회	전국	737	2097	966	647	155	71	16	51	6	0	181	4
	광주광역시	20	60	36	0	4	12	0	6	0	0	2	0
		100.0%	300.0%	180.0%	0.0%	20.0%	60.0%	0.0%	30.0%	0.0%	0.0%	10.0%	0.0%
	전라북도	35	78	38	0	4	20	1	3	1	0	11	0
		100.0%	222.9%	108.6%	0.0%	11.4%	57.1%	2.9%	8.6%	2.9%	0.0%	31.4%	0.0%
	전라남도	52	149	94	0	0	35	2	3	0	0	15	0
		100.0%	286.5%	180.8%	0.0%	0.0%	67.3%	3.8%	5.8%	0.0%	0.0%	28.8%	0.0%
기초의회	전국	1035	5810	2133	1698	580	199	133	122	9	12	879	45
	광주광역시	20	123	59	1	8	24	8	17	0	0	6	0
		100.0%	615.0%	295.0%	5.0%	40.0%	120.0%	40.0%	85.0%	0.0%	0.0%	30.0%	0.0%
	전라북도	69	397	202	1	14	61	9	4	0	1	105	0
		100.0%	575.4%	292.8%	1.4%	20.3%	88.4%	13.0%	5.8%	0.0%	1.4%	152.2%	0.0%
	전라남도	79	495	255	0	7	91	10	14	0	0	118	0
		100.0%	626.6%	322.8%	0.0%	8.9%	115.2%	12.7%	17.7%	0.0%	0.0%	149.4%	0.0%

자료출처: 중앙선거관리위원회 선거통계시스템

〈부록 3〉 선호정당의 분포

	전국		호남		영남	
	사례수	비율	사례수	비율	사례수	비율
더불어민주당	722	60.17	87	72.5	176	55.87
자유한국당	244	20.33	–	–	89	28.25
바른미래당	74	6.17	–	–	16	5.08
민주평화당	17	1.42	15	12.5	–	–
정의당	42	3.5	11	9.17	9	2.86
그 외 정당	6	0.5	–	–	–	–
모름	95	7.92	7	5.83	25	7.94
전체	1,200	100	120	100	315	100

자료출처: 한국사회과학데이터센터·선거학회 2018년 제7회동시지방선거후 여론조사자료

• 참고문헌 •

강원택. 2010. "지역주의는 약화되었을까: 지역주의와 2007년 대통령 선거."『한국 선거정치의 변화와 지속: 이념, 이슈, 캠페인과 투표참여』. 서울: 나남.
김민수. 2018. "466단어 북미 합의문, '폼페이오' 이름 콕집어."『CBS 노컷뉴스』06-12. http://www.nocutnews.co.kr/news/4984257(검색일: 2018.8.16).
김영대. 2018. "9,363명 후보 등록, 경쟁률 2.3대 1로 역대 최저치 근접."『시사매거진』(6월 2일). http://www.sisamagazine.co.kr/news/articleView.html?idxno=132578 (검색일: 2018.8.16).
김 욱. 2004a. "17대 총선과 충청권 정치지형의 변화: 지역주의의 약화 및 변화를 중심으로."『정치정보연구』7(1), 69-87.
김태완. 2012. "한국 선거에서의 영호남 지역주의 투표성향에 대한 분석."『로컬리티 인문학』7, 57-104.
문우진. 2009. "지역주의와 이념성향."『한국정당학회보』8(1), 87-113.
박기호·나혜윤. 2018. "민주, 전남지사 후보에 김영록 … 與 광역후보자 13명 확정."『뉴스1』 (4월 19일). https://news.v.daum.net/v/20180419205200664?d=y(검색일: 2018. 8.16).
박중재·박진규. 2018. "민주당 어쩌나 … 지도부 '의중' 호남 후보 줄줄이 고배."『뉴시스』(4월 23일). https://news.v.daum.net/v/20180429084012906(검색일: 2018.8. 16).
배상현. 2018. "장만채 "김영록, ARS전화로 일반인에 지지호소 선거법 위반" 고발."『뉴시스』 (4월 16일). http://www.etimes.net/Service/etimes_2011/ShellView.asp?LinkID=6310&newsset=Sisa_Cover&ArticleID=2018041617041902767(검색일: 2018.8.16).
오광록. 2018. "이용섭, 전두환 청와대 근무 행적 밝혀라."『광주일보』(4월 10일). http://www.kwangju.co.kr/article.asp?aid=1523286000628535004(검색일: 2018. 8.16).
윤난슬. 2018. "김춘진 전북도지사 예비후보, '공직선거법 위반' 송하진 후보 고발."『중앙일보』(4월 13일). https://news.joins.com/article/22533399(검색일: 2018.8.16).
이승준. 2018. "갤럽 "문 대통령 지지율 3%오른 74% … 한반도 긴장 완화 영향"."『한겨레신문』(3월 16일). http://www.hani.co.kr/arti/politics/bluehouse/836415.html#csidxaedc5a0bd92d1d2a7ffb55ed118caa0(검색일: 2018.8.16).
조기숙. 1997. "지역주의 논쟁: 비판이론적 시각에 대한 비판."『한국정치학회보』31(2), 203-232.
지병근. 2013. "호남지역에서 나타난 정당후보득표율의 지역편향."『한국정당학회보』12(1),

141-173.

_____. 2014. "호남 유권자들의 이슈에 대한 태도 및 이념적 특성." 『21세기정치학회보』 24(1), 33-56.

_____. 2015. "민주화 이후 지역감정의 변화와 원인." 『한국정당학회보』 14(1), 63-91.

_____. 2016. "'제3정당'에 대한 호남 유권자들의 선호와 투표결정." 『아세아연구』 59(4), 44-78.

지병근·차재권. 2018. "유권자들의 지역발전에 대한 지방정부의 책임성 인식과 행태." 『한국정당학회보』 17(1), 135-163.

최준영·조진만. 2005. "지역균열의 변화 가능성에 대한 경험적 고찰: 제17대 국회의원선거에서 나타난 이념과 세대 균열의 효과를 중심으로." 『한국정치학회보』 39(3), 375-394.

하세헌. 2005. "영남 지역주의의 변화." 『한국정치외교사논총』 27(1), 161-191.

Jhee, Byong-Kuen. 2006. "Ideology and Voter Choice in Korea: An Empirical Test of the Viability of Three Ideological Voting Models." *Korean Political Science Review* 40(4): 61-83.

찾아보기

| ㄱ |

경제민주화 28, 36
광역단체장 후보자 선정 266, 275
교육감 직선제 239, 241, 242, 251, 255-257, 259
교육감 후보 선택 결정요인 233, 251, 255, 258
교육감선거 기권행위 233
교육감선거의 무효표 233
교육감선거의 배경 233, 234
교육감선거의 쟁점 239
교호순번제 232, 259
국민개방형 경선제 291, 292
국정농단 관련 쟁점 49
국정농단 사태 23, 26, 28, 35, 47
국정운영 평가의 영향력 45
권리당원투표 338
균열 개념 55, 58, 61
균열의 제도화 71, 84
균열이론 55-58, 60, 65, 81, 83
균열 이탈 84
기저지지율 92, 95, 102, 103, 106, 117-119, 123
김정은 위원장 166, 168, 169
깜깜이 선거 232, 233, 237, 253

| ㄴ |

낙천낙선운동 135, 140, 144, 159
남북고위급회담 167
남북정상회담 168-171, 176, 231, 299, 331, 356, 357

| ㄷ |

다운즈식의 정당경쟁 모델 22, 25
당내 경선과정 264, 269, 286, 289-291, 293, 294
당내 경선과정의 민주화 291
당내 민주화 269, 279
대중의 회고적 평가 223
대통령 국정지지도 170, 231
대통령 주도 캠페인 166
대통령 지지도 95, 101
대통령의 자질 97, 101
독점적 정당구도 298, 318

| ㅁ |

매니페스토 공약 블라인드 투표 292
매니페스토 공약·정책 264
매니페스토 운동 267, 281-287, 290, 294
매니페스토 정책 90, 281-294
매니페스토 정책 선거 환경 264

| ㅂ |

박근혜 대통령 탄핵 89, 94, 277
법령상 정당 후보자 선정 규정 268
변경 투표자들(switching voter) 197
부분 균열(partial cleavage) 59
북미정상회담 167-169, 171, 176, 206, 232, 299, 331, 332, 356, 357
분할투표 233, 245-251, 255-259
비례대표 정당투표 308

| ㅅ |

사회적 미투(me too)운동 184
상징적 정치이론 67
상향식 접근 22, 24, 25, 31, 35
새로운 선거연합 309, 314
선거공약 인지여부 316
선거공약의 평가 317
선거 매니페스토 264, 266
선거방송토론 98
선거운동에 대한 규제 154, 157, 159
선거운동의 개념의 범위 148
선거운동의 공정성 132-134, 139, 152
선거운동의 정의규정 135, 155
선호정당의 변화 342
성공한 대통령의 필수 요소 96
스윙 투표자 분류 207
스윙 투표자 집단 194
스윙 투표자의 개념 194-196
스윙 투표자의 특징 195, 196, 199, 200, 203, 207, 208, 215-217
승자독식의 선거제도 71
시민단체의 선거참여활동 130, 131, 135, 139, 141, 142, 144, 151, 158, 159
시민후보추대 330, 331
시청 횟수의 양적인 효과 116
19대 대선 의식조사 67

| ㅇ |

완전한 균열(full cleavage) 55, 56, 58-64, 67, 71, 76, 78, 79, 81-83
외고·자사고 폐지 70, 239, 242, 243, 247, 248, 251, 255, 256, 258, 259
원팀 캠페인 170-174

위치경쟁 25, 26, 28, 29, 34, 36, 47
유권자의 표현의 자유 135, 144, 149
유동 투표자(floating voter) 가설 195, 203, 204, 211, 221, 222
이념별 투표행태 311, 313
이슈기업가(issue entreprenurs) 26, 36
이슈소유권 25, 35, 48
인지조화 92, 94, 121
일관투표 247, 250, 251, 256, 258
MB아바타 발언 102, 109, 110, 111, 114, 118, 122
1인 7표 시스템 265
2018 페미니스트 시민선언 183-185

| ㅈ |

적폐청산 46, 211, 223, 224
정당경쟁의 하향식 관점 26
정당 변경자 개념 198
정당 변경자(party changer) 194, 196-200, 203, 204
정당별 10대 공약 29, 32
정당별 후보자 선정 원칙 271
정당의 이슈경쟁 23, 26, 35
정당의 후보 경선 제도 266
정당일체감의 효과 45, 46
정당재편성 298, 307, 309, 314
정당 중심의 매니페스토 291, 294
정당지도 변화 170
정당지지율 169, 170, 279
정당체계의 재편성의 경향 309
정당 후보자 선정 규정 268
정책 중심의 선거경쟁 315
정책평가 및 공약채택운동 141
정치개혁 의제 31, 34, 46, 47

정치개혁 이슈　27-29, 33, 34, 36, 47
정치적 의사표현의 자유　130, 131
제3자의 선거운동　136, 137
주요 10대 공약　23
중대선거(critical election)　298, 307
지도부 공천　269, 270
지방 없는 지방선거　332, 357
지방의원의 지역대표성　319-322
지역 패권정당체계　298, 301, 307, 320, 322, 323
지역균열의 규범적 요소　63, 82
지역균열의 영향력　27, 63
지역대표정당 대체 가설　328, 347, 349, 358
지역주의 완화 가설　328, 347, 357
지역주의 정당 투표 현상　289
지역주의 투표 효과　289
지역주의 투표행태　27
지역주의의 분화　54
지역주의적 투표결정　330
지역주의적 투표행태　328
진보교육감　232, 243

| ㅊ |

참 공약 선택하기　280
참여연대　139, 144, 148, 152
청년공동행동 홍보물　188
청년정치 캠페인　186
청치펀딩　188

| ㅌ |

탄핵이슈　25, 33

투표 선택의 변화　204, 205
투표결정 요인　36, 49, 346
투표독려운동　140, 149, 158
트럼프 대통령　112, 166, 168, 169
TV의 이미지효과　91
TV토론시청 횟수　115
TV토론의 주관적 평가　115

| ㅍ |

페미니스트 유토피아　182, 183
페미니즘 선거캠페인　182
평창올림픽　167
풀뿌리 민주주의　264, 299, 318, 323
풀뿌리 민주주의의 핵심 요소　294
필연적 하락의 법칙　95, 101

| ㅎ |

하향식 접근　22, 24, 25, 29, 36
한국의 균열구조　60
한국정치 균열지형　54, 55
한국정치의 지배적 균열　54, 55
합리적 투표자(rational voter) 가설　195, 204, 211, 215, 221, 222
햇볕정책　67
현직효과　232, 243
호남에서의 정당선호도　344
호남유권자들의 '보상' 의지　357
호남의 투표율　338
호남인사의 중용　357
호남홀대론　327, 347, 357, 358
후보자 선정 '공시제'　293

필자 소개 (원고 게재순)

■ 박영득

충남대학교 정치외교학과 조교수
한국외국어대학교 정치외교학과 박사
주요 저서 및 논문 |
"청와대 국민청원에서는 무엇이 일어나는가?: 자연어 처리를 활용한 청와대 국민청원 분석," 『한국정치학회보』(2019, 공저)
"Explaining the Brexit Referendum: The Role of Worker Skill Level in Voter Decisions," *Political Quarterly* (2018, 공저)
"재분배의 정치경제학: 권력자원과 선거제도의 상호작용," 『한국정치학회보』(2014)

■ 윤광일

숙명여자대학교 정치외교학과 교수
University of Michigan, Ann Arbor 박사
주요 저서 및 논문 |
"Change and Continuity in the 21st General Election," *Korea Observer* (2020)
"대북 및 통일 정책 선호의 개인 성향과 가치 기반," 『국방연구』(2019)
"균열구조와 19대 대선: 완전한 균열로서 지역균열," 『한국정치연구』(2018)

■ 강경태

신라대학교 국제학부 교수

미국 노스텍사스주립대 정치학 박사

주요 저서 및 논문│

『정치학으로의 산책(개정4판)』(2020, 공저, 한울아카데미)

『지방분권과 균형발전: 정치학자들의 관찰』(2018, 공저, 푸른길)

『지방정치의 이해』(2016, 공저, 박영사)

■ 김형철

성공회대학교 민주주의연구소 연구교수

한국외국어대학교 정치학 박사

주요 저서 및 논문│

"준연동형 비례대표제의 정치적 효과: 선거불비례성과 유효정당수를 중심으로,"『세계지역연구논총』(2020)

"의회규모, 비례대표의석 비율 그리고 민주적 통치능력: 40개 국가를 중심으로,"『비교민주주의연구』(2020)

"국민주권 시대를 위한 국회의원 선거제도의 개혁방안과 쟁점,"『민주주의와 인권』(2017)

■ 홍경선

　　인천항만공사 경영 부사장
　　인하대학교 행정학 박사
　　주요 저서 및 논문 |
　　　"KOICA 대학과의 파트너십을 통한 국제개발협력사업에 관한 연구:
　　　　청운대의 베트남 중부지역 초등학교 지원사업 사례를 중심으로,"
　　　　『청운학술연구』(2017)
　　　"일제시대 토지의 국가관리 개선방안에 관한 연구," 인하대학교대학원
　　　　박사학위논문(2006)

■ 서복경

　　서강대 현대정치연구소 책임연구원
　　고려대학교 정치학과 박사
　　주요 저서 및 논문 |
　　　"새로운 이슈로서 청년에 대한 정당 대응: 선거강령분석을 중심으로,"
　　　　『현대정치연구』(2019, 공저)
　　　"2016~2017 촛불 항쟁에서 돌아본 30년의 민주정치,"『한국 민주주의,
　　　　100년의 혁명 1919~2019』(2019, 공저, 한울아카데미)
　　　"한국정치는 '숙의형 조사'를 어떻게 변형시켰나: '신고리 5·6호기', '대통령
　　　　개헌안', '대입제도개편안' 사례를 중심으로,"『시민과세계』(2018)

■ 조성대

한신대학교 국제관계학부 교수

미국 미주리대학교 정치학 박사

주요 저서 및 논문 |

"Manipulating the Electoral System: Collective Strategic Split-Voting in the 2020 Korean National Assembly Election," *Korea Observer* (2020)

"국회의 대표성증진을 위한 선거제도와 정치관계법 개선방안에 관한 연구," 『입법과 정책』(2019)

『이념의 정치와 한국의 선거: 공간이론으로 본 한국의 대통령선거』(2015, 도서출판 오름)

■ 강우진

경북대학교 정치외교학과 부교수

미국 플로리다 주립대학 정치학 박사

주요 저서 및 논문 |

"동아시아 민주주의 국가에서 복지체제의 공정성에 대한 인식과 민주적 지지: 일본, 대만, 한국의 비교," 『정부학 연구』(2019)

"Determinants of Unaffiliated Citizen Protests: The Korean Candlelight Protests of 2016-2017," *Korea Journal* (2019)

"The Past is Long-Lasting: Park Chung Hee Nostalgia and Voter Choice in the 2012 Korean Presidential Election," *Journal of Asian and African Studies* (2018)

■ 배진석

경상대학교 정치외교학과 조교수

미국 텍사스대학교(오스틴) 정치학 박사

주요 저서 및 논문 |

"중국 체제특성 규명의 보편성과 특수성: 비교권위주의적 접근,"『세계지역연구논총』(2019)

"미국 통상정책의 변화와 여론: 국내정치적 접근,"『국제정치연구』(2019)

"Janus Face: The Imperial but Fragile Presidency in South Korea," Asian Education and Development Studies (2018, 공저)

■ 김연숙

서울대학교 한국정치연구소 연구원

숙명여자대학교 정치학 박사

주요 저서 및 논문 |

"부정적 정당 감정과 후보자 선택,"『한국정치학회보』(2018)

"가치의 갈등과 한국인의 정치참여: 2010년 세계 가치관 조사를 중심으로,"『한국정치연구』(2017)

"한국 정치학의 이론적 스케치: 한국 민주화 경험의 이론화를 위한 소고,"『비교민주주의연구』(2017)

■ 박영환

영남대학교 정치외교학과 강사
미국 앨라배마대학교 정치학과 박사
주요 저서 및 논문 |
"한국의 21대 국회의원선거에서 후보자토론회의 정치적 효과," 『국제정치연구』(2020, 공저)
"집단정체성과 선거여론조사의 수용," 『사회과학담론과 정책』(2020)
"공동체 크기, 지역 고유성, 그리고 지방정치의 인식: 제7회 지방선거 사례," 『국제정치연구』(2020)

■ 지병근

조선대학교 정치외교학과 교수
University of Missouri-Columbia 정치학 박사
주요 저서 및 논문 |
"How Citizens Reshape the Path of Presidential Impeachment in Korea," *Korea Observer* (2019, 공저)
"Getting Tickets for the Presidential Election in Korea," *Korea Observer* (2018, 공저)
"유권자들의 지역발전에 대한 지방정부의 책임성 인식과 행태," 『한국정당학회보』(2018, 공저)